U0676544

丛书主编／张树华 赖海榕

祝伟伟 傅慧芳 主编

《国外社会科学》精粹

· 政治与治理卷
（1978-2018）

中国社会科学出版社

图书在版编目（CIP）数据

《国外社会科学》精粹：1978－2018. 政治与治理卷／祝伟伟，傅慧芳主编.
—北京：中国社会科学出版社，2020.2

ISBN 978－7－5203－6072－2

Ⅰ. ①国…　Ⅱ. ①祝…②傅…　Ⅲ. ①社会科学—研究—国外—文集
Ⅳ. ①C11－53

中国版本图书馆 CIP 数据核字（2020）第 034500 号

出 版 人　赵剑英
责任编辑　喻　苗
责任校对　胡新芳
责任印制　王　超

出　　版　中国社会科学出版社
社　　址　北京鼓楼西大街甲 158 号
邮　　编　100720
网　　址　http://www.csspw.cn
发 行 部　010－84083685
门 市 部　010－84029450
经　　销　新华书店及其他书店

印　　刷　北京明恒达印务有限公司
装　　订　廊坊市广阳区广增装订厂
版　　次　2020 年 2 月第 1 版
印　　次　2020 年 2 月第 1 次印刷

开　　本　710×1000　1/16
印　　张　30.5
字　　数　504 千字
定　　价　169.00 元

凡购买中国社会科学出版社图书，如有质量问题请与本社营销中心联系调换
电话：010－84083683
版权所有　侵权必究

学术指导委员会（以姓氏笔画为序）

马 援　邓纯东　王 镭　王灵桂　曲永义　闫 坤
朱光磊　何德旭　李 林　李培林　吴白乙　辛向阳
杨光斌　张冠梓　张树华　张顺洪　张宇燕　张政文
房 宁　郑秉文　周 弘　郝立新　姜 辉　荆林波
赵剑英　高 洪　唐洲雁　黄 平　程恩富　赖海榕

总编

张树华　赖海榕

执行总编

张 静　陈永森

编辑委员会（以姓氏笔画为序）

冯颜利　刘 仑　阮传瞰　陈永森　陈 云
张 静　张 莉　祝伟伟　高 媛　傅慧芳

引领新时代哲学社会科学的创新和发展

李培林[*]

中国特色社会主义进入新时代，我国改革开放度过了 40 个春秋，《国外社会科学》也迎来创刊 40 岁的生日。面对国际形势和世界经济政治格局的深刻变化，《国外社会科学》也需要认真总结 40 年来的办刊经验，在新形势下为加快构建中国特色哲学社会科学，加强中国特色新型智库建设，发展面向现代化、面向世界、面向未来的中国特色哲学社会科学做出新的贡献。作为这个刊物的编委会主任，我谈一点体会。

一 40 个春秋的基本经验

《国外社会科学》创刊于 1978 年改革开放初期，那时我国的哲学社会科学还比较封闭，国内多数学者的外文水平较低，获得国外信息的渠道有限。在这种情况下，《国外社会科学》的主旨就是介绍国外哲学社会科学最新的学术理论、学术议题、学科进展、研究方法和发展趋势等。反映的信息非常强调一个"新"字，即新理论、新思潮、新流派、新方法、新成果等。这适应了当时我国哲学社会科学发展之急需，受到学界极大的欢迎，甚至一时"洛阳纸贵"。创刊 40 年来，可以说《国外社会科学》不忘本来、借鉴外来、面向未来，在推动我国哲学社会

---

* 中国社会科学院原副院长、《国外社会科学》编委会主任。

科学发展繁荣方面取得了学界公认的骄人成绩，也积累了一些基本的办刊经验。

1. 坚持马克思主义的立场、观点、方法。随着时代的发展，国外哲学社会科学各种新的资料和信息爆炸式的扩展，各种学术流派、学术思潮、学术议题层出不穷，各类学术成果数量呈几何式增长，其中也鱼龙混杂、泥沙俱下、真伪难辨，甚至有的是在学术旗号下进行意识形态侵蚀和维护霸权。正是由于坚持马克思主义的立场、观点、方法，《国外社会科学》始终能够坚持正确的政治方向和学术导向，结合我国国情和发展需要，引领我国国际学术前沿信息的传播和借鉴。

2. 紧密联系我国发展的重大理论和现实问题。《国外社会科学》始终紧扣时代发展的脉搏，在介绍和借鉴国外学术成果的过程中，紧密联系聚焦我国发展的重大理论和现实问题，为推进中国特色社会主义发展和哲学社会科学繁荣服务。比如在建立确立中国特色社会主义市场经济体制的理论基础过程中，《国外社会科学》刊发了相关的系列文章，包括《不平等的市场经济》《走向可调节的市场经济之路》《向市场经济过渡的远期与近期后果》《世界市场经济的发展趋势》《苏联市场经济发展前景》《法国学者认为应把市场经济和资本主义区分开来》等，受到国内理论界的普遍关注。近年来《国外社会科学》围绕21世纪马克思主义、新型城镇化、依法治国、收入分配、老龄化等重大议题问题，组织了一些关于国外相关研究的专题文章，这些文章对我们思考这些重大问题，具有重要的启发作用，产生了广泛的影响。

3. 把握国际学术发展的前沿问题和发展趋势。40年来，《国外社会科学》刊发了13000多篇文章，内容涵盖经济、政治、文化、社会、生态各个发展领域，广泛介绍和评析哲学社会科学各学科的前沿问题和发展趋势，让国内学者通过这个窗口，可以准确把握世界学术发展潮流，全面了解学术发展最新成果，及时洞察学科发展最新动向。

40年辛勤耕耘，40年春华秋实，40年砥砺前行。《国外社会科学》的成绩得到了国内学术界的公认，多年来一直位居人文社会科学核心期刊、全国中文核心期刊、中文社会科学引文索引来源期刊的前列，也是国家社科基金首批重点资助期刊。与此同时，在新的起点上，《国外社会科学》的未来发展也面临一些新的挑战。

二 国际新格局下面临的挑战

当今世界正处于大发展大变革大调整时期，世界多极化、经济全球化、社会信息化、文化多样化深入发展，全球治理体系和国际秩序变革加速推进。和平和发展仍是时代主题，打造人类命运共同体，弘扬共商共建共享的全球治理理念，促进国际经济秩序朝着平等公正、合作共赢的方向发展，共同应对全球性挑战，日益成为人类社会追求的共同目标。但是，世界经济增长仍然乏力，国际贸易保护主义抬头；全球治理体系深刻变革，大国博弈日趋激烈，冷战后形成的单极体系的结构平衡正在打破；地区冲突热点此起彼伏，占领运动、恐怖袭击、生态危机、网络攻击、难民潮、核扩展等传统安全与非传统安全威胁复杂交织。在这种国际新形势下，我国对国际社会科学介绍、借鉴、评析、吸收、融入也面临一些新的挑战。

一是如何在国际社会科学研究不断细分的情况下把握发展大势。随着现实的发展，一些传统的学科发生嬗变，一些新兴的学科则异军突起，社会科学的研究日益专门化，研究领域细分的趋势非常明显，"宏大叙事"的研究往往会被贴上"非科学"的标签，"小圈子学问"盛行。在这种情况下，如何在纷杂多样的学科进展中把握发展大势，并把这些规律性的大势介绍给国内学界，是需要认真面对的。

二是如何在引进国外社会科学优秀成果过程中坚定文化自信。我国已经走过了改革开放初期在社会科学领域大量地、单向地引进的阶段，国内学者在国际上发文量大幅度地增长，"中国研究"成为了热门话题。在这种情况下，怎样在借鉴外来的同时不忘本来、面向未来，怎样在引进中形成学术对话，怎样参与构建社会科学的国际话语体系，都是我们要认真思考的。

三是如何在海量国外社会科学信息中突出重点。互联网的迅速普及、信息存储能力无限增强，使学术信息的总量爆炸式扩展。在这种情况下，怎样筛选有效、有益、有用的学术信息，如何抓住重点，怎样突出重点，突出什么样的重点，都成为需要面对的关键选择。

类似的挑战还有许多，要把《国外社会科学》的办刊质量推上一个新的台阶，就要认真研究这些挑战的应对举措。

三　面向未来的办刊选择

习近平总书记在哲学社会科学工作座谈会上的讲话中指出，"国外哲学社会科学的资源，包括世界所有国家哲学社会科学取得的积极成果，这可以成为中国特色哲学社会科学的有益滋养"。他同时强调，"对人类创造的有益的理论观点和学术成果，我们应该吸收借鉴，但不能把一种理论观点和学术成果当成'唯一准则'，不能企图用一种模式来改造整个世界，否则就容易滑入机械论的泥坑"。这些论述，应当成为《国外社会科学》办刊的基本遵循。

要认真总结40年来办刊的基本经验，坚持这些基本经验，在未来的发展中发扬优势，积极应对新挑战，再创新的辉煌。要特别注意加强对以下几个方面的关注。

一是聚焦国际社会科学重大议题、前沿问题和我国现代化建设的重大问题。要筛选出一批国际社会科学的重大议题，有系统有步骤的讨论；要跟踪重要学科的学术前沿问题，把握这些前沿问题的新进展；要结合我国现代化建设的重大问题，主动设定学术议题；要加强对国际智库成果的关注，组织有深度的评析文章。刊物不能被动地跟着热点走，要通过揭示学术发展的规律性趋势起到引领作用。

二是把"引进来"和"走出去"紧密结合起来。正如习近平总书记所说，"当代中国的伟大社会变革，不是简单延续我国历史文化的母版，不是简单套用马克思主义经典作家设想的模板，不是其他国家社会主义实践的再版，也不是国外现代化发展的翻版"。在引进国外社会科学成果的过程中，要结合我国发展的需要，在比较、对照、评析、批判基础上吸收和升华，形成真正的学术对话，形成有国际影响力的学术议题，为中国学术的走出去建设一个重要平台和窗口。

三是注重探索网络时代的办刊规律。随着互联网技术在学术出版领域的应用和发展，学术期刊的编辑和出版业态发生了深刻变化，学术成果的电子版、数字化和通过新媒体快速传播已经成为未来的发展趋势，传统的纸质学术期刊的发行量不断下滑。要顺应信息化时代的这种变化，积极探索新的传播方式，特别是注重研究如何利用新媒体扩大学术成果的知晓度和影响力，提高引领学术发展和服务学术发展的能力。

历史表明，社会大变革的时代，一定是哲学社会科学大发展的时代。《国外社会科学》要在认真总结过去40年办刊经验的基础上，把握发展大势，发挥独有优势，找准定位，办出特色，在新时代续写刊物新辉煌，为实现中华民族伟大复兴的中国梦贡献力量。

以国际学术交流促进人类文明互鉴
（代总序）

张树华[*]

2019 年是新中国成立 70 周年。70 年风雨彩虹，70 年春播秋种。

欣逢盛世，看九州方圆，普天同庆；揽四海苍穹，共襄盛举。

40 年前，伴随着中国改革开放的脚步，《国外社会科学》顺利创刊了。在科学的春天里，当时的中国社会科学院情报研究所在短短两年的时间里先后创办了《国外社会科学》《国外社会科学著作提要》《国外社会科学快报》《国外社会科学论文索引》等刊物，加上原有的《国外社会科学动态》，一共形成了 5 种信息情报系列刊物。这些刊物相互补充，又各具特色，在当时的学术界产生了良好的影响。

创刊初期，《国外社会科学》特别关注和介绍了当时国际上一些前沿学科或研究方向，如未来学、科学学、生态学、情报学、社会心理学、交叉和跨学科研究、全球化问题、控制论、国外中国学研究等新兴学科和专业，推动了我国相关学科的创建，填补了一些学术领域的空白，并促进了相关研究的深入和专业领域的拓展。

1978 年至 2018 年，《国外社会科学》杂志走过了 40 个春秋。40 年间，《国外社会科学》杂志共出版 330 期，发表文章 1 万余篇，数千万字。作为中文社会科学引文索引来源期刊、全国中文核心期刊、中国人文社会科学核心期刊、国家社科基金首批资助期刊，《国外社会科学》在

---

* 张树华，中国社会科学院政治学研究所所长、研究员。

坚持正确的办刊方向和学术导向的基础上，积极借鉴和吸收世界上有益的学术成果，为推动中国哲学社会科学学科创新和学科发展做出了应有的贡献。

40年砥砺奋进，40年春华秋实。伴随着改革开放和中国特色社会主义的伟大实践，《国外社会科学》参与并见证了中国哲学社会科学事业的繁荣与发展。可以说，在国内外专家学者的支持和浇灌下，在一代又一代编辑人员的辛勤努力下，《国外社会科学》这一大家共有的园地里花团锦簇、硕果累累。

立足中国，打开世界。

2016年5月17日，习近平总书记在全国哲学社会科学工作座谈会上的讲话中指出："国外哲学社会科学的资源，包括世界所有国家哲学社会科学取得的积极成果，可以成为中国特色哲学社会科学的有益滋养。"40年来，我们始终坚持自己的办刊理念，秉持中国立场，拓展国际视野，洞察全球语境，贴近学术界的关心与思考，跟踪国外学术和理论动态，积极吸收或借鉴先进、适用的人类文明的优秀成果。知己知彼，洋为中用。

打开心灵之窗，世界会进来。打开学术之窗，智慧会进来。

2017年5月14日，习近平总书记在首届"一带一路"国际合作高峰论坛开幕式上的演讲中指出，我们"要以文明交流超越文明隔阂、文明互鉴超越文明冲突、文明共存超越文明优越，推动各国相互理解、相互尊重、相互信任"。这一论述深刻地阐释了人类文明繁荣进步的真谛，勾画了构建人类命运共同体的宏伟蓝图。

我们相信，伴随着信息化、全球化和人工智能技术的发展，孤立主义、种族主义、排外思潮等雾霭终将散去，人类文明多元化和国际关系民主化的步伐定将加快。各国文化将变得更加丰富多元，人类文明花园定会绽放得五彩缤纷、多姿多彩。

在迎接新中国70周年华诞之际，我们精选40年来不同学科和领域的优秀论文，汲取精华，分类结集。我们希望通过编辑出版这套"《国外社会科学》精粹（1978—2018）"丛书，回望国际学术发展历程，把握国际理论创新脉搏，梳理全球学术热点和态势，推动国内外学术沟通和对话，拓宽海内外学术交流的平台和渠道。这是 40 年来《国外社会科学》广大作者、译者、读者和编者齐心合力、携手并进的答卷，未来我们愿与学界同仁一起砥砺前行，为将《国外社会科学》杂志构筑为连接国内外学术界的桥梁和窗口而共同努力。

谨为序。

于 2019 年 3 月 4 日
第十三届全国政协第二次会议上

目　　录

社会主义与资本

政治学理论

国别政治

治　理

全球化与世界体系

法 学

社会主义与资本

"资本主义冬季之后是社会主义的春天"

访谈专家　李慎明　　访谈人　张　莉[*]

访谈专家　李慎明　　访谈人　张　莉*

前言：非常高兴李慎明副院长能接受《国外社会科学》的采访！今天的访谈以历史和理论的脉络为线索，李副院长主要讨论三个重要问题：（1）在金融危机持续恶化和演变的背景下，世界政治、经济和国际格局的演变问题；（2）在此背景下，美国和欧洲等西方资本主义国家所面临的危机；（3）面对危机，世界社会主义运动和激进左翼面临的困境、创新发展的机遇与挑战，以及中国国际战略的调整方向。

张莉：早在 2008 年美国金融危机爆发前，您就曾提出美国经济潜伏着严重的危机，极有可能已步入 40 ~ 60 年的"康德拉季耶夫周期"。自 2008 年以来，国内外学者对金融和经济危机的走势进行各种预测，您又提出了"WL"型发展趋势。目前，在金融危机持续恶化、演变为欧美各国的主权债务危机之时，我想请您先谈谈国际金融危机恶化、演变的原因。您对资本主义的未来走势有哪些更深刻的思考？

李慎明：从 2001 年 3 月起，美国经济出现了历史性的拐点，承接了 1967 年进入"康德拉季耶夫周期"中下降阶段的遗产，重新步入了长周期中的衰退轨道。具体来说，2000 年美国股市泡沫破灭，美国为挽救其经济颓势，将美元利息降到 1%，并规定可以将房屋增值部分到银行进行

＊ 张莉，博士后，副研究员，《国外社会科学》编辑。

再抵押，美国房市因此大涨，其后 5 年上涨了 60% 以上。美国居民每年从房地产增值中总计获利近万亿美元，消费也因此旺盛，储蓄率到 2006年 7 月跌破 −1.5%。由于财政和对外贸易连续数年的高额双赤字，美国亟须引入外资填充。所以，从 2004 年 6 月到 2006 年的两年中，美联储共17 次提息，利率从 1% 升至 5.25%。利率的调高直接打击了房地产行业，导致大批借贷人无力偿还贷款，大银行和金融机构相继宣告破产。2007年 8 月，美国房贷危机爆发后，通过信贷市场和资本市场向全球传导，最终演化为对国际金融稳定、世界经济增长造成极大冲击的全球性金融危机。这就是国际金融危机爆发的直接原因。

但从根本上说，**这场国际金融危机仍然是生产社会化乃至全球化与生产资料私人占有之间的矛盾、生产无限扩张与社会有限需求之间的矛盾在经济全球化条件下深入发展的必然结果**。它是国际金融垄断资本主义内在矛盾发展的必然结果——正是由于美欧国际金融垄断资本集团实行以经济金融化、金融虚拟化和泡沫化、金融资本流动及金融运作自由化为基本特征的掠夺性金融体制，引发次级房贷泡沫破裂的恶果。

对于资本主义的未来走势，我认为，各国政府都采取重大举措共同应对目前这场金融危机和经济危机，但由于全球性的贫富两极分化急遽拉大，绝大部分弱势群体有效需求不足这一根本性问题不仅没有得到解决，甚至还有加剧之势；各国巨额的金融衍生品"有毒资产"没有得到根本性、制度性的消除，全球经济在近三两年内稍有反弹之后有可能重新步入更深的低谷。我曾使用"WL"这两个英文字母来表达世界经济发展的前景，L 的下划线上，可能是充满锯齿状的小幅度的"衰退"与"复苏"动荡波纹。如果美国企图再次打断步入"康德拉季耶夫"长周期中的衰退轨道，最直接、最有效的办法可能会是重复 20 世纪 90 年代搞垮苏联东欧的办法，来调动其所有能量搞垮当今世界上其他大国或强国。

张莉：国际金融危机进入第五年，美国前国家安全顾问、著名国际问题专家布热津斯基在今年初答记者问时说："今天的问题是，在失控和可能仅为少数人自私地谋取好处的金融体系下，在缺乏任何有效框架来给予我们更大、更雄心勃勃的目标的情况下，民主是否还能繁荣，这还真是一个问题。"参加世界社会论坛的一些知名学者认为："欧洲民主已经被贪婪的金融市场绑架，而且这个没有底线的市场现在已经威胁到了人权和政治权。"您怎么看待这些观点?

李慎明:目前这场正在深化的国际金融危机,**不仅是对美国这种强权政治和霸权主义特别是金融霸权肆意泛滥的"报复",是对新自由主义政策、理论的有力清算**,更是对美国所谓"民主制度"的根本挑战。不论是维护资本主义制度的布热津斯基,还是批判资本主义的左翼学者,都认识到资本主义民主存在严重的危机,但他们仍然无法认清西方"民主"的本质。

怎样认清西方"民主"的真实面目呢?我认为有以下几点。第一,口号平等下的实质不平等。在现代资本主义社会,多党制不过是统治集团内部民主表现形式、权力分配方式与所谓"普世民主"的点缀而已。在美国,仅仅是数万甚至是数千富有的人或是他们的代理人在管理着美国。例如,在美国共和党的背后,主要是军工、石油、制造等"传统商业"的支撑,而民主党的背后主要是金融、电信、传媒等"新兴商业"的支撑。第二,形式平等下的内容不平等。资产阶级民主政治的那种一人一票选举制的平等,是仅仅停留在形式上的所谓平等。现在美国大选的参选率仅有一半多一点,这实质上是剥夺了近半数人的参选资格。此外,美国的联邦法律规定实行普选制,但又通过"选举人"制和州法律的"胜利者得全票"制即通吃制暗度陈仓,改变和相当程度地削弱了普选制。第三,金钱政治的本质。在现代西方社会,垄断资本往往通过金钱和所谓的公关公司、游说集团等控制立法、行政、司法机构,通过控制各种新闻媒介控制社会舆论和民众意识。民众的所谓权利与自由,只不过是在他们事先设定好的资本统治集团内部少数不同代理人甚至仅在两人之间进行选择罢了。第四,金钱操纵的主流价值观。美国投入大量金钱兴办各类媒体,在世界上大肆宣扬其"民主""自由""人权"等价值观念,拼命诋毁它们企图颠覆的国家的执政者,使广大发展中国家和人民丧尽自尊,无颜自立;然后,使其所谓的"民主""自由""人权""新自由主义"等价值观念和政治法律制度及政策在发展中国家畅通无阻,这种话语霸权既达到了西方国际垄断资本对发展中国家剥削、掠夺的目的,同时又能用这些巧妙动听的语言掩饰它们残酷剥削压迫的实质。第五,在对内"仁慈"的表面下,美国政府对人民来说,实质上没有民主,而本质上是赤裸裸的专政。

张莉：您对此问题分析得非常深刻。曾经为资本主义高唱凯歌的美国学者福山最近也针对美国的政治秩序，质疑美国是否已从一个民主政体变成了一个"否决政体"，美国民主已经瘫痪。很多国内外学者认为，西方民主政治被金融资本绑架，新自由主义主导下的资本主义社会引发了更加严重的民主危机，尤其表现为极右派和民粹主义运动的复兴。他们实际上提出了一个发人深省的问题：到底什么是民主？西方式的民主只有形式上的民主程序（当然程序也是很重要的），却只让少数人发大财，而不能带给大多数人幸福，这种民主是合法的吗？

李慎明：此次国际金融危机的爆发，引发了整个资本主义社会的政治制度危机。美国次贷危机爆发后，一些大投资银行关门了事，它们出售的"有毒"资产的收益作为利润已进入金融寡头的口袋。对它们造成的损失，美国政府却拿纳税人的血汗钱去拯救华尔街一批贪婪的金融大亨——赦免其债务和犯罪削减直接关乎大众福利的卫生、教育、住房等社会保障开支。这极大地刺痛、激怒了民众。在民众看来，美国政府救市实际上是以挽救危机为借口掠夺民众财富的金融战争，**金钱力量已深深操纵和扭曲了美国民主政治过程与政策制定**。愤怒的抗议者发起了反对主宰着美国经济的金融垄断资本集团的"占领华尔街"运动，明确要求从根本上改变金钱操纵政治的虚假民主模式。这给世界上对西方"民主"顶礼膜拜的人上了很好的一课。

张莉：新自由主义主导下的资本主义社会以"金融市场的专制霸权"为基础，由强有力的跨国机构投资者和大型国际银行所操控。我们看到，这样的金融资本越来越贪婪、越来越无耻地刮取绝对利润，越来越不负责任和腐败，把经济发展的大部分成果据为己有。随着投资回报率的不断增长，股东越来越富有，雇用劳动者越来越贫困；企业高管在离职时能享受丰厚保障，而工人却被任意解雇，政府还要支付巨额援助资金帮助金融资本家。哈贝马斯说："制度失灵所产生的社会成本对最脆弱的社会群体的打击最为无情。"由金融危机引发的资本主义社会危机也越来越激化，您能谈谈对此的看法吗？

李慎明：从20世纪70年代以来，资产阶级对工人阶级进行反扑，大肆推行新自由主义（包括私有化、市场化、金融自由化、放松管制等）。**新自由主义是资本主义意识形态的理论表现，它是为国际金融垄断资本**

进行全球扩张、攫取超额利润而将人们置于不顾任何社会、生态和政治后果无止境的资本积累和经济发展的制度下生活的一种工具，它造成工人大量失业、贫富两极分化、政府垮台、社会动乱等严重社会问题，尤其对广大发展中国家更是造成灾难性后果。新自由主义推行的非调控化，方便了跨国公司的全球扩张，引起了严重的金融危机和就业危机，使工人阶级遭受比 20 世纪 30 年代更加严重的剥削。随着欧洲主权债务危机持续恶化，西方国家工人罢工此起彼伏，挪威发生死伤惨重的枪击爆炸案，英国爆发几十年未见的大规模街头骚乱，"占领华尔街"抗议活动迅速蔓延至全美和世界其他资本主义国家。

作为资本主义的痼疾和通病，弱肉强食的"社会达尔文主义"今天已达到登峰造极的地步。贫困及犯罪、暴力、恐怖活动威胁着西方的民主价值，同时也催生着新的社会主义思潮及运动，同时，在特定条件下，也成为新法西斯主义滋生的温床。整个社会从经济上不断分裂，失去安全感的人们把社会主义、排外仇恨、分裂主义和与世界市场隔绝作为政治药方。还出现了"精英的反叛"——富人们正把人群按种族和财力分隔开来，实施贫富隔离计划。里夫金在《劳动的终结：全球劳动力的衰落与后市场时代的发端》一书中指出，"世界范围内的失业加剧与贫富分化的增大，正是为社会动荡和近代所未见的大规模的阶级斗争创造前提条件。犯罪、暴力与小规模冲突正在扩大，并且发出了清楚的信号，表明在未来的年代将会日益加剧。一种新形式的野蛮在现代世界的墙垒外面等待着我们"。英国《金融时报》将 2011 年称为"全球愤怒之年"。其实，这仅仅是开始。在未来，全球愤怒将逐渐呈现燎原之势。

张莉：从以上的谈话，我们是否可以这样总结：金融危机引发了资本主义合法性危机，也引发资本主义经济、政治、社会、文化、道德等深度的全面危机、全球性危机？

李慎明：具体地说，一是从经济上看，新自由主义鼓吹贸易、金融、投资自由化、市场化，反对国家干预，其根本目的就是维护当今以美国为首的发达国家国际垄断集团的利益和国际金融寡头的利益，而让其他发展中国家任凭国际金融垄断资本去盘剥、掠夺和占有全世界的资源，从而加剧了全球经济动荡，重创了世界经济，特别是严重损害世界各国尤其是发展中国家的经济和金融安全。大多数发展中国家被国际货币基金组织和世界银行强制"新自由主义结构调整"的结果，是大规模民族财富被国际垄断资本集团无情地掳掠，国民经济命脉被欧美国家操纵，民族工业遭到致命打击，人民生活陷入贫困和绝望之中。二是从政治上看，新自由主义理论和政策极力维护私有制和资本主义制度，极力反对公有制，是资产阶级统治压迫广大人民群众的工具。新自由主义推行彻底的私有制，反对公有制，颠覆社会主义制度，损害发展中国家的政治经济主权，为国际垄断资本控制、掠夺和盘剥广大发展中国家以及推行霸权扫清障碍。三是从意识形态上看，作为国际金融垄断资本主义主流意识形态，新自由主义是维护国际金融垄断资产阶级对本国劳动人民以及广大发展中国家进行剥削和压迫的工具。

经济全球化和高新科技革命，对于国际垄断资产阶级而言无疑是一柄双刃剑。一方面，它在一定程度上推动了资本主义社会生产力的发展，并在一段时日内，可以使得资本主义社会内部的基本矛盾得到一定程度的缓解；另一方面，随着经济全球化和高新科技革命的进一步深入发展，不但不可能消弭反而会在全球范围内进一步加剧生产社会化与生产资料资本主义私人占有的矛盾。随着这一矛盾的进一步加剧，资本主义生产和消费之间的矛盾、垄断资产阶级与无产阶级和劳动人民之间的矛盾、西方发达国家与广大第三世界国家的矛盾、发达资本主义国家之间的矛盾，以及全球范围内生态环境的进一步恶化等世界性难题，也将进一步趋向激化。这些矛盾与难题，在资本主义制度框架内是根本不可能得到解决的。霸权主义和单边主义的进一步强化，只会使这些矛盾与难题进一步加剧。

张莉：2008 年金融危机爆发以来，随着经济的持续恶化，反资本主义情绪风起云涌。在美国、英国和整个欧洲大陆，公众的反抗情绪达到了新的高点。欧洲的社会运动始于 2009 年春天的希腊罢工、2010 年秋持续时间漫长的法国反对养老金改革运动，意大利和英国的大学生走上街头，直到"阿拉伯之春""伦敦之夏""美国之秋"，再到"俄罗斯之冬"，反资本主义情绪席卷了全球各地，这次金融危机使历史再次站在了十字路口。有人说如果想摆脱全球危机，"就必须做出反资本主义的全球性回应"。您怎么看这种反资本主义情绪的高涨呢？

李慎明：经济全球化和以信息技术为主导的高新科技革命的迅猛发

展，在全球范围内必然造成富国、富人越来越富，穷国、穷人越来越穷这一状况的加剧。发达国家内部贫富两极分化的现象也十分惊人。就在失业率和通货膨胀率都是历年最低的美国，最底层的 40% 的家庭拥有的财富仅占美国全部财富的 0.2%。这就必然会造就一批又一批对于国际垄断资本来说是"比布朗基诸位公民更危险万分"的思想家、理论家、政治家、革命家，并进而发展壮大由先进理论武装的工人阶级和劳动人民的队伍。随着资产阶级掘墓者队伍的不断发展壮大，资本主义的前途和命运就可想而知了。今天，从西雅图到伦敦，从科隆到东京，从马尼拉到利马，从首尔到魁北克，从巴塞罗那到热那亚、纽约、卡尔加里……反对资本主义全球化以及反对新自由主义全球化的群众示威游行已逐步发展壮大。

张莉：金融危机以来，《资本论》在全球的销量一路飙升，马克思被评为 21 世纪最有影响力的思想家。2011 年 4 月，耶鲁大学出版社出版的特里·伊格尔顿的新著《马克思为什么是对的》在海外引起了广泛关注和争议。马克思自 20 世纪 90 年代以来再次回归，人们惊呼"马克思主义复兴"了。事实证明了"马克思主义过时论"的错误性，也证明了马克思关于资本主义周期性经济危机和资本主义生产方式必然灭亡理论的真理性。李副院长，您能否以马克思主义的基本理论来分析、鉴别和评价当前马克思主义热这一现象？

李慎明：大多数西方学者从技术经济学、经济运营学、经济管理学或公众心理学的角度，力图探寻美国这场金融危机的直接或间接原因，但都无法讲清导致这次金融危机的深刻根源。只有从马克思主义政治经济学视角，才能讲清其根源。这也正是马克思的《资本论》在西方重获青睐的缘由。诺贝尔经济学奖得主、美国著名经济学家保罗·A. 萨缪尔森和威廉·D. 诺德豪斯合著、颇有影响的《经济学》，借用伊赛亚·柏林的话承认："19 世纪的思想家中没有一个像马克思那样对人类产生如此直接、深思熟虑和巨大的影响"，"……同我们所概略考察过的大多数早期的理论不同的是，马克思主义的理论在今天仍具有生命力并起着至关重要的作用"。自 2008 年以来，马克思的《资本论》、《共产党宣言》和《政治经济学大纲》等政治经济学著作销量一路激增。随后，伊格尔顿的《马克思为什么是对的》、法国马迪尔的《共产主义猜想》等成为非常畅销的政治书籍。而马克思的头像被印在深陷债务的开姆尼茨的德国储蓄银行发行的信用卡上面，这是多么具有讽刺意味的事件！在全球资本主义陷入危机时，人们重新对马克思和马克思主义思想产生了极大兴趣，尤其是西方的年青一代。**因为马克思主义为他们提供了分析资本主义，尤其是像目前这种资本主义危机的工具。**

国际金融危机的爆发，更刺激了全球性反美情绪的高涨。在欧洲许多地方，甚至在美国，群众力量强烈要求大规模的改革和政府干预，反对华尔街金融富豪对世界的统治。**这些发达资本主义国家中劳工和城市社会运动的结合，隐约暗示着一种社会主义替代方案的出现，**人们对马克思思想的重新关注也日益升温。近年来，在国际上，特别是在发达国家的"心脏"，多次举行规模盛大的马克思主义理论讨论会。比如，1996年在美国纽约举办有数千人参加的"社会主义再展望"国际学术会议；同年在英国云集6000余人举办声势浩大的"96伦敦马克思大会"；1998年5月在巴黎召开纪念《共产党宣言》发表150周年国际大会，有60个国家和地区的1500余名专家学者参加。大会主持者说："《共产党宣言》不是一般的书，它不是冰，而是炭，放在锅里能使水沸腾起来。我们为什么不让历史重新沸腾起来呢？"法国一家大报为此发表《马克思死了吗？》《在全球化形势下回归马克思》的社论。2018年，英国《卫报》发表了《为什么马克思主义再次兴起》一文。近年来，巴黎和纽约又多次举办马克思和社会主义大会。另外，希腊共产党发起召开的"共产党和工人党国际会议"、比利时工人党负责组织的"国际共产党党员研讨会"、与达沃斯经济论坛相并列的"世界社会论坛"等频繁召开。还有各国、各地区一年一度的国际社会主义研讨会、经济全球化论坛等。思潮、理论复兴是运动、制度复兴的前提、基础和先声，这意味着世界社会主义运动在酝酿复兴之中。

张莉：全球反对资本主义的情绪高涨，马克思的回归和复兴，是不是意味着世界左翼和世界社会主义运动又一次获得了巨大的发展契机呢？

李慎明：资本主义已成为极少数"先进"国家对世界上绝大多数居民实行殖民压迫和金融扼杀的世界体系。以资本积累和剩余价值积累为动力的资本主义全球化过程必然加强垄断资产阶级对劳动者阶级的剥削，加剧中心对边缘的剥削和奴役，在全球范围内造成穷国、穷人越来越穷、富国、富人越来越富的现象。被压迫人民和被压迫民族体肤不断遭受煎熬和心灵不断觉醒，必然引发不同国家、政治派别、种族、宗教势力等在全球范围内各种形式的摩擦和纷争，新一轮维护国家独立和主权，维护平等互利和共同发展，建立真正公正、合理的国际经济政治新秩序的斗争必然蓬勃兴起。因此，这次美国爆发的金融危机是世界各国人民反对霸权主义和强权政治、进一步推进世界多极化与国际关系民主化的大好时机。各种政治思潮激荡交锋，反西方全球化、民族主义和保守主义思潮在全球上扬，这就为社会主义思潮、理论、运动和制度在全球范围内走出低谷并引领新的高潮创造了条件。我认为，21 世纪中叶前后，极可能是全球范围内民族民主运动和社会主义运动的又一次复兴。

但事实上，欧洲中左翼社会党在金融危机中并没有赢得执政权，共产党的选票也大幅下降。目前，尽管法国社会党在总统选举中赢得了执政权，但是左翼政党仅仅停留在谴责新自由主义政策的明显失误，如金融投机、紧缩导致衰退加深等，而没有深入思考新自由主义政策和核心—边缘巨大的差异深入欧盟构架和"欧洲一体化"机制的程度，也没有显示出与欧盟包括欧元区现存的主要框架、制度决裂的决心。激进左翼政党所提出的改革建议不可信，更加具有虚幻特性。左翼政党并没有从金融危机和社会民主主义的危机中得到好处。世界左翼和世界社会主义运动面临的挑战，一是西方国家中左翼政党已经新自由主义化，它们也只能对新自由主义政策进行修修补补，根本拿不出彻底改革资本主义私有制弊端的勇气和办法，结果导致越来越多的西方国家出现了极右翼政治思潮的复兴。而这股极右翼浪潮已汇聚成为不容忽视的政治势力，不仅对左翼而且对整个西方政坛形成了强大的冲击。二是第三世界愈加贫穷的总趋势在短时期内难以改变，尤其是近些年来第三世界各国间协调一致行动、互相声援、互相支持的凝聚力已经并将继续下降。这种凝聚力本来应是制衡和牵制西方全球化的最根本的力量。这种状况反证了西方全球化势头在短时期内难以受到有力的遏制。

张莉：2012 年被国内外学者称为"换届年"，除了法国外，美国等多国要进行大选换届，加剧了全球的不稳定和巨大的风险。学者们纷纷提出全球和世界进入"国家资本主义时代""后美国时代""相对大国时代""重新划分的时代""意识形态新时代"或是未知的"阴郁时代"，您对世界格局及其走势如何判断？

李慎明：二战结束以来，世界上发生了三件分外值得关注的大事：一是1949年中华人民共和国的成立；二是1991年的苏联解体及东欧剧变；三是2008年9月从美国开始并正在向全球蔓延的金融乃至经济危机。这三件大事对世界格局都已产生或正在产生巨大的影响。美国金融危机带来的经济动荡仍在全球急剧演进。可以说，从现在开始直到21世纪前二三十年乃至上半个世纪的历史极有可能会处于一种动荡、激烈变动和跳跃的状态。这种激烈变动发端于世界经济，并由此必然带来世界政治格局的新变化。

国际局势在两种情况下最危险：一是世界大国之间力量过分悬殊时，二是超级大国处境极端困难时。我认为，自20世纪30年代以来最为严重的这次国际金融危机，目前仍未见底。美国这个超级大国正面临着20世纪30年代以来最为困难的时期。正因为如此，在今后几年内，各种国际力量特别是世界上一些大国和强国，将会围绕金融、能源、粮食与主权等根本性问题，既有合作与竞争，更有博弈和较量。世界经济格局、政治格局和文化格局正处在波诡云谲的剧烈变动的前夜。因此，我国党的十七大报告关于"当今世界正处在大变革大调整之中"的判断是完全正确的。

我认为未来世界局势有两种可能。一是以美国为首的西方国家设法在其国内生产关系的范畴中进行各种最大限度的改良与调节，美国式的资本主义模式经过成功调整和革新，获得新的发展。若如是，美国经济就会有新的强劲反弹，霸权主义和强权政治将会在世界范围内得到进一步巩固和加强。二是如果世界上其他大国强国应对正确，美国的经济危机就会进一步深化，从而使美国式资本主义模式和美国世界霸主地位从根本上动摇，也必然会引发全球经济秩序的深刻变化和全球政治格局的深刻变动。若如是，21世纪前二三十年乃至上半叶，政治多极化和国际关系民主化将会得到真正的展示和彰显。

张莉：在西方资本主义制度显现严重危机时，世界更加关注"中国模式"和新兴经济体的快速发展。欧盟智库欧洲政策中心前主席坦利·科罗西克指出，"金融和经济危机加剧了权力由西方向东方转移的进程"，中国成为"当前地缘政治转变的核心国家"。金融危机是否会使地域政治力量的对比向东方转移？新兴经济体是否彰显出可独立维持经济增长和足以影响世界秩序的能力？您是否认同这种国际政治格局的转变？中国的国际战略又应该如何进行调整？

李慎明：美国不会坐视金融危机侵蚀其国际地位，这就迫使美国采取一系列特殊措施来挽救其单极全球霸权，必要时可以通过削弱新崛起的大国的实力来维持其霸权，特别是把政策重点放在遏制中国在太平洋的崛起上。若需要暴力出面并采用"豪夺"战略，这些强国就会毫不犹豫地诉诸战争。现在，美国政府采取制造地区局势紧张的手段，破坏中国的经济社会发展进程，阻止中国崛起对美国霸权构成的威胁。为了遏制中国，美国加快了重返亚太的布局。美国还积极怂恿菲律宾、越南和日本在南海的领土主权和海洋权益要求问题上与中国发生争执，甚至军事冲突，企图以寻找代理人的方法来牵制中国，延缓甚至破坏中国的现代化进程。

我在1999年8月发表的《新世纪之初的世界格局与我国的国际战略》中就指出，"21世纪前二三十年甚至上半个世纪，整个世界将极不平静，我国周边安全形势有可能出现较为严峻的局面"。在《2000年美国之行的观察与思考》中，我认为中国应采取这样的国际战略：一是应进一步加强对台斗争的军事、法律和企业管理准备；二是防止美国主导朝鲜半岛的变局并将其纳进遏制中国的整体安排，警惕美军重新逼近我鸭绿江边；三是对我国"进世"要有足够的国际"经济战争"意识。美国对我国是接触与遏制两手，我国对其也应坚持以两手对两手。如何使用软、硬两手，应审时度势，视具体情况而定。在硕大的国际舞台上，我国应继续坚持正确处理韬光养晦与有所作为的关系，既尽量避免不必要的全面对抗，又进一步纵横捭阖，不断加强广泛的国际统一战线，以更加有效地制约美国西化、分化我国的图谋。未来5—15年，中日关系的发展有数种可能性，建议协调我国国内各研究机构的力量，加强国际战略的综合研究。总之，国际局势仍在深刻变化之中，我们要切实以中国特色社会主义理论为指导，深入贯彻科学发展观，统一协调、深入研究、准确把握正在继续变化的国际局势，并事先制定各种预案，以备各种可能的不测，在变幻莫测的国际风云中，确保永远立于不败之地。

张莉：听您对国际金融危机、资本主义命运、世界社会主义的机遇、世界政治格局的变化和中国的国际责任等问题的深刻论述，真是受益匪浅。福山指出，美国要摆脱当前的瘫痪状态，"不仅需要强有力的领导，而且需要改革体制规则"。由此引起我最后一个问题：您认为资本主义制度如何改革才能走出这场严重的危机？您认为是否存在资本主义全球化的最佳替代方案？如果有，那是什么？

李慎明：当前世界性的金融危机仍未见底，且在深化。新一轮更大的金融乃至经济危机极有可能正在酝酿与积聚。国际金融危机爆发后，西方国家纷纷采取了包括金融稳定政策、扩张性财政政策和货币政策以及各种产业促进政策在内的一系列反危机措施，在短期内避免了更多金融机构破产倒闭，在稳定各国金融市场和全球金融体系方面起到了一定作用。但是，西方国家反危机措施的缺陷和负面影响同样是不容忽视的。（1）金融救助和稳定政策难以有效提高金融机构和金融体系防范风险的能力，西方国家尚未有效处置巨额有毒金融衍生品及其他有毒金融资产，各国政府救市并没有拿出有效解决金融监管问题的实质性方案；（2）扩张性货币政策难以拉动经济复苏，却可能导致通货膨胀抬头；（3）扩张性财政政策作用有限，且导致巨额财政赤字。总之，各国政府救市未能克服资本主义基本矛盾及其导致危机发生的各种具体矛盾，也就无法消除导致资本主义经济危机周期性爆发的根源和矛盾。

社会主义是被压迫人民和被压迫民族的必然的内在要求和共同归宿。正如古巴主席卡斯特罗于1998年7月3日在哈瓦那举行的经济年会上所说，"唯一可以代替'新自由主义全球化'的是'社会主义全球化'"。我坚信，在21世纪社会主义是另一种全球化的替代与选择。当前由美国次贷危机引发的全球性金融危机充分表明新自由主义神话的破产、欧美自由主义市场经济模式和金钱操纵的民主政治的残畸。这有助于人们对西方资产阶级的主流意识形态——新自由主义及其资本积累方式进行深刻反思，寻找崭新的人类经济社会发展模式和道路。正如马克思所说："不是基于人与人之间的关系，而是基于赤裸裸的自身利益、残酷无情的'现金支付'的市场体系的矛盾，也就是剥削和'无休止积累'的体系的矛盾，可能永远无法解决。在某个时候，在一系列的变革和结构改革中，这种基本上不稳定的体系的发展将导致一种再也不能被称为资本主义的情况。"目前，世界社会主义运动不仅顶住了苏联解体和东欧剧变的巨大冲击，而且得到了一定程度的恢复和发展。一是中国、古巴、越南、朝鲜、老挝等社会主义国家在苏联解体和东欧剧变后顶着前所未有的压力，正在积极探索适合本国国情的社会主义道路。特别是占世界人口 1/5 的中国，坚持社会主义方向，坚持改革开放，取得了巨大的成就。二是西方发达国家出现了一波又一波的"马克思热"，马克思主义的重新传播成为当今世界国际政治中一道亮丽的风景线。三是在一些原社会主义国家，社会主义力量正在重新集聚。四是亚洲、非洲特别是拉美一些国家在饱尝新自由主义的苦果之后，左翼政府纷纷上台执政。我们深知，社会主义是迄今为止人类历史上最为深刻的社会变革，另一种全球化的最终替代绝不可能毕其功于一役。斗争—失败—再斗争，高潮—低潮—更高潮，这是社会主义全球化实现对资本主义全球化替代的必经历程。

世界社会主义运动的复兴无疑有着异常艰难和曲折的历程，但可以预言，这种趋势不可遏制。新的社会主义思潮及至运动如顶着尚留余威的凛冽寒风，在冰封的大地上拱出了新的嫩芽。虽然极可能还有几次"倒春寒"，社会主义的春天却必将、必然到来。

（选自《国外社会科学》2012 年第 5 期）

剧烈变动时代的世界社会主义：
机遇与挑战

姜 辉[*]

当前，世界处于大变革大调整大转型时期，资本主义和社会主义都经历着巨大的变化。可以说，在持续性的量变中出现了局部的质变，而且质变具有根本性且影响深刻，有着深远的现实意义和历史意义。21世纪初爆发的资本主义金融危机和经济危机，使得这些变化以在经济、政治、社会和文化领域发生激烈矛盾和冲突的方式凸显在人们面前。经济领域的动荡不已，政治权力的失控更迭，"占领华尔街"运动那样的大规模社会抗议，对资本主义合法性和深层价值的普遍质疑，这些都交织在一起并相互作用，造成了当今世界的剧烈变动形势。这让我想到列宁在20世纪初的一段话，他这样说：形势变化"极其剧烈的震动，这就自然而然地、不可避免地要产生'重新估计一切价值'，重新研究各种基本问题，重新注意理论"。[①] 在当前剧烈变动的时代，正是有责任心的理论工作者根据世界变化的新形势，重新研究资本主义和社会主义这样的大问题，重新反思各种理论、学说、运动及各种价值的大好时刻。

---

[*] 姜辉，中国社会科学院信息情报研究院党委书记、研究员。
[①] 《列宁选集》第2卷，人民出版社1995年版，第281页。

一 当前世界社会主义面临的条件与机遇

每一次危机都对人们对资本主义命运的考察增添新的启示,都对超越资本主义制度本身的历史性解决办法增添新的意义。因而,在资本主义危机的时代背景和世界剧烈变动的形势下,社会主义必然产生新的问题、新的内容和新的表达。归根结底,社会主义不是从一定的理论原则出发,而是基于历史事实和社会变化的运动。正如恩格斯曾经说的:"共产主义不是学说,而是运动。它不是从原则出发,而是从事实出发。被共产主义者作为自己前提的不是某种哲学,而是过去历史的整个过程,特别是这个过程目前在文明各国的实际结果。"①目前的历史事实和发展过程,就是各个"文明国家"深陷经济危机及其在其带来的各种危机的泥淖中不能自拔,是成规模的此起彼伏的社会抗议活动,是激烈的社会变化、动荡和重组。这些历史事实和过程,构成了当前重新审视世界社会主义的前提和实际基础。

资本主义危机以一种直接的形式表明,资本主义不过是历史发展过程中一个暂时的、过渡的形式,同时也为社会主义的发展提供机遇和条件。在 21 世纪初期的资本主义危机中,整个资本主义体系受到严重冲击,美国的霸权地位遭到削弱,而社会主义中国以及其他一些发展中国家在强势崛起,整个世界格局发生了有利于社会主义、有利于发展中国家的转变,有利于世界经济政治新秩序的建立,这都将极大地改善世界社会主义运动及其他进步运动的发展前景。就世界社会主义运动、共产党及其他进步力量而言,我认为以下几个方面的机遇和有利条件值得关注和研究。

1. 随着资本主义危机的发展,西方新自由主义力量占主导和右翼政党强势占据政治舞台的局面已开始扭转,这对于包括西方共产党在内的左翼政党来说,对于世界社会主义运动来说,无疑是生存和发展环境的有利转变。20 世纪 80 年代以后,随着里根主义和撒切尔主义在整个世界大行其道并占据主导地位,特别是 20 世纪末期苏联解体东欧剧变后,国

---

① 《马克思恩格斯选集》第 4 卷,人民出版社 1995 年版,第 311 页。

际垄断资本主义乘着迅猛发展的全球化战车恣意横行，毫无忌惮地追求超额垄断利润，加剧对世界各国人民的剥削。它们要摧毁一切障碍，包括历史上社会主义及其他进步运动取得的成果，打压共产党等进步力量和进步工会组织。这对世界社会主义运动来说，无疑是极为严酷的境遇。而20多年后，新自由主义在资本主义危机中信誉丧失，代表垄断资产阶级利益的右翼势力遭遇本国及世界范围内人们的强烈反抗，整个世界对资本主义丧失信心，乃至在2012年初召开的达沃斯世界经济论坛，也提出了"20世纪的资本主义是否适合21世纪"的论题。德国《世界报》在2012年7月发表报道，世界上著名的民意调查机构皮尤中心发表的一份调查结果表明，资本主义危机在整个世界大大削弱了人们对资本主义的信心，在11个主要资本主义国家中，只有半数或不到半数的受访者认同在自由市场经济中生活更好的观点。[①] 在"占领华尔街运动"中，也提出了"走向社会主义"的口号，等等。总之，资本主义危机为世界社会主义的发展提供了难得的社会环境和有利条件。

2. 资本主义危机的爆发和加剧，使得世界上社会主义及进步力量对资本主义批判的观点和主张得到实际的检验与支持，使长期以来政治理念和声音被忽视、被湮没的共产党等社会主义力量受到很大鼓舞，因而获得重新树立和整饬社会主义理论的好契机。危机发生后，许多国家的进步人士、左翼政党等及时发出批判资本主义的声音，有的以深刻的思想和理论分析直指资本主义症结，透过表面现象揭示危机的原因和本质，其中许多见解体现了马克思主义的立场和方法。危机发生后，马克思的《资本论》就在西方热销，连资本主义政治家、经济学家也试图从马克思那里找到解救危机的办法。而后，在西方及世界各地，对马克思主义多了客观评价，少了主观偏见；多了积极肯定，少了无端批判；多了借鉴启示，少了搁置冷漠。英国《卫报》2012年7月4日发表题为《为什么马克思主义再次兴起?》的文章，认为马克思主义"时来运转"，"因为它提供了分析资本主义，尤其是像目前这种资本主义危机的工具"。[②] 日本时报网站7月19日发表加拿大学者题为《马克思：伟人回归》的文章，

---

① 德国《世界报》网站，2012年7月12日。
② 《为什么马克思主义再次兴起?》，《参考消息》2012年7月9日。

写道："在柏林墙倒塌后，保守派和革新派、自由主义者和社会民主主义者几乎一致宣布马克思最终消失，可是他的理论却再次成为时下备受关注的话题——在许多方面，它们的流行速度令人惊讶。""如今，站在马克思这样的巨人肩上展望未来是一个积极的新动向。"① 在这样的形势下，正是社会主义观点得到实际生活的检验而重新振作并立足新形势新情况创新理论的大好时机。

3. 经过苏联解体东欧剧变后 20 多年的抗争、调整和磨砺，包括共产党组织在内的许多世界社会主义力量在各国舞台上站稳脚跟后，力量有所恢复，并开展了许多反对资本主义的斗争及活动。它们经过理论反思和实践磨炼，逐步适应变化了的国际国内环境，总体上由受挫低落转变为积极振作，由被动应付转变为自觉提升，逐步走向新的成熟。这为西方社会主义的发展奠定了一定的组织基础和力量来源。从苏联解体东欧剧变到现在的 20 多年间，国外坚持下来的共产党，经历了危机、重组、更新和发展，从捍卫生存转向谋求在本国政治舞台上有新的作为。摆脱传统束缚的希冀与政治现实的压力，革新的激情与挫折的苦痛，取代资本主义的信念与战略策略选择的困惑，走出低谷的希望与力量相对弱小的失望，面对新机遇的奋起与难以充分利用时机有更大作为的焦虑，都一并存在。而资本主义危机的爆发，使得这些社会主义力量在精神上变得积极振作，组织力量上也有所凝聚团结，它们的斗争也变得自觉成熟起来，联合行动逐渐开展起来。世界社会主义政党和力量经过长期的调整变革，在理论建构和实践开拓方面都取得了一定成绩，在逐步确立自身的思想基础、组织基础、社会基础上积累了一定的经验和条件。

4. 面对国际范围内强大的右翼力量的联合进攻，共产党及左翼力量也加强彼此之间的联系和合作，逐步由苏联解体东欧剧变之后的各个孤立抗争转变为谋求左翼力量的团结合作，形成了世界社会主义发展的一定规模优势。可以说，苏联解体东欧剧变之初，世界上许多共产党组织和社会主义力量遭遇了巨大打击，甚至出现了惊慌失措、自顾不暇的局面，更谈不上彼此协调和联合了。而随着在抗争中逐渐站稳脚跟，面对

---

① 《日本时报》网站，2012 年 7 月 19 日。

国内国际右翼势力的联合进攻，它们越来越感到自身的弱小无力，感到进步力量联合斗争的迫切。比如，自 1998 年以来，各国共产党工人党会议召开了 13 次，彼此加强沟通协调和联系。特别是 2011 年底在雅典召开的第十三次共产党工人党国际会议，有的共产党甚至提出了创建新的国际共产主义运动中心的建议。为了更大发挥共产主义者和工人在世界上的领导作用，有必要和急需组建一个政治协调中心，它不是一个新的国际，而是承担组织国际或地区联合行动的角色。会议还提出，面对资本主义新的危机，各国共产党组织必须抓紧用马克思主义理论武装起来，领导和团结全世界的工人和被压迫民族，在新的斗争中赢得十月革命后的又一个国际共产主义运动的高潮。这表明，资本主义危机促使共产党和工人党开展的社会主义运动发展到了一个新的水平。

5. 苏联解体东欧剧变过去 20 多年了，经过时间沉淀、实践检验和历史过滤，在今天不断形成并凸显出反映历史真相、趋于客观理性、揭示深层规律的经验教训的总结，意义重大，为 21 世纪世界社会主义的新发展和走向振兴提供了宝贵的历史借鉴。苏联解体东欧剧变是 20 世纪最重大的历史事件之一，对世界资本主义、世界社会主义都产生了巨大而深刻的影响。今后相当长一段时期，这一重大历史事件的"威力"仍将持续发生作用。有的学者认为，当前不断恶化的资本主义危机是苏联解体东欧剧变的一个必然结果。这一见解具有历史眼光。20 多年后，我们从历史与现实、理论与实践、时代发展与各国特色、国际与国内的结合与比较中，深入研究苏联东欧剧变与世界资本主义、世界社会主义的关系，研究苏联解体东欧剧变与中国特色社会主义的关系，深刻总结经验，反思汲取教训，获得更多的理论自觉和实践自觉，从而更加深刻地认识共产党执政规律、社会主义建设规律和人类社会发展规律，对于推动世界社会主义在 21 世纪的发展和振兴具有重要意义。

6. 中国特色社会主义在 21 世纪初期取得的巨大成就，是世界社会主义运动总体低潮中的局部高潮，这使世界上共产党及各种进步力量受到鼓舞，使他们看到了 21 世纪世界社会主义振兴的希望，这无疑是 21 世纪世界社会主义发展最切实、最坚实、最可依托的"根据地"和"阵地"。中国特色社会主义从来就不孤立于世界之外而存在，是世界社会主义的重要组成部分，今天已深深融入世界历史发展大潮中。社会主义就形式来说,是民族性的;就内容来说,是国际性的。中国特色社会主义,包括中国发展道路、发展模式、发展经验,已经赢得整个世界的瞩目。中国特色社会主义道路、理论体系和制度,无疑是 21 世纪世界社会主义发展过程中最宝贵的实践成果、理论成果和制度成果。邓小平曾经讲:"我们的改革不仅在中国,而且在国际范围内也是一种试验,我们相信会成功。如果成功了,可以对世界上的社会主义事业和不发达国家的发展提供某些经验。"① 我这里提出世界社会主义运动在不同历史时期的"参照系"的看法:在 19 世纪,世界社会主义运动的参照系是德国;在 20 世纪,这个参照系是俄国;而到了 21 世纪,这个参照系已开始转到中国。社会主义中国在世界东方的崛起,正在充分展示着社会主义的感召力和巨大优越性,必将对世界社会主义的发展和振兴产生巨大的历史推动作用。历史老人总是在各种主客观条件酝酿成熟的时刻,以一种特殊的方式将历史传承的"接力棒"交付给已准备好的国家和民族手中,下一步就看这个国家与民族的智慧和能力了。

二　当前世界社会主义面临的问题与挑战

一般地讲,资本主义发生危机,对于世界社会主义运动而言,必然造成一定程度的有利于社会主义发展的新形势和新条件。但是,这些形势和条件是否转化为有效的社会运动及预期后果,历史可能性是否转化为历史现实性,则是各种社会力量、各种社会因素综合作用的结果。

马克思和恩格斯认为,资本主义经济危机是资本主义生产方式的特有产物,集中暴露了资本主义经济和社会的一切矛盾。一方面,危机给无产阶级和广大劳动人民带来了深重灾难;另一方面,危机会激起被剥削被压迫阶级更强烈的反抗,推动其反抗资产阶级的社会主义运动走向高涨,从历史发展规律来看,最终会导致无产阶级及广大劳动人民推翻资产阶级的统治,建立新的社会主义生产方式和社会主义社会。时至今日,马克思主义关于资本主义危机与社会主义革命之间关系的原理仍然具有重要的现实指导意义。然而,这个原理的实际运用,随时随地要以

① 《邓小平文选》第 3 卷,人民出版社 1993 年版,第 29 页。

时代和实践的变化、各种社会条件的变化为转移。

危机造成不同于正常时期的机遇和条件，但危机不一定就必然带来社会主义革命的高涨。马克思恩格斯当年认为资本主义严重经济危机的到来会带来社会主义运动的高潮，尽管资产阶级实行了许多缓解危机的办法和措施，但是"每一个对旧危机的重演有抵消作用的要素，都包含着更猛烈得多的未来危机的萌芽"。① 马克思恩格斯去世后，时代发生了重大变化，资本主义也发生了很大变化，资本主义经过了重大的变革和调整，应对危机能力、创新能力、调控能力、适应能力以及统治战略策略，都完全不同于马克思恩格斯时代的资本主义。资本主义危机发生的方式、规模、周期、强度和影响等，也都完全不同了，对社会主义运动和革命的影响也发生了复杂而深刻的变化。正如20世纪70年代的资本主义危机，危机过后来临的不是世界社会主义的发展，相反却是世界社会主义运动的衰落；而资本主义经历危机后奋力突围调整，造成了此后30年的全球扩展。在21世纪初的这次资本主义危机中，资本主义遭受了重创，但社会主义迄今还没有被当作一种可供选择的解决问题的替代方案被广泛地提出。当前，资本主义进入国际垄断资本主义阶段，国际垄断资产阶级的统治范围、力量都得到巩固和加强，资本主义的自我调节和创新能力还很强，资本主义力量处于绝对优势。世界社会主义运动在相当长的时间内仍将处于低潮。

当前的形势和社会条件，使我想起恩格斯去世之前对1848年革命时期进行反思的情况和深刻论述。他于1895年在《卡尔·马克思〈1848年至1850年的法兰西阶级斗争〉一书导言》中这样写道："历史清楚地表明，当时欧洲大陆经济发展状况还远没有成熟到可以铲除资本主义生产的程度；历史用经济革命证明了这一点……这一切都是以资本主义为基础的，可见这个基础在1848年还具有很大的扩展能力。""既然连这支强大的无产阶级大军也还没有达到目的，既然它还远不能以一次重大的打击取得胜利，而不得不慢慢向前推进，在严酷顽强的斗争中夺取一个一个的阵地，那么这就彻底证明了，在1848年要以一次简单的突然

---

① 《马克思恩格斯全集》第25卷，人民出版社1995年版，第554页。

袭击来实现社会主义改造,是多么不可能的事情。"① 当前资本主义危机继续蔓延,甚至在一些国家和地区出现愈演愈烈之势,但是幻想资本主义在危机中很快完结,幻想"乘其之危"进行一次毕其功于一役的打击以实现世界社会主义革命性改造,也是"不可能的事情"。

当前,世界社会主义力量在资本主义危机中获得发展机遇和有利条件的同时,也面临着许多问题和挑战,甚至可以说出现了新旧问题相互交织的复杂发展态势。我这里总结概括一些主要的方面。

1. 从世界资本主义与社会主义力量的对比看,"资强社弱"的态势还没有根本改变,资本主义总体上处于攻势且越来越强烈,国外社会主义政党及力量则相对处于分散和弱小状态。在主导新一轮全球化的过程中,资本主义重新获得了力量,尤其是国际金融垄断资本主义变得更富于进攻性和侵略性,只是攻击和掠夺的形式发生了新的改变。在资本主义危机背景下,国际垄断资产阶级为转嫁危机,对工人阶级及广大劳动人民的进攻和剥削变本加厉。相对于国际垄断资产阶级的联合进攻而言,世界社会主义力量,以及左翼及各种进步力量,则处于相对分散、弱小的地位。在西方,共产党、工会组织和工人阶级之间的关系,失去了过去的那种总体上的一致性和相互支持促进的联系,彼此之间缺乏协调,甚至存在矛盾和背离,严重制约着反资本主义斗争的深入开展。

2. 从国外共产党等社会主义力量的政治影响力看,特别是在发生危机的西方国家,共产党等社会主义政党组织在各国政治舞台上仍然处于受排斥甚至边缘化的地位,其观点、主张、政策很难影响本国政府决策。相对于其他政党,共产党作为"左翼中的左翼"或"激进左翼"的位置还很难立足,西方共产党组织的阶级基础和社会基础薄弱。在资本主义议会民主制框架下,赢得选民的能力不强,难以与主流政党抗衡。共产党等左翼政党提出的解决危机的措施和方案很难进入本国政府的"主流决策"。在金融和经济危机发生后,西方右翼政党迅速放弃了此前奉行的市场化改革的新自由主义路线,转而将左翼政党长期以来坚持的一些政策主张,比如国有化、社会保障和社会福利、政府对市场进行干预等纳入自己的囊中,这反而挤压了左翼政党的活动空间。而作为"左翼中的

---

① 《马克思恩格斯选集》第 4 卷,人民出版社 1995 年版,第 512、513 页。

左翼"的共产党，尽管在危机中提出了自己的观点主张以及解决危机的措施办法，但由于长期以来受到反共势力的打压，基本被排挤在"主流政治"之外，即便是在危机中各国政府不稳定和不断更迭，轮流执政的仍然是代表资产阶级利益的或保守或革新的一些政党，共产党等社会主义党派和力量大多处于边缘化地位。

3. 从西方社会主义政党和力量对社会运动的领导力和影响力看，它们利用资本主义危机的能力不足、经验不够，难以提出有效的克服危机战略策略，难以有效引导不满危机和反对资本统治的群众运动。一些西方社会主义政党及左翼人士虽然能够深刻揭示出资本主义危机的实质，开展对资本主义的深刻批判，但是对于如何利用危机造成新的斗争形势，如何向民众提出令人信服的克服危机的有效措施，却无计可施。在议会之外的社会斗争中，一些共产党还难以有效地领导、引导各种社会运动。比如，声势浩大的"占领华尔街运动"，虽然提出了一些包含"社会主义"的口号，但整个运动很难被有能力、有组织的社会主义政党及左翼力量有效引导到社会主义斗争的方向上来。面对资本主义危机，一些共产党等左翼政党主要通过集会和组织群众游行示威方式来表示抗争，这在一定程度上有利于自身社会影响的扩大，但其基本主张和措施并未进入民众的头脑，只是激发一时的愤怒心理和情绪释放。而一些共产党等左翼政党及提出的变革资本主义制度的主张，在当下也难以被范围广泛的民众所接受。如前所述，西方共产党及左翼力量在苏联解体东欧剧变后根据形势的变化进行了理论和策略的调整与创新，但调整变化过程中也存在诸多问题。比如，一些共产党在调整过程中具有"社会民主党化"倾向，失去过去鲜明的政治立场和主张，从而失去了许多中下层民众的支持；还有一些共产党至今仍处于自我封闭和停滞状态，不能根据时代和实践的变化和本国国情确定自己有效的纲领和政策。另外，许多国家共产党组织分裂严重，派系斗争不断，严重削弱了整体的团结斗争能力。

4. 从世界社会主义运动的主体即工人阶级来看，尽管一个规模庞大的全球工人阶级客观上逐渐形成和发展，但全球工人阶级处于"自在"状态，尚未明显形成全球性的工人阶级意识。工人阶级处于分散状态且彼此竞争冲突，严重制约着世界社会主义运动的深入开展。在资本主义危机情境下，全球工人阶级各种抗议活动有所发展，但长期以来，全球工人阶级的发展及其活动受到很大的制约。一是经济全球化条件下资本"强势"与劳动"弱势"的力量对比不均衡更加突出，全球资本家阶级不断强化对劳动的自由选择和直接控制。而各国工人越来越失去政府、工会的保护，对全球资本进攻无法形成有效的抵制和抗争力量。各国工人之间的矛盾和冲突增多，面对全球资本的联合处于分散状态，为了各自的利益相互竞争排斥，难以形成统一力量。二是工人阶级的主体性和阶级意识仍然缺失。在国际资本统治的全球化时期，虽然跨国资本的剥削更加直接和严酷，贫富差距和各种不平等现象更加严重，全球范围内劳资对立和冲突更加明显，各国工人阶级开始重新认识到自己的阶级地位和阶级利益，但还没有形成作为全球工人阶级的意识，缺失对抗全球资本统治的主体性和自觉性。三是缺少有力的工会组织和工人阶级政党的领导。在新自由主义经济社会政策下，国外工会力量遭到极大破坏，至今孱弱无力，各自为战，缺少走出困境的战略策略，难以组织起工人阶级进行大规模的经济政治斗争。而西方国家一些左翼政党，包括社会民主党和一些共产党，在历史上曾经是代表工人阶级的政党组织，而今许多声称不再是一个阶级的政党，工人阶级在各国政治舞台上缺乏明确稳定的代言人和利益维护者。

总之，资本主义危机造成了有利于世界社会主义发展的新形势、新条件、新机遇，但危机不会自然而然地带来世界社会主义的新发展和振兴。看不到新的形势、机遇和条件，就是机械保守主义者和悲观主义者；看不到世界社会主义仍然面临的问题和挑战，就是唯主观意志论者和盲目乐观主义者。世界社会主义的发展和振兴，取决于各种历史主客观条件的综合作用，特别是需要社会主义政党及进步人士制定出符合时代发展、符合本国本地区实际、能够切实代表和维护工人阶级及广大人民群众利益的纲领和战略策略。同时，社会主义是广大人民群众的事业，团结动员起全世界工人阶级及广大人民群众共同行动起来反对国际垄断资本的统治，自觉开展争取工人阶级自身的解放和人类解放的事业，世界社会主义的振兴才有希望和前途。在21世纪初的这场资本主义危机之后，我们希望世界社会主义会有大作为和新的发展。

（选自《国外社会科学》2012年第5期）

资本的贪婪与民主的虚伪

——对国际金融危机的政治分析

张树华*

22 年前，随着苏联解体和柏林墙的倒塌，西方世界欢呼雀跃，庆幸并认定西式自由主义市场和政治模式自此将一统天下。此后，借助全球化和民主化的汹涌浪潮，西方世界乘机将资本主义的病毒带向全人类，资本的贪婪和民主的乖戾借助新自由主义的催化剂，像变异的恶性病毒一样在国际上迅速蔓延，侵蚀着社会健康的肌体，毒害着人类善良的灵魂。20 年来，一小撮金融寡头借助西方国家的政治机器和经济网络饱食"冷战红利"，对内对外肆意进行经济掠夺和政治压迫。西方世界在输出民主和鼓动颜色革命的同时，也催生了文明冲突和惨烈的种族杀戮。在西方大国的经济自私和金融大鳄贪婪胃口的驱动下，许多国家经济虚拟化、产业泡沫化和金融欺诈盛行一时。2007 年年底，隐藏在资本主义肉体里的邪恶病毒终于引发了一场大规模的金融瘟疫，就像凶猛的海啸一样，霎时间席卷了几乎整个世界。

2008 年由美国次贷危机引发的金融海啸，使资本主义世界陷入了自 20 世纪 30 年代"大萧条"以来最为严重的经济大衰退。这场经济危机再次昭示了"资本的贪婪和民主的虚伪"，彻底暴露了西方社会制度的种种

---

* 张树华，中国社会科学院信息情报研究院院长、研究员。

缺陷：在经济领域，又一次打破了"无形之手"自由放任的市场万能论的神话；在社会领域，西方社会贫富两极分化，造富神话破灭，失业严重，中产阶级分裂，社会冲突加剧；在政治领域，政权瘫痪，政治领导软弱乏力，治理失败。

一　国际金融危机与世界历史转折点

此次爆发的源自美国的全球性金融危机，深刻暴露了资本主义发展模式的内在矛盾，令人对西方的自由民主发展模式产生质疑。2009 年 1—2 月出版的美国《外交》杂志刊载了美国政府财政部原副部长罗杰·奥尔特曼的长文，题为《2008 年的大崩溃——西方的地缘政治挫折》。他写道："2008 年爆发的金融和经济危机是 75 年来最可怕的一次，也是美国和欧洲遭遇的重大地缘政治挫折……美国、欧洲，或许不包括日本，都在发生严重衰退。此次衰退很可能比 1981—1982 年的那一次更具破坏性……此次灾难给美国的自由市场资本主义蒙上了一层阴云。世界许多国家正面临着历史性的大转折……在此过程中，美国的全球影响力乃至美式民主的魅力在不断减退。"

面对扑面而来的这场世界性灾难，2012 年 1 月 23 日金融大鳄乔治·绍罗什在美国《新闻周刊》网站上惊呼：世界进入了近现代历史上最危险的时期之一——"邪恶"时期。欧洲面临陷入混乱和冲突。美国街头的骚乱将引起残酷镇压，从而造成公民自由被严重剥夺，甚至全球经济体系都可能完全崩溃。

2012 年 5 月 21 日，西班牙《起义报》刊登了美国经济学家保罗·克雷格·罗伯茨的一篇题为《复苏还是崩溃？》的文章，称英格兰银行金融稳定委员会主席安德鲁·霍尔丹曾公开承认，这场金融危机最终将对全球经济造成 60 万亿美元到 200 万亿美元的损失。世界第一大经济体美国的国内生产总值大约是 15 万亿美元。这样估算，这场金融危机最终给全世界造成的损失相当于 4 个到 13 个美国国内生产总值（GDP）的总和。他认为，从长远来看，对金融寡头的纵容或将导致西方文明毁灭。

俄罗斯《独立报》在 2012 年 3 月 7 日刊登了盖达尔经济政策研究所

研究员基里尔·罗季奥诺夫的一篇文章，题为《未来世界的格局》。他写道，2008 年的世界经济危机是系统性、制度性的危机。它涉及面之广之宽、持续时间之长和程度之深，加之金融动荡与政治动荡交织在一起，都证明了这一点——世界迎来历史转折点。

二　社会危机与政治乱象

这场金融危机使曾经一时成为神话的西方模式从神坛上跌落下来。美国这个自诩为上帝宠爱的"山巅之城"，不得不脱下了皇帝的新装。世人发现，作为冷战后西方世界的代表和领头雁的美国，才是"人类灾难的制造者"。

2012 年 2 月 21 日，美国战略预测公司网站发表了该公司总裁乔治·弗里德曼的题为《世界状况：框架》的报告，称苏联解体后，唯一的全球强国就是美国，它每年的 GDP 占全球总额的约 25%，并控制着海洋，其全球优势地位达到前所未有的高度。2012 年 2 月 26 日，德国《星期日法兰克福汇报》刊登了一篇题为《美国的哀愁》的文章，指出美国曾经被视为成功模式和理想国，而如今却充斥着怯懦和对不明灾难的恐惧……这场危机仍然是制度性的，资本主义仍然是病态的，西方被深深动摇。这次经济衰退是 20 世纪 30 年代世界经济危机以来最严重的经济衰退，社会的不均衡越来越严重，跨国公司和金融业掌握着无限的权力。

2012 年 5 月 15 日和 6 月 5 日，英国《金融时报》先后发表了首席经济评论员马丁·沃尔夫的文章，题为《一个超级大国衰败的时代》和《美国的新角色》。文中沃尔夫指出，1990 年，（加利福尼亚州）在大学上的开支是监狱的两倍。而现在，它在监狱上的开支几乎是在大学上的开支的两倍。他认为这个数据切中要害，美国的入狱率位居全世界之最，这不仅是个社会统计数字，还是一个经济统计数字。在享尽了"冷战红利"和全球化的好处之后，美国经济不再像以往那样带来广泛共享的利益。2002—2007 年，1% 的人口几乎占收入增长的 2/3，而 0.1% 的人口占收入增长的 1/3 以上。这种零和经济催生了不满和绝望，而此次危机又让愤怒情绪加剧。

对于美国的社会乱象，诺贝尔经济学奖获得者、世界银行前首席经济学家斯蒂格利茨有着深刻的分析。他在 2011 年 5 月出版的《名利场》杂志发表文章，题为《1% 的"民富、民治、民享"》，深刻揭露了金融寡头对社会全方位的控制。

早在 2008 年之前，美国另一位诺贝尔经济学奖获得者克鲁格曼就已嗅到了经济危机的气息。他认为，其先兆和 1929 年的经济危机如出一辙，就是财富集中到了少数人的手里，而制度和政策偏向于富人，政府在某种意义上已经被金融资本绑架。克鲁格曼详细地考察了美国从 19 世纪末一直到 21 世纪初政治和经济的关系，得出一个结论：是不平等的政治在决定不平等的经济，而不是相反。这样，在这位美国自由主义经济学家眼里，无论就历史事实，还是理论，都在清楚地说明这一点：经济出了问题，往往是政治先出了问题，而社会出了问题，乃是它们的综合症状。

近期西方主流媒体上充斥着对西方政治瘫痪景象的描述：西方政治精英们离现实和广大民众的需求越来越远；政治精英的合法性丧失；欧洲"民主赤字"；政治动荡和治理失败；美国处在衰落之中；即将分裂的欧洲；西方中产阶层的分裂；政局动荡、政党对抗、政策堵塞、执政困境；社会骚乱与社会冲突；等等。美国趋势研究所所长杰拉尔德·切伦特甚至预言，今后几年美国会出现内战。英国《金融时报》网站 6 月 13 日发表一篇题为《大堵塞！美国政治的红灯》的文章，指出美国社会似乎正在日益两极化。文章还引用了世界大型企业研究会最新的一次调查材料。这项调查让世界上约 70 名首席执行官评价目前的经济和政治气候。结果令西方政界和学界颇感震惊。当问及哪一个全球组织最具竞争力和可信度时，全球著名的 CEO 们列在第一位的是他们自己（约 90%）；其次是央行（近 80%），而列在第三位的是中国共产党的领导集体（64%）。他们认为，中国共产党近几年在应对政治和经济挑战时"有效"，这一比例远远超过美国总统的排名（33%），而美国国会仅获得了 5% 的支持率。另一项调查结果显示，自 2008 年金融危机爆发以来，美国国会的民众支持率一路走低。在 2011 年 11 月美国哥伦比亚广播公司进行的民意调查中，国会支持率跌至 9%，对其工作表示不满的比例则高达 84%。

政治对抗、金钱政治、决策不畅等政治颓势，使得西方制度的政治能力和民主成色大打折扣。美国著名专栏评论家托马斯·弗里德曼认为，诸多因素导致美国整个政治体制陷入瘫痪。2012 年 4 月 22 日，他在《纽约时报》刊发了题为《打倒一切》的文章，提出美国的政治分歧变得比以往任何时候都更为恶劣。他引用美国政治哲学家弗朗西斯·福山的观点说明，美国从一个民主政体变成了一个"否决政体"。而民主党前参议员拉斯·范戈尔德甚至戏谑地比喻，按照目前两极分化的速度，两党人士不久就会要求消费品反映他们的政治立场——美国将会有"共和党"牌牙膏和"民主党"牌牙膏。在美国政治生活中，资本的作用越来越大。金钱导致特殊利益集团游说者人数及其影响和阻碍决策的能力螺旋式上升，成为一个政治悖论。美国政治学家曼库尔·奥尔森在《国家的兴衰》一书中警告说，如果一个国家积聚了太多特殊利益游说集团——它们比关心整个国家利益的广大民众拥有更大固有优势——它们就会像多爪的章鱼一样，让政治制度失去活力，除非多数人群起而攻之。

三　政治衰退与民主的虚伪

美国斯坦福大学民主、发展与法治研究中心高级研究员弗朗西斯·福山作为《历史的终结和最后的人》一书的作者曾名噪一时。这位在冷战结束时曾经断定西式自由民主模式将一劳永逸地统治全球，并且这将意味着"历史的终结"的美国政治哲学家，现在由研究自由民主问题转向"政治秩序的起源"。福山对美国政治的现状十分不满，认为美国政治几乎步入政治利益集团对抗的"死胡同"。他认为，美国的特殊利益集团队伍比以往更庞大、更易动员、更富有，而执行多数人意志的机制却更乏力。这样一来的后果是要么立法瘫痪，要么就是小题大做，胡乱达成妥协方案，不求最优，这些方案往往是在面对危机时的应景之作。这就是美国特有的"否决政体"。福山等人进而提出，美国畸形的政治体制——国会变成了一个合法贿赂的论坛——实际上导致美国的裹足不前。

与此同时，福山还对金融危机对中产阶级的打击深感"痛心"。他在2012 年美国《外交》双月刊 1/2 月号发表了一篇题为《历史的未来——

自由民主能够在中产阶级衰退时幸存下来吗?》的文章。福山写道,如果某些十分棘手的经济和社会潮流继续发展下去,现代"自由民主"国家的稳定将受到威胁,民主思想将被颠覆。[①] 全球化资本主义模式正在蚕食自由民主所依赖的中产阶级社会基础。福山最后无奈地号召资本主义世界的思想家,共同寻找在现今资本主义框架下政治思想阐释的路径。

对于如何诊断美国政治制度的病因,美国政治学界莫衷一是。美国经济学家、诺贝尔经济学奖得主迈克尔·斯彭斯一针见血地指出,在今天的美国,钱是蛊惑人心的伟大推动者。美国已经从"每个有产者一票、每个白人一票、每个男人一票、每人一票向一美元一票发展"。美国的"民主政治"本质如此,头顶"自由、民主"价值光环的欧洲大陆政治情景也同样不妙。

对处于风雨飘摇的欧洲联盟,2012 年初诺贝尔经济学奖获得者阿玛蒂亚·森在《纽约时报》发表的《欧洲民主危机》一文中指出,通往地狱的道路是用善意铺就的,如果这句格言需要证据的话,欧洲经济危机就可以说明。欧盟政策制定者的一些有价值但又狭隘的计划,对于构建健全完善的欧洲经济不仅被证明是不合适的,甚至还给欧洲带来了苦难和混乱。他认为,欧洲萎靡不振的最令人不安的方面也许是关于财政命令的民主承诺的更换,现在已经变为由欧盟领导人和欧洲中央银行,或者间接地由声名狼藉、不健全的信用评级机构的鉴定来确定。

2012 年 1 月底,在巴西阿雷格里港举行的世界社会论坛会议上,论坛的几位创始人——葡萄牙社会学家博阿文图拉·德索萨·桑托斯、西班牙记者伊格纳西奥·拉莫内特、法国活动家贝尔纳·卡桑和巴西建筑师希科·惠特克等人一致认为,欧洲民主已经被"贪婪的"金融市场"绑架",而且这个没有底线的市场现在已经威胁到了人权和政治权。桑托斯指出,"欧洲的民主和宪法都不合格,现在主宰它们的是高盛公司"。在桑托斯看来,有理由认为资本主义是反民主的。

无论是 2011 年的伦敦之夏,还是后来的华尔街之秋,发生在欧美国家的抗议运动具有深远意义。它们的目标不仅是争取就业和福利等社

---

① Francis Fukuyama, *Foreign Affairs*, Jan /Feb. 2012, Vol. 91, No. 1.

会救济，也不是单纯发泄对金融寡头贪婪的愤怒，而是针对资本主义政治模式的病根——金钱操纵政治。这种政治的本质就是华尔街大银行等跨国资本利用金钱收买并控制政府，用虚伪民主外衣掩盖金融寡头统治。

四　"政治西方"：梦想的终结与神话的破灭

很长一段时期，西方社会笃信存在一个永恒的、掌握了人类社会真理的"政治西方"。这个"政治西方"受到上帝的垂青，赋有拯救世界的历史使命。多少年来，西方主流社会思潮认定，西式的竞争民主和自由市场模式是普世的、永恒的，是全人类的最后"幸福归宿"。"西方国家是民主的、民主属于西方国家、西方民主制度是普世的"等论调，像"圣经"教条一样被写进政治学教科书，回响在各种讲坛。民主成了政治的全部，民主涵盖了一切。在一些人眼中，民主与自由市场、富足等符号一起成了西方社会的象征。凭借对"民主概念"的垄断，西方国家占据了国际政治制高点。在这一过程中，"民主"被西方政治理论家提炼成西方政治制度的唯一真谛，成了西方政治人物的口头禅，并逐渐演变成一种政治宗教，变成西方对外政治输出的"政治圣经和基本软件"。

20 年前，柏林墙倒塌，宣告了冷战结束，以美国为首的西方世界暂时取得了政治、军事和思想等方面的胜利。随即便有福山发表言论，宣告"人类历史至此终结"，国际上意识形态的争论自此盖棺定论，"西方自由民主制度将一统世界"。西方学界和政界认定，评价一个国家政局的好坏，就是看这个国家是否有符合西方标准的民主制度。

冷战后的 20 年，民主已经被泛化成一种无处不在的国际政治现象，成为国际政治和国际关系的焦点问题。民主成为西方划分关系亲疏和国际阵营的政治工具，成为国际政治较量的内容。在西方战略家眼里，民主已经成为一种全球化现象，民主政治和自由市场一样，演变成无处不在、无所不能的价值、观念、标准、制度、原则、做法等。

然而，随着美国对外"推销民主"战略的受挫，"颜色革命"泛起的民主泡沫一个个破灭，一些新兴"民主国家"的治理陷入混乱，人们开始对民主问题以及以西方自由民主模式为标准观察、衡量世界的思维模式进行反思。与此同时，中国经济社会一直保持独立稳步发展，政治发展也取得了长足进步。西方某些学者指出，美国的民主与资本主义同时出现的经验，作为一种反常现象，也许不太适合世界其他地方。

诺贝尔经济学奖得主施蒂格利茨提出，20 世纪 90 年代初以来的一个重大变化，就是人们认识到了民主的复杂性和局限性。哈佛大学商学院经济学家 B. 斯科特也说，那种将"有了宪法和选举就有了民主"的美国经验加以推广的做法是"非常愚蠢的"。[①]

福山在金融危机暴露美国模式弊端后进行了反思。他称"美国民主没什么可教给中国的，美国的民主曾被广泛效仿，但美国的道德资本在很短时间内消耗殆尽：伊拉克战争以及军事侵略与民主推广之间的密切联系给民主抹了黑，而华尔街金融危机则打破了市场自我调节的理念"。福山提出，客观事实证明，西方自由民主可能并非人类历史进化的终点。人类的思想宝库需要为中国传统留有一席之地……世界需要在多元的基础上实现新的融合。

历史经验表明，每个国家的民主都应符合自身特定的历史文化传统和现实条件，应因地制宜，外部强加和全盘照搬往往得不偿失。

五　超越西式民主，提升国际政治竞争力

近年来，境内外关于"中国奇迹、中国道路"的话题越来越热。学术界在思考中国奇迹的同时，越来越多地追寻中国改革成功的政治条件和政治密码。但细心观察，西方研究者宁愿多讲"中国模式的经济成就"，也不谈或者有意回避"经济成绩"的政治因素或政治优势。一些西方汉学家甚至不惜耗费精力，试图从亚洲和中国的历史文化传统中去寻找中国成功的历史密码，却视而不见中国特色社会主义的政治现实和中国共产党的执政理念。西方学界习惯了以西方固有的政治标准评价中国问题，或偷梁换柱，或盲人摸象，这样不可避免地出现"误读"或"误

---

①　《"民主与资本主义同步"理论发生动摇》，http：//www. qianyan. org. cn/show_m. asp? id =410。

判"。古语说，"一叶障目不见泰山"，以西方政治模式和政治价值框架观察和解释当代中国问题，不仅很难全面理解中国模式的"政治内涵"，同时也不可能找到中国成功的"政治密码"。

值得注意的是，近两年西方一些有识之士在反思西方制度弊端的同时，开始认真探究中国的成功之道。曾经把中国模式概括为"北京共识"的美国学者雷默在他《不可思议的时代》一书中文版序中写道，中国遇到的挑战，从规模来看，从复杂的程度来看，都是人类历史上从未经历过的。改革的本性是会产生出从未见过的新问题。这就需要一种新的创新，一种超越"中国特色"的创新。所谓"后中国特色"，是指中国将不再把国外的东西拿来，然后增加一些"中国特色"。中国创造出来的将是完全崭新、自主的创新。《当中国统治世界》一书作者、英国学者马丁·雅克说，很多人仍旧认为，只存在一种现代性模式，那就是西方的现代性模式，这是误区。越来越多的西方学者认识到，今天西方已经不能再用简单化的政治套话和二元对立的方法来讨论中国的发展、特别是政治发展问题了。

2012 年 2 月 16 日，美国《纽约时报》评论版刊登了名为李世默的美国斯坦福大学 MBA 学员的文章，题为《为什么中国的政治模式是优越的?》。文章把中美之间的竞争说成是民主与专制之间的冲突。事实上，西方与中国目前的竞争并不是民主与专制的对峙，而是两种根本不同的政治观的冲突。现代西方把民主和人权视为人类发展的顶峰，这种信念以一种绝对信仰为前提。中国所走的道路则不同。如果让民众更多地参与政治决策，有利于中国的经济发展和国家利益，中国领导人就准备这样做，就像他们在过去 10 年中所做的那样。稳定开创了中国经济增长和繁荣的时代，使中国获得了世界第二大经济体的地位。

福山也写道，中国模式与众不同，其政治体制最重要的优点是能够迅速做出众多复杂的决策，而且效果不错。而过去十年，华盛顿外交、经济等政策出错，美国模式变得两极分化和思想僵化。如果政府内部分裂且无力治理国家，那么它对任何人来说都不是什么好模式。

与西方国家一些学者继续局限于"民主—专制""西方—非西方"的两极对立思维模式不同，中国采取科学性的发展方式，沿着协调性的发展轨道，秉承包容性价值理念，为当今国际社会提供了非凡的答案。中国发展改变着世界，丰富着世界。借助于发展价值的多元性、发展进程的包容性、发展理念的科学性，中国拒绝了国际上盛行的那些思想偏见和政治短视。中国政治发展显示了强劲的政治竞争力和政治发展力，展示出良好的发展前景。

（选自《国外社会科学》2012 年第 5 期）

当代资本主义政治制度的危机分析

辛向阳[*]

我们现在打开报纸或者互联网，就会看到诸如此类的标题：《债务危机或致欧洲民主制度崩溃》（《德国金融时报》网站 2012 年 6 月 12 日）、《西方式政党正走向衰亡》（西班牙《起义报》2012 年 5 月 30 日）、《美国："自由"的代价》（阿根廷《南南》网站 2012 年 4 月 9 日）、《资本主义与西方民主发生冲突》（美国《华盛顿邮报》2011 年 11 月 25 日）等。这些文章反映出西方民主制度正在走向衰败。

这种衰败不是偶然的，是资本主义基本矛盾激化在政治上的反映。资本主义的基本矛盾是生产社会化与资本主义生产资料私有制之间的矛盾。反映在政治上就是政治的社会化与政权的资本性之间的矛盾。它有两大表现：政治活动的社会化与人民群众没有条件实质参与政治活动的矛盾，少数垄断企业深度干预和左右国家政治与国家的社会管理职能之间的矛盾。这一基本政治矛盾和它的两大表现形式，决定了当代资本主义政治制度的危机是深重的。其政治制度的危机主要表现在以下几个方面。

一　民主政治正在演变成利益集团政治，并扼制了其政治制度的活力

由资本主义政治制度的本质所决定，当代西方国家积聚了众多高度

---

* 辛向阳，中国社会科学院马克思主义研究院研究员。

关注自身特殊利益的游说集团。2012 年年初,美国学者斯蒂夫·科尔出版了一本题为《私人帝国:埃克森美孚公司和美国力量》的著作。书中描述了埃克森美孚公司富可敌国的财富势力,以及公司对美国政府的影响力。埃克森美孚公司的院外游说活动规模在华盛顿名列前茅,不仅在 K 街设有一个人员众多的办事处,而且还与大约 20 名前参议员、众议员、议员助手和其他一些人签有合同。说到 K 街,它是美国首都华盛顿的一个街区,又称为"游说一条街",这里云集了大批智库、游说集团、民间组织、公关公司、国际总部等机构。在华盛顿注册、在 K 街工作的人员超过 3.5 万人。这些说客利用各种方式就法律、法规和政府政策的制定、修改和执行等,与政府官员或国会议员作口头或书面的交流,从而影响政府的决策,为特殊利益集团服务。默多克的新闻集团也是 K 街上的骨干,它也是通过游说以及大规模捐款等手段极力影响美国联邦政府的决策。2001—2011 年 10 年中,该集团花了 5000 万美元游说议员、政府组织等,不让美国的媒体监管机构以反垄断为名阻止它的媒体帝国在美国扩张。

政府政策为大资本这些特殊利益集团服务,这是由西方民主政治的阶级本性决定的。这一点,恩格斯在 1891 年就指出:"正是在美国,同任何其他国家相比,'政治家们'构成了国民中一个更为特殊的更加富有权势的部分。在这个国家里,轮流执政的两大政党中的每一个政党,又是由这样一些人操纵的。这些人把政治变成一种生意,拿联邦国会和各州议会的议席来投机牟利,或是以替本党鼓动为生,在本党胜利后取得职位作为报酬。大家知道,美国人在最近 30 年来千方百计地想要摆脱这种已难忍受的桎梏,可是却在这个腐败的泥沼中越陷越深……我们在那里却看到两大帮政治投机家,他们轮流执掌政权,以最肮脏的手段用之于最肮脏的目的,而国民却无力对付这两大政客集团,这些人表面上是替国民服务,实际上却是对国民进行统治和掠夺。"① 这种情形在当代变得越发明显、越发令民众不可忍受。今年 5 月 20 日,美国《纽约时报》网站发表该报专栏作家托马斯·L. 弗里德曼题为《美国越来越不民主》的文章。他强调,美国正从一个防止权力过度集中的民主政体演变成一

---

① 《马克思恩格斯选集》第 3 卷,人民出版社 1995 年版,第 12 页。

个权力过于分散而无法做出重要决定的"否决政体",特殊利益集团游说和贿赂的扰乱令政治制度丧失活力。不仅是弗里德曼,越来越多的西方学者正在达成共识:西方的民主制度已经利益集团化,完全被资本绑架了,民主正在变成资本之主。

二　民主制度的野蛮化和军事化,变得更加傲慢和具有危险性

资产阶级民主制为了维护资本的根本利益,在资本利益受到挑战的地方,其野蛮的本性就会暴露出来。对资本主义民主的野蛮本性,马克思在《法兰西内战》中清晰地指出:"每当资产阶级秩序的奴隶和被压迫者起来反对主人的时候,这种秩序的文明和正义就显示出自己的凶残面目。那时,这种文明和正义就是赤裸裸的野蛮和无法无天的报复。占有者和生产者之间的阶级斗争中的每一次新危机,都越来越明显地证明这一事实。和 1871 年的无法形容的罪恶比起来,甚至资产阶级的 1848 年 6 月的暴行也要相形见绌。"① 100 多年后的资产阶级民主本性是否改变了呢?其根本利益决定了不可能改变。西班牙《起义报》2012 年 1 月 10 日刊发了题为《美国从"民主独裁"走向军事集权国家》的文章。该文指出,"一些知名观察家——其中不乏美国的观察家——都认为,在第三个千年开始的时候,美国将成为'民主独裁'国家。但乔苏多夫斯基(加拿大全球化研究中心主任)的观点更为激烈,他认为美国成为一个'披着民权外衣的军事集权国家'的趋势越来越明显"。

"披着民权外衣的军事集权国家"的一个明显特征,就是向他国输出所谓民主人权,这似乎是当代西方国家的一个嗜好。冷战结束后的一些西方政要都相信输出民主人权是西方国家义不容辞的责任。有的霸权国家明确把维护国家安全、发展经济、在国外促进"民主"作为国家战略的三大目标,进而提出寻求并支持世界各国和各种文化背景下成长的民主运动,寻求并支持各国民主的制度化。有的政要则提出,"这是我们国家的历史:不管是为了人民的繁荣还是国民的平等,我们对全球传递美

① 《马克思恩格斯选集》第 3 卷,人民出版社 1995 年版,第 74 页。

国价值观的承诺不变"。西方国家为什么如此热衷于输出民主人权呢？因为他们相信，输出了民主人权，就会使世界上的人们认可西方国家的经济政治制度，就像亨廷顿所言，"民主规范的普及性在很大程度上依赖于对那些世界上最强大国家规范的认同"。这样一来，西方国家就会便利地把自己的利益置于他国人民的利益之上，民主人权输送的正是垄断资本的利益。

"披着民权外衣的军事集权国家"在输出民主人权时运用的往往是军事打击手段，用呼啸的炸弹来输送自由民主。托马斯·弗里德曼在1999年3月28日《纽约时报》上发表了《世界的宣言》一文，文章中讲道："如果离开看不见的拳头，市场这只看不见的手是绝不会发生作用的。麦当劳的兴盛离不开麦道（F15战斗机生产商），为硅谷科技开路的看得见的拳头，叫作美国陆军、空军、海军和海军陆战队。"同样，我们看到，微软、谷歌、麦当劳的兴盛既离不开美国陆军、空军、海军和海军陆战队，也离不开诸如普世价值、人权高于主权之类的理论宣传。民主人权开路、巡航导弹开炸、垄断企业开业，几乎成为新殖民主义三位一体的新战略。1999年，为了发动科索沃战争，西方打出了"人权高于主权"的牌。结果呢？正如有的学者所讲：到2000年年底，在东欧银行业，外资控股比例最高的达97%，最低的也超过50%，所谓社会转型不过是西方的Bank取代苏联的Tank，美国的M（McDonald's）代替苏联的M（Missiles）。人民不仅失去了原来的社会福利，还忍受着西方资本的多重盘剥。

西方国家一直坚持的理念是，民主只能是西方制度的产物，是启蒙时期将人类从黑暗中解放出来的结果。这一理念导致的结果就是民主的傲慢；而民主傲慢导致的就是种族的灭绝或者把一个国家"炸回到石器时代"。祖籍尼日利亚、曾经获得过大英帝国勋章的黑人艺术家因卡·索尼巴尔对此曾经讲过一番肺腑之言："启蒙时期是将人类从中世纪的黑暗中解放出来的一个时代，我们的关于民主的传统观念，在这个时期内得到了重新定义，和自由主义的理想一起，在启蒙时代里浮现出来。但是，这恰恰是自由民主的傲慢，经常被用作一系列战争——最近一次即伊拉克战争——的合法化借口。""正如莎剧《暴风雨》中凶残丑陋的奴隶，他们拒绝被教化，因此我们就要用枪炮将民主强加在他们的头上。这样的行为其本身就是非理性的：自由民主的傲慢已经导致了最不理性的种族灭绝行为。"① 自由民主傲慢导致的种族灭绝举不胜举。据黑人著名历史学家 W. E. B. 杜波依斯估计，被殖民主义从非洲贩卖到美洲大陆的黑人奴隶，16 世纪为 90 万人，17 世纪为 275 万人，18 世纪为 700 万人，19 世纪为 400 万人，共计约 1500 万人。这只是活着到达美洲大陆的奴隶人数，在运输过程中被折磨致死的人数更是达到活着人数的数倍，很多学者认为奴隶贸易使非洲损失了 1.5 亿人口。美国白人踏上北美大陆不久，就以自由民主的名义开始屠杀印第安人。新英格兰的清教徒在 1703 年的立法会议上决定，每剥一张印第安人的头盖皮和每俘获一个红种人都给赏金 40 镑；1720 年，每张头盖皮的赏金提高到 100 镑；1744 年马萨诸塞湾的一个部落被宣布为叛匪以后，立法会议规定了这样的赏格："每剥一个 12 岁以上男子的头盖皮得新币 100 镑……每剥一个妇女或儿童的头盖皮得 50 镑！"整个 19 世纪，美国联邦军队的主要任务之一就是驱逐和屠杀印第安人，于是在 17 世纪初期 2000 万的印第安人，到 19 世纪末就只剩下 20 多万人了。进入 21 世纪，自由民主带来的种族屠杀并没有绝迹。2010 年 10 月泄露的维基解密报告表明，美国发动的伊拉克战争到 2010 年 9 月底造成了 10.9 万人丧生，其中 63% 是伊拉克平民。

三　金融资本的无限贪婪侵蚀着民主的制度基础，效忠金融资本的政治体制正在形成

　　金融资本的特性决定了它是无限贪婪的，它要到处掠夺各国人民的财富，包括发展中国家，也包括发达国家中的一些弱国。西方国家一方面高喊自由平等，另一方面一旦遇到金融资本，就束手无策。西班牙知名记者、经济学家和畅销书作家洛蕾塔·纳波莱奥尼在 2011 年 9 月接受记者采访时指出，过去 20 年，西方民主一直在为金融寡头服务，而不是为人民服务，这就是西方民主不起作用的原因。21 世纪初希腊加入欧元区时曾遇到了一些小麻烦，主要是希腊的财政赤字没有达到欧元区规定的标准，高盛就乘虚而入，以小利诱惑希腊落入金融陷阱。高盛利用金

---

① 中国国家博物馆编：《启蒙的艺术》，中国社会科学出版社 2011 年版，第 95 页。

融衍生品造假，帮助希腊隐瞒了数十亿美元主权债务。在那次交易之后，高盛还做了大量手脚，购买希腊无法偿还债务的信用违约衍生品类巨额保险。之后，它指使美国的三大信用评级机构点燃了信用危机火种，促使希腊的火灾隐患在狂风中转瞬就燃烧成熊熊烈焰，西方金融财团借助利率市场化操纵希腊债券利率飙升，转瞬变成了大规模掠夺希腊社会财富的高利贷债务枷锁。2012 年 3 月，政府公然违法挪用了 70％ 的公共机构的银行存款偿还西方债务，包括希腊供电、水等公用事业、企业、大学、医院等，严重影响了医疗保障、居民生活和学校的正常运行。当前希腊处理危机应对的官员都与高盛有着紧密关系，他们恰恰就是当年希腊落入债务危机陷阱的始作俑者，对希腊民众的抗议活动始终置之不理，冷漠无情。在西方国家，希腊并不是个案。美国《旗帜周刊》高级主编克里斯托弗·考德威尔认为，美国政治早已被华尔街巨头牢牢绑住，民主党比共和党人甚至更加依赖华尔街金融寡头的资助，政客们对金融寡头的效忠正变得体制化。这一局面使得在这种体制下进行的金融监管改革必然先天不足，甚至可能使监管变成一纸空文。

　　除了高盛公司，还有标准普尔。2003 年年底，中国银行业谋求到海外上市。就在此时，标准普尔将中国 13 家商业银行的信用级别都评为"垃圾级"；但同时，它高调肯定境外投资者参股中国商业银行的行为，为国际垄断资本攫取中国的国有资产造势。美国《华盛顿邮报》2011 年 11 月 25 日发表了专栏作家哈罗德·迈耶森的文章，题为《当资本主义与民主发生冲突》。文章观点有二，其一，资本主义令民主栽了大跟头。他说："一年来，资本主义完完全全令民主栽了跟头。这种情况在欧洲最为明显。"19 世纪初被美国杰克逊派民主党人废除的必须拥有财产才能投票的要求，被势力强大的金融机构和它们的政治盟友复兴。其二，资本主义与民主的冲突是一种制度性冲突。虽然"我们的经济制度和政治制度存在冲突的想法令人难以接受"，但现实就是如此。"拿破仑无法征服整个欧洲，但标准普尔也许可以。资本主义和民主的冲突正在各地爆发。"① 标准普尔征服的不仅仅是欧洲，它征服的是西方的民主制度。法国学者

---

　　① ［美］哈罗德·迈耶森：《当资本主义与民主发生冲突》，《参考消息》2011 年 12 月 1 日。

黑弥·艾海哈于 2011 年 10 月 13 日在中国台湾地区的成功大学的演讲中，谈到了政治的"金粉化"：整个金融的操作，其数目极其庞大，手段极其复杂，已经超过人类所能想象的程度。那些天文数字，那些迷宫一般的操作手腕，已经到了匪夷所思的地步，因此，对我们而言，是没有意义的。但是这么庞大的金额和操作机器，却只落在极少数的几个人身上。有时候，我们称为"十五人集团"。就是这些跨国银行的寡头在操控着地球，这些寡头大部分都在美国，譬如说摩根士丹利集团、高盛集团，就是这些机构在玩弄整个金融体系的衍生性商品。他们利用控制的金融体系来控制世界的政治和各国的政府。

四　西方民主政治在国际范围内遭遇危机，而新的更加先进的政治制度正在社会主义的中国发展起来

首先，我们看到在发展中国家实行所谓的西方民主政治带来的结果就是：政治混乱、民族仇恨和国家动荡。例如，美国和欧盟一直把马里列为良治和民主的典范。20 多年来，马里搞了多党制，大量国际社会援助纷至沓来。但是，这些并没有转化为经济社会发展的动力，马里始终没有摘掉非洲最贫困国家的帽子。2010 年，马里人均国内生产总值只有 600 美元。今年 3 月 21 日，马里部分军人发动政变，使这个西非国家陷入困境。这是对西方民主制度一记响亮的耳光。美国宾州大学教授爱德华·曼兹菲尔德和哥伦比亚大学教授杰克·史奈德出版了一本题为《选举到纷争：为什么正在出现的民主国家走向战争》的著作。他们指出，走向西方民主模式的过程就是引起内部冲突或外部战争的过程，因为政客们只要打"民粹"牌就容易得到选票。而在选票拿到之后，承诺难以兑现，不同的"民粹"之音就浮现出来，形成激烈的冲突。事实上，20 世纪 90 年代以来，许多国家举行自由选举后，便立即进入战争状态：亚美尼亚和阿塞拜疆开打、厄瓜多尔和秘鲁开打，埃塞俄比亚和厄立特里亚开打，还有布隆迪—卢旺达的大屠杀，导致 100 多万人丧生。西方自由民主制度带给发展中国家人民的不是繁荣稳定的幸福生活，而是贫困动乱的政局。

其次，我们看到，中国特色社会主义政治发展道路的形成，使中国政治体制具有的优越性和先进性逐步呈现出来。中国的政治制度为什么先进？因为我们坚持的是人民民主专政制度。在我们的政治制度体系中，国家的领导制度形成了"集体选择、自觉培养制度"。这一制度的特点是：第一，领导人是选择出来的，这种选择既有群众的选择，也有中央领导集体的选择；第二，领导人是培养出来的，是在社会主义建设的实践中锻炼出来的，也由各级领导集体进行了各个层面的培育；第三，领导人的选择是长期的，经过了多个岗位的磨炼。这种制度不同于家族政治制度，也不同于西方单一票选制度，更不同于所谓的威权政治制度。这一制度既避免了西方单一票选制度带来的民主弊端，也能够避免威权政治制度、家族政治制度带来的制度弊端。这一制度既是民主性制度，又是人民性制度，是一种先进的制度。

近几年来，欧洲债务危机愈演愈烈，政府财政赤字和债务以天文数字在上升，这种危机的形成与资本主义的代议制选举民主制紧密相连，它不仅是一种经济危机和财政危机，也是一种政治危机。资本主义代议选举民主制建立在私有产权制度基础之上，私有产权制度的危机造成了政治上的危机，而政治上的危机又加深了经济的危机。

（选自《国外社会科学》2012 年第 5 期）

国际金融危机中新自由主义
面临的冲击和挑战

刘晓辉　罗文东[*]

自 2007 年以来，始于美国"次贷危机"的国际"金融风暴"，在导致西方金融体系崩溃和实体经济衰退的同时，也引起了西方国家的政治动荡和思想震动。这场被西方主流媒体称为自 20 世纪 30 年代那场大危机和大萧条以来"最为严重的一次危机""百年一遇的金融海啸"，充分暴露了新自由主义的实质和影响，迫使西方国家的各界人士对新自由主义的理论和政策，特别是对其集中体现的"华盛顿共识"进行比较客观的分析和评价，对其理论上的谬误和实践上的危害进行比较深刻的反思和批判。及时了解这次国际金融危机对新自由主义这一在西方近 30 年来占主导地位的理论、政策和体制模式的强烈冲击，有助于我们把握西方思想和政治领域里的最新动向，坚定对中国特色社会主义的理想信念。

一　国际金融危机暴露了新自由主义理论、
　　政策和体制模式的缺陷和弊端

作为自 20 世纪 70 年代末以来西方中右翼政党奉行的思想学说，新自

---

　*　刘晓辉，1982 年生，中国社会科学院研究生院马克思主义研究系博士生。罗文东，1967年生，博士，中国社会科学院马克思主义研究院研究员。

由主义代表了"极端富裕的投资者和不到 1000 家庞大公司的直接利益"。① 属于这种理论的学派及其代表人物的思想观点虽然有一些差别，但他们大多倡导以下观点：（1）自由市场占主导的发展模式是最有效的，能够在经济增长、技术进步、分配公平等方面达到最优化，反对国家干预和计划调节；（2）国家只应承担保护私人财产权、调节货币供给的有限经济职能，反对公有制和社会福利制度；（3）个人自由高于政治民主和社会平等，维护既有的伦理道德和社会秩序，反对现代的"多元民主"和激进的"平等主义"；（4）实行贸易、投资、金融自由化，要求发展中国家放松对资本和金融市场的管制。然而，这场国际金融危机给新自由主义所鼓吹和推行的价格和利率市场化、国有企业私有化、贸易自由化、金融全球化等理论观点、政策主张和社会秩序以沉重打击，必然引发西方有识之士对新自由主义的意识形态和体制模式产生不同程度的"信任危机"。

首先，金融危机引起西方思想界乃至经济界的人士对新自由主义的理论教条产生怀疑，新自由主义由崇拜的对象变成了批评的靶子。英国学者乔尔·盖尔认为："美国和世界现在正处于自 20 世纪 30 年代大萧条以来最严重的经济危机的开始阶段。这次危机代表着自第二次世界大战以来自由市场的最大失败。"② 日本大型智囊机构三菱 UFJ 研究咨询股份公司理事长、哈佛大学经济学博士中谷岩曾经是美国式市场万能论、新自由主义的信奉者，在担任细川内阁"经济改革研究会"委员、小渊内阁"经济战略会议"的代理议长时，主张"开放市场"，推进"日本的美国化"，自称是将"结构改革（新自由主义）引进日本社会的首要人物"。最近，他写了《资本主义为什么会自我崩溃？》一书，痛心疾首地进行反省和忏悔。他认为，"这次金融风暴暴露了全球化资本主义本质性的缺陷。考虑到当今日趋严重的环境污染、食品污染、贫富差距扩大等问题，全球化资本主义将不可避免地需要进行巨大的修正。如果允许我

---

① ［美］诺姆·乔姆斯基：《新自由主义和全球秩序》导言，徐海铭、季海宏译，江苏人民出版社 2001 年版，第 1 页。

② Joel Geier, Capitalism's Worst Crisis Since the 1930s, *International Socialist Review*, Issue 62, November – December 2008.

说得更严厉些，美国主导的全球化资本主义已经开始自我崩溃了"。以"结构改革"和"放松管制"为口号"登场的新自由主义思想，由于其市场第一主义带来的全球化资本主义的大潮流，不仅在日本，而且在全世界也引发了各种矛盾和严重的问题"。① 作为新自由主义的急先锋，中谷岩的"转向"引起日本经济界和整个社会的关注，被说成一个"惊天动地的事件"。

其次，金融危机导致新自由主义政策的破产，逼迫西方政要和学者检讨新自由主义政策的错误。据《纽约时报》2008 年 10 月 23 日报道，曾经执掌美联储 18 年的格林斯潘在国会听证会上，受到了他"一生中最严厉的审问"。多位国会议员指责他通过保持利率在相当长时间内过低而造成了房地产泡沫，并且不能驾驭风险的爆炸性上升和经常出现欺诈的抵押贷款。格林斯潘这位长期推行放松监管的所谓"经济圣贤"，此时不得不承认"现代风险管理的范式已经走偏好几十年了"，他已经"动摇了对放松监管这一政策的信念"。② 日本东京大学名誉教授伊藤诚认为："美国爆发的次贷危机表明了新自由主义政策的破产。"对住宅、金融及其多重证券化管制的放松和废除，在强调个人承担风险的同时促进人们获取住房资产以及从中产生的抵押债券的证券交易，"这些都是信奉市场原教旨主义的新自由主义的主张。我们看到，随着这次危机的恶化，其对策也是事后性的、市场追随性的，而且是不协调的和不公平的"。③ 就连西方右翼政要也对美国式的自由主义模式进行指责，埋怨美国政府疏于监管，抨击华尔街投机无度。法国总统萨科奇向全国发表讲话说，目前金融危机表明"金融资本主义的终结"，那种认为"市场万能、不需要任何规则和政治干预"的观点是"疯狂"的。德国总理默克尔也非常不客气地说，"贪婪、投机和管理不善"导致了这场金融危机，美国政府应该为金融危机负管理不当的责任。日本首相鸠山指责美式自由主义造成了日本贫富悬殊。法国总统甚至高呼"自由主义终结了"，并提出要建立"新

---

① ［日］中谷岩：《资本主义为什么会自我崩溃？》，郑萍译，社会科学文献出版社 2010 年版，第 4、13 页。

② ［美］埃德蒙·L. 安德鲁斯：《格林斯潘承认在监管上犯错》，《纽约时报》2008 年 10 月 23 日。

③ ［日］伊藤诚：《美国次贷危机与当代资本主义》，《理论视野》2008 年第 7 期。

布雷顿森林体系＋新资本主义"。

最后，金融危机还暴露了新自由主义体制模式的局限，促使西方思想界认识资本主义社会的衰颓之势，担忧资本主义制度的前途命运。美国著名经济学家大卫·科茨认为，目前的金融和房地产危机只是更大危机的一个方面，应被视为"资本主义制度的一种特殊模式的体制危机，即新自由主义的资本主义危机"。这种自由主义形式的资本主义能够促进产量和利润的增长，但这种经济的扩张能力现在到了尽头。再一次的经济扩张需要一个比目前房地产泡沫更大规模的资产泡沫才能实现，但现在很难想象如此大规模的资产泡沫该如何产生。"美国大多数主要的金融机构都需要大量的政府救助，金融部门的资产正在大规模缩减。很难想象新自由主义模式在这种情况下还能维持得完好无损。"[1] 德国阿克塞尔·施普林格股份公司的董事长德普夫纳也撰文指出，所谓的金融危机也许是自由市场经济此前从未经历过最严重的信任危机。随着经济不景气的蔓延，只有一种东西行情看涨：反资本主义情绪。"资本主义的信任危机发生在三个重要领域：市场具有自我调节力、放松管制是私有经济取得成功的前提、不在私营经济领域进行国有化和国家投资的美国政策，这三个教条似乎都失去了魔力。"[2] 从资本主义社会的整个历史进程和发展趋势来看，新自由主义虽然解除了国家对大资产者的某些限制，扩展了垄断资本的增值空间，但抛弃了凯恩斯主义时期所实行的对市场经济的某些调节措施，取消了工人运动所取得的某些积极成果，使垄断资产阶级对工人阶级和广大发展中国家的剥削和统治更加严厉，使资本主义社会的基本矛盾更加激化，最终发展到在资本主义框架内无法调节和缓解的地步。

实践检验理论，事实胜于雄辩。上述美国、德国和日本的学者和政要通过金融危机对新自由主义理论和政策的反思和检讨，从不同角度和层面揭示了新自由主义作为国际垄断资产阶级的思想体系和意识形态的

---

① ［美］大卫·科茨：《目前金融和经济危机：新自由主义的资本主义的体制危机》，丁晓钦译，黎贵才编校，《当代经济研究》2009年第8期。

② ［德］马蒂亚斯·德普夫纳：《资本主义的再生》，德国《星期日世界报》2008年10月12日。

实质和危害，表明西方的有识之士对新自由主义有了一些清醒的认识，逐渐从新自由主义的迷雾和桎梏中挣脱出来。美国马萨诸塞大学经济系教授大卫·科茨说："新自由主义思想在过去 30 年占主导地位，但现在似乎已经在很大程度上失去了它的合法性，甚至连一些保守的知识分子都不再固执己见。"① 我国理论界可以从西方对新自由主义的反思和批判中，得到一些可资借鉴的材料和有益的启示。

二　新自由主义是导致这场殃及　全世界的金融危机的主要原因

金融危机爆发后，西方不仅有人从"监管缺位""政策失误""低估风险"等方面分析导致此次危机的直接原因，而且有人从体制和制度方面剖析此次危机的根源，认识到金融危机是新自由主义推行的恶果。澳大利亚总理陆克文认为，全球金融危机已演变为经济危机和就业危机，对金融、实体经济及各国政府收支平衡产生了巨大冲击。在很多国家甚至演变为社会危机和政治危机，对地缘政治、对西方尤其是美国的全球地位产生重大影响。"这一后果的始作俑者就是过去 30 多年来自由市场意识形态所主导的经济政策。这一政策被称为'新自由主义、经济自由主义、经济原教旨主义、撒切尔主义或华盛顿共识'，其主要哲学包括反对征税、反对监管、反对政府、反对投资公共产品，推崇不受管制的金融市场、劳动力市场和自由修复的市场。"② 美国经济学家大卫·科茨更加明确地说："导致这次金融危机的深层次原因是新自由主义的资本主义。"新自由主义的理论家们宣称，如果没有国家的管制，金融市场会更有效率，人们就能把有限的资源投入回报率最高的领域。但是他们忽略了一个重要的事实，"即没有管制的市场非常容易发生危机，而且在新自由主义条件下金融危机会变得更加严重"。③ 为什么说新自由主义更容易

---

① 〔美〕大卫·科茨：《目前金融和经济危机：新自由主义的资本主义的体制危机》，丁晓钦译，黎贵才编校，《当代经济研究》2009 年第 8 期。

② 〔澳〕陆克文：《全球金融危机》，澳大利亚《月刊》2008 年第 2 期。

③ 〔美〕大卫·科茨：《美国此次金融危机的根本原因是新自由主义的资本主义》，《红旗文稿》2008 年第 13 期。

导致全球金融危机呢？西方有识之士着重从以下三方面进行了研究和探讨。

第一，解除对金融的管制，金融体系与实体经济严重脱节。智利学者马塞尔·克劳德说，很多人认为，当前的金融危机是次级抵押贷款泡沫，但这只是危机的导火索。"它的深刻原因与解除金融市场的调控进程、风险评定公司的行为和世界各中央银行的引导有关系。"① 曾任国际货币基金组织总裁的德国现任总统霍斯特·克勒在接受《明镜》周刊采访时说：在盎格鲁－撒克逊型的金融领域，人们相信可以从"无"中生出钱来。投资银行和所谓的金融创新越来越和实体经济脱钩，其关心的只是利润的最大化。人们抛弃了经济的伦理基础，脱离了多数人的生活。"市场缺少透明性，导致金融公司的风险蔓延开来，遍布世界各地，涉及全球的顾客。最后是没有任何人知道是谁真正承担了风险，正是这种情况使金融系统变得可怕。"② 据统计，2007 年美国实体经济产值达到 3.5万亿美元，而美国金融衍生品产值高达 320 多万亿美元，两者之比竟为1∶91；就世界而言，2007 年全球实体经济产值为 10 万多亿美元，而全球金融衍生品产值竟达 681 万亿美元，两者之比也高达 1∶68。金融资本通过投机和高杠杆运作，使虚拟资本急剧膨胀，必然会与实体经济严重失衡。一旦金融泡沫破裂，不但引起金融体系迅速崩溃，而且给实体经济造成巨大破坏。当美国及西方金融体系遭遇危机的风险越来越大，但这些风险被置之不理，或被视为杞人忧天之时，国际金融危机的爆发就难以避免了。

第二，贫富分化日益严重，加剧了生产过剩。法国经济学家杜梅尼尔和莱维认为："引发此次金融危机的体制因素，除了有效的金融法制监管的缺失之外，还包括美国经济采取的新自由主义道路。"这条道路从 20世纪 80 年代开始受到美国政府的大力推行，导致国内债务和外贸赤字成倍增长，推动美国在内外经济失衡的轨道上越滑越远。资本持有者和处于收入金字塔最高层的那些人越来越富有，但他们与大众之间的差距则

① ［智］马塞尔·克劳德：《资本主义的危机：走向新自由主义时代的终结》，西班牙《起义报》2008 年 10 月 7 日。

② 殷叙彝：《霍斯特·克勒谈国际金融危机》，《国外理论动态》2009 年第 1 期。

越来越大。这种"经济失衡的不断加剧",正是"次贷危机背后隐藏的深层次原因"。① 在美国左翼学者威廉·塔布看来,世界资本主义体系面临的第一个危机是金融体系的动荡,这种危机加深了人们对英美主流经济体系的不信任。在资本主义不合理的社会结构中,生产过剩与社会需求得不到满足并存,是这个体系的特征,资本利用它的阶级力量,并挑动工人阶级互相反对,其结果是处处给工人施加压力,迫使他们接受更低的报酬。特别是在布什任总统期间,美国在5个制造业领域丧失了第一的地位。工资被压低了,退休金、福利减少了,卫生保健的负担转嫁给工人和他们的家庭,雇员被迫从事兼职工作,他们作为临时工被雇用和解雇。诸如此类的情况都是为了实现利润目标,并且为公司所背负的巨大债务融资,这些债务是由于广泛存在的借贷以从事金融收购业务而产生的。"由于资本占有的剩余价值不能在生产领域找到出路,就融入了金融投机领域。在那里,它被吸进投机的泡沫中,这些泡沫终将破裂,并在整个经济领域中造成混乱和痛苦。"② 据统计,1980年,美国的公司高级执行总裁(CEO)的收入是普通工人的收入的42倍;到2000年,这一比例就上升到531倍。③ 2000年,美国贫困人口为3160万人;到2007年,增至3620万人,其中有2950万人靠领取食品券生活。④ 虽然这次金融危机是信贷扩张引起消费领域特别是房地产领域的生产过剩危机,但说到底仍然是美国普通群众收入少、消费不足造成的。这进一步证明了马克思主义揭示的生产社会化与生产资料私人占有这一资本主义社会的基本矛盾,必然导致生产相对过剩的经济危机的基本观点是正确的。

第三,推行贸易自由化和金融全球化,加剧世界经济动荡。2008年10月16日,西班牙皇家埃尔卡诺研究所网站登载了马德里自治大学教授施泰因贝格的文章《世界金融危机:原因与政治对策》。他在文中写道:"2007年8月爆发的次贷危机已经发展为整个金融系统的危机,其震中已

---

① [法] 热拉尔·杜梅尼尔、多米尼克·莱维:《难以维系的金融道路》,法国《外交世界》2008年8月号。

② [美] 威廉·塔布:《当代世界资本主义体系的四大危机》,美国《每月评论》2009年1月号。

③ 根据美联储公布的有关数据计算,http://www.federalreserve.gov。

④ 《美国贫困人口不断增加》,http://www.xinhuanet.com。

不仅仅在美国，而且扩展到了欧洲和日本，并对新兴经济体的发展造成重大影响。""世界金融危机是20年来金融自由化和全球资金流动过量的结果。"这两大因素推动了金融热潮，冲淡了风险意识，造成家庭和企业负债过多、非传统银行部门监管不足等问题，形成房地产和其他部门的泡沫。美国房地产泡沫的破裂促使危机爆发，金融全球化又将危机迅速传播到全世界。① 美国《国际经济》季刊的创办者戴维·斯米克认为：金融危机的种子"伴随着1989年柏林墙的倒塌，就已经种下了"。一些新兴经济体，包括印度、西欧国家以及一些生产大国——如俄罗斯都发展了市场经济，大大扩展了全球产能。新兴市场向西方工业化国家出口商品、服务和石油，反过来，以外汇储备的形式积聚了大量的储蓄盈余资金。"日益膨胀的资金洪流在一种挣脱了束缚的金融体系中肆意翻腾。很显然，是这些资金的任意流入流出才造成了今天全球恶性的金融危机。"②有关统计资料表明，20世纪60年代，全世界最富国家的人均收入是最穷国家的人均收入的30倍；到20世纪末达到74倍；到目前，又大幅度提高到330倍。短短50年，就增加了10倍多。南北国家和区域差距的外债总额从1991年的7940亿美元，增长到目前的3万多亿美元，短短10年，就增加了4倍多。从本质上讲，金融资本对其他一切形式的资本的优势，意味着食利者和金融寡头占统治地位，意味着少数拥有金融实力的国家处于和其余一切国家不同的特殊地位。以美国为首的西方发达国家正是依靠贸易自由化和金融全球化，不仅推动更高程度的生产社会化（表现为国际化、全球化），而且使生产资料和金融资产向少数人和少数国家更大规模地集中。这就必然在全球范围内使穷国的穷人越来越穷，富国的富人越来越富，最终导致波及全球的金融和经济危机。

从理论上看，新自由主义抛弃了古典自由主义和凯恩斯主义某些过时的东西，在一定程度上适应了经济全球化和国际垄断资本扩张的要求，强化了垄断资产阶级对广大人民群众和发展中国家的剥削和统治。与此

---

① 李慎明主编：《世界在反思——国际金融危机与新自由主义全球观点扫描》，社会科学文献出版社2010年版，第103页。

② ［美］戴维·斯密克：《世界是弯的——全球经济潜在的危机》中文版自序，陈勇译，中信出版社2009年版，第17页。

同时，它反对国家对经济的调节和社会福利制度，极力推行私有化和自由放任的市场经济，强迫发展中国家开放资本和金融市场，又加剧了生产社会化与生产资料私人占有之间的矛盾，导致资本主义经济危机和社会冲突。这次金融危机正是新自由主义加剧资本主义社会基本矛盾所产生的必然结果。西方有识之士从解除对金融的管制、加剧贫富分化、推行贸易自由化和金融全球化等方面来分析金融危机的原因，认识到新自由主义直接导致了这次金融危机。这是西方思想界对新自由主义进行理性思考和批判的积极成果，在一定程度上反映了西方社会的发展走向和人民群众的进步要求。但是，要全面而深入地揭示金融危机的根源及其与新自由主义的内在的、必然的联系，必须坚持和发展马克思主义关于资本主义经济危机的理论，认清资本主义生产方式及其基本矛盾的本质特点和必然趋势。

三　国际金融危机预示着新自由 主义最终衰亡的历史命运

为应对这次空前严重的国际金融危机，美英等西方资本主义国家不得不采取各种"救市"措施，包括将损失惨重的主要金融机构及银行国有化，加强对金融体系的监管，为经济注入数千亿美元；等等。这些措施与新自由主义及其集中体现的"华盛顿共识"是背道而驰的。西方各界人士和主流媒体都认识到，金融危机使新自由主义者倡导的理论政策、打造的体制模式遭遇了一次"最残酷的打击"，必须对全球管理体系进行改革。2008 年 1 月，国际货币基金组织在一份关于世界经济走势的报告中指出，全球主流经济政策正在发生大转变。同年 10 月，俄罗斯高等经济学校世界经济和国际政治系主任谢尔盖·卡拉加诺夫认为，世界历史的新时期正在开始："我们面临的是整个世界管理体系的危机、全球发展基础理论的危机、国际体系的危机；这一危机将清理掉冷战结束后人为强行保留下来的或尚未改革的东西，我们需要在旧废墟上建立新的全球管理体系。"①

---

① ［俄］谢尔盖·卡拉加诺夫：《全球危机：创建的时机》，《俄罗斯报》2008 年 10 月 15 日。

首先，金融危机促使西方国家由自由放任转向政府干预。美国学者卡特琳·本霍尔德指出，1929 年的大萧条之后就曾出现过主流经济政策上的转变，它先是带来了一段实行保护主义政策的时期，随后促成了凯恩斯主义政策的兴起，最终是福利国家的理论。另外一次转变发生在 20 世纪 70 年代的石油价格冲击之后，决策者的注意力重新放到供给方的措施上，并加强了那些认为私有化和自由市场是刺激经济增长的最佳途径的人的力量。目前，全球政界和工业界的巨头们"似乎正在达成一种共识，那就是资本主义制度将经历一次罕见的巨大转变，将催生一套新的经济政策"。"2008 年的历史可能是这样的——这是为重新开始管理某些市场、实行再分配税收体制和开展新形式的国际政策协作打下基础的一年。"① 欧盟委员会和欧洲央行行长特里谢等呼吁，增加银行在证券等金融衍生品定价信息方面的透明度，终止自由放任以加强金融监管。2008 年 11 月 6 日，德国著名学者哈贝马斯在接受德国《时代》周报的访谈时指出，新自由主义的"议程早已丑态百出"：承认证券商们绝对的主导地位；对日益增长的社会不公无动于衷；容忍低层人群贫困、儿童贫困、低工资等现象；怀着私有化的妄想，削弱国家的核心功能；把公共领域廉价出卖给金融投资商；文化和教育取决于赞助商们随经济行情不断变化的兴趣和心情。随着布什时代的结束和新自由主义的破产，克林顿和新工党的纲领也走到了尽头。"人们不要再对新自由主义信以为真，而要让新自由主义离开舞台。那些'市场命令'下毫无限制地征服生活世界的全部计划必须经受审查。"② 不论资本主义国家采取怎样的手段对市场经济和劳资关系进行调节，只要资本主义制度存在，市场经济的弊端和劳资双方的矛盾和斗争就不可能消除。这种矛盾和斗争只是尖锐与缓和、高潮与低潮交替发生罢了。

其次，金融危机促使西方有识之士探求彻底变革资本主义社会的道路。2008 年 11 月在巴西召开的第 10 届世界共产党和工人党国际大会上，

---

① ［美］卡特琳·本霍尔德：《经济史的拐点》，美国《国际先驱论坛报》2008 年 1 月 22 日。

② 赵光锐：《哈贝马斯谈新自由主义破产后的世界秩序》，《国外理论动态》2009 年第 3 期。

就"资本主义危机"发表了《圣保罗宣言——社会主义是替代选择》。与会的共产党和工人党代表认为，当今世界正面临着1929年大萧条以来最为严重的资本主义经济危机。这次大规模的经济危机同资本主义不可调和的内在矛盾与本质特征密不可分。当前的危机表明，资本主义体系的内在矛盾正不断恶化，资本主义固有的历史局限性决定了通过革命推翻资本主义的必要性。"新自由主义的破产绝不仅仅是一种资本主义管理政策的失败，更是资本主义自身的失败，同时也是对共产主义理想和模式的肯定。我们坚信，只有同垄断资本政权、同帝国主义集团及其同盟彻底决裂，并通过自由、深刻的反垄断变革，工人阶级和人民群众的解放事业才能最终实现。"① 2009年春，英国的《资本与阶级》杂志发表未署名论文《当前危机与社会主义者的反应》，指出在金融危机形势下，"马克思主义者具有特殊的使命：分析危机的原因和它的演变形式，对世界范围内的工人阶级的生活水平进行保护和建立他们之间的相互团结的战略进行讨论"。该杂志还表示："要在分析危机并形成替代战略中起巨大作用。"② 2009年5月，94岁高龄的英国著名历史学家埃里克·霍布斯鲍姆在接受法国记者专访时说，自由主义低估了共产主义运动的希望和成果，它想以苏联的错误和失败诋毁共产主义运动，但如今"资本主义陷入危机，共产主义思想的回潮正是对自由主义宣传的一种回答"。"人们不仅重新找到马克思，而且还重新发现社会主义传统。"③ 这些论断在一定程度上反映了西方国家的史学界对100多年来共产主义运动与自由主义这种资本主义意识形态斗争、较量的历史进程和前景的看法，人们从中可以得到启迪。

特别值得注意的是，金融危机还显示了社会主义制度的优势，扩大了中国社会主义发展模式的影响。自金融危机以来，西方媒体开始提出

---

① 原载2008年11月28日巴西共产党网站（http：//www.pcdob.org.br）。参见李慎明主编《世界在反思——国际金融危机与新自由主义全球观点扫描》，社会科学文献出版社2010年版，第66—67页。

② Anonymous, *The Current Crisis and the Response of Socialists*, *Capital & Class*, London：Spring 2009, Iss. 97.

③ 《对自由主义宣传的回答》，法国《解放报》2009年5月24日。转引自钱文荣《金融危机背景下需要关注的几种国际思潮》，《红旗文稿》2009年第17期。

"中国式经济发展模式的成功，对世界来说究竟是喜是忧?"这样的问题。西方的一些政要也意识到，中国对西方国家构成的威胁并非来自中国的经济、军事和地缘政治等方面，而是来自被忽视已久的"中国模式"。这种威胁不是中国力量本身，而是中国的发展经验。美国普林斯顿大学教授詹姆斯认为，中国肯定要利用全球金融危机的机会来扩大自己的政治影响力，"中国式的政府集中控制的模式较好地避免了金融危机的冲击。在许多发展中国家看来，相比美国自由放任的资本主义，中国模式太具有吸引力了。美国正面临着巨大危险，那就是发展中国家将抛弃美国模式，转而向中国模式学习"。[1] 美国左翼学者威廉·塔布更加明确地说："建立在尊重主权和经济互利基础上的'北京共识'引起了广泛的兴趣，它是通过巡航导弹和经济威胁扩展民主和'自由'市场的华盛顿共识的替代方案。"[2] 上述对"中国模式"或"北京共识"的评论从一个侧面表明，西方思想界对中国发展道路及其巨大成就越来越重视，对中国特色社会主义给新自由主义发展模式构成的巨大冲击有了更深刻的认识。

金融危机爆发以来西方有识之士加强对新自由主义的批判，世界上共产党和中左翼组织发动反新自由主义的斗争，预示着新自由主义最终被无产阶级和其他劳动人民所抛弃、最终被社会主义思想体系所替代的历史命运。只有从理论和实践上划清马克思主义与新自由主义等的界限，才能坚持改革开放的正确方向，坚定不移地走中国特色社会主义道路，顺利实现社会主义现代化的宏伟目标。

（选自《国外社会科学》2011 年第 1 期）

---

① 参见环球财经杂志《中国模式威胁论》，http://finance.sina.com.cn/review/20090120/16425783127.shtml。

② ［美］威廉·塔布：《当代世界资本主义体系的四大危机》，美国《每月评论》2009 年 1 月号。

政治学理论

西方学者关于政府职能的主要理论

辛向阳[*]

中国正处在从计划经济转向市场经济的过渡中，改革的当务之急是转变政府职能。政府职能定位于何方？这是一个相当关键的问题。借鉴西方学者的政府职能理论，对我们会有所裨益。

一　自由主义的政府职能论

西方人的自由主义传统可谓源远流长。早在 300 多年前，洛克在他于 1680—1690 年写的《政府论》中就提出，政府的任务主要是保护个人自由和财产，除此之外，它可以"大撒把"，什么都不要管。之后，古典自由主义的杰出代表人物亚当·斯密在他于 1776 年发表的《国富论》中，从经济的角度界定了政府的职责。亚当·斯密构筑了一个由理性的经济人按照经济利益的要求，在"看不见的手"（即市场）的引导下自然运行的社会经济秩序。在这样一种秩序中，政府没有发挥太大作用的机会、空间和要求。斯密提出政府的职能应该是：（1）政府首先保证国内秩序的稳定和安宁；（2）政府不应干预经济生活，政府对经济问题的操心不仅是多余的，而且是十分危险的；（3）政府负责建立并维护某些个人办不到的公共设施和公共工程；（4）政府的收入不能使人民负担沉重，政府应当是节俭的政府。斯密提出了这样的口号：

* 辛向阳，1965 年生，中国社会科学院马克思主义研究院研究员、博士生导师。

最好的政府，就是最廉价的政府。古典自由主义政府职能论最重要的前提是：市场是没有缺陷的，是完美无缺的，竞争是完全的，经济人是理性的。所以，他们认定政府无须干预市场。这种思想在当时获得了普遍接受，以至于美国第三任总统杰弗逊说过这样一句名言："最少管事的政府是最好的政府。"在古典自由主义者那里，政府职能实际上就是"守夜人"。这是一种保护性的职能，政府就像过去敲梆子打更的守夜人一样警觉地守卫着整个社会，防止暴力、偷盗、欺骗、拖欠债务和强制履行契约。

从19世纪中叶起，由于工业革命的展开和西方经济危机的出现，政府职能客观上有所扩大。为了维护竞争、保护消费者利益，政府开始履行维护市场纪律的功能。面对这一变化，古典自由主义转变为近代自由主义，同时，对政府职能作了新的解释。首先是 J. S. 密尔。他察觉到市场有一定的缺陷。他在1848年以灯塔为例进行了分析，他说："要使航海安全，灯塔的建造及维修就需要政府的亲力亲为。虽然海中的船只可从灯塔的指引而得益，但若要向他们收取费用，就不能办到。除非政府用强迫抽税的方法，否则灯塔就会因此无私利可图，以致无人建造。"在这一信念的引导下，他在1861年发表的《代议制政府》一书中指出，政府有两种职能：一是促进人民自身的美德和智慧，二是促进公共事务的经济效率，为公共活动提供经济服务。其次是斯宾塞。他在1843年出版的第一部著作《政府作用的范围》中指出，政府应以个人为目的。政府的作用应限于保障个人的生命与财产，为个人谋福利；政府可以干预经济，但这种干预是为了弥补自由竞争的缺陷，仅此而已。再次是亨利·西德维克。他在1883年指出，在好几种情况下，以市场收费来鼓励服务供应的观点是大错特错的，尤其是某些对社会有益的服务，供应者无法向那些需要服务而又不愿意付钱的人收费。例如，一座建在适当地点的灯塔，使船的航行得益，但难以向船只收取费用。这就是自由放任的不足之处，需要政府弥补和干预。西德维克同时指出，不是所有自由放任的缺陷都需要政府干预，因为政府干预也有缺陷，他说："并非在任何时候自由放任的不足都能够由政府的干预弥补，因为在任何特别的情况下，后者不可避免的弊端都可能比私人企业的缺点显得更加糟糕。"与古典自由主义相比，近代自由主义除了承认政府的守夜人职能外，还赋予了政府一个新的职能——消防队员的职能以弥补市场的个别缺陷。

　　进入 20 世纪，近代自由主义演变成当代自由主义。严格地讲，当代自由主义实际上包括两个派别：新古典自由主义和新自由主义。新古典自由主义竭力限制政府职能，力图把政府职能降低到最小、最弱的程度，其目的是使政府回到亚当·斯密式的政府那里去；新自由主义则是在自由主义传统范围内使政府职能最大化、最强化。这里简单分析一下。（1）新古典自由主义的政府职能论。新古典自由主义者完全继承了古典自由主义传统，坚信个人自由是社会赖以生存的根本基础，认为完全竞争是可以实现的。他们坚决反对政府干预市场，认为政府的职责越少越好。《不服从论》的作者、美国 20 世纪杰出的思想家大卫·索罗说："最好的政府是根本不管事的政府。"经济学家冯·哈耶克在《通向奴役道路》一书中，认为政府存在的唯一目的就是最大限度地实现个人自由，政府干预市场是不合法的、危险的。美国政治哲学家罗伯特·诺齐克在 1974 年出版的《无政府状态、国家和乌托邦》一书中认为，"最弱意义上的国家"体现了全部正义，任何超越这一国家的政治行为必然会侵犯个人自由。他认为，"最弱意义上的国家"就是"一种仅限于防止暴力、偷窃、欺骗、私自违法履行契约等有限功能的国家，这是一种最低限度的国家"。任何超出这一限度的国家职能、政府职能都将损害个人自由。这里，我们看不到政府任何积极干预市场作用的影子。（2）新自由主义的政府职能论。在新自由主义者看来，政府与自由是对立的、统一的。在这方面，弗里德曼是他们的旗帜。他认为，政府既是自由的保护者，又是自由的威胁者。为了保护个人自由，政府是必要的，然而，由于权力集中在当权者手中，它也是自由的威胁。为了解决这一矛盾，政府必须有相当明确的作用限度。它的主要职责是保护社会的自由，以免受到来自大门外的敌人以及来自同胞们的侵犯；保护法律和秩序，保证私人契约的履行，扶持竞争市场。弗里德曼相信，政府超越其最低限度的公共利益职能的扩张，会削弱资源的有效利用，阻碍经济发展以及限制社会流动和政治自由。但不管怎样，弗里德曼并不排斥政府对市场的干预，他认为绝对的自由放任是不存在的。他指出："自由市场的存在当然并不排除对政府的需要。相反，政府的必要性在于，它是'竞赛规则'的制定者，又是解释和强制执行这些规则的裁判者。"他认为，除守夜人的职能外，政府实际上还应从事一些市场本身不能从事的事情，即决定、调解和强制执行市场运行中的规则。人们还可能要通过政府做一些市场在想象上是可能做到的而由于技术和类似的原因做起来有困难的事情。这一切事项可以归结成严格地自愿交换是非常昂贵或在实际上是不可能的情况。这种情况有两个总的类别：垄断和类似的市场的不完全性。他进一步指出，一个自由的政府应具有以下职能：维持纪律和秩序，规定财产权的内容，作为能改变财产权的内容和其他经济游戏规则的机构，对解释规则的争执做出裁决、强制执行合同、促进竞争、提供货币机构、从事对抗技术垄断的活动和从事广泛地被认为重要到使政府有必要进行干预的活动，同时，又包括补充私人的慈善事业等。

概括地看，所有自由主义者（不论是古典的、近代的，还是当代的）在政府职能问题上都恪守这样几个原则：（1）政府是必要的邪恶，最好没有，让人彻底自由，但又不得不有；（2）政府的最低职能是守夜人，最高职能是有限地弥补市场缺陷；（3）政府绝对不能直接从事企业经营等微观经济活动；（4）公众所不愿干的或干不好的，政府应积极去干。

二   干预主义的政府职能论

近代自由主义对"市场缺陷"的承认和描述，为政府干预主义的兴起打开了一个理论缺口。从20世纪20年代起，一部分西方学者更进一步认识到，市场不仅有缺陷，而且存在着很大的失败。他们认为政府不仅应干预经济，而且应广泛干预经济，或者说，政府应尽可能多地干预经济。英国经济学家庇古在1920年出版的《福利经济学》一书中提出，为了使社会福利最大化，政府应采取措施调节资源配置和收入分配，因为在这方面存在着"市场失败"。庇古有一个描述"市场失败"的如诗如画的例子：一片如茵的大地上有着良好的禾田，令人向往；但很不幸，火车要在田间经过，使火花飞到稻穗上，造成损害，因为火车的使用者没有给种稻的人予以补偿，所以社会的耗费（包括稻米的损害）是没有全部算在火车成本之内的。在这种情况下，市场是无能为力的，庇古认为政府有责任去广泛干预此种市场失败。

在庇古理论的影响下，各种政府干预主义的思想纷至沓来。此一思想的代表者首推凯恩斯。1936 年凯恩斯发表了《就业、利息和货币通论》一书。他提出，要全面增强国家的作用，政府不应仅仅是社会秩序的消极保护人，而且还应该是社会秩序与经济生活的积极干预者，特别是要熟练和有效地利用政府的财政职能影响经济的发展。凯恩斯干预主义理论提出后在西方繁极一时，产生了很大的影响，由此形成了干预主义的政府职能论。

贯穿于干预主义思潮的主线是：政府的经济职能是全面的，不仅市场失败的方面要政府干预，而且市场成功的地方也需要政府保护。1977年，美国著名制度经济学家加尔布雷思在 1977 年出版的《不确定的时代》中在充分承认市场成就的同时，认为市场的演进和成熟伴随着宏观经济的不稳定（"不确定"）、微观经济的无效率以及社会的不公平。对于微观经济的无效率，获得过诺贝尔经济学奖的 J. E. 米德教授曾以蜜蜂与果树的例子进行过分析：养蜂的人让蜜蜂到苹果园采蜜，却没有付花中蜜浆的价钱给果园的主人，这会使苹果的种植太少，对社会不利。另外，蜜蜂采蜜时，无意中会替果树的花粉作传播，使果树的收成增加，但果园的主人公也没有付钱给养蜂人，所以蜜蜂的饲养就不够多，对社会也有损害，因为得益者可以不付报酬及代价，市场失败了。这样，政府既应该给果树的培植者以补贴，又应该给蜜蜂的饲养者以补贴。

进入 20 世纪 80 年代，干预主义的政府职能论更趋完善。1984 年，英国政治学家理查德·罗斯在其《理解大政府》中称："在 20 世纪的发展进程中，政府的活动在规模、范围和形式上都有所扩大。政府已经远远超出了守夜人国家的最小概念界定，成为混合经济的福利国家的核心机构。"在他看来，现代政府已深深卷入社会生活之中，它像一张巨大的保护网，包揽了人们从"摇篮到墓地"的全部生活过程。1985 年，保罗·A. 萨缪尔森在其《经济学》第 12 版中对政府干预主义作了完整阐述。他指出，看不见的手有时会引导经济走上错误的道路，市场经济有时出现市场失灵的情况，为了对付看不见手的机制中的这些缺陷，政府要承担三个具体职能，即效率、平等和稳定。具体讲：（1）政府要承担克服因市场失灵而导致生产或消费的无效率的职能，这方面，政府要防止不完全竞争或垄断的出现，防止外部效果，提供公共物品；（2）政府要承担使收入平等的职能，看不见的手可以引导人们达到生产可能性边缘的外围极限，但往往使社会收入趋向不平等，政府有责任减少收入的不平等；（3）政府有增加经济稳定的宏观职能。萨缪尔森以灯塔为例进行了分析。他认为灯塔难以收费是一个问题，但就算是容易收费，在经济原则上也是不应该收费的，所以灯塔应由政府建造并不仅仅是因为经营会有收费的困难而已，实际上这是政府必要的宏观职能。

90 年代伊始，自由主义如日中天，干预主义也不甘寂寞，顽强出击。法国学者罗奈·勒努阿在 1992 年《政治学》杂志撰文指出，市场的运行和效益的发挥必须借助于凌驾于市场之上的力量，即政府干预；市场越是发达，政府干预就越重要。他说："没有国家的市场将导致二元的甚至四分五裂的社会，它不仅会埋葬市场经济，使市场成为万恶之源，而且会使自由遭到破坏。"英国海外发展研究所高级研究员托·基利克在其《过分的倒退》一书中，明确提出新古典自由主义主张的自由经济及其对政府干预的批评无异于一种"过分的倒退"，即使在西方，市场经济也无法解决必须迅速完成的巨变，市场出现缺陷的可能性随着某些特殊转变的迫切性而增加。美国著名经济学家、斯坦福大学教授斯蒂格利兹在《政府的职能》一书中强调，由于市场不健全、信息不充分、不完全竞争和交易费用的存在等，政府在促进经济发展上可以发挥重要作用。这深深地影响到克林顿政府的政策。

总的来讲，政府干预主义认为政府干预经济，履行经济职能，不仅应当去弥补"市场失败"的缺陷，而且还要去干预市场正常运行，以防止市场可能出现的失败；政府干预是全面的，不仅要干预生产，还要干预分配。他们认为，政府在克服市场失效方面要承担以下几个职能：（1）提供大众共同消费而企业无法通过市场来生产的共用品；（2）克服外部性，即政府通过有关制度干预来防止企业生产产生消极影响，鼓励有利于社会的积极行为；（3）克服市场的不完全性，包括纠正价格机制的不灵敏、企业信息的不充分和不平衡、市场的不完全竞争、生产垄断、生产要素的不充分流动等；（4）承担经济预测功能，政府对各种经济气候的状况和走势做出预测，给私人经济活动提供准确、可靠的经济信息；（5）制定产业政策，发展规模经济；（6）解决分配上的不平等问题。

三　第三种政府职能论

还有第三类西方学者，他们既不同意政府全面干预经济的干预主义，也不同意政府只承担守夜人职责的自由主义，而是提出有选择地干预"市场失败"的第三种理论。

从既不同于干预主义又不同于自由主义的第三种角度分析政府职能的首推产权制度理论的创始人是科斯。尽管科斯在 1991 年才获得经济学奖，但他在 1960 年发表的《社会成本问题》一文中就已提出了为他赢得诺贝尔奖桂冠的理论——科斯定律。这一定律的内容是：如果交易费用为零，那么法律对权力的初始界定就与最后的权力安排无关，因为人们可以在没有交易费用的情况下，就如何取得划分和组合各种权力进行谈判，其结果总能使产出最大。通俗地说，只要产权明确界定，自愿的交易总能产生最优的结果。从这里导出的结论就是，产权明确界定的领域，市场能使资源最优配置，无须政府插手。政府的职能一方面是维护明晰的产权，另一方面则是去干预产权不易界定或市场自身界定不清的经济领域，以使交易费用尽量地减少。以 1993 年诺贝尔经济学奖得主道·诺斯为代表的新经济史学派将科斯的产权理论应用于对政府的研究，对政府职能作了重新解释。诺斯认为，经济增长的关键在于制度因素，而在制度因素中，财产关系安排即产权制度的作用最为突出，产权制度需要政府来组织安排。他在 1973 年出版的《西方世界的兴起》一书中把政府界定为保护产权的一种组织，公民雇佣政府建立、实施和保护产权，因为它为此付出的成本低于私人自愿团体所花费的成本。

与科斯、诺斯理论相似的是 1986 年诺贝尔经济学奖得主布坎南的公共选择理论。布坎南认为"市场失败"并不是政府干预的根据，因为政府干预与市场经济一样也具有局限性和缺陷，存在着"政府失败"。政府失败包括行政效率低下、费用高昂、计划执行不当、官员特权横行、机构自我扩张、财政赤字与日俱增、行政人员以权谋私、大量政府开支落入特殊利益集团的私囊、官僚主义猖獗。因此，如果以"失败的政府"去干预"失败的市场"，必然是败上加败。但市场中又存在着失败，政府不可能袖手旁观。政府应干预什么呢？政府应干预市场"长久失败"的一面，而不是其暂时的失败。暂时的、偶然的失败是经常地、大量地出现的，这些失败，市场经过一段时期的调整后会自行解决，一般不需要全面干预。哪些是市场的"长久失败"呢？布坎南在1986年出版的《自由、市场和国家》一书中认为，现代市场经济中由摩擦而阻碍效率的三个因素（信息制约，无票乘车者，策略性、欺诈性行为）就属于市场的根本性缺陷，这需要政府来解决。

市场有失败，政府也有失败，如何选择？1988年，美国兰德公司在一份由查·沃尔夫主持完成的报告中作了探讨。该报告的题目是：《市场或政府——权衡两种不完善的选择》。沃尔夫对市场缺陷与政府缺陷作了以下对比：

市场缺陷	政府缺陷
外在性和公用品	成本与收入的分离
增加利润	内在性和组织目标
市场的不完善	派生的外在性
分配不公平	分配不公平
（收入或财富）	（权力和特权）

通过比较，沃尔夫的结论是：既要使政府在改善和扩展市场中发挥作用，又要利用市场力量改善政府功能。也就是说，利用政府弥补市场缺陷，同时利用市场克服政府失败。

总之，这一派西方学者认为政府干预经济只能限制在一定范围内，这个范围就是市场长久失败的地方以及政府去干预并不会带来"政府失败"的方面。他们的主要观点是：（1）市场有失败，政府也存在着失败，政府失败既表现为国家对经济干预过度造成市场进一步失灵，又表现为对经济干预不足使市场无法正常运作；（2）政府只能干预市场根本性失败，不能干预非根本性缺陷；（3）政府要利用市场去干预经济。

这是三种不同风格的政府职能论。如果说自由主义谱系的政府职能论更多地表现为理性主义和现实主义，那么干预主义的政府职能论则主要是乐观主义和理想主义，而第三种政府职能论则是怀疑主义和悲观主义。

（选自《国外社会科学》1995年第1期）

亨廷顿的"第三次民主化浪潮"理论

丛日云

1991 年，一向站在政治发展理论前沿的美国政治学家塞缪尔·亨廷顿发表了《第三次浪潮：20 世纪晚期的民主化》一书，对当代世界的民主化提出了新颖独到的描述和分析框架。他的理论在西方产生了广泛影响，对于我们认识民主化问题也有一定的启发性。

亨廷顿在该书中关心的是 20 世纪晚期（1974—1990）全球政治重要的或许是最重要的发展，即大约 30 个国家由非民主制度向民主制度的转变，另外至少有 20 个国家实行"减压""开放"和"公开化"政策，松动了威权主义的统治，启动了民主化的改革。由此形成了一次"民主化浪潮"。他认为，这次民主化浪潮出人意料地开始于 1974 年，葡萄牙、西班牙、希腊这三个南欧国家相继实现了向民主的过渡，揭开了此次民主化浪潮的序幕。在此后的 15 年中，民主化浪潮波及全球。①

一 "三次浪潮"模式

对于"民主化浪潮"概念，亨廷顿解释说："一次民主化浪潮是在一个特定的时间内发生的由非民主政体向民主政体的成批的转变。"除了完成这种转变的国家外，"它还包括政治体系的自由化或部分民主化，尽管

---

① 本文参考文献均来自 Samule P. Huntington, *The Third Wave*, *Democratization in the Late Twentieth Century*, University of Oklahoma Press, Norman and London, 1991, pp. 3 –5。

这个进程没有实现充分的民主"。按他的说法，现代世界经过了三次民主化浪潮。每一次浪潮都有一些国家实现了民主化，而在民主化浪潮临近终点时，就出现反民主的回潮，一些实行了民主制度的国家又回到非民主的道路上。继之又是新一波的民主化浪潮。

亨廷顿总结的三次民主化浪潮模式是：

第一次民主化浪潮，1828—1926 年，约 33 个国家建立了民主制度。

第一次回潮，1922—1942 年，约 22 个国家的民主制度被颠覆。

第二次民主化浪潮，1943—1962 年，约 40 个国家建立了民主制度。

第二次回潮，1958—1975 年，约 22 个国家的民主制度被颠覆。

第三次民主化浪潮，1974—?，这次浪潮发展到 1990 年，有 33 个国家建立了民主制度，其中有 3 个已经恢复了过去的制度。

三次浪潮仿佛是进一步退两步的模式。从亨廷顿的著作发表后这几年的发展情况看，第三次浪潮仍在持续扩张，又有数以十计的国家由威权主义政体过渡到民主政体，或开始了民主化的改革，也有个别国家的民主政体被颠覆，但从总体上看，还没有第三次回潮到来的迹象。

二　第三次民主化浪潮

第三次民主化浪潮发源于南欧。到 20 世纪 70 年代末，民主之潮涌入拉丁美洲。1977 年，厄瓜多尔军事领导人宣布撤出政治，新宪法于次年草拟，1979 年的选举产生了一个文官政府。军队退出政治的过程同样发生在秘鲁，导致 1978 年立宪会议的选举，1979 年制定了新宪法，1980 年选举了文职总统。在玻利维亚，军队的退出带来从 1978 年起 4 年的政变与流产选举交错的混乱时期，但在 1982 年毕竟选举产生了一位文职总统。同年与英国战争的失败使阿根廷军政府垮台，1983 年选举产生了文职总统和政府。在乌拉圭，军队和政界领袖间的谈判导致 1984 年 11 月文职总统的选举。两个月后，巴西长期的"公开化"过程（1974 年起）到了决定性的关头，选举产生了该国自 1964 年以来的第一位文职总统。同时，在中美洲，军人也开始从政界退出。洪都拉斯在 1982 年初出现文职总统。1984 年 5 月，萨尔瓦多在激烈的竞选中产生总统。危地马拉在 1984 年选举了制宪会议，1985 年选举了文职总统。

民主潮流也在亚洲激荡奔涌。1977 年初，"第三世界民主的先行者"印度在一年半紧急状态后回到民主的轨道。1980 年，作为对暴力和恐怖主义的反应，土耳其军队第三次接管政权，又在 1983 年交出政权，选举产生了文职政府。同年，在菲律宾，对阿基诺的谋杀带来一系列骚动事件，导致 1986 年 2 月马科斯专制统治的垮台和菲律宾民主的恢复。1987 年，韩国执政党发表"6·29"宣言，接受反对党的所有要求，继而实行了自由公平的总统竞选。次年，反对党在议会中获得多数。1988 年，巴基斯坦军人统治结束，反对派赢得了选举，控制了政府。

回到西半球，与此同时，墨西哥执政党 1988 年第一次仅以微弱多数赢得了总统选举。次年，第一次失去了一个省长职位。1988 年，智利通过全民投票结束了威权主义政治，次年选举产生了文职总统。1983 年，美国的军事干预结束了格林纳达专制政体和巴拿马的诺列加军人独裁。1990 年 2 月，尼加拉瓜的专制政权由于选举失败而垮台。1990 年 12 月，海地选举了民主政府。至此，这片大陆已基本实现了民主化。

20 世纪 70 年代和 80 年代初，是欧洲非殖民化最后阶段。葡萄牙帝国的灭亡产生 5 个非民主政府。1975 年，巴布亚新几内亚独立，建立了民主政治制度。大英帝国的残余多为岛屿，它们产生了 12 个新国家，几乎都建立了民主政体。尽管在格林纳达，这种政体是由外来军事干预恢复的。1990 年，纳米比亚独立，由国际监督的选举中建立了政府。

在非洲和中东，80 年代的民主运动是有限的。1979 年，尼日利亚从军人统治回到民选政府，但在 1984 年又被军事政变所推翻。1990 年，某种自由化发生在塞内加尔、突尼斯、阿尔及利亚、埃及和约旦。1987 年，南非政府开始了消除种族隔离的缓慢过程，扩大非白人种族的少数民族的政治参与，但仍把占这个国家绝大多数的黑人排除在外。从 1990 年 F. W. 德克勒克当选为总统起，民主化进程重又启动。

总之，民主运动成为全球性的。通过这次民主化浪潮的扫荡，世界政治版图已大大改观。

三 第三次民主化浪潮的特点

亨廷顿虽然描述了三次民主化浪潮，但三次浪潮并不是简单的重复，第三次浪潮的民主化与前两次不同。

（1）从民主化开始的政治背景来说，第一次浪潮民主化所取代的政体一般是绝对君主制、残存的贵族政体和大陆帝国的后继国；第二次浪潮民主化发生在法西斯国家、殖民地、个人军事专制的国家，其中某些国家有过民主经历；第三次浪潮中转向民主的威权政体分三类：一党制、军人政体和个人专制。其中许多国家有过民主的经历。

（2）从内部因素与外部因素的关系上看，第二次浪潮民主化很大程度上是靠外部压力和非殖民化实现的，而第三次浪潮除格林纳达、巴拿马和加勒比海几个英国小殖民地外，民主化的主要原因来自其内部。

（3）从实现过渡的方式上看，前两次浪潮都以暴力为杠杆。第三次民主浪潮是在和平的条件下发生的，以"妥协、选举和非暴力"为特征。为了印证这一点，亨廷顿收集了大量的材料证实，"在绝大多数第三次浪潮国家，暴力的总体水平是相当的低"。第三次浪潮有明显的暴力发生，但总的来说非常有限。"1974—1990 年 30 多个实行民主化的国家中，除尼加拉瓜外，政治死亡的总数可能约 2 万人，特别集中于南美和亚洲大陆。"亨廷顿认为，"第三次浪潮付出的生命代价是相当低的"，"第三次浪潮完全是一次和平的浪潮"。

（4）第三次浪潮的另一个突出特点是，一旦这些国家走上民主化道路，就很少出现强劲的反民主抵抗运动，民意表现出对民主政体一边倒的支持。亨廷顿说："在第三次浪潮的前 15 年，没有一个国家出现过大规模的群众政治运动，向新生的民主政体的合法性提出挑战，要求以公开的威权政体取代它。"在西班牙，1977—1983 年的 5 次民意测验中，绝大多数同意民主政体是最好政体。在秘鲁，1982—1988 年的 4 次民意测验表明，利马公民对民主的支持率在 66%—88%。

1988 年的全国抽样调查结果证实，75%的人选择民主政体为他们国家最好的政治制度。第三次浪潮国家在向民主转变之初就赢得如此广泛的支持，与日本和德国战后对民主和民主价值的支持态度的缓慢发展形成鲜明对比。

　　总的来说，第三次民主化浪潮的起点更高，民主化的条件更成熟。政体过渡较顺利，较少暴力，较少反复。

四　民主化的前提

　　亨廷顿总结第三次民主化浪潮的经验，对发展中国家非民主化的前提做出了一些新的解释。亨廷顿力图确定经济变量在民主化进程中的关键作用。他认为，经济因素虽不是绝对的，但能够解释多数国家的情况。他引用数据证明，向民主的转变主要发生在中等或中上等经济发展水平的国家。在穷国，民主化不可能，而在富国，民主化已经完成。两者间有一个政治"转变带"，在这个特殊发展水平上的国家最容易转向民主。多数转向民主的国家都在这个经济水平上。根据第三次民主化浪潮的经验，人们可以大体上确定"转变带"的 GNP 水平，从而在经济发展与政治民主化之间建立起定量的联系。根据亨廷顿的说法，在 20 世纪 70 年代，转变带的 GNP 阈值是 500—1000 美元，进入 80 年代又有所提高。

　　对于政治文化因素，亨廷顿指出，第三次民主浪潮在各种文化区域都有表现，它表明，没有一种文化是建立民主的绝对障碍。但是，不同文化与民主的关系又有差别。他根据与民主的积极关系，给各种文化排出一个序列，依次是：新教、天主教、东正教、孔教、伊斯兰教和非洲文化。

　　关于民主化的外部因素，亨廷顿强调世界上有几个主要的权力中心对第三次民主浪潮产生了关键性影响，即梵蒂冈、欧共体、美国和苏联。它们的影响都是世界性的，但又各有侧重。天主教会的影响主要针对实行威权政体的天主教国家；欧共体的影响集中在南欧和东欧；美国的影响面主要是拉美和部分亚洲国家；苏联的变革清除了东欧民主化的主要障碍。这几个权力中心都有过政策上的转变，如天主教 20 世纪 60 年代的第二届梵蒂冈大公会议，美国 20 世纪 70 年代中期开始的人权外交，苏联的戈尔巴乔夫改革等，若没有这些变化，第三次浪潮的情形会大不相同。

发展中国家自身也相互影响。在世界日益一体化、各国联系日益紧密的条件下，率先民主化的国家会起到一种示范作用，引起其他国家，尤其是地理上相近和文化上相似的国家的效仿，从而产生一种"滚雪球"的效应。这会使后民主化的国家减少阻力，加速其民主化进程。

（选自《国外社会科学》1998 年第 4 期）

理念与制度：新制度主义
政治学的最新进展

朱德米[*]

从 20 世纪 80 年代新制度主义政治学兴起以来，有关制度的研究不仅是国内外政治学界高度关注的议题，而且也是当前整个社会科学界讨论的热点话题。其背后的原因包括：政治学学科内的"革命性"变革；寻求更合理的解释政治生活的范式；提升政治科学的科学研究水平，以达到或超过社会科学的整体研究水准，其中更为深刻的动力来源于政治世界的变革。在全球化进程中，发达国家之间既出现了制度趋同现象，又呈现出制度多样性的趋势。新制度主义政治学与比较政治学的结合就此提供了多种相对合理的解释。转型国家同样出现了成功的或失败的事例，以制度转型的初始条件、转型的路径选择为核心的新制度主义解释范式在对这些问题的研究中表现出明显的优势。对于发展中国家而言，发展与制度的关系、制度与公共治理的关系已成为当前发展理论讨论的最前沿的话题之一。

在当代中国的发展与转型过程中，从国家宏观发展战略到具体的政策设计都表现出对制度设计、制度转换知识的需要，甚至有学者提出"中国正在经历人类历史上最大规模的制度变迁"的观点。在政治实践中，运用制度来规范权力，通过体制来解决发展中的问题，利用规则来

---

* 朱德米，1972 年生，博士，同济大学文科办公室主任、同济大学经济与管理学院副教授。

约束行为等观点已成为政治实践者的"口头禅"。因此，新制度主义政治学在我国承担着学科建设和满足实践需求的双重任务，深入开展制度的理论和实践研究是政治学研究者在构建和谐社会中的任务之一。本文从理念（ideas）与制度（institutions）的关系入手，论述了新制度主义政治学当前的最新进展。

一

2006 年，国际一流的政治制度研究者合作撰写了《牛津政治制度手册》，对当前的政治制度研究进行了全面的总结。[1]《牛津政治制度手册》的内容分为三个部分：第一部分为路径（规范制度主义、理性选择制度主义、历史制度主义、建构制度主义、网络制度主义、旧制度主义）；第二部分为制度（国家及其国家构建、公民社会的发展、经济制度、社会包容和排斥的制度、宪法、比较宪法、美国联邦主义及其府际之间的关系、比较联邦制、地区制度、美国总统制、议会制下的行政、立法—行政关系的比较、公共官僚、福利国家、管制国家、立法机构、立法行为、两院制、比较地方治理、司法制度、司法过程、政党、选举制度、直接民主制度、国际政治制度、国际安全制度、国际经济制度、国际非政府组织）；第三部分为过去与现在（遭遇现代性，政治、制度思维）。这三个部分的关系很清晰。首先是制度研究路径和方法的介绍，其次是研究的制度分类，最后是总结。《牛津政治制度手册》把新制度主义纳入研究路径中叙述是很科学的。它把新制度主义划分为规范制度主义、理性选择制度主义、历史制度主义、建构制度主义、网络制度主义 5 个流派。"网络制度主义"强调组织之间的关系，这类关系对行为进行约束。它主要关注 5 个领域，即政策网络、组织、市场，政治动员和社会运动，社会影响，社会心理及其政治文化。[2] 由于网络制度主义还处于发展过程

① R. A. W. Rhodes, Sarah A. Binder & Bert A. Rockman（eds.）, *The Oxford Handbook of Political Institutions*, Oxford University Press, 2006.

② Christopher Ansell, Network Institutionalism, in R. A. W. Rhodes, Sarah A. Binder & Bert A. Rockman（eds.）, *The Oxford Handbook of Political Institutions*, Oxford University Press, 2006, pp. 75 – 76.

中，其研究更多的是描述，而不是分析，并且缺乏本体论的支撑，所以严格来说还构不成一个流派，只是提供了一个新的视角。由马奇和奥尔森撰写的"规范制度主义"大体上包括了"社会学制度主义"的内容。

值得注意的是，在流行的三种分类（理性选择制度主义、社会学制度主义、历史制度主义）之外，手册中出现了"建构制度主义"流派。建构主义持相对主义的哲学立场，它拒绝"实在"独立于人类的知识和认识之外的看法，是一种后现代主义思潮。在社会科学领域，建构主义对国际关系理论影响很大。科林·海对政治科学中"建构主义"的界定是把唯心主义和唯物主义结合在一起的解释模式。唯心主义（后现代主义、解释学等）强调的是观念决定政治结果；唯物主义（马克思主义、理性选择理论、实在主义）等则认为物质因素决定政治结果。建构主义认为观念与物质因素的互动决定了政治结果。① 建构制度主义在上述理论发展的基础上，力图把理念与制度结合在一起。

施密特在美国政治科学学会 2006 年年会上所作的报告《给和平一个机会：调和四个（不是三个）"新制度主义"》中指出，话语制度主义（discursive institutionalism，也就是科林·海所说的建构制度主义）是对历史制度主义、理性选择制度主义和规范制度主义的补充，而不是代替它们或形成竞争关系。② 理性选择制度主义关注的是理性行为，解释的逻辑是利益，由于偏好是稳定的，所以强调制度的连续性。历史制度主义关注的是结构和制度实践，解释的逻辑是路径依赖，由于路径依赖的存在，制度的变革也是连续的。规范制度主义关注的是规范和文化的作用，解释的逻辑是"适宜"（appropriateness），由于文化规范相对稳定，所以制度的变革也是连续的。这些对制度变革的解释大多停留在静态解释上，而第四个流派的新制度主义必须解释制度变革的动力、理念路径具有潜在的可能。

施密特与利伯曼的看法是一致的。利伯曼在 2002 年《美国政治科学

---

① Colin Hay, *Political Analysis: A Critical Introduction*, Palgrave MacMillan, 2002, pp. 194 - 215.

② Vivien A. Schmidt, Give Peace A Chance: Reconciling Four (Not Three) "New Institutionalism", The Annual Meetings of the American Political Science Association (Philadelphia, PA, Aug. 31 - Sept. 3, 2006), 2006.

评论》上发表的《理念、制度和政治秩序：解释政治变革》一文中提出，制度分析擅长解释的政治现象有：根据结构的约束来解释行动者的战略行为；解释利益的聚集、权力的配置和行使、政治理性的社会建构；解释总统的否决权、官僚的政治控制、社会革命、产业政策、福利国家、法律制定的过程、欧洲一体化等。[①] 尽管新制度主义有着不同的流派和标签，但其共有的不足之处在于简化论、外生性和结构高于主体。[②] 他认为制度主义强调秩序与稳定，无法有效地解释政治制度的动态变迁。

二

经过 20 多年的发展，新制度主义日益成熟，对政治现象解释的范围及其限度都变得比较清晰。当前，新制度主义主要沿着三个方向发展。

第一，深化各个流派的实证研究，力图通过案例分析寻求更合理的解释框架，如历史制度主义对时间性的关注。皮尔森（Paul Pierson）的《时间中的政治：历史、制度和社会分析》就是其中的代表作，主要研究内容涉及路径依赖、时间与序列、长期变革的过程、制度设计的限度和制度发展等。他的研究关注社会科学研究的时间背景。

第二，拓展新制度主义的研究领域，如网络制度主义、制度程序主义（institutional processualism）等。制度程序主义是把新制度主义引入公共管理改革研究领域的一个产物。巴泽莱和加列戈在《从"新制度主义"到"制度程序主义"：推进对公共管理的政策变革知识考察》一文中指出，对新公共管理运动的研究正在从关注公共管理改革的意识形态向关注制度和政策变革转变。从流程上看，制度程序主义主要研究政策制定、组织决策和组织变革的过程；从制度角度看，制度程序主义主要研究各类互动的制度背景。[③]

---

① Robert C. Lieberman, Ideas, Institutions, and Political Order: Explaining Political Change, *American Political Science Review*, Vol. 96, No. 4, 2002, p. 699.

② Ibid., p. 698.

③ Michael Barzelay & Raquel Gallego, From "New institutionalism" to "Institutional Processualism": Advancing Knowledge about Public Management Policy Change, in Governance: An International Journal of Policy, *Administration and Institutions*, Vol. 19, No. 4, October, 2006, pp. 531 – 557.

第三，弥补制度分析的不足，特别关注对制度化完成后制度变革（post – formative institutional change）的解释。理念路径被认为是对制度分析最好的补充。利伯曼、施密特、科林·海等人都坚持这种观点和研究思路，它构成了当前新制度主义关注的中心内容。

利伯曼指出："理念的回归对政治科学和政治解释的挑战是当前该学科面临的核心问题之一。"① 理念的兴起的原因有二。第一，世界政治的发展促进了理念的发展。在世界经济和政治制度领域出现了新自由主义范式趋同的趋势，社会科学并没有预测到这一转型的理念的本质。第二，政治科学中的制度路径在解释政治过程的实质内容方面能力有限，无法对实质性内容选择的"菜单"进行解释。而理念路径能够充分解释政治世界中人们的目标和欲求、利益的内容及其表达方式。

近年来，从理念路径解释政治现象的典型观点包括：英格尔哈特（Ronald Inglehart）的《现代化与后现代：43 个社会的文化、经济和政治变革》根据世界价值观的调查，认为在全球范围内文化对经济和政治发展正在逐步形成强大的影响力；卡赞斯坦（Peter Katzenstein）主编的《国家安全的文化：世界政治中的规范和认同》力图分析国际政治中"认同"的形成及其影响；莱廷（David Laitin）的《认同的形成》研究"认同"如何形成，为什么会出现"认同"等问题；麦克纳马拉（Kathleen McNamara）的《货币的观念》研究欧洲货币一体化问题，认为观念在政治生活中起着重要的作用，新自由主义理念的共识影响到欧洲国家及其领导人对货币一体化的决策；伯曼则根据上述的研究，得出"理念回归"的结论。②

理念是一个媒介，人们通过它能够想象一种不同于现状的状态。这类想象能够推动人们尝试变革，并且实现变革。当然，理念不能单独产生激励或行动的机会，它必须与其他因素相结合才有可能发挥效益。理念路径对政治现象的解释的核心点是对利益的重新认识。利益不是简单

---

① Robert C. Lieberman, Ideas, Institutions, and Political Order: Explaining Political Change, *American Political Science Review*, Vol. 96, No. 4, 2002, p. 697.

② Sheri Berman, Ideas, Norms, and Culture in Political Analysis, *Comparative Polictics*, January, 2001, pp. 231 – 232.

的理性计算结果，而是主体认知的产物。客观的利益与主观对利益的认识是不一致的。换言之，政治行为是反映客观的物质利益还是反映行动者对利益的认知呢？布莱思认为，行动者的行为不是其物质自我利益的直接反映，而是他们对其物质利益的特定认知的反映。[①] 这如同人们对"幸福"的感受与客观物质利益之间的关系一样。科林·海提出的社会科学中自然主义（naturalism）倾向的解释模式是：背景—物质利益—行为；而建构主义倾向的解释模式是：背景—"现实"利益或物质利益—对物质利益的认知—行为。[②] 理念在其过程中充当认知的过滤器，行动者通过它来解释环境的信号，从而对自我的利益形成感知。显然，理念不同的人对同一个客观利益的解释是不同的。在自然主义倾向的解释模式中，它们之间的差异在于人的行为具有消极和被动的特点，而在理念解释模式中，人的行为具有积极和主动的特点。相比之下，理念解释模式更符合政治生活的现实。

　　理念对政治行为的影响是该路径分析的核心问题之一。政治行为既是行动者的动机、利益和偏好的产物，也是环境提供机会及环境对机会的约束的产物。理念分析的贡献在于认为动机、利益和偏好是变动的，而不是设定好的变量，还有可能是无法预知的。这与理性选择理论的假设是对立的。更进一步地说，政治行为在一定的环境下是对物质利益的被动反映的观点值得推敲。

　　理念路径分析的不足之处是：第一，对稳定的政治行为和有序的政治生活缺乏有效的解释；第二，必须借助其他变量才有可能厘清对政治行为的影响机制，如把它与制度分析相结合。利伯曼在对美国1964年《民权法案》的研究中，注意到理念影响民权的内容，但它进入政治生活还需要政治机构的推动。

　　理念与制度的结合是当前新制度主义力图开拓的发展空间：一方面在于弥补制度分析对变革、动态和非均衡变迁关注的不足，另一方面也

---

① Mark Blyth, *The Great Transformation*, Cambridge: Cambridge University Press, 2002, p. 271.

② Colin Hay, Constructivist Institutionalism, in R. A. W. Rhodes, Sarah ABinder & Bert A. Rockman（eds.）, *The Oxford Handbook of Political Institutions*, Oxford University Press, 2006, pp. 71 – 73.

在弥补理念分析对政治生活的有序化、均衡状态等关注的不足。利伯曼指出："把理念和制度看作是整合性的、内生的解释要素，没有一方高于另一方，两者的结合能够避免政治分析的困境。"①

理念与制度的结合主要沿着三条线路展开。首先，它关注理念在制度化过程中的作用，分析理念如何转变成有形的制度，如洛克、孟德斯鸠等人的思想被转变成制度设计，旧的制度主义对此做出了相当突出的贡献。近来研究的重点有：（1）关注理性在现代国家构建过程中的作用，如韦伯的理性化思想与现代官僚制之间的关系；（2）政党与意识形态之间的关系，意识形态如何嵌入政党的组织运行过程中；（3）国家职能体系与意识形态变换之间的关系，在不同意识形态指导下，国家职能设计存在着很大的差异，职能变迁影响到国家机构的设立，从而影响到政治制度变革。"新公共管理运动"是一个典型，新的理念影响到国家职能的变革。国家职能的重新设计推动公共组织改革，出现了许多类型的代理机构，其中出现了非多数主义机构的独立性增强和中央银行的高度独立等发展趋势。

其次，它关注理念在公共协商、对话、主体际的沟通以及集体认同中的作用。理念对政治行动者的偏好、利益观、价值观的塑造发挥着相当突出的作用，从而它也影响到执政党的执政理念、政策理念等。这就是说，理念对无形的制度产生影响。当然，理念本身也存在着内容的更换和"路径依赖"。理念与制度结合的关键点在于，它不仅涉及观念或"文本"本身，还关注理念沟通的制度背景。理念与制度结合形成的政治研究框架分为三个层次：第一，关注国家制度设计与运行，包括立法、司法、行政和官僚机器，以及国际组织等其他治理主体的安排；第二，制度环境，包括政党及政党制度、利益集团以及非政府组织等；第三，政治对话过程中的意识形态和文化要素。

最后，理念与政治制度绩效之间存在着"摩擦"（friction）现象。它是政治制度变革的直接动力。亨廷顿在1981年的《美国政治：不和谐的许诺》中指出，推动美国政治发展的动力之一就是政治理念与政治制度

---

① Robert C. Lieberman, Ideas, Institutions, and Political Order: Explaining Political Change, *American Political Science Review*, Vol. 96, No. 4, 2002, p. 698.

的绩效之间存在着摩擦，当两者之间的距离非常大的时候，它就能推动制度变革，向政治理念倡导的方向发展。① 当前的研究更多关注的是"两者的摩擦"对制度变革产生作用的机制。理念与制度的不匹配能够激励政治精英采取行动，并且给政治精英提供了采取政治变革的机会。因为理念通常是充当制度变革的"蓝图"，描绘未来状态，引导制度转型。在制度变革的不同阶段，理念的作用是不同的。在制度变革的"前夜"，政治制度出现"去功能化"倾向，它们无法为政治行动者提供稳定的预期。理念能够减少政治行动者对未来预期的不确定性。尽管随着"制度供给"的出现，制度逐步提供稳定的预期，但在此之前的时间序列里，理念具有替代制度以减少不确定性的功能。减少不确定性仅仅是制度供给的第一步，只有克服集体行动的障碍才有可能促成当前"去功能"的制度发生转型。在这个阶段，理念所提供的价值共识和认同能够有效地解决"集体行动"的困境，并为形成"统一战线"提供思想基础，有利于改革的力量去推动制度变革。在政治制度转型过程中，理念还充当斗争的"武器"，对当下的政治制度提出挑战。在上述的条件都已具备的情况下，随着旧的政治制度合法性的丧失，理念为新的制度设计提供了"蓝图"，并奠定合法性的基础。从制度设计到制度化是制度转型的关键环节。在制度化过程中，理念能够约束政治精英的行为，促进政治生活的有序化。

三

　　政治科学研究的进步在于新的解释模式弥补了旧的模式的不足，其方式包括对旧模式无法解释或设定的因素进行解释、增加新的变量、不同路径的集成与综合等。理念与制度的结合可以理解成为不同研究路径的集成与综合，力图为社会现象提供更加切合"现实图景"的解释。然而，不同研究路径的集成与综合不可避免地带来两个方面的问题。

　　第一，跨层次研究的核心分析工具的选择。学界普遍承认，新制度主义包含历史制度主义、理性选择制度主义、规范制度主义三个流派。

---

① Samuel P. Huntington, *American Politics: The Promise of Disharony*, Cambridge, MA: Harvard University Press, 1981.

这三个流派难以整合的原因就在于分析层次的不同：理性选择制度主义关注微观政治行为的分析；规范制度主义关注中观层次（组织层次）；历史制度主义关注宏观政治现象的历史变迁。尽管在这三个流派中都涉及理念分析，但是把理念单独作为一个分析变量，至少从目前的文献来看，这构成了更为宏观的分析。显然，目前新制度主义研究者所做的工作不是把理念作为一个新的变量切入三个流派当中，而是弥补整个新制度主义对动态性、非均衡的制度变迁的解释不足，力图发展成为新制度主义的第四个流派。因此，理念与制度的结合面临着跨层次研究的核心分析工具难以选择的问题。

　　第二，理念本身包含着观念、价值观、认同等内容，这些内容在现实生活中的变化是非常迅速的。此外，身处不同情景的政治行动者对同一个理念的认识和解释也是不同的。对这些理念如何进行测量，测量的效果如何，这些都是在理念与制度相结合的过程中需要解决的问题。因为政治科学的研究不仅需要描述政治事实，更为重要的是还需要解释与预测政治变迁。比如，在英格尔哈特所主持的"世界价值观的调查"中，具有不同历史—文化背景的人对"自由""民主"等概念的理解就存在很大的差异，呈现出不可通约的特征，这些直接影响到价值观调查的可信度。

　　新制度主义政治学对我国的和谐社会构建和政治文明建设有着相当大的启发意义。建立一套与现代社会快速变革相适应的制度体系（政治、经济等方面的制度）是现代中国的目标与追求。随着政治精英和民众政治知识的不断增加，制度及其所包含的意义已成为达成新的政治共识的选项之一。制度已不仅仅是与理念相对立的概念了，它本身就有可能发展为新的理念。

（选自《国外社会科学》2007 年第 4 期）

当代西方参与民主理论评析

于海青[*]

在当代西方，自由主义民主是居主流地位的民主意识形态。自 20 世纪 60 年代以来，伴随着西方社会在政治、经济和社会层面上的新变化，左翼理论界发展出一种与自由主义民主相对立的新的民主理论——参与民主（participatory democracy）。参与民主从民主的本质规定性出发，以大众自发的、直接的参与为核心，强调民主应当通过自我管理过程中大众积极的直接参与才能实现，并在此基础上提出了"直接参与 + 代议政治"的民主发展思路。这一民主主张延续了古典民主的理念和精神，形成了对自由主义民主的冲击与挑战，为当代社会的民主发展指出了一条新路径。

一

参与民主是一个当代术语，但参与理念并非是一个新的发现。早在古雅典时期，当作为"人民统治"的民主概念确立之时，民主的参与精神就已成为人们的道德理想与价值追求。2000 多年来，虽然在参与的形式、途径及程度等问题上广有争议，但将参与作为民主政治的基本特征和属性却是各种民主理论的普遍共识。

总的来看，当代西方参与民主的理论来源主要有三。首先，其基本

---

* 于海青，1975 年生，中国社会科学院马克思主义研究院助理研究员。

思想源于古典民主理论，尤其是启蒙思想家卢梭和自由主义民主理论家约翰·密尔的民主政治观。他们的民主理论尽管观点迥异，但还是具有一个共同的基本特征，即强调民主政治的道德目标，倡导公民的积极参与，主张只有积极参与政治，才能强化个人的社会责任感，完善个人的政治美德及其政治能力。这些民主吁求和参与理想对西方参与民主的形成产生了重要影响。其次，当代西方参与民主理论与马克思主义的民主政治理论也有极深的渊源。诚如赫尔德所说，参与民主产生的一个主要原因是对"马克思主义政治理论遗产不满的结果"。[①] 最后，20 世纪上半叶出现的一些民主参与思想，如美国政治思想家约翰·杜威、汉娜·阿伦特以及英国小资产阶级社会主义者 G. D. H. 柯尔和 A. D. 林赛对民主参与的构想和设计，也为当代西方参与民主提供了直接的思想资源。

按照民主理论家简·曼斯布里奇（Jane Mansbridge）的说法，作为正式术语的参与民主是阿尔诺德·考夫曼（Arnold Kaufman）于 1960 年率先提出的。[②] 但从理论研究的视角来看，参与民主研究的起步发轫于 20 世纪 70 年代前后。当时的西方政治学领域出现了一股参与问题研究的热潮，这股热潮的兴起很大程度上源于 60 年代末西方社会的政治动荡。风起云涌的学生运动及其带来的严重社会后果促使政治研究者们关注并深入思考当代西方的政治实践及其存在的问题，如官僚化、异化、公民政治动员以及经济发展的难题等。作为回应，社会学和政治理论加强了对参与问题的研究。这些研究不仅强调公众的政治参与问题，也关注个人在工厂、学校和家庭等经济、社会领域的参与角色及其作用。研究者们试图从对相关问题的研究和阐释中，找出解决现实问题的方案。

当时的参与问题研究可以划分为两个层次。一是尝试从理论上对参与做出概念性解释。即主要通过一些跨国比较研究，对参与的"水平"和"形式"等进行量度，从而对参与的构成要素如谁参与、在什么条件下以及以何种方式参与等具体问题做出说明。二是致力于将参与问题与

---

① ［英］戴维·赫尔德：《民主的模式》，燕继荣译，中央编译出版社 1998 年版，第 333 页。

② Franck Cunningham, *Theories of Democracy*, *A Critical Introduction*, London：Routledge, 2002, p. 123.

民主的价值形式联系起来，寻求建立一个潜在的参与性社会。这种研究主要关注公民大规模的公共领域参与，并寻求从理论上对其现实可能性提供一种理性的支持，其研究者经常将"参与民主"制度的建立作为最终的实现目标。在这一时期，许多学者为建立一个参与民主的社会做出了理论上的努力。虽然他们的理论推演和具体主张存在差异，但在知识背景、理论出发点及核心理念等方面存在某些共同点。也正因为如此，有些西方学者认为他们构成了一个"参与民主学派"。[1]

　　20 世纪 80 年代后，随着以代议制为核心的西方民主危机的加剧、各种社会运动的兴起和壮大，以及体制内广泛民主参与的实现，如何实现和保证更大程度的参与成为诸多理论研究者尤其是左翼学者深入探讨的一个重要话题。在这一研究氛围中，西方参与民主理论趋于丰富和多样化，主要表现在以下方面：（1）除继续从理论上对参与民主的合理性做出论证外，更多地开始转向对于参与民主的具体运行机制和实现方式的探讨，形成了诸多参与民主发展模式，如工厂民主、结社民主、协商民主、电子民主等；（2）对当代西方各种参与民主形式的研究进一步深化和细化，而且这种研究大都与当代政治经济发展的具体环境结合起来，从而展现出鲜明的时代特色，如对后福特主义管理方式下企业内部的民主化和工人参与、全球化背景下地方民主发展以及方兴未艾的非政府组织和公民社会组织的研究等；（3）对新社会运动、全球正义运动中民主参与问题的研究得以深入和扩展。新社会运动等当代西方的各种进步运动，不仅是参与民主理论产生和发展的直接推动力量，而且其本身就是参与民主的具体实践。在关于各种新运动的理论研究中，出现了许多有关参与民主的理论成果。

二

　　当代西方参与民主理论建立在对自由主义民主的分析和批判的基础之上。参与民主理论家从不同角度对自由主义民主理论的缺陷进行了论

---

[1]　Jan Leighley, Participation as a Stimulus of Political Conceptualization, *The Journal of Politics*, Vol. 53, No. 1, 1991, p. 198.

证，以下略举几例。

加拿大著名民主理论家麦克弗森从对自由主义民主的解析中阐释了其伦理上的不充分性。他认为，自由主义民主模式建立在仅仅适用于受市场驱动的社会的人类行为概念之上，是通过宣称个人功利和权利最大化来证明其自身合理性的。这一模式的潜在基础源于17—18世纪将人作为无限制消费者的观点，承认无限制占有商品以及无限制需求的正当性。这样，在自由主义民主模式中，民主就成为为实现政治和经济商品消费排除障碍的一种机制。虽然当代社会也实现了普选权等基本民主权利，但正如麦克弗森指出的，"只要一个社会是以建立无限制财产积累的绝对权利为动机，那么个人能力的天然不平等就会使绝大多数资源集中于少数人手中"。① 在市场力量的驱动下，社会资源和权力集中于少数精英手中，必然否定了多数人选择劳动方式的权利，而这在实际上也就是否认了人的充分民主权，即个人运用和发展其个人能力的权利。从这个意义上说，建立在私有制以及市场交换基础上的自由主义民主理论实际上是一种阶级分化的、具有本质局限性的民主理论。

美国民主理论家巴克拉克将批判矛头指向当代精英主义理论。他强调，战后西方社会充斥着精英主义的思想意识形态，并以领域不同、基本立场相互冲突的三位当代美国政治理论家杜鲁门（David Truman）、伯尔勒（A. A. Berle）和米尔斯（C. Wright Mills）的理论为例，具体分析了他们在精英与民主关系问题上的相似性，② 指出他们虽然认为应对西方民主政治进行改革，但实质上都不主张废除权力精英，而是以不同的方式支持精英的存在。例如，杜鲁门依靠"相互影响的精英结构"来挽救民主体系；米尔斯将现存的"权力精英"结构作为历史上人们能够决定自己命运的唯一机会；而从对合作权力之合法性的阐释中，伯尔勒也发展起一套由少数人决定的"管理精英"理论。同时，他们都强调一种新的更具自我意识的精英团体的形成，主张非精英的公众由于缺乏积极性和远见卓识，并不能阻止精英们不负责任的行动；而精英出于自身利益的考虑，能够相互协商讨论并达成一致。在巴克拉克看来，这种建立在精

---

① C. B. Macpherson, *Democratic Theory*: *Essays in Retrieval*, Oxford: Clarendon Press, 1973, p. 17.

② Peter Bachrach, Elite Consensus and Democracy, *The Journal of Politics*, Vol. 24, No. 3, 1962.

英一致（elite consensus）基础上的精英主义认识论在理论上根本不能成立，尤其是当程序问题与具有极大争议的实质性问题交织在一起时，不同精英之间不可能达成一致。而且，这一理论也没有充分研究具有民主导向的精英对公众民主意识复兴可能产生的影响。在这里，巴克拉克重申了密尔关于知识精英在激发、引导广泛的公众讨论过程中扮演着重要角色的结论，并进而引出了他的参与主义的基本主张，即认为理论研究者不应该沉溺于达成精英一致，而应关注在广泛公众讨论基础上就重要议题形成的大众一致（popular consensus）。

美国政治学家本杰明·巴伯（Benjamin R. Barber）则认为，自由主义民主的核心缺陷在于个人自由的价值先于民主的价值。而正是由于过分强调个人自由，自由主义民主表现出三种理论发展倾向。（1）无政府主义倾向。这是一种维护个人自由以及各种绝对权力的非政治或反政治倾向。它虽然承认政治权力的作用，但对权力的行使却敌视态度，认为任何形式的权力行使都会产生危害个人自由和利益的后果。因此在民主实践中，它既反对少数人对权力的垄断，也不赞成多数人参与决策。（2）现实主义倾向。与无政府主义倾向否认、回避冲突，梦想在一个无冲突的世界中实现个人自由不同，现实主义则倾向努力创建一个人为的权力世界，以期压制不同个体间的冲突。（3）极少论倾向。这一理论倾向关注的是如何处理现实主义的主权以及个人对统治权力的无限欲望，即如何管理管理者的问题。就这一理论倾向而言，它认为不同个体之间存在着一种相互依赖和自然竞争的关系，因而不能相互隔绝地生活；但同时也认为人与人之间并不能取得互信，从而不能轻易地和平共处。因此，在对待权力的态度上，它虽然主张行使权力的必要性，但也强调限制权力的不可或缺性。这三种理论倾向相互矛盾、相互冲突，但都与民主的基本理念如政治参与、共同讨论、相互合作等抵触。在实践中，这些理论发展倾向决定了自由主义民主不可避免地呈现诸多"浅薄"或"弱势"的症状，如公民普遍的政治疏离；政治平等和参与原则遭到破坏；公民自我做主、自我治理的民主原则面临侵蚀等。

三

通过对自由主义民主理论的批判分析，参与民主理论家建立起"参与性社会"的理论框架。他们赋予参与民主不同的名称，如麦克弗森称其为"后自由主义民主"，巴伯称其为"强民主"，哈贝马斯称其为"话语民主"，赫斯特（Paul Hirst）称其为"结社民主"，他们的民主设计大多包括以下内容。

第一，"参与"是当代参与民主理论的核心理念。参与民主理论家认为，参与是作为本原意义民主的固有内涵。因为在纯粹的民主原则下，政治系统中的所有公民都应该自我做主、自行治理公共事务，而不应委托他人。同时，本原民主概念中的参与和平等也是相容共存、相互影响、相互制约的。参与是实现个人平等的基本方式。没有参与，就没有平等；没有平等，也就没有公正的参与。而当代代议制政治的一大弊端正是破坏了民主的参与原则。在代议制中，为了适应大规模国家发展的需要，一般公民不得不选出代表代其行使统治权。这实际上是为了实现统治效率，从而削减了公民参与政治活动的空间，牺牲了公民的统治权。而且，代议制政治在实际运行中也具有使参与和平等背道而驰的发展倾向。巴伯指出，代议制政治中一般公民的参与数量，一直呈现出偏向于较高社会经济地位者的不均分配，进而导致了不同社会阶层之间不平等的社会影响力。① 因此，对致力于最大限度地恢复本原意义的民主概念的当代参与民主理论而言，其最主要的任务就是解析通过何种方式来推动积极的公众参与，进而完善民主的平等性、合法性和有效性。

第二，公民直接参与"有限环境"中社会关键制度的管理。当代参与民主理论大多建立在人民主权论的基础之上。但与把人民主权视为共同体成员亲身参与所有共同决定的古典民主理论尤其是卢梭的民主理论不同，参与民主理论并不认为直接参与可以延用于政治、经济和社会领域等各个方面，而是把人民主权理解为公民在地方社区以及工厂或企业

---

① B. Barber, *Strong Democracy: Participatory Politics for a New Age*, University of California Press, 1984, pp. xi – xiv.

等有限环境中参与组织、管理和决策，将其蕴含于公民平等自由地参与协会活动、讨论对话以及电子参与的过程之中。例如，巴伯强调，公民权或公民身份正是通过政治参与的各种制度，公民聚集在一起进行讨论，孕育出设身处地的能力及互尊互敬的态度，从而共同介入政府决策，一起承担行动责任的过程来实现的。而在协商论者哈贝马斯那里，人民主权则被认为是存在于人民的交往行动过程之中，存在于人民的自由讨论过程之中。主张人民主权不是来自卢梭式的道德基础，不是由每个共同体成员的良好心灵集合而成的公意，而是来自一种"辩论的共识"，① 来自每个人自由平等地参与的交往活动，来自话语过程本身。

　　第三，民主参与能够极大地提高普通公民的民主素质和能力，进而有利于促进整个国家政治领域的民主化发展。参与民主理论家认为，在社区、工厂等领域中积累的参与经验，能够培养人们的团体认同感，弱化人们对权力中心的疏离感，促进对集体问题的关注，并有助于形成一种积极的、具有知识并能够对政府事务更有兴趣的公民。而所有这些能力的养成，对政治民主化的发展具有不可估量的重要意义。佩特曼引用阿尔蒙德和维巴的经验研究结果指出，"参与显然在心理上对个人是有影响力的，甚至只是具有参与感，也能够对个人的信心以及工作满意度等产生有利影响"。② 巴克拉克也赞同佩特曼的观点，坚信参与经验的特殊价值，强调参与的经验至少使普通公民能够更好地评估其国家的成就，以及国家政策对于自身生活的影响。

　　第四，当代参与民主理论大多将参与民主的发展与公民社会建设紧密联系起来。在赫斯特看来，协会民主发展的前提条件之一就是公民社会的政治化。在他看来，传统的自由主义将公民社会视为非政治的私域范畴，将公民社会作为一种独立于国家的自发秩序，强调公民社会自治以及限制公共治理范围的观点，并未能有效地解决公域和私域中等级权力的增长。相反，对国家权力的限制如经济自由主义的私有化和缩小国家干预范围，

---

　　① ［德］尤尔根·哈贝马斯：《公共领域的结构转型》，曹卫东等译，学林出版社 1999 年版，第 23 页。

　　② Carole Pateman, *Participation and Democratic Theory*, Cambridge：Cambridge University Press, 1970, p. 73.

非但没有使控制权回到自由市场中平等竞争的个人手中，反而成为大型等级组织如私有公共事业组织、半官方机构等的囊中之物。在这种条件下，福利、公共服务和经济生产受到自上而下的机构统治，政策决策成为少数管理精英的特权，作为雇员和消费者的公民没有任何选择权和控制权。若要改变这种状况，公民社会就不应被视为一种"私域"，而需要纳入一些"公共性"因素，需要整个社会的政治化，即将整个社会作为一种能够真正实现公共控制和人民控制的机构的联合体。而公民社会在参与民主发展中所扮演的角色，也正是协商民主论者探讨的焦点。特别是那些关注非正式、非组织形式公共协商的理论家，更加强调公民社会对促进协商的积极作用，认为对协商政治而言，公民社会在形成公共舆论，并将其传达到制度性决策论坛如法庭和会议等的过程中发挥着关键作用。①

第五，参与社会的民主政治实行直接民主与间接民主的结合。参与民主理论家不是彻底的直接民主论者，他们并不主张在所有的政治、经济和社会领域都实行直接民主制度，强调参与民主不是要代替代议制政治，而是对代议制的必要补充。在他们看来，竞争性政党制度、选任政治代表和官吏以及定期选举等仍然是参与社会的重要制度因素。参与民主理论家把这种直接民主与间接民主相结合的政治体制称为"金字塔体制"。在金字塔的底层，是地方社群和工厂等有限环境。他们主张在这一层面实行直接参与决策的直接民主，参与者可以通过面对面的沟通讨论，根据共识和多数人决定来形成决策。在金字塔的上层，则是由选举产生的代表通过间接民主的形式进行公共事务的协商和决策，由政党从中整合并提出议题。② 他们认为，这种民主政治体制是与大规模工业化的现代社会相适应的：现代社会由于地域、人口等方面的限制，根本不可能实行古雅典式的直接民主；而间接的代议民主又不能充分体现民主的参与精神。因此只有两种民主形式的结合，才能既使个人有机会直接参与地方层次的决策，实现个人对日常生活过程的真正控制，又能保持政治统治的效率，从而维护整个社会的良性运行。

---

① 转引自陈家刚《协商民主引论》，《马克思主义与现实》2004年第3期，第24页。

② C. B. Macpherson, The Life and Times of Liberal Democracy, New York：Oxford University Press, 1977, pp. 108 – 114.

四

作为 20 世纪后半叶兴起的一种新型民主形式，参与民主理论在当代西方民主政治发展中的作用和影响日益突出。它以其独特的思想理念对当代西方的主流民主形态造成了极大冲击，推动了西方民主政治的发展进程。

首先，参与民主是对当代西方社会新矛盾和新冲突的理论回应。西方社会孕育着迥异于传统的新社会矛盾和冲突。作为这种新矛盾和冲突的结果，西方社会出现了持续 40 年之久，以 20 世纪 60 年代抗议运动、新社会运动以及全球正义运动为主要表现形式的制度外抗议运动浪潮。参与民主理论正是在波澜壮阔的抗议运动中产生和发展起来的。它以建基于大众参与诉求之上的更为多元、分散的方式，对资本主义的异化统治进行批判，反对国家制度中的暴力和压迫，倡导社会正义，要求发展更广泛的大众基层参与。这是从民主理论层面上对当代西方新社会矛盾和冲突做出的解读，是一种面对新矛盾和新冲突所提出的具体解决方案。它裹挟着纷繁多样、高潮迭起的抗议运动潮流，以一种激进的、自下而上的运动方式，形成了与当代西方主流民主意识形态的对垒，构成了对西方主流民主政治的强烈冲击。

其次，参与民主以一种更加强调平等的民主理念，对自由主义民主的意识形态霸权构成冲击和挑战。参与民主的基本理念源于当代西方的社会多元主义政治思想。虽然都承认自由、平等的理想，肯定个人尊严和个人的独特认同，但社会多元主义与作为自由主义民主理论基础的自由主义多元主义观存在着重要差别。与强调个人权力和自由至高无上、只承认个人差异认同但缺乏社会群体本位的自由主义多元主义不同，社会多元主义从当代社会的多元现实出发，强调现代世界是一个多元性、差异性和不确定性的自由领域，是由体现为个性、异质、多元、偶然的个体或群体的自主活动构成的领域。在这个领域中，各种不同的思想、价值、观点、语言都具有生存权利。社会多元主义认为自由主义多元主义只看到了个人差异，而忽略了社会弱势群体和主流优势群体的差异。赞赏个性而贬抑群体性，其结果必然造成多元非主流群体的被压抑、被统治和边缘化。因此，社会多元主义更加关注代际、族群、性别、宗教等文化生活领域的权力差异，大力提倡对群体差异的权益保护。

此外，在面临深刻民主政治危机的情况下，参与民主理论的出现也促使西方保守自由主义对参与民主理念吸纳和整合，通过扩大公众直接参与的方式来进行制度完善和政策创新，维护其民主政治的合法性。这在作为体制内重要政治力量的社会民主党的执政方略和政策导向中表现得尤为突出。例如，德国社会民主党的理论家托马斯·迈尔就把参与民主作为社会民主主义未来发展方向的 6 个维度之一，主张"社会民主党必须使自己的党组织向这种新的非等级制参与形式开放并且在社会上促进这种形式"。① 吉登斯为英国工党"进一步完善民主制度"设计的一个主要内容，也是进行以发展参与民主为方向的民主改革，包括分权、扩大公共领域、增强雇员参与，以及为重建政府与公民之间的直接联系而进行地方直接民主、电子投票、公民陪审团等"民主实验"。② 显然，参与民主理论的兴起，有利于推动当代西方民主向着更具参与性、多样性、包容性的方向发展，有利于扩大普通公民的民主权利及其在社会生活中的作用，是对西方民主的改造和进步。

但从另一层面来看，参与民主对当代西方民主政治的冲击并非是根本意义上的。就其具体的理论主张来说，参与民主的参与和公民自治，实际上仅限于特定层次和议题，而非扩展到所有政治领域的设计。同时，参与民主也不完全否定代议制，而是主张对代议制民主进行改造，在代议制基础上发展大众参与。从根本上看，参与民主是一种"代议制＋直接参与"的民主形式。用巴伯的话说，就是强势民主的实践，"只能是'自由主义民主'的一个修正"；"明智的民主改革，乃是添加'参与成分'，而不是去除'代议成分'"。③ 显然，各种参与民主的原则性设计着意淡化了理论的激进色彩，试图在现存制度框架内通过有限性的民主体制或治理方式的改革来完成社会变革的任务。这是对自由主义民主或代

---

① ［德］托马斯·迈尔：《社会民主主义的转型》，殷叙彝译，北京大学出版社 2001 年版，第 162 页。

② ［英］安东尼·吉登斯：《第三条道路——社会民主主义的复兴》，郑戈译，北京大学出版社 2000 年版，第 75—76 页。

③ B. Barber, *Strong Democracy: Participatory Politics for a New Age*, University of California Press, 1984, pp. 151 – 262.

议制民主的妥协和让步，在很大程度上并没有摆脱西方改良主义的理论窠臼。诚如参与民主理论家自己承认的那样，参与民主需要的"既不是一场革命，也不是重建新社会，而仅仅是在现有政治实践以及公民选择指导下的一场综合性但渐进式的改革"。①

同时，无论从社会根源还是从理念根源看，参与民主也都不能对自由主义民主或代议制构成本质威胁。参与民主在社会层面上是作为文化抗议的当代西方抗议运动推动的结果，在理念上源于作为文化批判的社会多元主义，因此参与民主体现为一种多元的非阶级、非意识形态的理论。它倡导的不是多元大众的经济地位的真正平等，而是一种政治权力的平等关系；它反对的不是当代西方资本主义制度，而是异化的资本主义政治体制；它不是要改变具有根本意义的私有制，而是要对当代资本主义的政治体制进行改造。参与民主与作为当代西方资本主义民主意识形态和制度基础的自由主义民主或代议制度，并不存在一种根本对立和冲突，而在很大程度上表现为一种补充和改良关系。

总而言之，参与民主是适应当代西方多元发展的一种民主理论。它建基于现代社会中对人的自我存在的一种实践与肯定，建基于公民角色的觉醒与认知，而不是纯粹回归原始民主的乌托邦幻想；它关注的是多元社会中普通大众的自由平等权，反对主流政治的统治霸权，倡导多元社会角色或群体的权利平等；它不直接挑战国家制度层面的代议制，而是强调发展基层领域的参与政治，用大众的直接参与来对代议政治进行补充和改造。这些思想主张使得参与民主兼具理想与现实、激进与改良等双重特点，既与经济发展条件下大众的民主需求相适应，又没有从根本上威胁统治权威的利益。正是理论本身所具有的这样一种特点决定了参与民主对西方民主政治影响的双重性：既对自由主义民主政治形成了一定程度的冲击和挑战，又极易被体制本身吸纳和整合，因而成为西方民主发展的一条路径。

（选自《国外社会科学》2009 年第 4 期）

---

① Paul Hirst, *Associative Democracy*: *New Forms of Economic and Social Governance*, Polity Press, 1994, p. 13.

西方国际关系理论中的国内政治研究

刘 军[*]

自 20 世纪以来，随着国际关系学科的不断发展，关于国内政治以及国内政治对外交决策的影响研究方兴未艾。大量的国际关系文献把国内政治作为解释国家对外决策的一个关键因素。① 1987—1996 年，《国际组织》杂志所发表的 193 篇文章中有超过 1/3 的文章涉及国内政治问题。② 布鲁斯·麦斯基塔（Bruce Bueno de Mesquita）也明确提出，"国际关系的基本法则就是国际政治由国内事务所塑造并根源于国内事务"。③ 因此，

---

* 刘军，1970 年生，博士，华东师范大学俄罗斯研究中心副教授。

① 部分可参见 Jack Snyder, *Myths of Empire*: *Domestic Politics and International Ambition*, Cornell University Press, 1991; Steven E. Lobell, *The Challenge of Hegemony*: *Grand Strategy, Trade, and Domestic Politics*, University of Michigan Press, 2003; Raymond H. Dawson, *Raymond the Decision to Aid Russia, 1941*: *Foreign Policy and Domestic Politics*, The University of North Carolina Press, 1959; Paula Stern, *Water's Edge*: *Domestic Politics and the Making of American Foreign Policy*, Greenwood Press, 1979; Ryan K. Beasley, Juliet Kaarbo, Jeffrey S. Lantis & Michael T. Snarr, *Foreign Policy in Comparative Perspective*: *Domestic and International Influences on State Behavior*, CQ Press, 2001; David Skidmore, *Reversing Course*: *Carter's Foreign Policy, Domestic Politics, and the Failure of Reform*, Vanderbilt University Press, 1996; David Desilvio, How Domestic Politics Influenced Foreign Policy in the 1940 Election: FDR, Domestic Politics, Foreign Policy, and the Election of 1940, Vdm Verlag, 2009; Patrick M. Morgan & Keith L. Nelson (eds.), *Re – Viewing the Cold War*: *Domestic Factors and Foreign Policy in the East – West Confrontation*, Greenwood Publishing Group, 2000。

② James D. Fearon, Domestic Politics, Foreign Policy, and Theories of International Relations, *Annual Review of Political Science*, Vol. 1, 1998.

③ ［美］布鲁斯·麦斯基塔：《国内政治与国际关系》，王义桅译，《世界经济与政治》2001 年第 8 期。

从国际关系理论的角度分析国内政治从学理上看具有突出的意义。

一　国内政治：核心概念的分析

政治发展首先是国内事务。然而，与国际政治相比，学界对国内政治的界定显得较为薄弱。如同海伦·米尔纳（Helen Milner）所认为的，国际关系早期研究国内政治文献的一个主要问题是只列出一长串的研究变量，却忽视了理论建设。这些变量不仅缺少简约性，而且对国内政治的概念化工作做得不够。①

综合国内外学者对国内政治概念的界定，主要可以将其分为以下几个方面。

第一，国内政治是一种有权威的政治。罗伯特·利珀认为，国内政治是有政府的政治，政府拥有权威，能实施法治，能及时顺利地解决内部争端和冲突。②

第二，国内政治是与国家政策及政策制定机构相关的政治。罗伯特·基欧汉（Robert O. Keohane）与海伦·米尔纳在《国际化与国内政治》一书中没有明确提出国内政治的概念，但是从国际化的影响角度对国内政治制度进行了阐述。他们认为，国内政治基本上是指国家政策、国家政策制定机构、国家政策行为及偏好。③

第三，国内政治是涉及国家权力与性格的政治。詹姆斯·费恩提出有两种不同的国内政治，一种是作为相对权力的国内政治；另一种是作为国家性格的国内政治。作为相对权力的国内政治是指，如果把国家视为单一的、理性的行为体，一国在选择外交政策时会考虑其他国家会怎样做，这样的结果是，由于国内政治的互动，国家不会确立最令人满意

①　［美］海伦·米尔纳：《政治的理性化：正在显现的国际政治、美国政治与比较政治研究的综合》，［美］彼德·卡赞斯坦等编：《世界政治理论的探索与争鸣》，秦亚青等译，上海世纪出版集团 2006 年版，第 155 页。

②　Robert Lieber, *No Common Power – Understanding International Relations*, Harper Collins College Publishers, 1995.

③　［美］罗伯特·基欧汉、海伦·米尔纳主编：《国际化与国内政治》，姜鹏等译，北京大学出版社 2003 年版，第 5 页。

的外交政策。作为国家性格的国内政治指的是，不仅把国家视为一个单一的、理性的行为体，同时也强调不同国家之间的区别以及特定国家的属性，那么，国内政治的解释就涉及所有关于国家性格的内容而不是相对权力。①

第四，国内政治是涉及国家政治、经济和社会制度的政治。楚树龙教授提出，所谓外交是内政的延续，一是指内政的动态内容，即一定时期一个国家的政治、经济与社会现实；二是指国家内政的基本结构与基本框架，如一个国家的社会经济制度、国家体制、政府体制与结构、阶级结构、利益结构等，国内政治主要是一定时期国家的政党政治、选举政治与利益集团政治交织在一起的画面。②

第五，国内政治是内容宽泛的涉及政治制度、历史传统及政治文化等各种因素的互动。李兴教授认为，所谓"国内政治"，类似于"内政""内部因素"等概念，但内容更宽泛，包括一个国家的政治制度、意识形态、法律体系与价值观念、历史传统与民族性格、政治文化与社会舆论（民意民调）、政局、经济与个人因素、利益集团与资源分配等，以及复杂的互动关系。③

尽管学者们对于国内政治没有提出一个非常明确的概念，但是，纵观国际关系理论的不同流派，对于国内因素、国内因素与国际后果的关系等问题的研究层出不穷。一方面，国际关系学者把国内因素作为自己的研究对象，如现实主义的权力与利益因素，新自由主义的制度因素，建构主义关于国内社会规范、认同和文化的因素，国际政治经济学关于国家、市场的因素等都无不涉及国内政治问题。另一方面，把国内因素与国际后果联系起来研究是很多国际关系学者研究的特色之一。肯尼思·华尔兹（Kenneth N. Waltz）总结了不同学者在这一问题上的主要观点，如莱维（Levitt）认为，国内稳定决定了国际系统的稳定性；摩根索（Hans J. Morgenthau）建议以国际政治需要的名义对其他国家的内政加以干预；罗斯克兰斯（Richard Rosecrance）把对国际系统的考察变成了对

① James D. Fearon, 1998.

② 楚树龙：《国际关系基本理论》，清华大学出版社2003年版。

③ 引自北京师范大学俄罗斯研究中心主任李兴在华东师范大学的演讲。

国内状况和国际后果相关性的研究；基辛格（Henry Alfred Kissinger）则把革命性国家等同于国际动荡和战争。[①] 总之，关于国内政治的概念，不同流派的理论家们从不同角度进行了阐释，并突出强调了国内政治因素在国际关系理论研究中的重要性。

二　现实主义国际关系理论中的国内政治研究

现实主义的理论大师们在研究国际政治时从来没有忽视国内因素的重要性，无论在基本理论命题、结构体系、国内与国际的互动等方面都强调国内政治因素的重要性。

在基本理论命题上，现实主义的理论家们都把涉及国内政治的一些基本因素，如国家的权力与利益作为界定其理论体系的核心。传统的政治现实主义者主要以汉斯·摩根索为代表，摩根索提出国际政治就是权力政治，并认为，如果国际政治的结果是由国家性质决定的，那么我们就必须关注，并在必要的情况下去谋求改变国际舞台上那些重要国家的内部属性。[②] 在这里，摩根索明确地提出国内政治的属性决定国际政治的结果。同样，斯坦利·霍夫曼（Stanley Hoffmann）对国家政策和国际事件的解释完全是基于国家及政治家的性质而得出的。霍夫曼在分析世界政治体系的演变时，特别指出国内政治与国际政治之间的相互渗透和跨国社会与世界政治之间的相互渗透这两种趋势，并认为这是研究世界政治体系的重要理论切入点。[③]

尽管传统现实主义的理论家们都强调国内政治的重要性，但其理论前提是，国家是一个单一的行为体，是国际舞台上一个个坚硬的"台球"，因而很少深入国家内部结构进行分析，从而表现出在国内政治研究

---

① ［美］肯尼思·华尔兹：《国际政治理论》，信强译，上海世纪出版集团2003年版，第85页。

② 参见［美］汉斯·摩根索《国家间政治：权力斗争与和平》，徐昕等译，北京大学出版社2006年版。

③ 参见［美］斯坦利·霍夫曼《当代国际关系理论》，林伟成等译，中国社会科学出版社1990年版。

上的缺失，而新现实主义的理论贡献则突出表现在从体系与结构的角度去分析国内政治。华尔兹详细分析了国内政治结构体系中的排列、功能与能力分配原则，从结构上明确提出国内政治系统的属性。一般来说，国际关系理论的大部分流派同意这样一个理论假设，即国内政治是等级制的结构，而国际政治是无政府状态的结构。华尔兹认为，国内政治是按照等级秩序排列的，各单元之间是上下级关系。定义国内政治结构首先根据的是它的排列原则，其次是形式各异的单元所具有的功能的规定，再次是单元间能力的分配。排列原则是指国内政治系统各部分之间为从属关系，某些部分有权发号施令，而其他部分则必须服从，国内系统是集权制的、等级制的。从功能上看，国内政治是由各不相同的、具有特定功能的单元构成的。从能力的分配上看，国内政治系统内各部分相互联系的方式取决于它们功能的差异以及能力的大小。总之，华尔兹的结构现实主义认为，国内政治是权威、管理和法律的领域，而国际政治则是权力、斗争与和解的领域。对国内政治的描述有许多种：等级制的、垂直的、中央集权的、异质的、受节制的、人为设计的。而国际政治则被描述为无政府的、横向的、同质的、不受节制的、相互适应的。①

　　与传统现实主义不完全一致的是，新现实主义尽管承认国内政治因素的重要性，但并不认为它是决定国际结果的必要条件。传统现实主义高度重视国内因素的作用，强调权力与利益是影响对外政策的核心因素，国家是国际政治最重要的行为者，最大限度地追求权力与安全。新现实主义着重分析国内政治结构的特点，但强调国际政治不受国内因素的影响，认为国内政治对于解释重大的外交决策，或者至少是国际政治的结果方面是不重要的，也不是必备条件。② 从新现实主义的观点来看，华尔兹高度认同国内政治的重要性，认为国内政治成为国际政治的直接关注。例如，华尔兹认为，国家的内部结构是了解战争与和平的关键，和平与战争分别是"好的国家"与"坏的国家"的产物。因此，要防止战争必须从改造国家着手。但是，华尔兹认为不能仅仅通过对国内因素的考察

---

① ［美］肯尼思·华尔兹：《国际政治理论》，信强译，上海世纪出版集团 2003 年版，第149 页。

② James D. Fearon, 1998.

来理解国际政治，如果仅仅根据国家的特性及彼此互动的方式来考察国际政治，而不是根据它们彼此之间的关系如何，就犯了一种分析性的错误，是没有考虑到"更高一级的结构也有值得研究的特性"。因此，仅仅通过对国家内部特性的观察，不可能完全理解国际政治。在华尔兹看来，必须借助某种系统与结构理论，才能理解国际政治。而要把国际政治系统与其他国际系统相区分，需要表明政治结构是如何产生的，而政治结构涉及国内与国际政治的概念。单元的属性、行为和互动必须被抽象掉，即国家可能具有什么样的政治领袖、社会和经济制度、意识形态因素，以及国家在文化、经济、政治、军事等方面的互动研究。[①]

同样，新现实主义的另一位代表人物罗伯特·利珀在《不存在共同的权力——理解国际关系》中提出了"存在现实主义"的概念，并探讨了国内因素与国际环境之间的关系。利珀关于存在现实主义的三个问题是：无政府状态问题、秩序问题、限制问题。他认为，由于国际社会现代化的影响，国际关系经历着明显的变革：从以欧洲为中心的体系发展为全球体系，对国内社会的渗透力增强，国家对外活动的范围扩大，国际贸易、投资、技术和文化交流日益发展。这些变化将国家置于一个较为稳固的相互依存的国际环境中，国家之间出现了一些自身无法控制的新关系，即限制因素问题。它主要是指国内政策和对外政策的相互渗透，国际因素影响国内政策，国内政策反过来也影响国际环境。[②]

尽管现实主义的国际关系理论充分重视国内因素的存在，但是，总的来看，政治现实主义的权力理论、结构理论更为关注外在因素对国家行为及政策的影响。如同约翰·伯顿（John Burton）对现实主义的权力理论进行的批判所指出的，从权力及施行权力的角度对国际事件无法做出恰当的解释。[③] 但无论如何，在现实主义国际关系理论的权力与结构理论体系中，国内政治因素占据着非常重要的地位。

---

① ［美］肯尼思·华尔兹：《国际政治理论》，信强译，上海世纪出版集团 2003 年版，第149 页。

② Robert Lieber, *No Common Power – Understanding International Relations*, Harper Collins College Publishers, 1995.

③ ［澳］约翰·伯顿：《全球冲突：国际危机的国内根源》，谭朝洁等译，上海人民出版社2007 年版。

三　自由制度主义与国内政治

20 世纪六七十年代，世界政治中的新问题与新现象不断出现，如核战争恐怖下的和平、全球化与区域化的发展、世界经济一体化、跨国合作、石油危机、全球环境问题等。一些理论家开始反思现实主义国际关系理论，从早期理想主义的遗产中发掘出有价值的思想，形成新自由主义国际关系理论，主要的理论家有罗伯特·基欧汉、约瑟夫·奈（Joseph Nye）、理查德·罗斯克莱斯、罗伯特·杰维斯（Robert Jervis）等。自由制度主义不仅明确地提出要重视国内政治的作用，而且提出国内政治与国际政治的相互渗透、外交政策与国内政策的密不可分、国际制度对国内制度的影响等一系列理论命题。

自由制度主义的标志性成果是罗伯特·基欧汉和约瑟夫·奈的《权力与相互依赖》。早在 20 世纪 70 年代初，基欧汉与奈就提出要重视国内政治因素。"我们需要更好的关于国内政治的理论……使我们可以以系统的方法，而不是简单地将许多关于外在的已定的外交政策事实的数据添加到理论上更严谨的国际结构模式分析中，来弥补外部环境与内部环境之间存在的巨大鸿沟。"[1] 他们反对国家是国际政治舞台唯一行为者的主张，认为战后国际社会中国家间的和跨国关系的发展促使人们更加重视跨越国界的相互联系，提出要重视对相互依存的研究并提出"复合型相互依赖"的新概念。其特点是：国际社会存在着多渠道的社会联系，这种社会联系使国际社会内部的相互联系和相互依存大大加强。同时，越来越多的全球问题进入国家间关系的议事日程，国内与国际问题的区别正日益变小。一国的国内问题也不再仅仅是该国自己的问题。[2] 国内问题的外溢所导致的国内与国外边界的模糊在詹姆斯·罗西瑙（James N. Rosenau）的《世界政治大变动：关于变化性和连续性的理论》一书中

---

[1]　Robert O. Keohane（ed.），*International Institutions and State Power*，*Essays in International Relations Theory*，Boulder Colo，Westview Press，1989.

[2]　［美］罗伯特·基欧汉、约瑟夫·奈：《权力与相互依赖》，门洪华译，北京大学出版社 2002 年版。

得到论证，詹姆斯·罗西瑙提出了"后国际政治观"的命题，他认为，随着跨国家行为体与次国家行为体的兴起，以往界限较为明确的国内事务和国外事务如今不再泾渭分明，而是日渐让位于不断扩张的"国内—国外边界"。① 因此，随着自由主义理论的复兴，把国内政治纳入国际制度，并探讨国际国内双层博弈就成为这一流派的重点之一。

在新自由主义的理论体系中，制度是一个非常核心的要素，国际制度与国内制度的相互关系也是理论家考虑的问题之一。自由制度主义的理论家从政策以及制度层面对这一问题进行分析并提出国内与国际问题应相互渗透。他们提出，通过国际体系的层次构建解释模式而加深对世界政治的理解，这并不意味着将国内政治或者外交政策视为不重要的因素。事实恰恰相反，外交政策和国内政策已经越来越难以相互分开。② 莉莎·马丁（Lisa Martin）等人在《国际制度的理论与经验研究》一文中提出将国内政治重新引入国际制度研究，国际制度能够改变国家行为的一个根本性的方式在于它们对国内行为的替代，可以用三个相关的问题来理解国内政治与国际制度之间的关系。第一，在什么条件下国内行为者愿意用国际制度代替国内制度？第二，特定的国内行为者一般会从将决策权威从国内转移到国际层面中得到什么好处？第三，国际制度决策与规则能够在多大程度上得到国内制度的认可？作者认为，国内制度有时也可能成为社会总收益实现的障碍，一些结构性的因素可能导致国内制度的失败，也许最明显的因素就是国内制度可能被有特殊偏好的利益团体所挟持，后者千方百计以政策来满足自己的需求。③

从国际化的角度来研究国内政治是新自由制度主义的另一个研究基点。基欧汉与海伦·米尔纳主编的《国际化与国内政治》一书系统地表明了经济的国际化已经对国内政治产生了重要的影响，其中最明显的影响是削弱政府在宏观经济政策领域的自主权。另外，国际化为领导人创

---

① James Rosenau, *Turbulence in World Politics: A Theory of Change and Continuity*, Princeton University Press, 1990.

② ［挪］伊弗·诺伊曼等主编：《未来国际思想大师》，肖锋等译，北京大学出版社 2003 年版，第 132 页。

③ ［美］莉莎·马丁、贝思·西蒙斯：《国际制度的理论与经验研究》，《世界政治理论的探索与争鸣》，上海世纪出版集团 2006 年版，第 125—126 页。

造出推行重大国内政治改革的必要政治空间。国际化会引发国内经济危机，反过来会激发重大的政治变革。国际化还通过相对价格的变化来造就新的政策偏好和联盟，从而影响政治制度。总之，基欧汉与海伦·米尔纳在本书中所表达的主要结论是：国际化对国内政治产生了深刻的影响，尽管这些影响的形式因制度条件和政治经济条件而异。[1]

四　建构主义与国内政治

国际关系中的建构主义主要从社会学视角看待世界政治，有影响的学者主要有彼得·卡赞斯坦（Peter Katzenstein）、亚历山大·温特（Alexander Wendt）、克拉托奇维尔（Freidrich Kratochwil）、奥努弗（Nicholas Onuf）、芬尼莫尔（Martha Finnemore）等。建构主义最主要的核心概念是规范、认同与文化。建构主义批驳了新现实主义与新自由主义的理论前提：第一，国际无政府状态不是永恒的客观存在，而是一种社会建构，所谓的无政府状态是国家造就的；第二，国家利益不是提前给定的，也不是不变的，行为体的身份与利益是共有观念建构的产物。建构主义把哲学、社会学问题引入国际关系的研究，为国际关系的研究开辟了新的研究视野，重新设定了国际关系研究的议程，具有重要的理论意义。

在建构主义的理论体系中，关于国内政治的研究不是其主要的研究对象，国际关系理论中也不乏对建构主义忽视国内层面因素的批评，尤其是在界定国家身份与认同的时候忽视了对国内因素的研究。但是温特不承认这一点，他认为这是一种理论建构中的"必要的忽视"。当然，温特还是承认其理论具有一定的局限性，认为对外政策行为通常主要取决于国内政治。[2] 而且，建构主义本身并不排斥国内政治的作用，相反，建构主义认为，国际政治和国内政治不是各自封闭在自己的领域内，国内政治的变化可以改变国际体系。例如，近现代民族主义的兴起，通过改

---

① ［美］罗伯特·基欧汉、海伦·米尔纳主编：《国际化与国内政治》，姜鹏等译，北京大学出版社 2003 年版。

② ［美］克里斯托弗·希尔：《变化中的对外政策政治》，唐小松等译，上海人民出版社 2007 年版，第 256 页。

变国内和国际政治的规则导致国际体系发生根本性转型。[①]

　　尽管国内政治在建构主义的理论体系中不是研究的重点，但是通过对国家身份与利益问题的研究，建构主义不自觉地开始把国内政治因素与对外关系联系起来。例如，在论述第二次世界大战后国际秩序形成的时候，约翰·鲁杰（John G. Ruggie）认为，美国的国内政治有其独特性，如果战后的霸权国是苏联或者纳粹德国，即使英国成为霸权国，那么战后的国际秩序在很多方面就会大不一样。[②] 托马斯·伯杰（Thomas Berger）指出，当今的德国和日本与第二次世界大战之前的德国和日本大不相同，反军国主义已经融入国家的自我意识之中，包含在国内规范和制度之内。卡赞斯坦对战后日本和德国的警察和军队的研究得出了同样的结论。罗伯特·赫尔曼（Robert Hellmann）以身份变化带来利益变化的观点解释了苏联的戈尔巴乔夫及其在国际上产生的影响。[③]

　　在建构主义的理论体系中，弗兰克·施默芬宁（Frank Schimmelfennig）等人的社会化理论以及卡赞斯坦的安全文化理论也可以表明建构主义的理论体系仍然注重国内和国际的双向互动。

　　弗兰克·施默芬宁的国际社会化理论认为，社会行为体把一个社会共同体的基本信念与实践内在化。通过这种方法，行为体获得了共同体的集体认同。从国家层面上看，内在化是指把一个国际共同体的基本信念与实践嵌入国内决策的过程之中。从制度层面上看，成功的内在化是把基本的共同体规范一体化于国家宪法并演变为稳定的国内法律。[④] 亚历山大·格瑟也认为在国际社会化中，一个国际共同体及其组织把它们的基本规范与价值观"教"给一个国家或社会。国家与共同体以及组织的关系依赖于国家在多大程度上把自己的认同与利益建立在共同体的价值观与规范的基础上。为了成为共同体的成员，国家不得不接受共同体的

---

　　① 参见倪世雄《当代西方国际关系理论》，复旦大学出版社 2001 年版，第 228 页。

　　② ［美］约翰·鲁杰：《什么因素将世界维系在一起？新功利主义与社会建构主义的挑战》，《世界政治理论的探索与争鸣》，上海世纪出版集团 2006 年版，第 264 页。

　　③ 同上书，第 265 页。

　　④ Frank Schimmelfennig, NATO Enlargement: A Constructivist Explanation, *Security Studies*, Vol. 8, No. 2 /3, Winter 1998 /99 – Spring 1999.

"授课"，即内在化它们的价值观、规范和实践。①

在建构主义的理论体系中，以彼得·卡赞斯坦为代表形成了安全文化这一核心概念以及相应的安全文化理论。卡赞斯坦认为，安全是规范、文化与认同的结合。国家安全文化通过规范、文化及认同得以表现出来。规范为有着特定认同的行为者的适当行为描绘了一个共同的期望，不同的规范起作用的方式也不同。不同的安全文化具有不同的规范与认同，因而对安全利益的认识也大不一样。② 除彼得·卡赞斯坦外，西方学者如亚历山大·温特、基思·克劳斯（Keith Krause）、雷蒙德·科恩（Raymond Cohen）、罗伯特·鲁宾斯坦（Robert Rubinstein）等都在这一领域有较为突出的贡献。如日内瓦高级国际研究院教授基思·克劳斯认为，冷战后的一个共识正在出现，那就是文化在形成国际政治行为以及在塑造安全方面发挥着越来越重要的作用。基思认为，有三种文化共同塑造了安全文化，即外交文化、政治文化与战略文化。外交文化是指国家在正式或非正式场合互动中的行为规则，包括特定的程序与约定；政治文化是描述国内政治制度或安排的区别，揭示不同政治辩论的社会基础；而战略文化则是建立在军事机制基础上的一整套规范与态度，如关于战争的政治目标、实现这些目标的最有效的运行方法。三种文化之间有相互重叠的部分，也具有共同的特点，其中心部分就是安全文化。③

总之，建构主义的国际社会化理论与安全文化理论认为，行为体存在于一定的社会关系与社会环境之中，不同的行为体在这种关系与环境中通过社会化的过程形成对世界的认识以及对自己的定位。社会化导致行为体接受共同体的规范与原则并内生为自身的规范与原则，在此基础上形成与共同体相一致的安全文化。

---

① Alexander Gheciu, *NATO in the "New Europe, The Politics of International Socialization after the Cold War"*, Stanford University Press, 2005, p. 10.

② Peter J. Katzenstein（ed.）, *The Culture of National Security, Norms and Identity in World Politics*, Columbia University Press, 1996, pp. 2 – 5.

③ Keith R. Krause（ed.）, *Culture and Security, Multilateralism Arms Control and Security Building*, FRANK CASS Publishers, 1999.

五　国际政治经济学与国内政治

如果说传统的国际关系理论主要研究战争与和平问题、国家间的冲突与合作问题，那么，国际政治经济学（IPE）则是研究财富和贫困问题、研究政治与经济、国家与市场之间关系问题的一门分支学科。它的研究方向主要包括财富与权力的关系、国家与市场的关系、利益与制度的关系、国际政治经济与国内政治的关系。IPE 的三种主要理论包括重商主义、经济自由主义和马克思主义。重商主义认为经济从属于政治，国家利益高于市场，经济利益与安全利益发生碰撞时，应当优先考虑安全利益。经济自由主义认为，市场将个人、家庭和公司的利益最大化，经济是国家之间以及个人之间互利性的合作领域。马克思主义则认为经济决定政治，经济上居于支配地位的阶级在政治上也居于支配地位。[①]

按照卡赞斯坦的观点，IPE 主要的研究议题之一就是国内政治与国际政治经济之间的联系，他认为，"国际政治经济学从创立以来，就围绕两个既相互关联又各自独立的领域开展研究：一是国际体系，二是国内政治和国际政治经济之间的相互作用。第一个领域重点讨论国际体系层次的因素，第二个研究领域是关于国内政治与国际政治经济之间的联系"。[②]因此，IPE 典型地体现了国内政治与国际政治经济的关系，模糊了比较政治学和国际政治学之间的界限，因而有利于考察国内政治的变化是如何影响一国对外政策的。IPE 研究关于国内政治的主要观点有以下几点。

第一，国内政治与国际经济的互动。IPE 的发展沿着两条脉络进行，其中之一就是国际政治经济学体系与国内政治经济体系的互动关系。由于国际政治经济学对国际关系的改造作用主要在于引入了国际经济因素，且又对政治与经济的互动关系多有强调，这一发展脉络实际上是以国内政治体系和国际经济体系的相互作用为轴线的。其中又可以分为两条研

---

① ［加］罗伯特·杰克逊等：《国际关系学理论与方法》，吴勇等译，天津人民出版社 2008 年版，第 247 页。

② ［美］彼得·卡赞斯坦、罗伯特·基欧汉、斯蒂芬·克拉斯纳：《〈国际组织〉杂志与世界政治研究》，《世界政治理论的探索与争鸣》，上海世纪出版集团 2006 年版，第 5—6 页。

究线索，一是国际经济对国内政治的影响，二是国内政治对国际经济的影响，亦即国内政治对一国对外经济政策的影响。①

　　第二，国内政治的国际根源研究。早期的 IPE 学者习惯于沿用传统政治学的思路，研究国内政治经济对国际体系的影响。而从 20 世纪 70 年代后期开始，部分学者开始循着一种"逆向思维"，研究国际环境对国内政治经济的影响，以"颠倒的第二种设想"、国内政治联盟与分裂的假说、双层博弈等理论为代表，国际政治经济学在 20 世纪 90 年代完成了研究路径由外而内的转型。② 突出的是彼得·戈维奇（Peter Gourevitch）1978 年发表在《国际组织》上的《国内政治的国际根源》一文，文章主要分析了国际体系对国内政治的影响，作者认为有两种国际体系，一种是国家间的权力分配体系，即"国际国家体系"（international state system），另一种是经济活动及财富的分配体系，即世界经济体系。作者还分析了国际体系下的国内结构问题，揭示了国内结构在国际背景下的行为根源。作者得出结论认为，国际体系不仅是国内政治与国内结构的结果，也是其原因。国际关系与国内政治的贯通如同国家的存在一样长久，应该把两者之间的互动作为一个整体，同时进行分析。③

　　第三，关于国家属性与国际体系的关系。霸权稳定论及依附论是这方面研究的体现。依附论的主要代表人物有阿根廷的劳尔·普雷维什（Raul Prebisch）、埃及的萨米尔·阿明（Samir Amin）、英国的弗兰克（Andre Gunder Frank）和美国的沃勒斯坦（Immanuel Wallerstein）等。依附论的主要观点是，世界被分为中心国家（发达国家）和外围国家（发展中国家），前者在世界经济中居于支配地位，后者受前者的剥削和控制，后者依附于前者。由于国际地位的不平等，中心与外围之间的贫富分化越来越严重。霸权稳定论的主要观点可以见于金德尔伯格（Charles P. Kindleberger）、吉尔平（Robert Gilpin）等学者的著作。这一观点认为，霸权体系与国际秩序稳定之间存在着一种因果关系，霸权国家的存在有

　　① 倪世雄：《当代西方国际关系理论》，复旦大学出版社 2001 年版，第 350 页。

　　② 任湘怡：《国际与国内：双向互动——析国际政治经济学的两种不同研究路径》，《世界经济研究》2008 年第 1 期。

　　③ Peter Gourevitch, The Second Image Reversed：The International Sources of Domestic Politics, *International Organization*, Vol. 32, No. 4, pp. 881 – 912.

利于国际体系的稳定，否则就将是混乱无序的状态。从上述两种理论体系看，依附论主要是把不发达国家的社会和经济发展看成由外部力量制约的，也就是说，是其他的较强大的国家在统治着不发达国家，融入世界市场必定导致欠发达。而霸权稳定论则把整个国际体系的稳定与否建立在单个霸权国家的基础上。此外，IPE 还直接提出了发展问题和主权国家属性的变化问题：国民经济对民族国家来说是一个极为重要的资源基础，当国民经济在经济全球化进程中被整合到全球经济之中时，现代国家属性或许会出现某些重大的变化。①

六　结论

在政治现实主义的权力与结构理论体系中，国内政治因素占据着非常重要的地位，国内政治中的权力与利益因素是界定其理论体系的核心。而且，传统现实主义明确提出国内政治的属性决定国际政治的结果。尽管新现实主义并不认为国内政治是决定国际结果的必要条件，但是其理论贡献突出表现在从体系与结构的角度分析国内政治，从结构上明确提出国内政治系统的等级制属性。相比之下，自由制度主义不仅明确提出要重视国内政治作用，同时提出了国内政治与国际政治的相互渗透、外交政策与国内政策密不可分、国际制度对国内制度的影响等一系列理论命题；还提出要重视对相互依存的研究并提出"复合型相互依赖"与"后国际政治观"的新概念，强调国内事务和国外事务从过去的泾渭分明让位于"国内—国外边界"的日趋模糊。建构主义本身并不排斥国内政治的作用，认为国际政治和国内政治不是各自封闭在自己的领域内，国内政治的变化可以改变国际体系。社会化理论及安全文化理论表明，建构主义的理论体系仍然注重国内、国际的双向互动。国际政治经济学主要研究国内政治与国际经济的互动、国内政治的国际根源以及国家属性与国际体系的关系等问题，突出体现了其理论体系中国内因素的重要性。

（选自《国外社会科学》2010 年第 4 期）

---

① ［加］罗伯特·杰克逊等：《国际关系学理论与方法》，吴勇等译，天津人民出版社 2008 年版，第 285 页。

折中的民主:密尔的代议制民主理论

辛向阳[*]

约翰·斯图亚特·密尔（1806—1873 年）是 19 世纪英国杰出的思想家。他的头上有 4 顶帽子：激进民主主义者、[①] 自由主义大家、[②] 折中主义大师、[③] 活跃的社会改良主义者。[④] 其实，无论是自由主义，还是折中主义，密尔的思想存在着很多内在的冲突，这种冲突恰恰反映了 19 世纪西方社会固有的矛盾。他继承了功利主义的传统，但反对功利主义的基本原则；他深受空想社会主义的影响，但反对科学社会主义；他主张进行社会改革，主张自由主义，但反对社会革命。这是那个时代的卓越思想都会入了密尔的心灵而造成的一个结果。

一　密尔的思想渊源

密尔的思想体系是一个复杂的综合体系，其思想渊源也是比较复杂的。

　* 辛向阳，1965 年生，中国社会科学院马克思主义研究院研究员、博士生导师。

　① 张永:《〈代议制政府〉导读》，四川教育出版社 2002 年版，第 1 页。
　② 英国哲学家霍布豪斯在《自由主义》一书中讲:"从 19 世纪中期起，英国自由主义史上闪耀着两个伟大的名字:行为界的格来斯顿和思想界的密尔。"参见［英］霍布豪斯《自由主义》，朱曾汶译，商务印书馆 1996 年版，第 50 页。
　③ 孔凡保:《折衷主义大师——约翰·穆勒》，江西人民出版社 2007 年版，第 209 页。
　④ 张永:《〈代议制政府〉导读》，四川教育出版社 2002 年版，第 1 页。

1. 詹姆斯·密尔的代议制政府理论

密尔认为，父亲詹姆斯·密尔对自己产生了重要影响，这种影响包括詹姆斯·密尔提出的代议制思想。他发表过《论政府》的论文，主要是阐述代议制政府的思想。詹姆斯·密尔一直考虑的政治问题是：要实现大多数人的最大幸福，就应当防止政治腐败。那么，什么样的制度能够使权力不至于走向腐败而同时实现广大国民的最大幸福呢？詹姆斯·密尔提出，这种制度就是代议民主制。这一制度要求公民选举自己的代表在议会中行使公民委托的权力，代表他们的利益来进行协商。这就要求赋予平民院以足够的权力来制约贵族院，使其"对于无论是来自国王的权力还是来自贵族的权力，它都具有能成功地反对他们的权力。如果国王和贵族以牺牲共同体为代价，为追求他们的相互利益勾结在一体而要推翻这个制约组织的话，这个制约组织能够具有足够的权力成功地抵制国王和贵族的联合权力"。①

这一思想在密尔的《代议制政府》一书中有系统的阐述。密尔也一直认为其父亲的《论政府》是政治领域的一篇杰作。他强调理想上最好的政府形式就是代议制政府。他说："一个完善政府的理想类型一定是代议制政府了。"②

当然，还要看到，代议制民主理论的渊源是源远流长的。詹姆斯·密尔的思想实际上来源于盎格鲁－撒克逊的代议传统和法国大革命时期西耶斯等人的思想。西耶斯因为发表了《论特权》和《第三等级是什么》而被誉为"法国大革命的钥匙"；又因为把亚当·斯密的分工原理引入政治领域，赋予了代议制一种无可比拟的优越性和毋庸置疑的现代性，而被米拉波称赞为"向世人揭示代议制真正原则的人"。③ 西耶斯认为，经济领域的分工会降低社会成本，增加财富，同样政治领域的代议制则会促进自由的增长。根据西耶斯思想而制定的1791年法兰西宪法第三编第一、二条明确规定："主权是统一的、不可分割的、不可剥夺的和不可转

① 吴春华主编：《西方政治思想史》第4卷，天津人民出版社2005年版，第50页。
② ［英］J. S. 密尔：《代议制政府》，王瑄译，商务印书馆1997年版，第55页。
③ 转引自吕一民、乐启良《法国西耶斯的代议制理论》，载于李剑鸣主编《世界历史上的民主与民主化》，上海三联书店2011年版，第310—311页。

让的;主权属于国民。任何一部分人民或任何个人皆不得擅自行使之。一切权力只能来自国民,国民只得通过代表行使其权力……法兰西的宪政是代议制。"① 这些思想都成为密尔代议制政府理论的养分来源。

2. 斯密、李嘉图等人的政府职能理论

亚当·斯密在 1776 年发表的《国富论》中,第一个从经济的角度系统地界定了政府的职能。他假定市场是完美的、没有缺陷的,竞争是完全充分的,经济人也是理性的。在这样一个前提下,经济人由价格机制引导,经济会自发有序地完美运行。亚当·斯密认为,在这样一种经济秩序中,政府没有必要操心和干预经济生活。他认为,政府的职能只应当限于在市场不起作用的地方,以不损害公民利益的方式行使极为有限的必要的管理权。斯密把政府的主要职能归为三项:(1) 保护国家安全,使其不受外来侵犯;(2) 保护社会上的个人安全,使其不受他人的侵害和压迫;(3) 建设和维护某些私人无力办或不愿办的公共事业和公共设施。李嘉图认为,需要国家做的全部事情,就是避免一切干预,既不要鼓励生产的一个源泉,也不要抑制另一个源泉,国家应为经济发展提供良好的环境。萨伊认为,一个仁慈的政府应该尽量减少干涉,政府只要管好国防、司法和公共事业就行了。

3. 圣西门的空想社会主义

1820 年,密尔第一次到巴黎的时候就遇到了法国空想社会主义的代表人物圣西门。又过了几年,到 1828 年,在伦敦的一次辩论会上,密尔的演说引起了圣西门的一位信徒古斯塔夫·代什塔尔的注意,他引导密尔献身于圣西门的空想社会主义。密尔由此开始阅读圣西门的一系列著作。在《自传》中,密尔讲:"在新政治思想方式上给我印象最深的是法国圣西门学派的作家。1829 年和 1830 年我接触了他们的一些作品。"② 在圣西门派中,密尔最推崇的是孔德的作品。他认为,孔德早期的作品体现了圣西门的思想,书中的思想已经成熟为确定和有启发意义的东西。

---

① 转引自吕一民、乐启良《法国西耶斯的代议制理论》,载于李剑鸣主编《世界历史上的民主与民主化》,上海三联书店 2011 年版,第 317 页。

② [英] 约翰·穆勒:《约翰·穆勒自传》,郑晓岚、陈宝国译,华夏出版社 2007 年版,第 120 页。

孔德提出，人类知识的每个领域有三个自然连续的阶段：第一阶段是神学阶段，第二是形而上学阶段，第三是实证阶段；封建和天主教的制度是社会科学神学阶段的最后形态，新教是形而上学的开始，法国革命的理论是这个阶段的完成，而实证阶段尚未到来。"这个理论与我现存的思想完全一致，它似乎使我的思想呈现科学性。"①

4. 托克维尔的民主理论

托克维尔对密尔有着非常重要的影响。1835 年《论美国的民主》（上卷）出版后，密尔很快就读到了这本书，并马上写信给《威斯敏斯特评论》在巴黎的代理人吉伯特，要他更多地了解一些关于托克维尔的情况。托克维尔得知情况后，给密尔写了信，认为密尔可能是唯一一位能够理解《论美国的民主》一书精神的人。于是，在 1835 年 10 月，密尔在《伦敦评论》第一期上发表了对《论美国的民主》（上卷）的书评。在书评中，密尔谈了这样两个观点。（1）托克维尔的民主理论中有不少观点成为真理的重要基础。密尔写道："德·托克维尔先生作为先行者之一，为分析民主树立了典范。他把它的各种特征、趋势相互区别开来。他展示了民主就自身而言，哪些趋势是好的，哪些是坏的。在多大程度上一种趋势同其余趋势必然联系在一起，在何种程度上，或者靠运气或者靠深虑远见，一些趋势可以被抵消或修正。他在一个伟大的国家可以展现出来的崇高领域内做了这些工作；他靠精密的考察进入了这个领域，依靠并非从普通人性常识中提取的原则来考察这些材料。我们不会认为他的结论总是公正的，但我们认为这些结论总是值得最具有敬意的关注，至少不乏成为真理的重要基础。"② 密尔对于托克维尔的赞誉之词已经到了无以复加的地步。（2）托克维尔的地方民主理论成为密尔代议制民主的重要基础。托克维尔认为，地方民主是国家民主的学校和安全阀，密尔认为，这不无道理。地方民主是训练人民更好地使用这种民主权利的方法，"因此，只有通过在有限规律上实践民众政府，人民才能学会在更

---

① ［英］约翰·穆勒：《约翰·穆勒自传》，郑晓岚、陈宝国译，华夏出版社 2007 年版，第 121 页。

② ［英］约翰·密尔：《密尔论民主与社会主义》，胡勇译，吉林出版集团有限责任公司 2008 年版，第 12 页。

大规模上运用民众政府"。①

二　密尔的民主观点

密尔的思想涉及多个方面,既有哲学的、伦理学的,也有经济学的、逻辑学的等内容。其民主理论也可以从其经济学的角度、自由论的角度等方面进行解析。

1. 政府职能的理论

在1848年发表的《政治经济学原理》一书中,密尔对政府职能问题做了非常系统的分析。他在这本著作中,用了一篇11章14万字篇幅的文章专门讨论政府职能的问题,成为其代议制政府理论的基础之一。他在第五篇《论政府的影响》一开篇就开宗明义地指出,在我们这个时代,无论是在政治科学中还是在实际政治中,争论最多的一个问题就是,政府的职能和作用的适当界限在哪里。在其他时代,人们争论的问题是,政府应该如何组成,政府应根据什么原则和规则行使权力;现在的问题则是,政府的权力应伸展到哪些人类事务领域。当潮流汹涌地转向变革政府和法律,以改善人类的境况时,人们讨论这个问题的兴趣很可能将增加,而不是减少。密尔的政府职能理论包括以下几个主要方面。

其一,政府职能的种类。密尔提出,政府职能可以划分为两类:必要的政府职能和可选择的政府职能。所谓必要的政府职能又称为一般政府职能,是指政府在所有社会中都普遍行使的那些职能,是指所有的人都普遍赞同政府行使的那些职能。所谓可选择的职能意味着,政府行使或不行使这些职能纯粹出于任意的选择,政府并非必须行使这些职能,人们对于政府是否应行使这些职能可以有不同意见。

其二,政府一般职能的内容。(1)保护人身和财产的安全。政府必须承担起保护人身与财产安全的职责。(2)预防和制止暴力与欺诈行为,强制人们履行契约。政府要制定促进产业发展与人们遵守道德的法律,并加以有效实施,对于违反法律的,要给予严厉制裁。(3)提供有效的

---

① ［英］约翰·密尔:《密尔论民主与社会主义》,胡勇译,吉林出版集团有限责任公司2008年版,第19页。

公共服务。

其三，政府干预方式有两种类型：命令式干预与非命令式干预。所谓命令式的政府干预是指政府可以禁止所有人做某些事情，或规定没有它的允许就不能做某些事情；也可以规定所有人必须做某些事情，或规定必须以某种方式做那些可做可不做的事情。非命令式干预是指政府不发布命令或法令，而是给予劝告和传播信息；或者，政府允许个人自由地以自己的方式追求具有普遍利益的目标，不干预他们，但并不是把事情完全交给个人去做，而是也设立自己的机构来做同样的事情。密尔对两种干预方式的区分实际上是对政府职能研究的一种拓展。

2. 代议制政府理论

密尔把委托代理的思想从经济领域推演到政治领域，认为在政治领域也存在着委托代理的问题，这就是代议制政府。密尔对于代议制政府理论进行了系统的研考。

其一，政治制度运行的三个条件。密尔认为，政治制度是人的劳作的产物。政治制度运行需要三个基本条件：第一个条件是人民必须愿意接受这一制度；第二个条件是人民愿意为制度的发展付出自己的力量，特别是当制度遇到威胁时能够挺身而出；第三个条件是人民的素质与制度的要求相匹配，当一项制度或一套制度具有民族的舆论、爱好和习惯为它铺平道路时，人民就不仅更易于接受，而且更容易学会，并从一开始就更倾向于去做需要他们做的事情，以维护这种制度且把它付诸实施，只有这样才能产生最好的结果。密尔讲："正如它最初是由人制成的，同样还须由人，甚至由普通的人去操作。它需要的不是人们单纯的默从，而是人们积极地参加；并须使之适应现有人们的能力和特点。这包含着三个条件。为人民而设的政府形式必须为人民所乐意接受，或至少不是不乐意到对其建立设置不可逾越的障碍；他们必须愿意并能够作为使它持续下去所必要的事情；以及他们必须愿意并能够作为使它能实现其目的而需要他们做的事情。"① 这三个条件的建立是密尔分析代议制的一个基础。在密尔看来，既然政府是可选择的，那么选择一个好的政府形式就是可能的和现实的。密尔指出，研究最好的政府形式不是空想，而是

---

① ［英］J. S. 密尔：《代议制政府》，王瑄译，商务印书馆 1997 年版，第 7—8 页。

对科学智能的高度的实际运用；而把最好的制度引进一个国家，是实际努力所能专心致志的最合理的目标之一，只要在这个国家的现有状况下，这种制度能够在相当程度上满足这些条件。

其二，好的政府形式的标准。密尔提出，好的政府形式就是最适于促进特定社会利益的政府形式，应当把社会利益的总和作为检验政府好坏的标准。但密尔进一步提出，"社会利益的总和"这一概念有些复杂和抽象，需要进一步进行分解。他在具体分析后提出，政府好坏的第一个标准就是能否促进民众品质的提升和美德的形成。从这一标准出发，可以断定，代议制政府是一个好的政府形式，这一政体能够使社会中现有的一般水平的智力和诚实以及社会中最具智慧者个人的才智和美德，更直接地对政府施加影响，使政府品质更加优化。政府好坏的第二个标准就是能否有效组织起来，形成有组织的制度安排。行政部门应当有恰当的制度设计：规定了对官员资格的适当考察，对官员升迁的适当规则；事务被适当地分配给办理事务的人，为事务的处理建立起便利的和有条不紊的秩序，在事务处理之后保留正确而明晰的记录；每个人都知道自己所负的责任，并让别人知道他的责任所在；对行政部门中的疏忽、徇私或假公济私行为规定精心设计出来的控制办法。这两个标准是紧密联系在一起的，在密尔看来，政府既是对人类精神起作用的巨大力量，又是为了公共事务的一套有组织的安排。

其三，最理想的政府形式就是代议制政府。（1）最理想的政府形式首先是民主制度。民主政府这一政体表现其优越性的两个部分都是卓越的，它比任何其他政体既更有利于提供良好的管理，又促进较好的和较高形式的民族性格的发展。它以两个原则为基础：第一个原则是，每个人或任何一个人的权利和利益只有当他本人能够并习惯于捍卫它们时，才有可靠的保障；第二个原则是，个人能力越大，越是富于多样性，国家的普遍繁荣就越广泛普及。（2）采用代议制政府的条件。一个国家只有具备三个条件，才能实行代议制。"这些条件是：A. 人民必须愿意接受它；B. 他们必须愿意并能够作为保存它所必要的事情；C. 他们必须愿意并能够履行它加给他们的义务和职能。"① 这三句话，密尔进一步解释

---

① ［英］J. S. 密尔：《代议制政府》，王瑄译，商务印书馆1997年版，第56页。

为：当一国人民对代议制政体缺乏足够的估价和爱慕时，他们就几乎没有希望保持住这种政体；代议制度的永久性必然有赖于人民在它遭到危险时随时准备为它而斗争，如果过低估计这一点，代议制就根本难以站住脚，即使能站住，一旦政府首脑或任何能集合力量搞一次突然袭击的政党领袖愿意为取得绝对权力冒些微风险的话，也肯定会被推翻；人民是否具有履行代议制政体中属于他们的职责的意志或能力。（3）代议团体的应有职能。代议制政体就是全体人民或一大部分人民通过由他们定期选出的代表行使最后的控制权。（4）代议制政府容易具有的三类弊端与危险。第一类是消极的缺陷，分为两种：一种是议会授予政府的权力过大，范围也极不确定，又干涉这些权力的行使，它整批地给予权力，但又通过对行政事务的很多单个干涉行为逐一将它收回；一种是不能使人民的个人能力——道德的、智力的和积极的能力——得到充分发挥，人民的参与程度不高。第二类是积极的缺陷。"代议制政府的积极的缺陷和危险可以概括为两条：第一，议会中的普遍无知和无能；第二，有受到和社会普遍福利不同的利益影响的危险。"① 第三类是致命的缺陷。密尔认为，这一缺陷就是"无产阶级专制"的出现。密尔对于工人阶级的统治始终保持着一种特殊的警觉，担心无产阶级会起来革命。所以，他用"多数人暴政"等概念来警示富人集团。密尔指出：民主制和所有其他的政府形式一样，最大危险之一在于掌权者的有害的利益，这就是阶级立法的危险；就是意图实现（不管是否真正实现）统治阶级的眼前利益，永远损害全体的那种统治的危险。在决定代议制政府的最好构成时需要考虑的最重要问题之一，就是如何提供防止这种"害处"出现的制度设计。他写道："任何阶级，或是任何可能联合起来的阶级的联合，都不应该在政府中发挥压倒一切的影响。"② （5）避免虚假民主，实现真正民主的方法就是实行比例代表制。密尔一直思考的问题是：在不妨害民主政体所特有的益处的情况下，如何组织民主制，使人类最大限度上消除民主的害处？密尔认为，方法就是：在一个真正的民主制国家里，每个部分或任何部分的人都会有其代表，当然是按比例的。选举人的多数

---

① ［英］J. S. 密尔：《代议制政府》，王瑄译，商务印书馆 1997 年版，第 85 页。

② 同上书，第 98—99 页。

总会有多数的代表；但选举人的少数也总会有少数的代表。少数和多数一样将得到充分的代表权。否则，就是不平等和特权的政府，即人民的一部分统治其余部分，就会有一部分人被剥夺他们在代表制中公平而平等的一份影响。

三　对密尔民主思想的评价

密尔自由民主思想的性质可以从以下两方面进行解读。

其一，密尔的自由民主思想本质上是当时资产阶级利益的反映。

1. 按照密尔的政治逻辑，富人在任何社会中进行统治都是天经地义的。他指出："每个国家都有穷富之别。公共事务的管理主要掌握在富人手里，即使在最民主的制度下也是如此……迄今为止，政治权力一般是富人的特权。"[①] 密尔之所以持这种观点，是与他的个人利益与经历密切相关的。

2. 他为自由资产阶级的发展提供了理论基础。19 世纪五六十年代，英国资产阶级正处于自由资产阶级发展的兴盛阶段。他们在国内要求不断加强自身的统治，而在国际上推行自由贸易、自由竞争，以追求最大化的利润。密尔的自由民主思想恰恰是这一要求的理论呼声。马克思在 1848 年 2 月作的《关于自由贸易问题的演说》中就分析了自由思想与自由竞争的本质，他说："让我们来做个总结：在当今社会条件下，到底什么是自由贸易呢？这就是资本的自由。排除一些仍然阻碍着资本自由的民族障碍，只不过是让资本能充分地自由活动罢了。"[②]"先生们，不要一听到自由这个抽象字眼就深受感动！这是谁的自由呢？这不是一个人在另一个人面前享有的自由。这是资本所享有的压榨工人的自由。""既然这种自由的观念本身不过是一种以自由竞争为基础的制度的产物，怎么还能用这种自由的观念来肯定自由竞争呢？"[③] 这种自由的观念本身不过

---

① 转引自吴春华主编《西方政治思想史》（第 4 卷），天津人民出版社 2005 年版，第 228 页。

② 《马克思恩格斯文集》（第 1 卷），人民出版社 2009 年版，第 756 页。

③ 同上书，第 757 页。

是一种以自由竞争为基础的制度的产物。

3. 密尔的民主思想时刻警惕着工人阶级掌握政权。对此,马克思在《资本论》中指出:"1848 年大陆革命也在英国产生了反应。那些还要求有科学地位、不只单纯地充当统治阶级的诡辩家和献媚者的人,力图使资本的政治经济学同这时已不容忽视的无产阶级的要求调和起来。于是,以约翰·穆勒为最著名代表的平淡无味的混合主义产生了。"① 在这种调和中,主导色依然是资本的利益,无产者的利益可以融合到资本的利益之中,但不能改变资本的利益包括其政治统治的格局。密尔认识到,如果工人群众要求改变自身生活状况的愿望得不到满足,他们就有可能起来革命。为了防止工人阶级起来革命,密尔认为,应当增加工人的普遍福利,包括实施教育普及制度,经济上改善工人的生活,由此不断降低工人的革命热情。同时,为了在政治上制约工人,他还提出,应当实行复数投票权:非熟练工人有一张投票权,熟练工人可以有两张,工头有三张,农场主、制造业者、商人有三到四张,专业人员、著作家、艺术家、公务员、大学毕业生有五到六张。这样,可以以少数有产者票数上的多数来制约工人人数上的多数。

其二,密尔提出了一系列值得重视的有积极意义的思想。

1. 关于代议制政府的行政工作密尔提出了 4 个方面重要的原则。第一个原则就是个人负责制的原则,任何一个行政职务,无论高低,其所担负的责任都是委托给某一个特定的个人。第二个原则是行政官员不应当由选举产生。密尔认为,好政府的一个最重要的原则是,任何行政官员都不应根据人民的选举来任命,既不根据人民的投票也不根据他们的代表的投票来任命。因为,政府的全部工作都是要专门技术的职务;完成这种职务需要具备特殊的专业性的条件,只有具备这些条件或者具有这方面的经验的人才能对这种条件做出适当的评价。因此,需要建立一种制度,以制度来发现最适于担任公共职务的人,通过考试等方式不仅要在提出申请的人中选择最好的,而且要留意考察他是否真正是最好的。第三个原则是公共服务常备力量的重要人员,不随政治的变动而变动。构成职业公务员这一阶层的人和别人一样在年轻时就开始就业,希望随

---

① 《马克思恩格斯文集》(第 1 卷),人民出版社 2009 年版,第 17 页。

着年龄的增长逐步升到较高的等级。这些人的工作是稳定的和连续的，他们的重要职责就是用他们的经验和传统来协助每一任部长，向他提供他们的业务知识，并在他的一般监督下从事具体业务。第四个原则是考试晋升的原则。密尔认为，由不从事于政治并具有和主持大学优等生考试的人同样级别和能力的人主持考试选拔公务员的制度，大概是在任何制度下的最好办法。考试应该是竞争性的，任命的应该是考试成绩最好的人。密尔提出的这 4 个原则对西方国家和其他一些实行公务员制度的国家都产生了广泛影响。英国以密尔的原则为指导，率先在世界上建立了文官制度，有效地促进了行政制度的改革。

2. 他一直为妇女的解放和选举权的获得而努力。密尔十分关注女权运动的发展。1861 年，他撰写了《论妇女的屈从地位》一书，在理论上为妇女的解放制造舆论。他不仅在议会中积极为妇女争取合法的权益，而且不断参与女权运动。英国学者戴维·赫尔德在《民主的模式》一书中指出：对密尔来说，只有男性和女性在所有法律、政治和社会制度中"彻底平等"，才能为人类自由和民主的生活方式创造合适的条件。[①]

3. 民主制度不能离开道德和信仰的支持。密尔认为，仅仅有民主制度是不够的，没有好的制度精神或者好的价值观念，制度就可能变成没有多少意义的空壳。他认为，现代民主制的精神基础是知识与道德，这一基础是在相互联系的两层意义上说的：一方面，民众一定的知识与道德水平是建立现代民主制的前提条件，没有知识的阶级和阶层无法支撑民主的发展；另一方面，民众的知识与道德水平是衡量现代民主制优劣的根本标准。所谓知识，指的是参与公共事务的政治知识；所谓道德，包括政府职能立足于人民共同福利的道德性、政府官员的个人美德以及人民关心公共事务、追求自由的美德。

密尔的代议制民主理论产生了长久的影响。戴维·赫尔德在 1998 年发表的《民主的模式》一书中认为，密尔建构了一种可称为发展型民主的模式。这一模式具有两个论证原则：对政治生活的参与不仅对于保护个人利益是必要的，而且对于造就一种信息灵通的、负责的和发展的公

① ［英］戴维·赫尔德：《民主的模式》，燕继荣、方向勤等译，中央编译出版社 1998 年版，第 142 页。

民也是必要的；政治参与对于个人能力的"最高的和谐的"发展是不可或缺的。这一模式具有5个主要特征：人民主权和普选权（以及"按比例"分配选票制度）；代议制政府（民选领袖、定期选举、秘密投票等）；宪法制约，以确保对国家权力的限制和国家权力的内部分工，确保对个人权利的张扬；议会和公共官僚机构明确分离，即当选者的政治功能与专业行政管理人员的技术功能分开；公民通过投票广泛参与地方政府，参与政府活动。①

戴维·赫尔德甚至认为，密尔始创的这一模式在 20 世纪后期的几十年中在西方世界得以牢固确立，"并在西方之外的地区，被原则上广泛采纳为一种合适的政府模式"。②

（选自《国外社会科学》2011 年第 6 期）

①　［英］戴维·赫尔德：《民主的模式》，燕继荣、方向勤等译，中央编译出版社 1998 年版，第 145 页。

②　同上书，第 149 页。

政府质量与国民幸福：
文献回顾与评论

张克中　何凌云[*]

一　问题背景与概念界定

随着社会的进步，把 GDP 作为衡量经济发展水平的指标受到越来越多的质疑。GDP 无法衡量那些不能用货币表示的"非市场"因素，而这些因素对我们的日常生活质量起着至关重要的作用。由此，以居民幸福感作为衡量社会经济发展的新指标得到广泛关注。维恩霍文认为，政府对居民幸福感有着重要的影响，因为它掌握着能够影响居民幸福的制度、资源和公共政策。[①] 金认为，政府质量是决定居民幸福与否的重要原因，腐败水平低、行政效率高的国家的居民生活得更幸福。[②]

当前，居民幸福感成为经济学、社会学、心理学等领域跨学科研究的热点问题。大部分研究所谈的幸福是"主观"的，即居民报告的自评幸福感状况。幸福经济学者通常将主观幸福感（subjective well - being）定义为"一个人对自己整体生活状况的评价"，它由情感因素和评价因素

---

　* 张克中，1972 年生，华中科技大学管理学院教授，博士生导师；何凌云，1988 年生，华中科技大学管理学院博士研究生。

　① R. Veenhoven, Quality of Life in Individualistic Society: A Comparison of 43 Nations in the Early 1990's, *Social Indicators Research*, Vol. 48, 1999, pp. 157 - 186.

　② S. Kim & D. Kim, Does Government Make People Happy? Exploring New Research Directions for Government' Roles in Happiness, *Journal of Happiness Study*, 2011.

两个部分构成。情感因素是指人正面或负面的感觉；评价因素是指对自己生活的自我评价，是对一定生命范围内抱负实现程度的考察。评价因素是基于判断和比较的，与情感因素相互关联。[①] "世界价值观调查"（World Values Survey，WVS）作为主观幸福感研究的重要数据来源之一，采用问卷的方式大规模调查了人们的主观幸福感状况，通常用"将所有的情况都考虑进来，目前您生活幸福吗？"的提问方式，要求被调查者在数字 1 到 4 之间进行选择，1 表示最不幸福，4 表示最幸福。

这种用单变量度量主观幸福感的可信性、有效性、一致性以及在时间上的稳定性得到了迪纳尔等学者的认可。他利用问卷调查获得的幸福感数据与通过访谈、心理专家询问等方式获得的数据高度相关，发现居民自评的幸福感与家人、朋友等对他的评价是一致的。[②] 相关研究还表明，幸福的人自杀的可能性更小。尽管主观幸福感的测度还有待完善，但有充分证据表明目前对主观幸福感测量的可信度很高。主观幸福感数据在不同国家之间是可比的，文化和语言的差异并不影响这种可比性。因此，我们能够利用主观幸福感数据进行跨国研究。

幸福函数为 $H = f(P, E, I, \cdots)$。其中被解释变量 H 表示主观幸福感，$f(\cdot)$ 表示幸福的决定方程，解释变量主要有 P、E、I 等。P 表示年龄、性别、婚姻状况、受教育程度等决定个体幸福的人口社会学因素，E 表示失业率、通货膨胀率等宏观经济因素，I 表示决定幸福的制度因素。对幸福方程的估计，一般采用有序逻辑模型等方法。人们在研究一个国家的居民幸福感时，通常采用个体层面的幸福数据，即 H，它是每个被调查者汇报的幸福状况，解释变量是个体特征变量以及宏观变量。在研究跨国的居民幸福时，有时候采用国家层面的幸福数据。H 用一个国家一个时间段内所有被调查居民幸福的均值表示，解释变量只包括国家层面的宏观变量。近些年来，政府质量与居民主观幸福感成为新的研究焦点。

研究政府质量与居民幸福之间的关系，首先要建立一个可操作的概

---

① E. Diener, R. A. Emmons, R. J. Larsen & S. Griffin, The Satisfaction With Life Scale, *Journal of Personality Assessment*, Vol. 49, No. 1, 1985, pp. 71 – 75.

② E. Sandvik, E. Diener & L. Seiditz, Subjective Well – Being: The Convergence and Stabilityof Self – Report and Non – Self – Report Measures, *Journal of Personality*, Vol. 61, No. 3, 1993, pp. 317 – 342.

念体系。一般认为，政府质量、治理和制度质量是相似的概念。很多早期的研究者用腐败程度的高低来测量政府质量。巴克（Back）和汉德尼尔斯（Handenius）认为，好的政府质量可以界定为高效的行政，且没有腐败。[1] 在幸福经济学的研究中，一般用世界银行发布的世界治理指数衡量政府质量。世界治理指数包括民意表达程度、政治稳定程度、行政效率、监管质量、法治水平和腐败控制水平六个指标。其他指标，如自由之家（Freedom House）关于公民自由和政治权利的指数，哥德堡大学政府质量研究中心发布的政府公正性指数等，也可以衡量政府质量。

二 政府质量与居民主观幸福感的关系

1. 政府质量与居民主观幸福感

海利威尔和黄是研究政府质量对居民主观幸福感的影响的先驱者。他们用世界银行发布的世界治理指数衡量各个国家的政府质量，用每个国家被调查者报告的幸福感均值衡量一国居民的幸福，对 1981—1997 年间 4 次世界价值观调查中 75 个国家的混合横截面数据进行实证分析，认为政府质量的差异是造成各个国家居民幸福状况差异最重要的原因之一。[2] 即使控制了各国的人均收入差异状况，政府质量对居民幸福的影响依然十分显著。相较于其他变量，政府质量的标准贝塔系数（beta）是最大的，即它对居民幸福的影响最大。奥特（Ott）认为，好的政府尊重居民，维护司法正义，给居民创造更好的医疗、教育条件，减轻社会不平等程度。在政府质量高的国家中，居民的社会性需求和自我实现需求得到满足，他们能获得积极的自我感觉。奥特用"国家幸福"（Happiness in Nations）数据，对 2006 年的 127 个国家进行分析。研究说明不仅在西方国家政府质量影响居民主观幸福感，在拉丁美洲、亚洲和非洲等其他地区的不同体制国家，这个逻辑也同样适用。

---

[1] N. Charron & V. Lapuente, Does Democracy Produce Quality of Government? *European Journal of Political Research*, Vol. 49, No. 4, 2010, pp. 443 – 444.

[2] J. F. Helliwell & H. F. Huang, How's Your Government? International Evidence Linking Good Government and Well – being, *British Journal of Political Science*, Vol. 38, 2008, pp. 595 – 619.

除了世界治理指数外，约翰斯科夫、德雷尔和费雪认为，自由之家关于公民自由和政治权利的指数以及赫尼兹（Henisz）构建的限制政策制定权力程度指数等都是衡量制度质量的重要指标，应将这些指标纳入研究范围。[1] 由于制度质量与经济增长高度相关，约翰斯科夫等学者将所有指标与人均 GDP 做回归分析，以回归残差作为排除与经济增长相关性后真实的制度得分。然后，他们利用主成分分析法将所有衡量制度的指标转化为两个正交的因子——政治制度因子和经济制度因子。他们利用1981—2005 年间 62 个国家的 5 次世界价值观调查的混合截面数据，发现两个制度因子与居民主观幸福感都有显著的正相关关系。

瑞典哥德堡大学的政府质量研究中心针对政府质量与居民主观幸福感展开了一系列的研究。特奥雷尔认为，以往的研究对政府质量的衡量存在问题。[2] 只有公正地执行政治权威，政府才能实现其目标。他们将公正性定义为"在执行法规和政策的过程中，政府官员不应该考虑没有事先写入政策和法规中的任何特殊情况"。公正的政府降低经济和社会的不稳定性，居民能够低风险地规划生活，并收获幸福。他从 529 名公共管理学者的调查中获得了 52 个国家的政府公正性指数，并以此作为对政府质量的衡量指标。他的实证研究表明，在一定情况下，政府质量的提高有利于提升居民主观幸福感。政府质量研究中心的撒曼尼（Samanni）和霍姆伯格（Holmberg）用世界治理指数中的行政效率变量、透明国际的腐败感知指数以及政府公正性指数三个指标衡量政府质量，选取世界价值观调查中的 90 个经合组织（OECD）国家和非 OECD 国家进行研究。他们认为控制了人均 GDP、收入不平等程度、居民健康状况等多个影响居民主观幸福感的变量后，政府质量对居民幸福的效应依然很显著。

政府质量不仅影响居民的幸福，还影响幸福感分布的不平等状况。公务员掌握着居民授予他们的公权力，在一定范围内，他们能获得"租金"。"租金"可以被界定为"效用补贴"，包括金钱收益和收取贿赂的

[1]　C. Bjøornskov, A. Dreher & J. A. V. Fischer, Formal Institution and Subjective Well - being: Revisiting the Cross - country Evidence, *European Journal of Political Economy*, Vol. 26, 2010, pp. 419 - 430.

[2]　J. Teorell, *The Impact of Quality of Government as Impartiality: Theory and Evidence*, *The Quality of Government Institute*, University of Gothenburg, QoG Working Paper Series, 2009.

机会等。因此，公务员比其他行业从业者的效用更高（更幸福）吗？利用美国家庭调查数据，卢程格（Luechinger）等人的研究说明较高的治理水平能够有效限制公务员追逐私利和"寻租"，缩小他们与其他行业从业者的主观幸福感差距。奥特用国家内被调查居民自评幸福值的标准差衡量幸福不平均状况，研究政府质量对居民幸福不均等程度的影响，① 得出的结论是，政府质量与幸福不平均程度呈倒 U 形关系。他们认为这是"幸福的库兹涅茨曲线"。在政府质量的提升的第一阶段，有一部分居民获得更多的收益；随着政府质量的改善，政府会更加关注那些在上一阶段被落下的居民，促进他们幸福感的提升。

2. 政府技术质量、民主质量与居民主观幸福感

海利威尔和黄认为，世界治理指数中的六个指标可分成两个维度，第一个维度包括行政效率、监管质量、法治水平和腐败控制水平，第二个维度包括民意表达程度和政治稳定程度。奥特也认同了他们的这种做法，并把第一维度称为政府技术质量，第二个维度称为政府民主质量。约翰斯科夫等人运用主成分分析法把制度质量转化为经济—司法制度因子和政治制度因子，对应于政府技术质量和民主质量。

学者们研究了两个维度对居民幸福的影响。一方面，政府技术质量会影响居民幸福。柯格布恩和施奈德认为，管理良好和高效的政府对居民幸福有积极的影响。② 塔维茨研究了腐败对居民幸福的影响。③ 他认为，如果公共物品只提供给那些"有关系"或富有的人，没有得到这些资源的人肯定处于不利地位。而且，卷入腐败交易中，人们会失去追逐自己目标的独立性，因而变得不幸福。腐败带来的经济和社会成本还会恶化居民的人际关系。总之，腐败降低了居民主观幸福感。他分别利用 1995 年 16 个欧洲国家 17166 个被调查者的个体层面数据和世界价值观调查的

----

① J. C. Ott, Government and Happiness in 130 Nations: Good Governance Fosters Higher Level and More Equality of Happiness, *Social Indictor Research*, Vol. 102, 2011, pp. 3 – 22.

② J. D. Coggburn & S. K. Schneider, The Relationship between State Government Performance- and State Quality of Life, *International Journal of Public Administration*, Vol. 26, No. 12, 2003, pp. 1337 – 1354.

③ M. Tavits, Representation, Corruption, and Subjective Well – Being, *Comparative Political Studies*, Vol. 41, 2008, pp. 1607 – 1630.

68 个国家的国家层面数据，采用随机截距模型和有序逻辑模型，发现腐败水平是居民主观幸福感的重要决定因素，腐败水平越低，居民的主观幸福感越高。韦尔奇不仅发现腐败对居民幸福的不利影响，还计算出了这种影响的货币价值，2001—2004 年 146 个国家平均腐败水平上升造成的居民福利损失相当于一个国家 GDP 的 3.5%。[①]

另一方面，政府民主质量影响居民幸福感。弗雷和斯塔泽研究了瑞士的直接民主对居民幸福感的影响，他们使用瑞士 1992 年的市级截面数据的研究，表明瑞士的直接民主程度与居民主观幸福感存在正相关关系。[②] 人们参与到政策决策过程中，从中获得了"程序效用"，从而变得很幸福。如果居民偏好的代理人获得选举胜利，他们的幸福感更强。一是因为这部分居民实现了目标，获胜的代理人是他们的利益代表，会将他们的诉求列入执政议程中；而且，代理人掌权后执行的是与他们的理念相合的政策，如迪·特拉（Di Tella）和麦克库洛奇（MacCulloch）所说，政府理念与居民理念的共鸣会给居民带来强烈的幸福感。

政府技术质量和民主质量对不同发展水平的国家居民幸福的影响展现出不同的特征。在海利威尔和黄的研究中，民主质量对相对富裕（人均收入高于美国 1995 年人均收入水平的一半）的国家更重要，而技术质量对相对贫穷的国家更重要。之后，奥特以 2006 年的 7000 美元（经购买力调整）为穷国和富国的分界点，也提出了类似的观点。约翰斯科夫等在研究中也提到，只有当一个国家的大部分居民摆脱了贫困，政治制度因子才发挥出作用，在此之前经济—司法制度因子的作用力更大。

在发展中国家，居民希望政府提高技术质量，提供健全的制度框架，促进社会的物质繁荣，以满足他们的基本需求，进而让他们得到更多的发展机会。比如，对一个生活在非洲发展中国家的居民而言，医疗条件和住房条件的改善比民主程度提高更为重要。政府提升技术质量，即提高行政效率和法治水平，提供良好的公共服务和公共政策，创造公平公

---

①　H. Welsch, The Welfare Costs of Corruption, *Applied Economics*, Vol. 40, 2008, pp. 1839 – 1849.

②　B. Frey & A. Stutzer, *Happiness and Economics*, Princeton, NJ: Princeton University Press, 2002.

正的社会环境，就给发展中国家居民构建了有利于增进他们幸福的条件。技术质量与居民幸福的联系是基础性的，是民主质量影响幸福的条件。只有当居民表达的意见得到回馈，而且他们选举出来的不是一个腐败的代理人的时候，民主对幸福的意义才能凸显出来。腐败破坏民主背后的委托代理关系，通过降低居民影响政治决策的能力进而影响居民幸福。[1]即使居民选举的代理人获得了胜利，名义上的代理也不能真正转化为影响政治决策的实际能力。政治决策被特殊利益集团控制，给居民以被排斥和被疏远的感觉。在这种情况下，民主对居民幸福的影响消失了。

当国家的经济发展到一定水平后，人们的基本生活需求得到满足，政府的民主质量对居民幸福发挥越来越重要的作用。高的民主质量让居民感觉到他们参与了政治过程并影响了政治结果。他们从参与过程中获得了积极的自我感觉。

尽管各个学者用不同的方式衡量政府质量，但是他们的研究结果都表明政府质量会影响居民的主观幸福感。政府质量的两个维度——技术质量和民主质量也从不同方面影响居民幸福。好的治理本身就是居民幸福的来源，如果居民被认真地对待，他们的幸福感显然会提升。制度是"环境"，高质量的"环境"让居民生活得更有安全感，他们能够安心地从事自己的活动。因此，他们拥有良好的心理满足状态。

三　政府质量对居民幸福的影响机制

政府质量不仅直接影响居民主观幸福感，还通过一些间接渠道影响居民幸福。海利威尔和黄、约翰斯科夫等人发现，考虑间接渠道后，政府质量对居民幸福感的系数下降，显著性水平降低。特奥雷尔在控制了经济增长、社会信任等变量后，发现政府质量对幸福的影响不再显著。政府质量对居民幸福感的影响可能通过其他机制间接地产生作用。

第一，政府质量会通过影响社会非正式制度（如社会信任）影响居

---

[1]　W. Mark, What Does Corruption Mean in a Democracy, *American Journal of Political Science*, Vol. 48, No. 2, 2004, pp. 328 – 343.

民幸福。罗斯坦和埃克指出，好的政府有利于增进居民间的信任。[①] 居民相信廉洁高效的政府能够公正地处理纠纷、惩治不法，相信机构办事人员不会滥用手中的"公权力"，与一部分人勾结。信任逐渐成为非正式的"社会规则"推广到人际交往中，社会的信任网络逐步构建起来。民主水平的提高让居民有更多参与社会交往和社会互动的机会，夯实了社会信任网络。特奥雷尔利用政府公正性指数和世界治理指数中的行政效率、腐败控制力、法治水平分别衡量政府质量，对 52 个国家进行了实证研究，表明随着政府质量的提高，居民对警察、公务员的信任会提高，人与人之间的信任程度也会提高。

信任是一种非正式的制度保障，人际间的信任关系能够给居民以安全感和归属感。对他人的信任还有助于减少社会摩擦、降低交易成本。信任对居民主观幸福的显著影响在梁（Leung）等人的实证研究中得到充分的说明。[②] 撒曼尼和霍姆伯格等人的研究都认为社会信任是政府质量影响居民主观幸福感的重要渠道，在研究中如果不控制这个变量将会导致对政府质量效应过高的估计。

第二，政府质量会通过影响经济增长进一步影响居民的主观幸福感。政府提供公共治理制度安排，产权保护水平、行政效率等都能影响经济增长。诺斯等制度经济学者早期的大量研究都已经表明，政府会影响经济增长。有学者估计，政府质量由一个较低的水平发展到平均水平，能够使人均收入扩大三倍。[③] 丰富的实证研究已经发现经济增长有利于增进居民幸福，尤其是增进发展中国家居民的幸福。[④]

海利威尔和黄在政府质量与居民幸福的回归模型中加入人均国民收入变量后，虽然政府质量的显著性不变，但是它的系数下降了 10%—20%，充分说明了政府质量对幸福的效应有一部分是通过经济增长实现的。许多研究认为，经济增长对居民幸福的影响是边际递减的，如在发

① B. Rothstein & D. Eek, 2006.

② A. Leung, C. Kier, T. Fung, L. Fung & R. Sproule, Searching for Happiness: The Importance of Social Capital, *Journal of Happiness Studies*, Vol. 12, 2011, pp. 443 – 462.

③ J. C. Ott, 2010, pp. 353 – 368.

④ D. Sacks, B. Stevenson & J. Wolfers, *Subjective Well - being, Income, Economic Development and Growth*, NBER Working Papers, 2010, No. 16441.

达国家继续提高人均 GDP 对幸福的意义并不大。但不能否认的是,经济增长是影响国与国之间幸福感差异的重要因素,尤其对于相对贫困的国家,为经济增长创造一个良好的制度环境,是十分必要的。

第三,政府质量还会通过影响公共支出结构进而影响居民的主观幸福感。政府在卫生领域的公共支出、给居民提供的健康服务,有利于居民健康水平的提升,大量研究表明健康状况是影响居民幸福的重要因素。在海利威尔和黄对相对贫穷国家的研究中,加入居民健康变量后,政府的技术质量系数下降了 20%。这说明在发展中国家,政府质量通过影响卫生支出进而影响居民幸福。毛诺的研究认为,腐败的政府会扭曲公共支出结构,官员倾向于把公共支出投入在能源等容易隐匿腐败的领域,而在卫生等领域投入较少。[①] 而一个高质量的政府会保持平衡的公共支出结构,在卫生和教育等领域的公共支出通过税收对资源的重新配置,能够将竞争十分激烈的私人消费转移到几乎人人都能共享的公共支出,降低社会中的不平等程度,并减少由攀比效应带来的幸福损失。

第四,政府质量还会通过其他的中介变量影响居民幸福。约翰斯科夫等人认为,国际贸易反映一个国家与国际的接轨程度和商业前景,能够影响居民的主观幸福感。在他们的研究中,加入贸易开放度和投资价格水平因素后,政府质量对居民幸福的效应降低。政府质量还能够通过影响失业率、通货膨胀率和犯罪率等影响居民幸福。总之,研究政府质量与居民主观幸福感时,考虑以上影响机制是必需的,否则会导致政府质量对居民幸福感的影响的估计有偏差。

四 结论与讨论

通过对政府质量与居民主观幸福感之间关系研究的文献回顾,我们基本可以得出如下几点结论。第一,经验层面的研究已经表明,政府质量是导致不同国家居民幸福差异的重要原因。生活在政府清廉、行政效率高、民主水平高的国家居民更幸福。第二,政府质量可以分为政府技

---

① P. Mauro, Corruption and the Composition of Government Expenditure, *Journal of Public Economics*, Vol. 69, No. 2, 1998, pp. 263 – 279.

术质量和政府民主质量。政府技术质量对发展中国家的居民幸福更重要，而政府民主质量对发达国家的居民幸福更重要。第三，政府质量作为制度环境直接影响居民幸福，它还通过影响社会非正式制度、经济增长、公共支出结构等方式影响居民幸福。

世界各国居民幸福差异非常大。以 2006 年的情况为例，国民幸福均值最低的是多哥（3.24 分），丹麦得分最高（8 分）。政府质量是导致这种巨大差异的主要原因。政府，尤其是那些国民幸福感较低的国家的政府，有责任努力为居民的幸福生活创造条件，增强本国居民的幸福感，缩小国家间的差距。世界银行等机构以及学者就提高政府质量提出了很多政策建议，包括增进制度的透明化和民主化、引入竞争、完善法制建设等。各个国家可以根据自身发展水平并结合具体情况提升政府质量。作为发展中国家，中国可以重点考虑政府技术质量对居民幸福的影响；而像瑞士等发达国家，提高政府民主质量有利于继续提升居民幸福感。

当然，对政府质量与居民幸福之间关系的研究也受到一些质疑。一方面，有可能存在"用脚投票"机制，那些更幸福的人会选择到政府质量高的国家生活，也就是说，回归方程中存在反向因果关系。然而事实上，一个国家的制度经历着缓慢的演进，它是相对稳定的。国家内居民的幸福状况并不那么稳定，存在一定程度的变异。因此，反向因果关系是不成立的。另一方面，政府质量对居民幸福的影响渠道无法被完全控制。比如，公共政策绩效、政治参与度等变量难以衡量，数据也难以获得。这些问题可以通过更准确的面板数据，控制国家的固定效应来解决。

（选自《国外社会科学》2012 年第 4 期）

世界格局的变化与民主议程的转向

张树华[*]

一

伴随着 2013 年的到来，世界历史出现了一个重要的转折点。2013 年 1 月 13 日德国《世界报》刊发文章指出，到 2013 年，西方发达国家的经济总量将首次降至世界经济总量的一半。而在此之前的近两三百年间，由少数欧美国家组成的西方世界一直雄霸全球。2013 年第 1 期的德国《文学和社会的批评》杂志也推出了题为《西方黄金时代已去》的文章。作者写道，历史上西方世界是相对于亚洲、中东和非洲等地的概念，不仅是一种发达经济和生活的象征，也代表着一种政治和经济模式。自第一次工业革命以来，西方逐渐占据世界主导地位。到 19 世纪中叶，西方已经成为国际上的统治者。近两百年是西方大跃进的时代。无论在经济、文化，还是政治、科学方面，西方在所有领域都是领先者。但到了 2013 年前后，世界再次返回正常状态：只占世界人口 15% 左右的西方，将重新把权力交给拥有近 85% 的世界人口的新兴国家和发展中国家。文章提出，今后西方如何在全球化的今天找到新的位置，是一个新的问题。

二

西方世界在全球格局中位置的升降是一个标志性的历史性事件，这

---

* 张树华，中国社会科学院信息情报研究院院长、研究员。

是两三百年来从未有过的大变局,许多西方国家为此而陷入了"集体性的哀伤"。实际上,2008 年爆发的国际金融危机不仅引爆了西方世界积聚多年的"金融泡沫",同时也戳破了西方世界的民主"神话"和政治"泡沫"。这场突如其来的金融危机深刻地暴露了资本主义的政治弊病。诺贝尔经济学奖获得者、美国经济学家克鲁格曼详细地考察了美国从 19 世纪末到 21 世纪初的政治和经济的关系,得出一个结论:不平等的政治在决定不平等的经济,而不是相反。他提出,无论是历史事实还是理论,都在清楚地说明这一点:经济出了问题,往往是政治先出了问题,而社会出了问题,乃是它们的综合症状。

2013 年 5 月,美国普林斯顿大学政治系主任诺兰·麦卡蒂(Nolan McCarty)、佐治亚大学政治系教授基思·普尔(Keith T. Poole)和纽约大学政治学教授霍华德·罗森塔尔(Howard Rosenthal)等专家合作撰写了一部新书,题目为《政治泡沫:金融危机与美国民主的失败》(*Political Bubbles*: *Financial Crises and the Failure of American Democracy*)。三位政治学者在书中提出,每个经济危机的背后都深藏着一个"政治泡沫":政治偏见会助长不利于经济稳定的市场行为,而这种由信仰、制度及利益构成的偏见会不断增大市场的风险。他们认为,正如金融泡沫是由错误的信念、市场缺陷等一系列因素导致的一样,"政治泡沫"也是由僵化的意识形态、迟钝而低效的政府机构及特殊利益要求综合所致。

回想 22 年前,柏林墙倒塌后,西方世界为之欢呼雀跃。1991 年 12 月 25 日,苏联宣告瓦解,俄罗斯社会发展改弦易辙,以美国为首的西方世界宣布取得了政治、军事和思想等方面的全面胜利。日裔美籍学者弗朗西斯·福山发表言论,宣告"人类历史至此终结",国际上意识形态的争论似乎自此盖棺论定,西方式的自由民主制度将一统世界。此后,借助经济全球化和"民主化"浪潮,西方资本的贪婪和民主的乖戾借助新自由主义的催化剂,像变异的恶性病毒一样在国际上迅速蔓延。金融寡头借助西方国家的政治机器和经济网络饱食"冷战红利",对内对外肆意进行经济掠夺和政治压迫。在西方大国的经济自私和金融大鳄的贪婪驱动下,许多国家经济虚拟化、产业泡沫化和金融欺诈盛行一时。西方在输出民主和鼓动"颜色革命"的同时,也催生了文明冲突和种族仇杀。

2008 年爆发的金融海啸不仅使西方世界陷入了自 20 世纪 30 年代

"大萧条"以来最为严重的经济大衰退，而且深刻暴露了西方社会制度的种种缺陷。在经济领域，"无形之手"——自由放任的市场万能论的神话又一次被打破；在社会领域，西方社会贫富两极分化，造富神话破灭，失业严重，中产阶级分裂，社会冲突加剧；在政治领域，政治阻塞、软弱乏力，治理失败。面对这场世界性的灾难，金融大鳄乔治·索罗斯 2012 年 1 月 23 日在美国《新闻周刊》网站上惊呼，世界进入了近现代历史上最危险的时期之一——"邪恶"时期：欧洲面临陷入混乱和冲突……美国街头的骚乱将引起残酷镇压，从而造成公民自由被严重剥夺，甚至全球经济体系都可能完全崩溃。

三

与当下西方世界的经济困境和政治无奈不同，一个蓄势待发的新东方正在为世界进步提供动力与活力。尤其需要关注的是，30 多年以来中国的顺利发展是世界历史进程中的重要现象。在当今世界"东方与西方""社会主义与资本主义""苏联与中国"等比较框架下，中国道路越发彰显出其独特的价值。20 年前，东西方阵营之间的"冷战"结束后，有着十几亿人口的中华民族在中国共产党的正确领导下，没有重蹈苏共败亡的覆辙，避免了苏联式崩溃和俄罗斯衰退的悲惨命运，实现了经济发展和民族复兴，始终保持着改革、发展、稳定的良好势头。2008 年世界性的金融危机爆发后，西方社会经济制度和社会治理模式或碰壁或搁浅，国际上不少国家面临着不稳定和不确定的未来。与此不同，中国的应对和表现引人注目，表现了独特的制度优势和治理能力。30 多年来，中国经济为世界经济发展提供了强大的动力，中国稳定的政局和治理形式影响着世界格局，丰富着世界政治的面貌。中国发展的价值取向和经验原则丰富了人类发展的内涵和理念，必将为世界文明图画留下浓墨重彩的一笔。

与西方国家的一些学者继续局限于"民主—专制""西方—非西方"的两极对立思维模式不同，中国发展采取科学性的发展方式，沿着协调性的发展轨道，秉承着包容性的价值理念，为当今国际社会提供了非凡的答案。中国发展改变着世界，中国发展丰富着世界。借助于发展价值的多元性、发展进程的包容性、发展理念的科学性，中国拒绝了国际上盛行的那些思想偏见和政治短视。中国政治发展显示着强劲的政治竞争力和政治发展力，展示出良好的发展前景。

四

冷战结束20多年来，"民主"一直是国际政治中的热门话题，也吸引着中国学术界的关注与热议。然而，民主问题对于国内思想理论界既熟悉、又模糊，既明确、又混乱。在西方，凭借对"民主"话语的垄断，西方战略家将其包装成全人类的"普世价值"和全球性政治标准。"民主"被西方政治理论家提炼成政治制度的唯一真谛，将"民主"演变为一种政治宗教，变成西方对外政治输出的"政治圣经和基本软件"，成为西方通过"软实力"影响他国的"利器"。例如，西方世界众多的民主教科书都这样写道：评价一个国家政局的好坏，就是看这个国家是否有符合西方标准的民主制度，而西方民主标准则是放之四海而皆准的"政治铁律"。然而，随着美国对外"推销民主"战略的受挫，"颜色革命"泛起的"民主"泡沫一个个破灭，一些新兴"民主国家"陷入治理混乱，人们开始对民主问题以及以西方自由民主模式为标准观察衡量世界的思维模式进行反思。

金融危机之后出现的政治对抗、金钱政治、决策不畅等政治颓势使得西方制度的政治能力和民主成色大打折扣。2012年4月22日，美国著名专栏评论家托马斯·弗里德曼在美国《纽约时报》发表了题为《打倒一切》的文章指出，诸多因素导致整个美国政治体制陷入瘫痪……美国的政治分歧变得比以往任何时候都更为恶劣。他引用福山的观点说明，美国从一个民主政体变成了一个"否决政体"。哈佛大学教授、历史学家尼尔·弗格森在《大退化》一书中也认为，西方社会赖以运转的制度架构存在严重问题，西方需要对其制度架构提出深层次的质疑。

哥伦比亚大学的诺贝尔经济学奖得主J. 施蒂格利茨认为，20世纪90年代初以来的一个重大变化就是人们认识到了民主的复杂性和局限性。哈佛大学商学院经济学家B. 斯科特也说，那种将"有了宪法和选举就有了民主”的美国经验加以推广的做法是“非常愚蠢的”。①

五

多年来西方主流社会思潮认定，西式的竞争民主和自由市场模式是普世的、永恒的，是全人类的“幸福归宿”。20世纪很长一个时期内，西方社会笃信存在一个永恒的、掌握了人类社会真理的“政治西方”。这个“政治西方”受到上帝的垂青，负有拯救世界的历史使命。“西方国家是民主的”“民主属于西方国家”“西方民主制度是普世的”等论调，像“圣经”一样被写进政治学教科书，回响在各种讲坛。

几十年来，在塑造西方民主理论霸权和民主政治魔方中，西方民主理论家功不可没。民主被泛化、普遍化、神圣化、宗教化、教条化、工具化、功利化、标签化。为配合西方政要输出民主，西方政治谋士还将民主碎片化、模块化、程式化。西式民主成了绝对的、唯一的标准或准则。②

什么是民主？如何发展和实现民主？如何避免“劣质民主”，防止“民主赤字”？什么是正确的民主发展观？世界各国政治发展与民主化的前景如何？西方某些国家强行推销的“民主化”暗含哪些危险，提出哪些思想挑战？这些都需要我们以马克思主义的立场和方法来分析、回答。

1. 不应抽象和孤立地研究民主，而应注重分析和研究其历史性和实践性。应探寻民主的实践定义，以国际视野比较民主的实践轨迹。多年来，民主问题的研究吸引了政治理论、政治哲学、历史和社会学等领域众多研究者的参与。探讨民主概念和理论的论著层出不穷，围绕民主概念的认识分野甚至要超过对“市场”“自由”等问题的争论。当然，不可否认，对民主的研究差异和观点分歧，也反映了研究者不同的政治立场和思想差异。但是，无论如何，局限于从概念和借助西方民主教科书来阐释民主，在今天已无助于民主政治研究的深化。

---

① 引自《“民主与资本主义同步”理论发生动摇》，http://www.qianyan.org.cn/show_m.asp?id=410。

② 张树华：《冷战后西方民主与民主化研究：理论困境与现实悖论》，《红旗文稿》2011年第11期；张树华：《民主的国际化：理论迷思与现实悖论》，《国外社会科学》2011年第4期。

　　为避免陷入民主概念和理论的纷争，应当将研究的重点由民主的一般性、概念性或规范性研究转到对民主的实证性、国际性的比较研究上来。应结合冷战后国际政治领域中的一些鲜活的例证，分析一些国家在民主化进程中的成败得失。以国际的视野和发展的框架，来探讨民主化的理论逻辑、实践顺序和成长条件。要认清"民主万能论""民主速成论""民主不战论""民主和平论""民主同盟""自由之弧""民主至上论""民主救世说""西方民主普世说"等说教的政治本质，坚持政治性与科学性的统一。面对民主问题上的迷思和争论，要进一步树立正确的民主观。

　　民主是成长的、多样的、具体的、现实的、历史的。当前，欧美债务危机进一步暴露了"西式民主"的缺陷，国际思想界开始将视角转向政治制度与政治模式的比较与适应。在未来政治选择与国家发展中需要转变"话语范式"。要勇于"超越一般民主"，善于"驾驭民主化"，实现综合的、全面的、协调的政治发展观。

　　2. 应关注民主化进程的国际环境及国际经验教训，勇于超越西式民主理论，学会驾驭民主化进程。要避免抽象和孤立地研究民主问题，勇于跳出西式"民主—专制"单一的、线性的、两极化的思维模式的误区。应当看到，当今世界上民主的理论与实施均是由西方大国主导的。而西方大国主流的民主理论和民主化策略又是主要针对社会主义国家和其他发展中国家提出来的。这些也构成了西方对外战略的重要组成部分。从国际角度研究民主问题，首先要关注西方民主理论的演变。同时，也要着力比较分析美国、欧洲这两个主要"民主推手"的战略意图和策略差异。通过比较国际上多数国家的政治发展和民主化的实践、政治兴衰的经验和教训，发现民主发展的内在逻辑和规律。

　　3. 应注重研究民主的成长性和发展的包容性。冷战后，民主的潮起潮落以及近几年围绕东西方发展模式优劣的辩论表明，民主进程是政治发展进程的组成部分，民主并不是唯一的、终极的，用民主概念并不能解释一切。研究中东和拉美等第三世界地区的民主化历程会发现，一个国家需要的政治发展方式、发展道路、发展价值和目标，在社会发展的不同阶段是不同的。不同的国家战略和民族目标任务决定了这个国家特定时期的政治主题和政治方式。与政治发展一样，民主有着特定的发展顺序、速度和方式。民主有其成长的环境、条件、土壤、文化、成本与质量。民主进程要统一于政治发展的总目标,要与经济建设、社会建设、文化建设、法治建设等进程相协调。与单一的民主概念相比,政治发展的内涵更为丰富、更为具体、更为多彩,也更为广泛。

4. 应关注中国发展的政治经验,树立正确的民主观。世界历史经验表明,每个国家的民主都应符合本国特定的历史文化传统和现实条件,发展民主应当因地制宜,外部强加和全盘照搬往往得不偿失。要深入剖析西方推广民主背后的地缘战略意图,深入总结俄罗斯等后社会主义国家在民主化问题上的教训,努力摆脱西方在民主、人权领域的话语禁锢。要破解西方强加的"极权""专制""不民主"等概念陷阱,努力提炼和归纳中国的政治经验和理论价值,增强政治自信和理论说服力。

要关注本国的政治主题和发展顺序,注重培养国际政治竞争力。针对国际上流行的各种版本的"政治、民主、人权排行榜",应当强调政治发展力和竞争力,研究一套科学而全面的政治发展力评估模型,研发中国版的"世界政治发展力评估报告"。要坚持政治性与科学性的统一,树立正确的民主发展观,探索全面而科学的政治发展理论,促进政治民主、政治稳定、政治效率、政治廉洁,推动中国特色社会主义政治发展道路越走越宽广。

有鉴于民主问题的复杂性和现实性,2013 年 5 月,中国社会科学院信息情报研究院与山东社会科学院在济南联合举办了题为"民主的历史与现实的政治"的学术研讨会。与会学者从西方民主的危机和困境、发展中国家民主化过程中的困境以及中国政治发展道路等角度,对当今国际民主与民主化问题进行了热烈的讨论。本期的"特别策划"栏目即为配合该会议所设,其中前三篇文章为与会学者提交的会议论文。中国人民大学杨光斌教授在《超越自由民主:"治理民主"通论》中反思了"自由民主"在转型国家的政治失败和西方国家的实践困境,呼吁将"国家"嵌入作为政体理论的民主,构建了"治理民主"来超越"自由民主"理论。除此之外,本栏目的其他文章也各有见地。希望这一组文章能够引发读者对民主及相关问题的关注和深入思考。

（选自《国外社会科学》2013 年第 4 期）

比较政治研究中的质性方法

高奇琦[*]

  国外一些重要的政治学家倾向于认为，比较政治学是一个用方法来界定其边界的学科。譬如，乔万尼·萨托利指出："比较政治作为一个研究领域的独特性应该主要体现在其方法上。"[①] 阿伦·利帕特也指出："在政治学的几个次级领域中，比较政治学是唯一一个具有方法意义而非实质内容意义的学科。'比较政治'一词主要表明其如何进行比较，而非具体针对什么内容进行比较。"[②] 既然研究方法对于比较政治学如此重要，那么对研究方法的研究就应该是比较政治研究的重心之一。然而，目前国内关于比较政治的研究还基本上处在非自觉地使用研究方法的阶段，而且国内关于比较政治研究方法的讨论还比较少。[③] 本文尝试对比较政治

---

  * 高奇琦，1981 年生，博士，华东政法大学政治学研究所所长，副教授。

  ① Giovanni Sartori, Comparing and Miscomparing, *Journal of Theoretical Politics*, Vol. 3, No. 3, 1991, p. 243.

  ② Arend Lijphart, Comparative Politics and the Comparative Method, *The American Political Science Review*, Vol. 65, No. 3, 1971, p. 682.

  ③ 张小劲和景跃进在《比较政治学导论》的第四章中讨论了比较政治学的主要方法和操作技术等问题。参见张小劲、景跃进《比较政治学导论》，中国人民大学出版社 2001 年版，第 84—113 页。李路曲近年来对比较政治研究方法有较深入的讨论。参见李路曲《比较政治分析的逻辑》，《政治学研究》2009 年第 4 期；李路曲：《从对单一国家研究到多国比较研究》，《政治学研究》2009 年第 6 期；李路曲：《个案比较与变量比较方法在制度与政策分析中的应用》，《晋阳学刊》2011 年第 3 期。尽管如此，国内关于比较政治研究方法的成果也还是比较少的。

研究中的质性方法（qualitative methods）进行一个学术史的梳理。① 通过文献梳理，作者尝试回答以下两个问题：在目前国外的比较政治研究中，质性方法究竟处于何种地位？在比较政治的质性方法方面，国外学术界有哪些进展？本文首先对比较政治研究方法的学术史进行梳理，然后从质性和定量的二元视角出发对这段方法史进行评述，最后再对质性方法的一些新进展以及新趋势进行总体性评述。

一　比较政治研究方法：一个学术史的梳理

国外比较政治研究方法的第一次浪潮出现在 20 世纪 60 年代末和 70 年代初的美国。② 60 年代中后期，美国已经有一些关于比较方法的讨论，一些重要的政治学家也参与其中。例如，亚瑟·科尔伯格在 1966 年的《世界政治》上发表了《比较的逻辑：对政治系统比较研究的方法论评注》；哈罗德·拉斯韦尔和塞缪尔·比尔在 1968 年《比较政治》创刊号上分别发表了《比较方法的未来》和《比较方法与英国政治的研究》。③但是，这些成果主要是对比较政治方法的简要评述，对后续研究的影响相对有限。所以，笔者将这些成果的出现看成第一次浪潮的前潮。高潮真正出现是在 70 年代初期，代表人物是乔万尼·萨托利和阿伦·利帕特。萨托利于 1970 年在《美国政治科学评论》上发表《比较政治中的概

---

① 本文在这里采用了"质性方法"的译法。在国内的翻译中，有三种译法。一种是"定性研究"。早期社会学领域的学者习惯使用这一译法。第二种是"质的研究"。以陈向明为代表的教育学领域学者在早期研究时喜欢用这一译法。第三种是"质性研究"。应该说，目前"质性研究"这一译法更为通行。在重庆大学出版社出版的一套"万卷方法"丛书（目前已经出版 80 余本）中，最早出版的、诺曼·邓津主编的《定性研究手册》仍用定性研究的译法，但后期出版的、涉及该译名的近 10 本书都使用了质性研究的表述，包括陈向明主编的《质性研究：反思与评论》一书。考虑到这一趋势，本文选用了"质性研究"这一译法。

② 美国是推进比较政治研究的主要国家。而在比较政治研究方法方面，美国学者几乎完全主导了这一过程。比较政治研究方法更为偏重科学的部分，而这种科学研究是美国社会科学的主要特色。相比而言，欧洲的社会科学研究则更加偏重哲学思辨。

③ Arthur L. Kallberg, The Logic of Comparison: A Methodological Note on the Comparative Study of Political System, *World Politics*, Vol. 19, 1966, pp. 69 – 82; Harold Lasswell, The Future of the Comparative Method, *Comparative Politics*, Vol. 1, No. 1, 1968, pp. 3 – 18; Samuel Beer, The Comparative Method and the Study of British Politics, *Comparative Politics*, Vol. 1, No. 1, 1968, pp. 19 – 36.

念误构》一文。在这篇文章中，萨托利指出，"在过去的十年中，比较政治作为一个有实质性内容的领域得到了快速的扩展。这种范围的扩展引发了关于研究方法的一些前所未有的困难和问题。我们看起来是在进行一些比较研究的努力，但是却缺乏比较方法（例如在方法论的自觉和逻辑技巧上都是很缺乏的）"。① 鉴于这种比较研究方法的缺失，萨托利从理论系统中最基本的概念这一元素入手，分析了概念构成和概念扩展（conceptual stretching）等问题。利帕特在 1971 年《美国政治科学评论》上发表的《比较政治与比较方法》一文，是比较方法史上另一篇开创性文献。在这篇文献中，利帕特对比较方法的内涵与外延进行了较为清晰的界定，对比较方法与实验方法、统计方法以及案例分析之间的异同作了较为深入的比较，并且对比较方法的优势和劣势进行了深刻的剖析。② 亚当·普沃斯基和亨利·图纳 1970 年出版的《比较社会调查的逻辑》是这一时期最重要的一本比较政治方法著作。在该书中，普沃斯基和图纳在密尔求同法（method of agreement）和求异法（method of difference）的基础上提出了"最具相似性系统"（most similar system）和"最具差异性系统"（most different system）的比较研究设计。③ 求同法和求异法在研究中对被控制变量的条件要求比较苛刻，而最具相似性系统和最具差异性系统方法则通过放宽限制条件大大增加了其在社会科学中的应用性。这三篇文献是第一次浪潮中最具代表性和开创性的成果。

　　之后的一些成果可以看作这次浪潮的继续。④ 这一浪潮的余波甚至延续到 20 世纪 90 年代。1991 年《理论政治杂志》（*Journal of Theoretical Politics*）发表的《比较与错误比较》一文对比较政治方法 20 多年的

　　① Giovanni Sartori, Comparing and Miscomparing, *The American Political Science Review*, Vol. 64, No. 4, 1970, p. 1052.

　　② Arend Lijphart, Comparative Politics and the Comparative Method, 1971, pp. 682 – 693.

　　③ Adam Przeworski & Henry Teune, *The Logic of Comparative Social Inquiry*, New York: John Wiley, 1970, pp. 31 – 35.

　　④ 例如，利帕特和图纳的两篇论文：Arend Lijphart, The Comparable – Cases Strategy in Comparative Research, *Comparative Politics Studies*, Vol. 8, No. 2, 1975, pp. 158 – 177; Henry Teune, Comparative Research, Experimental Design, and The Comparative Method, *Comparative Politics Studies*, Vol. 8, No. 2, 1975, pp. 195 – 199。

发展进行了回顾。作者一针见血地指出，在比较政治研究中，一些最基本的方法问题仍然没有解决。多数研究者对"比较什么"以及"如何比较"这类问题仍缺乏足够的思考。一些诸如"猫—狗组合"（指本来不存在的组合）之类的作品充斥着比较政治学的研究。① 这一时期的另一成果是盖伊·彼得斯的《比较政治：理论与方法》。② 这本书是对比较政治方法 20 多年发展的完整总结。另外，最近的一些成果也可以看成这一波浪潮的回潮。譬如，戴维·科利尔和约翰·吉尔林主编的《社会科学中的概念与方法：萨托利的传统》一书，集结了萨托利在比较政治方法方面的研究和一些受到萨托利影响的、关于概念研究的新方法论成果。③

第二次浪潮的前潮最早出现在 20 世纪 80 年代末。前潮的代表性成果是查尔斯·拉金在 1987 年出版的《比较方法：在质性和定量策略之外》一书。在这本书中，拉金明确界定了质性研究与定量研究之间的分野，并且尝试将布尔代数等一些新方法运用到比较政治研究之中。④ 第二次浪潮来临的标志性事件是加里·金、罗伯特·基欧汉和西德尼·维巴合著的《设计社会调查：质性研究中的科学推理》一书的发表。在这部书中，作者指出，"好的定量研究和好的质性研究的逻辑之间并不存在根本意义的差别。……我们写这本书的目标是希望鼓励质性研究者认真对待科学推理（scientific inference）并把这一点整合到他们的研究工作中。我们希望，这种一致的推理逻辑以及我们展示这种逻辑的努力（以证明这种逻辑可以对质性研究者有用）可以促进这一领域的研究工作，同时也可以有助于其他社会科学领域的研究"。⑤ 简言之，这本书的三位作者希望把科学推理作为质性研究和定量研究共同的逻辑，并以此来沟通两种路径

① Giovanni Sartori, Comparing and Miscomparing, 1991, pp. 243 – 257.

② Guy Peters, *Comparative Politics*：*Theory and Methods*, New York：New York University Press, 1998.

③ David Collier & John Gerring（eds.）, *Concepts and Method in Social Science*：*The Tradition of Giovanni Sartori*, New York：Routledge, 2009.

④ Charles C. Ragin, *The Comparative Method*：*Moving beyond Qualitative and Quantitative Strategies*, Berkeley and Los Angeles：University of California Press, 1987.

⑤ Gary King, Robert O. Keohane & Sidney Verba, *Designing Social Inquiry*：*Scientific Inference in Qualitative Research*, Princeton, NJ：Princeton University Press, 1994, p. viii.

的研究。这本书出版之后引起了一系列的争论。其中最重要的是 1995 年发表在《美国政治科学评论》上的一组评论文章。① 之后，有两本重要著作都是以《设计社会调查》为对话蓝本出现的。一本是亨利·布拉迪和戴维·科利尔主编的《重新思考社会调查：多元工具与共享标准》，② 另一本是拉金所著的《重新设计社会调查：模糊集合及其他》。③ 需要说明的是，《设计社会调查》这本书的三位作者名字的首字母缩写 KKV 成了这一研究的标志。KKV 的研究对比较政治研究方法影响巨大。正如詹姆斯·马洪尼所评述的，"没有人可以否认，《设计社会调查》对这个学科产生了巨大的影响。……这本书推动了政治科学领域中方法论的自觉，而且这一遗产完全可以看成是有益的"。④

　　这一浪潮的高峰是《比较政治研究》在 2007 年第 1 期和第 2 期上的讨论。2007 年第 1 期是关于"比较政治研究方向"的专辑。杰拉多·蒙克和理查德·施奈德发表的《对比较政治方向的辩论：对一些主要期刊的分析》是这一专辑的核心论文。蒙克和施奈德对《比较政治研究》《比较政治》和《世界政治》这三种杂志从 1989 年到 2004 年的论文进行统

---

① David D. Laitin, Disciplining Political Science, *American Political Science Review*, Vol. 89, No. 2, 1995, pp. 454 – 456; James A. Caporaso, Research Design, Falsification, and the Qualitative – Quantitative Divide, *The American Political Science Review*, Vol. 89, No. 2, 1995, pp. 457 – 460; David Collier, Translating Quantitative Methods of Qualitative Researchers; The Case of Selection Bias, *The American Political Science Review*, Vol. 89, No. 2, 1995, pp. 461 – 466; Ronald Rogowski, The Role of Theory and Anomaly in Social – Scientific Inference, *The American Political Science Review*, Vol. 89, No. 2, 1995, pp. 467 – 470.

② Henry E. Brady & David Collier (eds.), *Rethinking Social Inquiry: Diverse Tools, Shared Standards Lanham*, MD: Rowman and Littlefield, 2004.

③ Charles Ragin, *Redesigning Social Inquiry: Fuzzy Sets and Beyond*, Chicago: University of Chicago Press, 2008.

④ James Mahoney, Debating the State of Comparative Politics: Views from Qualitative Research, *World Politics*, Vol. 62, No. 1, 2010, pp. 120 – 121。马洪尼指出，"它（KKV 的研究）使得诸多方法论的名词和观念——描述性推理（descriptive inference）和原因性推理（causal inference）、可观察的暗示（observable implications）、单元同质性（unit homogeneity）、选择偏差（selection bias）、平均因果效应（mean causal effect）等变得流行。并且，它对研究设计中每一步骤的系统化——从形成问题、到产生可检验的理论、选择具体的观察、检验理论、再到汇报结果——激发了关于方法论的每一个方面的讨论"。James Mahoney, 2010, pp. 120 – 121。

计分析后发现，质性分析在比较政治研究中明显占据主导。① 对于这种质性占据主导的情况，他们提出了两方面的建议：一是消除质性研究和定量研究之间的对立，在不同的方法之间构筑桥梁；二是使用更多定量的数据分析来增强研究的科学性。②

接下来的两篇文章是对于蒙克和施奈德研究的批评性成果。在第一篇评述文章中，马洪尼认为前两位作者选取的样本不够完整，所以他增加了对《美国政治科学评论》、《美国政治科学杂志》（American Journal of Political Science）和《政治杂志》（Journal of Politics）上同时期发表的比较政治研究论文的数据分析。在分析之后，马洪尼得出结论，目前的比较政治研究还是更多地表现为定量的特征，③ 而未来进一步的发展方向是加强对案例本身的样本内分析（within – case analysis）。④ 在第二篇评述文章中，埃里克·维拜尔斯指出，蒙克和施奈德的研究低估了比较政治研究中的一个重要分裂，即在那些坚持"社会科学的基本方法论规则"（basic methodological rules of social science）的学者和不坚持这些规则的学者之间存在巨大的鸿沟。换言之，维拜尔斯认为，目前比较政治研究的问题不是应该偏向质性研究还是偏向定量研究，而是目前许多研究都完

---

① 蒙克和施奈德的统计数字是，纯粹质性分析的占 44.3%，质性主导的综合方法占 19.0%，定量主导的综合方法占 13.1%，纯粹的定量分析占 23.6%。Gerardo Munck & Richard Snyder, Debating the Direction of Comparative Politics: An Analysis of Leading Journals, *Comparative Political Studies*, Vol. 40, No. 1, 2007, p. 12。

② 在文末，蒙克和施奈德给出五个方面的建议：1. 使用与生成理论时所依据数据完全不同的数据来检验假设；2. 使用数据来检验那些与核心概念紧密联系的理论；3. 形成那些在因果模式中表明变量间关系的假设；4. 对所有变量和单元进行赋值并进行数据分析；5. 通过大样本的观察来评估理论（Munck and Snyder, 2007, p. 26）。这五个建议都在不同程度上强调了定量方法的重要性。

③ 马洪尼发现，在这新选择的三本杂志的 169 篇论文中，质性分析所占比例仅为 8%。在这三本杂志中，《美国政治科学评论》发表了绝大多数的质性分析论文，而这本杂志发表的其他比较政治论文的 90% 采用了定量研究方法（James Manoney, Debating the State of Comparative Politics: Views from Qualitative Research, *Comparative Political Studies*, Vol. 40, Nal, 2007, p. 32）。马洪尼还进一步分析道，在蒙克和施奈德选择的三本杂志中，质性比较研究论文的分布也是非常不均衡的。《比较政治》发表了绝大多数的质性研究成果，而《世界政治》和《比较政治研究》则更多体现出对两种研究方法的平衡。而且，《比较政治研究》近年来越来越多地表现出数量化的趋势（James Manoney, 2007, p. 35）。

④ James Manoney, 2007, pp. 35 – 37.

全缺乏基本的比较研究方法。① 在这篇文章之后，蒙克和施奈德对前述的批评做了简要的回应。他们认为，马洪尼长期关注质性研究，并且在这一领域有非常出色的成绩，所以他会特别强调质性研究对未来比较政治分析的意义。而对于维拜尔斯的评论，蒙克和施奈德表示了部分赞同，但他们同时也指出，仅仅强调方法论者与无方法者的冲突对未来的发展不会有非常大的帮助，而最重要的事情是应"把那些对相同领域的实际问题共享着同一种激情但却使用不同方法论技巧的学者整合在一起"。②

在《比较政治研究》2007 年第 2 期上，一个关于政治科学各领域中质性研究方法运用的讨论以专辑的形式出现。马洪尼的《质性方法论与比较政治》是这一专辑中最重要的论文。文中，马洪尼讨论了目前比较政治研究领域中一些前沿的质性研究方法。在理论发展方面，马洪尼对质性研究在如何产生新假设、如何进行概念创新以及如何确定同质案例的样本群等方面的内容作了介绍。在理论检验方面，他对样本内方法和跨样本方法等理论验证方法进行了讨论。样本内方法主要包括探寻中介性机制和对理论的多种可观察性暗示进行验证等，而跨样本方法则主要包括一组对假设的必要和充分原因进行评估的技术等。最后，马洪尼就质性研究方法对比较政治的独特意义和贡献进行了探讨。③ 另外两篇论文是质性研究方法在美国政治和国际关系研究中运用的研究。④ 在最后的总评性文章中，杰克·莱维指出，虽然前述的三个领域都出现了质性研究的新进展，但是相比而言，比较政治和国际关系领域中质性方法的运用

① 维拜尔斯指出，绝大多数的地区研究都是描述性的且缺乏原因分析，而多数所谓的质性研究则看起来缺乏科学性（Erik Wibbels, No Method to the Comparative Politics Madness, *Comparative Political Studies*, Vol. 40, No. 1, 2007, pp. 41 – 43）。

② Gerado L. Munck, Richard Snyder, Visions of Comparative Politics: A Reply to Mahoney and Wibbels, *Comparative Political Studies*, Vol. 40, No. 1, 2007, p. 47.

③ James Mahoney, Qualitative Methodology and Comparative Politics, *Comparative Political Studies*, Vol. 40, No. 2, 2007, pp. 122 – 144.

④ 需要说明的是，在美国，美国政治研究不是比较政治研究。Paul Pierson, The Costs of Marginalization: Qualitative Methods in the Study of American Politics, *Comparative Political Studies*, Vol. 40, No. 2, 2007, pp. 145 – 169; Andrew Bennett and Colin Elman, Case Study Methods in the International Relations Subfield, *Comparative Political Studies*, Vol. 40, No. 2, 2007, pp. 170 – 195.

比在美国政治研究中更为深入。莱维进一步指出，质性方法和定量方法的区别可能没有人们想象中的那么显著，而未来政治科学的研究需要发展一种跨方法的对话（cross－method dialogue）。①

二　比较方法：定量与质性的争论

本文讨论的重点是质性研究，因此，需要对质性研究的特征进行分析。伊利诺伊大学教授托马斯·斯瓦特指出："质性研究是学术界对一场始于20世纪70年代的改革运动的称谓。这一运动包含了对于在那些偏好实验、准实验、相关分析以及调查研究策略的领域和学科中进行的社会科学研究的多重批判，包括认识论批判、方法论批判、政治批判以及伦理批判等。"② 艾尔·巴比（Earl Babble）习惯性地将质性研究与实地研究联系起来，表述为"定（质）性的实地研究"，并认为这一研究包括自然主义、常人方法学、草根理论、个案研究、制度民族志、参与行动研究等具体的范式。③ 陈向明认为，质性研究具备如下特征：属于自然主义的探究传统；强调对意义的解释性理解；认为研究是一个演化发展的过程；习惯使用归纳法；等等。④

————————

　　① Jack Levy, Qualitative Methods and Cross Method Dialogue in Political Science, *Comparative Political Studies*, Vol. 40, No. 2, 2007, pp. 196－214.

　　② ［美］托马斯·斯瓦特：《定性研究的三种认识论取向：解释主义、诠释学和社会建构论》，载［美］诺曼·邓津、伊冯娜·林肯主编《定性研究（第一卷）：方法论基础》，风笑天等译，重庆大学出版社2007年版，第204页。斯瓦特对质性研究在社会科学中的兴起有一段精彩的过程描述："人类学家和从事田野工作的社会学家们早在几十年前就已经开展了'质性'研究。但在20世纪70年代，生产和解释质性数据的方法在一大批其他的人文科学研究领域里广泛流传开来。……在20世纪70年代，几种学科的发展潮流汇聚到了一起，从而为田野工作方法论的复兴提供了肥沃的土壤。这些发展潮流包括对统计假设检验和实验的批评，对心理学中新兴的'自然主义'方法的日益增长的兴趣，人本主义心理学的兴起，一部分社会学家对于解释田野调查方法所重新恢复的重视，对结构功能主义的批评和随之而来的解释主义人类学的发展，以及科学哲学家群体之外的日益清醒的对于已接受观点进行批评的意识"（托马斯·斯瓦特：《定性研究的三种认识论取向：解释主义、诠释学和社会建构论》，第204页）。为了统一起见，笔者将原译文中的"定性研究"调整为"质性研究"。

　　③ ［美］艾尔·巴比：《社会研究方法》（第11版），邱泽奇译，华夏出版社2009年版，第292—302页。

　　④ 陈向明：《质的研究方法与社会科学研究》，教育科学出版社2000年版，第7—9页。

　　质性研究是相对于定量（或量化）研究而言的。通过对两者的比较，可以更清楚地把握质性研究的特点。劳伦斯·纽曼（Lawrence Neuman）认为，定量研究和质性研究的区别主要集中在以下方面：前者主张测量客观的事实，而后者主张建构社会现实和文化意义；前者关注的角度是变量，而后者更为关注互动的过程和事件；前者非常关心测量的信度，后者则主要关注事实的真实性；前者强调价值中立，要求研究者不能受到情境的影响，而后者认为价值无处不在，研究者不可能免于情境的影响；前者主要是基于大样本的统计分析，而后者主要是基于小样本的主题分析。① 风笑天对定量研究和质性研究也进行过较为深入的比较：前者的哲学基础是实证主义，而后者则是人文主义；前者的研究范式是科学范式，而后者则是自然范式；前者的逻辑过程是演绎推理，而后者则是归纳推理；前者的理论模式是理论检验，而后者则是理论建构；前者的主要目标是确定相关关系和因果关系，而后者则是深入理解社会现象；前者的分析方法是统计分析，而后者则是文字描述；前者的主要具体方法是实验和调查，而后者是实地研究；前者的资料收集技术是量表、问卷和结构观察等，而后者则是参与观察和深度访问等。②

　　结合质性研究的特征，对比较政治研究方法的第一次浪潮进行深度分析后会发现，这次浪潮的实质是在强调质性分析的意义。③ 萨托利在1970 年的论文中批判了两种比较方法论者，一种是不自觉的（unconscious）比较论者，另一种是过度自觉的（overconscious）的比较论者。前者指代那种对比较方法缺乏了解和思考的研究者，后者则指代将比较

---

　　① ［美］劳伦斯·纽曼：《社会研究方法：定性和定量的取向》，郝大海译，中国人民大学出版社 2007 年版，第 23 页。

　　② 风笑天：《社会学研究方法》（第 3 版），中国人民大学出版社 2001 年版，第 14 页。

　　③ 安德鲁·本耐特（Andrew Bennett）和科林·埃尔曼（Colin Elman）认为，到目前为止，政治学领域中出现了三个质性方法的阶段。第一阶段是 19 世纪中后期到 20 世纪中期，代表人物是密尔和韦伯等。第二阶段是 20 世纪 70 年代，代表人物是利帕特、萨托利、普沃斯基、图纳等人。第三阶段是 20 世纪 80 年代到 90 年代，代表人物是科利尔和拉金等人。对于本耐特和埃尔曼质性方法的时段划分，笔者不完全同意。但是，对于两位作者将利帕特、萨托利、普沃斯基、图纳等人的作品看成质性分析，笔者是非常赞同的。Andrew Bennett & Colin Elman, Qualitative Methods：The View from the Subfields, *Comparative Political Studies*, Vol. 40, No. 2, 2007, p. 113。

方法等同于定量方法的研究者。① 换言之，萨托利对当时风行的行为主义定量方法持一种批判的态度。在 1971 年的论文中，利帕特把比较方法看成与实验方法和统计方法并列的一种研究方法。② 之所以将比较方法与统计方法并列，实质就是在强调比较方法的质性研究特征。利帕特的一些表述也直接指出了比较分析的质性内涵："就通常情况而言，鉴于时间、能力和经济资源都具有不可避免的稀缺性，对少数案例的深入比较分析比对许多案例进行肤浅的统计分析可能更有意义。在这样一种情况下，最有价值的路径是，把比较分析作为研究的第一阶段。"③ 在这段表述中，"比较"几乎可以用"质性"来替代。在萨托利和利帕特之外，普沃斯基和图纳对密尔的求同法和求异法的发展，同样也强调质性分析在比较政治研究中的重要性。求同法和求异法本身便是比较政治研究中最为经典的质性方法，这一点将在第三部分进行较为详尽的讨论。

可以说，比较政治研究方法第一次浪潮的出现是对 20 世纪 60 年代兴起的行为主义政治方法的一种应激式抵抗。比较政治学的兴起与行为主义革命的兴起几乎同时发生。对此，维巴有一段精彩的评论："在 20 世纪 60 年代发展起来的新比较政治整合了诸如调查研究、数据收集分析、内容分析、系统分析等一系列分析方法。比较政治中这类研究的发展与政治科学中更广泛意义的行为主义革命是一致的，并且这两种研究相互为对方的繁荣提供支持。"④ 因此，鉴于比较政治学和行为主义革命的相互给养关系，早期的比较政治研究带有很强的定量分析特征。例如，在

---

① Giovanni Sartori, Comparing and Miscomparing, *The American Political Science Review*, Vol. 64, No. 4, 1970, p. 1033.

② 利帕特认为，科学研究方法的要旨在于，在控制其他变量不变的前提下，在两个或多个变量之间建立一种经验关系。实验方法最接近科学的意义和理想状态。实验方法的一般形式是，设定两个相同的组，对其中一个进行某种激励，然后对两个进行比较，并且把两组变化的结果归因于这一激励。但是，由于存在操作的困难或者伦理上的考虑，这一方法很少被应用于社会科学研究中。统计方法是对实验方法的替代和模拟，并且在社会科学研究中有非常广泛的应用。在利帕特看来，比较方法在科学逻辑上与实验方法和统计方法类似，只是比较方法主要处理"多变量，小样本"（many variables, Small N）的问题（Arend Lijphart, 1971, pp. 683 – 685）。

③ Arend Lijphart, Comparative Politics and the Comparative Method, *The American Political Science Review*, Vol. 65, No. 3, 1971, p. 685.

④ Sidney Verba, Where Have We Been, Where Are We Going, in Howard J. Wiarda (ed.), *Directions in Comparative Pontes*, Boulder and London: Westview Press, 1985, p. 32.

加布里埃尔·阿尔蒙德和维巴关于五国公民文化的比较研究中，定量的数据分析是最为常见的方法。① 这一点与比较政治研究方法第一次浪潮的质性特征形成了鲜明的对比。

比较政治研究方法第二次浪潮则更为清晰地表现为质性分析的兴起。拉金使用了质性分析与定量分析的两分法，并尝试用布尔代数等定量方法为质性分析提供更为科学的支撑。KKV 的著作中明确使用了"质性研究"这一标题，足以证明质性分析在其研究中的重要性。《比较政治研究》2007 年的两个专辑也都是围绕质性研究展开的。与第一次浪潮相比，第二次的质性特征更为明显，这主要体现在两点。第一，使用"质性研究"标志的自觉性程度有明显提高。第一次浪潮中的研究者并没有使用"质性研究"这一标志，而第二次浪潮的研究者则更为自觉地使用这一标志。第二，质性研究的科学性程度也有所提高。与第一次浪潮中研究者对质性研究的朴素的、自然的使用不同，第二次浪潮中的研究者非常强调质性分析的科学性，并力图通过规范研究设计、丰富分析性概念以及增强可测量性等内容增加质性分析的方法论内涵。这种质性特征的提高与研究者来源的丰富有密切关系。第一次浪潮的研究者主要是政治学内部的学者。② 第二次浪潮中出现了许多社会学或其他学科学者加入的情况。例如，拉金和马洪尼等重要人物都是社会学和政治学的双科教授。

三　个案质性研究与经典质性方法

当我们谈到质性研究时，首先会想到那些经典的个案研究成果，例如詹姆斯·斯科特（James Scott）的《弱者的武器》等。吉尔林用如下特征来描述个案研究的内涵：（1）这一方法属于质性的小样本分析；（2）这一研究持整体主义的立场；（3）它使用一些特定类型的证据（例如，民族志的、临床的、非实验的、非普查性的、参与性观察的、过程

---

① Gabriel Almond & Sidney Verba, *The Civic Culture*：*Political Attitudes and Democracy in Five Nations*, Boston：Little, Brown and Company, 1965.

② 虽然这些政治学学者也从人类学和社会学的成果中借鉴知识，但是别的学科的学者加入比较政治研究阵营的情况是很少出现的。

追踪的、历史的、文本的或田野的研究）；（4）其证据收集方式是自然主义的，往往诉诸一个真实生活的情境；（5）其主题是发散的，即很难将案例和情境明确地区分开；（6）由于其证据的多种来源，所以它使用三角法（triangulation）进行测量。① 从这些特征的描述中，我们很容易看出个案研究所具有的明显质性特点。对此，利帕特曾指出："某些类型的个案研究甚至被认为是比较方法的隐含部分。"② 利帕特所指的"某些类型的个案研究"，实际上就是对个案的质性深度考察。个案研究的主要优势是，它可以在资源相对有限的情况下开展，同时它也可以较为深入地考察案例。就其功用而言，个案研究在假设生成阶段和概念形成阶段都有着非常重要的应用。

对个案研究的类型学分析，可以帮助我们更清楚地认识这一方法。哈利·埃克斯坦将个案研究主要分为轮廓特征型（configurative - idiographic）和关键型（crucial）两种。③ 利帕特将个案研究分为六种：非理论型（atheoretical）、解释型（interpretative）、假设产生型（hypothesis - generating）、理论证实型（theory - confirming）、理论证伪型（theory - infirming）和异常型（deviant）。④ 萨托利整合了二人的分类，提出了五分法：轮廓特征型、解释型、假设生成型、关键型或理论证实型、异常型。⑤ 实际上，这三种分类有交叉和重复，只是表述名称不同。譬如，埃克斯坦的轮廓特征型和利帕特的非理论型、埃克斯坦的关键型与利帕特的理论证实型，其所指基本一样。笔者在这里提出一个将这些分类整合在一起的三分法：描述型、解释型和检验型。描述型类似于轮廓特征型或非理论型，主要是对个案事实的简单描述。解释型分为两种，一种是

① John Gerring, *Case Study Research*: *Principles and Practices*, Cambridge: Cambridge University Press, 2007, p. 17.

② Arend Lijphart, Comparative Politics and the Comparative Method, *The American Political Science Review*, Vol. 65, No. 3, 1971, p. 691.

③ Harry Eckstein, Case Study and Theory in Political Science, in F. I. Greenstein and N. W. Polsby (eds.), *Handbook of Political Science*, Vol. 7, Reading: Addison - Wesley, 1975, pp. 79 - 138.

④ Arend Lijphart, Comparative Politics and the Comparative Method, *The American Political Science Review*, Vol. 65, No. 3, 1971, p. 691.

⑤ Giovanni Sartori, Comparing and Miscomparing, *Journal of Theoretical Politics*, Vol. 3, No. 3, 1991, pp. 251 - 252.

用已经建立的理论命题来解释个案，这是经典的解释型个案研究；另一种是建立新的理论命题来解释个案，类似于利帕特的假设产生型个案研究。检验型可以再细分为理论证实型、理论证伪型和异常型。理论证实型是一种积极的个案检验，而理论证伪型和异常型则是消极的个案检验。理论证伪型和异常型的区别在于，后者具有较为丰富的理论价值，并表现出一些假设产生型个案研究的特征。

在个案研究之外，比较政治中的经典质性方法还包括密尔的"求同法"和"求异法"。求同法认为，只要满足如下假设：（1）存在两个以上的案例，每个案例都有多个解释变量；（2）在这些解释变量中，变量A在每个案例中都出现，并且在不同案例中，在变量A之外的其他变量都完全不相同；（3）有共同的结果S。那么，就可以得出结论：A是S产生的原因。求异法认为，只要满足如下假设：（1）存在两个以上的案例，每个案例都有多个解释变量；（2）它们在A之外的所有解释变量都是相同的并且每次都出现；（3）A不是每次都出现；（4）当A出现时，结果S就出现，反之亦然。那么，就可以得出结论：A是12S产生的原因。

<table>
<tr><td colspan="3" align="center">求同法</td></tr>
<tr><td>案例</td><td>解释变量</td><td>被解释现象</td></tr>
<tr><td>1</td><td>ABC</td><td>S</td></tr>
<tr><td>2</td><td>AEF</td><td>S</td></tr>
<tr><td>3</td><td>AHG</td><td>S</td></tr>
</table>

<table>
<tr><td colspan="3" align="center">求异法</td></tr>
<tr><td>案例</td><td>解释变量</td><td>被解释现象</td></tr>
<tr><td>1</td><td>ABCD</td><td>S</td></tr>
<tr><td>2</td><td>－BCD</td><td>—</td></tr>
</table>

求同法		
案例	解释变量	被解释现象
1	ABC	S
2	AEF	S
3	AHG	S

求异法		
案例	解释变量	被解释现象
1	ABCD	S
2	－BCD	—

在密尔的求同法和求异法之上，普沃斯基和图纳又发展出最具差异性系统法和最具相似性系统法。最具差异性系统法从求同法中发展出来，而最具相似性系统法则由求异法发展而来。最具差异性系统法对案例的要求是，除了被调查的解释变量一致以外，其他因素都尽可能地不一致。运用这一方法的经典研究是西达·斯考切波（Theda Skocpol）关于法国、俄罗斯和中国革命的分析。这三个国家的政治、经济和社会系统几乎完全不同，但都发生了重大的社会革命。因此，斯考切波希望通过这一方法发现：这些系统中哪些共同的因素导致了本质上相近的社会革命。最具相似性系统法是比较政治学者较为常用的方法。地区分析所暗含的比

较逻辑实质便是这一方法。我们经常以西欧、北欧、东亚、拉美这样的地区分类来进行比较研究，实际上暗含了以下假设：这些地区的国家间差异相对较小。蒂莫西·维克汉姆－克罗利将这一方法称为"理论的平行展示"（parallel demonstration of theory）。[1]

在这里，笔者提出一种共时性求异法和历时性求异法的分类。一般所提到的求异法主要指共时性求异法，是在某一共同时段内的跨案例比较研究。笔者提出的历时性求异法，是对某一案例在相对固定时段中的解释变量和结果进行差异性比较。这是一种样本内分析，与后文提到的历史分析和过程追踪法有相似之处。这其中有一些假设：（1）由于是同一案例，所以一些文化性的系统因素可以假定为一致；（2）所选择的时段不能太长，或者假定这一时段中的各种政治和经济类的系统因素保持不变。在我们的中小学政治课教科书中，关于只有共产党才能救中国的论证实际上不自觉地使用了这种历时性求异法。在鸦片战争到新中国成立这一固定时段中，政治、经济和文化等系统性因素都假定为一致的，当农民起义、洋务运动、百日维新和资产阶级革命这些因素出现时，中国的民族独立都没有出现。而当中国共产党的因素显著出现时，中国的民族独立得以实现。因此，得出结论：只有共产党才能救中国。这种分析明显是求异法的逻辑，只是这种求异法体现为一种历时性的比较。

四　质性比较研究的新进展

目前质性比较研究的新进展主要集中在原因分析、比较历史分析和分析性叙述等方面。[2] 首先来讨论原因分析的一些新发展。我们在研究和

---

① Timothy P. Wickham‐Crowley, *Guerrilas and Revolution in Latin America: A Comparative Study of Insurgents and Regimes since 1956*, Princeton, NJ: Princeton University Press, 1991, p. 11.

② 需要说明的是，原因分析与比较历史分析的发展是交错在一起的。譬如，马洪尼在其关于比较历史分析的讨论中，总是会花一定的篇幅来讨论原因分析。James Mahoney, Comparative‐Historical Methodology, *Annual Review of Sociology*, Vol. 30, 2004, pp. 81‐101; James Mahoney and Gelso M. Willegas, Historical Enquiry and Comparative Politics, in Cariles Boix & Susan Stokes, *The Oxford Handbook of Comparative Politics*, Oxford: Oxford University Press, 2007, pp. 73‐89.

日常生活中经常使用原因分析，但是对原因分析的具体操作方法缺乏足够的认识。拜尔·鲍姆勒和加里·格尔茨关于必要条件的一段话正好说明了这一点："必要条件是一个非常有趣的例子，即每个人都知道，也都在使用，但是却没有具体的相关研究方法存在。"① 然而，经过十多年的发展，目前的原因分析已经发展出一套相对较为完整和复杂的方法系统。这些发展主要集中在以下几个方面。第一，发展出概率性的必要/充分原因分析。托马斯·埃曼（Thomas Ertman）关于中世纪及现代早期欧洲国家形成的分析便是典型的近似充分原因解释。② 斯坦利·利博森（Stanley Liberson）认为，之前的原因分析暗含了决定主义（deterministic）的假设，而在现实中，许多解释变量都无法被看作完全的充分或必要条件。因此，他建议采用一种概率论的原因分析。③ 第二，研究者把约翰·麦基提出的 INUS 原因运用到比较分析之中。INUS 是指一种"组合式但非唯一的充分原因"。④ 第三，用"琐细的必要原因"（trivial necessary causes）和"同义的充分原因"（tautological sufficient cause）来排除那些缺乏分析

---

① Bear F. Braumoeller & Gary Goertz, The Methodology of Necessary Conditions, *American Journal of Political Science*, Vol. 44, No. 4, 2000, p. 844.

② 埃特曼试图分析中世纪结束前后欧洲国家为什么会形成不同的国家体制。埃特曼首先比较了奥托·欣茨（Otto Hintze）、查尔斯·蒂利（Charles Tilly）、佩里·安德森、迈克尔·曼（Michael Marni）关于国家形成的理论，然后用 14 个国家的案例来验证这些理论，结果发现至少会有 4 个以上的案例与这些理论矛盾。在此基础上，埃特曼提出了一个三组两分法的变量解释，其强调管理政府与参与政府的区分、1450 年前与 1450 年后地缘政治竞争的区分、强力的代表性社团是否存在等三个向度的因素。运用新的解释，埃特曼发现，在 14 个案例中，12 个成立，2 个案例（瑞典和丹麦）出现了偏差。因为这两个偏差案例的存在，所以埃特曼无法将他的解释变量看成结果的充分原因，而只能看成近似的充分原因。同时，他的解释变量比之前学者的变量更接近充分原因。参见 James Mahoney, Strategies of Causal Assessment in Comparative Historical Analysis, in James Mahoney & Dietrich Rueschemeyer (eds.), *Comparative Historical Analysis in the Social Science*, New York, NY: Cambridge University Press, 2003, p. 345。

③ Stanley Liberson, Small N's and Big Conclusion: An Examination of the Reasoning in Comparative Studies Based on a Small Number of Cases, *Social Forces*, Vol. 70, No. 2, 1991, pp. 307 – 320.

④ 麦基用电路短路与房屋着火的例子来说明这一原因。麦基借用了保险公司专家的口吻来描述："实际上，电路短路是房屋着火的一个条件，同时这一条件还需要与别的条件结合才会构成着火的一个充分条件。而且，要证明这个组合起作用，还需要排除可能造成房屋着火的其他充分原因组合。" [John Mackie, Causes and Conditions, in Ernest Sosa and Michael Tooley (eds.), *Causation*, Oxford: Oxford University Press, 1965, p. 34]。后一句说明，电路短路的组合并不是房屋着火的唯一充分原因。

意义的原因。琐细的必要原因是指那些在所有的案例中都存在，但同时对因变量的变化没有产生实质性影响的原因。例如，人的存在是革命产生的一个必要条件，但是在分析革命产生时讨论人的存在这一问题是没有太大意义的。同义的充分原因是指那些相互包含在一起以至于分析者无法区分孰先孰后的原因。例如，工业化与经济发展的例子，分析者很难辨别是工业化先于经济发展还是相反。

比较历史分析目前有两个最重要的分支发展。一种是中介性机制（intervening mechanism）分析法。亚历山大·乔治和安德鲁·本耐特将这种方法称为过程追踪分析（process‐tracing）。[1] 马洪尼则称其为样本内分析（within‐case analysis）。[2] 虽然不同学者所用的名称不同，但其内涵基本是一致的。因为传统的统计分析只关注自变量 X 和因变量 Y 之间的相关性，而对自变量 X 的变化如何导致因变量 Y 变化的过程和方式往往缺乏研究。这种方法则尝试通过对中介性机制的发现，找到 X 与 Y 之间的内在关联。换言之，传统统计分析在变量 X 和 Y 之间存在一个解释的黑箱，而中介性机制法则希望打开这个黑箱。例如，在西方的知识体系中，资本主义导致议会民主便是一个关于"X→Y"的黑箱命题。这个命题可以通过统计来证明，但是统计分析无法给出这个命题发生的内在机制。在西方学者的讨论中，这个命题的中介性机制便是中产阶级和工人阶级壮大。资本主义发展导致阶级结构发生变化，中产阶级和工人阶级逐步壮大，而中产阶级和工人阶级在政治舞台上的活跃导致议会民主的发生。在另一个例子中，格雷戈里·鲁伯特运用过程追踪法较为有力地反驳了"摩尔‐格申克龙观点"（Moore‐Gerschenkron thesis）。[3]

---

① Alexander L. George & Andrew Bennett, *Case Studies and Theory Development in the Social Sciences*, Cambridge, MA：MIT Press, 2005, p. 206.

② James Mahoney, Debating the State of Comparative Politics：Views from Qualitative Research, 2007, p. 131.

③ "摩尔—格申克龙观点"认为，法西斯政权产生的根源是压迫劳动力的土地精英的存在（这些土地精英不能从下层农村获得对法西斯主义有力的支持）。虽然在欧洲的案例中确实有压迫性的土地贵族和法西斯主义同时存在的情况，但是鲁伯特指出，"土地精英的存在导致法西斯的产生"这一论点在历史事实中缺乏中介性机制的支撑（Gregory M. Luebbert, *Liberalism*, *Fascism*, *or Social Democracy*：*Social Classes and the Political Origins of Regimes in Interwar Europe*, New York：Oxford University Press, 1991, pp. 308–309）。

　　另一种比较历史分析是时序分析（temporal analysis）法。这一方法的使用者注意观察各个事件在历史中的位置、持续时间以及先后顺序，并力图发现这些因素对特定结果的影响。历史社会学中对时间和事件的分析都为这一方法提供了丰富的知识来源。[①] 在时序分析中，路径依赖（path dependence）、初始条件（initial conditions）、偶发事件（contingent event）、关键节点（critical juncture）、自我加强（self – reinforcement）等都成为重要的分析概念。[②] 杰克·古德斯通对英国工业革命有非常经典的分析。他认为，工业革命并不是有意发动的，而是一系列小事件引发的。托马斯·纽科门发明第一台蒸汽机并不是希望解决动力问题，而只是希望解决煤矿中的积水问题（把水变成气，从而可以实现排水）。英国拥有丰富的煤炭资源，但森林资源有限，同时气候寒冷，且英国是岛国，这使得英国不得不依赖煤作为取暖来源。由于表层煤炭资源有限，所以矿工不得不挖深层煤，因此就遇到积水问题。在纽科门发明蒸汽机之后，瓦特改进了蒸汽机，这使得获得更为廉价的煤炭和钢铁成为可能，这些又为铁路运输、船运、纺织业、金属工具业奠定了基础（这些工业都是以钢铁为原材料，蒸汽为动力）。同时，这些工业的发展又导致流通商品价格和运输成本的下降，这又使得全国甚至世界性的商品生产成为可能。[③] 实际上，运用时序分析的一些概念可以将这一过程更加清晰地加以分析：初始条件（资源、气候和地缘条件） + 偶发事件（纽科门发明蒸汽机抽水）→关键节点（瓦特改进蒸汽机）→自我加强

---

　　① 历史社会学在这一领域的经典研究如下：Larry Griffin, Temporality, Events, and Explanation in Historical Sociology: An Introduction, *Sociological Methods & Research*, Vol. 20, No. 4, 1992, pp. 403 – 427; Ronald Aminzade, Historical Sociology and Time, *Sociological Methods & Research*, Vol. 20, No. 4, 1992, pp. 456 – 480; Larry Isaac, Debra Street and Stan Knapp, Analyzing Historical Contingency with Formal Methods: The Case of the "Relief Explosion" and 1968, *Sociological Methods & Research*, Vol. 23, No. 1, 1994, pp. 114 – 141; William H. Sewell, Historical Events as Transformations of Structures: Inventing Revolution at the Bastille, *Theory and Society*, Vol. 25, No. 6, 1996, pp. 841 – 881。

　　② 在《历史社会学中的路径依赖》一文中，马洪尼不同程度地使用过这些概念（James Mahoney, Path Dependence in Historical Sociology, *Theory and Society*, Vol. 29, 2000, pp. 507 – 548）。

　　③ Jack A. Goldstone, The Problem of the "Early Modem" World, *Journal of Economic and Social History of the Orient*, Vol. 41, 1998, pp. 249 – 284.

和锁定机制（工业发展和商品价格下降）。在这里，结构性因素是偶发事件的近似充分条件，而偶发事件这一概念是相对于后面的结果而言的。

　　分析性叙述（analytic narratives）可以被看作理性选择方法质性转向的结果。在《分析性叙述》一书中，① 罗伯特·贝茨等人明确表示，他们的研究工作是一种"对显现在特定时期或背景中的事件的深度调查"。② 约翰·鲍恩和罗杰·彼得森等人的研究也希望发现理性选择方法与人类学二者之间的关联。③ 产生这一变化的主要原因是，一贯强调模型建构的理性选择理论，突然意识到这种高度普遍化的抽象方法很难捕捉和感知特定案例的情境化特征。正如玛格丽特·莱维所指出的，"这一领域对形式理论（formal theory）的发展更为强调，而对如何使用形式理论去解释实际发生的事件或选择却较少关注"。④ 在分析性叙述中，理性选择学者一方面强调对高度相似或高度异质案例的深度可控比较，另一方面也强调那些将变量联系在一起的过程分析和机制分析的意义。与各种各样的关切联系在一起，新的理性选择文献还特别强调调查者要通过阅读文件、查找历史档案、进行访谈和调查二手文献等质性方法，将自己浸没在所研究的案例之中。此外，一些研究者如亚历山大·希克斯还强调分析性归纳（analytic induction）在研究中的作用，⑤ 希望分析者可以根据其案例的实际历史状况来重塑其初始理论。基于这些新

---

　　① ［美］罗伯特·贝斯等：《分析性叙述》，熊美娟等译，中国人民大学出版社 2008 年版。

　　② Robert H. Bates, Avner Greif, Margaret Levi, Jean – Laurent Rosenthal & Barry R. Weingast, Introduction, in Robert H. Bates, et al. （eds.）, *Analytic Narratives*, Princeton, NJ: Princeton University Press, 1998, p. 3.

　　③ 这本书希望考察，理性选择理论如何从人类学中借鉴知识，并因而充分地描述复杂和变化中的世界 ［John R. Bowen & Roger Petersen, Introduction: Critical Comparisons, in John R. Bowen & Roger Petersen （eds.）, *Critical Comparisons in Politics and Culture*, Cambridge: Cambridge University Press, 1999, p. 1］。

　　④ Margaret Levi, Producing an Analytic Narrative, in John R. Bowen and Roger Petersen （eds.）, *Critical Comparisons in Politics and Culture*, Cambridge: Cambridge University Press, 1999, pp. 154 – 155.

　　⑤ Alexander Hicks, Qualitative Comparative Analysis and Analytical Induction: The Case of the Emergence of the Social Security State, *Sociological Methods & Research*, Vol. 23, No. 1, 1994, pp. 86 – 113.

出现的质性变化，理性选择学者需要在模型的普遍性分析和案例的特殊性分析之间实现某种平衡。

五 质性研究的量化趋势

需要说明的是，国外的比较质性研究出现了明显的量化趋势。这一点主要体现为布尔代数（Boolean algebra）和模糊集合（Fuzzy sets）在比较政治中的运用。这两种方法实际上都是数学方法对原因分析的拓展。其中的基本逻辑是，研究者需要关注某一社会现象的多重条件并发原因（multiple causal conjunctures）。[①] 这一逻辑假定两点。（1）同一现象可能由不同的原因组合导致，即同一结果 Y 可能由 A 和 B 的组合或 C 和 D 的组合导致。这一点与组合式非唯一充分原因的假设一致。（2）因果关系是复杂的、非线性的。例如，在组合一中，条件 A 的出现可能导致 Y（A＊B→Y），但在组合二中，条件 A 的不出现也可能导致 Y（a＊E→Y）。[②]

布尔代数与普通代数有一些重要的区别。例如，与普通代数中字母所指代的一般为数（可能是实数，也可能是实数和虚数组成的复数）不同，布尔代数中字母所指代的是两个对立的状态：存在与不存在。在比较政治分析中，一般用大写字母来表示存在，用小写字母来表示不存在。另外，与普通代数进行的数学运算不同，布尔代数对字母进行的是各种逻辑运算。[③] 举个简单的例子来说明这种逻辑运算。假设两个不同组合 A＊B 与 A＊b 都可以导致结果 Y（A＊B＋A＊b→Y），根据布尔代数的运算可得到 A→Y。最早将布尔代数法引入比较政治研究的是拉金。在《比较方法：在质性和定量策略之外》一书中，拉金用三章的篇幅对布尔

---

① Charles Ragin, Comparative Methodology, Fuzzy Sets, and the Study of Sufficient Causes, *AP-SACP*, Vol. 9, No. 1, 1998, p. 20.

② 在这里，大写字母表示出现，小写字母表示不出现，＊表示同时，→表示导致。这些都是布尔代数中的标记方式。

③ 布尔代数的逻辑运算有逻辑乘（"与"运算），逻辑加（"或"运算）和求反（"非"运算）三种基本运算。

代数在质性比较中的运用路径和具体方法进行了较为详细的讨论。① 目前，布尔代数法在比较政治中已经有较为广泛的运用。亚历山大·希克斯等人关于巩固的福利国家的研究便是这一方面的经典案例。希克斯提出解释福利国家巩固的五个变量：自由政府（LIB）、天主教政府（GATH）、父权制国家（PAT）、一元民主（UNI）、工人阶级动员（WORK），并考察了 15 个发达国家，而其中的 8 个国家在 20 世纪 20 年代就成为巩固的福利国家。通过布尔代数法的分析，② 作者总结出三条福利国家早期巩固的路径：（1）俾斯麦式路径（a Bismarckian route）：cath ∗ PAT ∗ UNI ∗ WORK；（2）自由—劳工路径（a liberallabor route）：LIB ∗ cath ∗ UNI ∗ WORK；（3）天主教父权路径（a Catholic paternalistic route）：lib ∗ CATH ∗ PAT ∗ UNI ∗ WORK。③ 通过布尔分析可以得出结论，一元民主和工人阶级动员是福利国家巩固的必要原因。同时，对天主教政府这一因素在福利国家巩固中的作用很难进行简单评价。④

　　模糊集合法实际上是布尔代数法的一种延伸。⑤ 布尔代数只能取 0 和 1 这两个值。其运用的最佳对象是那些可以明显进行两分的概念，如市场与计划、男性与女性、穷国和富国等。但是，许多概念是模糊的。即便

---

① Charles C. Ragin, *The Comparative Method*: *Moving beyond Qualitative and Quantitative Strategies*, 1987, pp. 85 – 162.

② 限于篇幅，这里无法对这一问题中的布尔代数编码以及运算过程进行更为细致的描述。

③ Alexander Hicks, Joya Misra & Tang Nah, The Programmatic Emergence of the Social Security State, *American Sociological Review*, Vol. 60, No. 3, 1995, pp. 329 – 349.

④ 在俾斯麦路径和自由—劳工路径中，天主教政府的因素是不存在的，而在天主教父权路径中，这一因素又是必须存在的。因此，讨论天主教政府这一因素在福利国家巩固中的作用需要放在具体的情境中。

⑤ 关于模糊集合的重要研究成果如下：Michael Smithson, *Fuzzy Set Analysis for Behavioral and Social Sciences*, New York: Springer – Varlag, 1987; Charles Ragin, *Fuzzy – Set Social Science*, Chicago: University of Chicago Press, 2000; Charles Ragin, *Redesigning Social Inquiry*: *Fuzzy Sets and Beyond*, Chicago: University of Chicago Press, 2008。在论文方面，需要特别提及的是《社会方法与研究》（SocioZo 尽 icotZ Met∕iods & ∕2esearc∕i）2005 年的模糊集合专辑中。其他的重要作品包括：Jay Verkuilen, Assigning Membership in a Fuzzy Set Analysis, *Sociological Methods & Research*, Vol. 33, No. 4, 2005, pp. 462 – 496; Gary Goertz & James Mahoney, Two – Level Theories and Fuzzy – Set Analysis, *Sociological Methods & Research*, Vol. 33, No. 4, 2005, pp. 497 – 538。国内已经有学者尝试运用模糊集合分析社会科学问题。参见何俊志《代表结构与履职绩效——对北京市 13 个区县的乡镇人大之模糊集分析》，《南京社会科学》2012 年第 1 期。

前面那些两分的概念，也往往具有一个程度的问题。而模糊集合法则可以相对有效地解决这一问题。① 模糊集合可以在 1 和 0 之间取多个值来表明不同程度的隶属度。譬如，我们定义"高个子男人"的模糊集合，并假定身高 1.8m 以上的男人为高个子，1.6m 以下的不是高个子。那么，当 x < 1.6m 时，x 的隶属度为 0，当 x > 1.8m 时，x 的隶属度为 1。同时，身高处于 1.6m 和 1.8m 之间的男人也可以用数值来表示他与"高个子男人"这个集合的隶属度。譬如，当 x = 1.65m 时，它的隶属度是 0.125，当 x = 1.70m 时，它的隶属度是 0.5，当 x = 1.75m 时，它的隶属度是 0.875。每一个对象对相关概念都存在一定程度的隶属度，而这种隶属度都可以进行定量的赋值。在对这些隶属度进行赋值后，我们就可以运用模糊集合的相关算法或计算软件进行计算。② 计算出的模糊集隶属值（fuzzy – membership scores）可以用来评估必要条件和充分条件。当原因的模糊集隶属值高于结果的模糊集隶属值时，那么这里的原因便可以被确定为必要原因。当原因的模糊集隶属值低于结果的模糊集隶属值时，那么这里的原因便可以被确定为充分原因。③

总体而言，模糊集合有许多其他方法所不具备的优点。拉金对这一点有非常精要的总结：第一，模糊集合可以对一些类别概念进行程度描述；第二，模糊集合可以被用来描述某一系统中的多样性和模糊性；第三，模糊集合可以用来表述一些在社会科学中经常使用的非书面理论（verbal theory）；第四，模糊集合可以用来评估如交叉、包含、必要性、充分性等集合理论关系（set – theoretic relationship）。这种集合理论关系

---

① 模糊集合是相对于古典集合而言的。古典集合是指具有某种属性的对象的全体。这种属性所表达的概念应该是清晰的、界限分明的。因此，每个对象对于集合的隶属关系也是明确的，非此即彼。用集合语言来表达，对于古典集合 A，论域 E 上的任一元素 X，要么属于 A，要么不属于 A，二者必居其一。古典集合的缺点是，它对于一些模糊的概念如年轻、高大、漂亮等无法进行描述，而模糊集合则可以解决这一问题。模糊集合就是指具有某个模糊概念所推述属性的对象的全体。古典集合用特征函数来表示，模糊集合用隶属函数来表示。

② 拉金等人开发的 fsQCA 2.0 便是最常用的计算软件。fsQCA 2.0 的下载和操作手册参见 http：//www. u. arizona. edu/ – cragin/fsQCA/software. shtml。

③ James Mahoney，2007，p. 131；Charles Ragin & Paul Pennings，Fuzzy Sets and Social Research，*Sodological Methods & Research*，Vol. 33，No. 4，2005，p. 425.

很难用一般线性模型等常规手段来描述。[①]

需要特别说明的是，模糊集合的定量特征比布尔代数更为明显。拉金认为，模糊集合有效地结合了质性评估和定量评估。1 和 0 是质性的评估，实际代表"存在"还是"不存在"。而中间不同的隶属值则是定量的评估。[②] 目前一些前沿的研究者都主张将模糊集合与统计分析放在一起进行综合评估。譬如，亚伦·卡茨等人运用模糊集合和回归分析对在1750—1900 年间西班牙美洲的"大逆转"（great reversal）进行分析。在1750—1900 年间，殖民地中最边缘的领地变成了最富裕的国家，而最中心的殖民地则变成了最贫穷的国家。为了解释这一大逆转，卡茨等人同时用回归分析和模糊集合法来检验他们提出的五个竞争性假设。最后，模糊集合分析得出了非常重要的结论，即强势自由派的存在是经济发展的概率性必要条件，密集的土著人口是社会发展的概率性必要条件。相比而言，回归分析却没有发现任何有意义的结论。[③] 另一个新的进展是米歇尔·史密森的研究。史密森认为模糊集合与统计分析两者可以结合起来运用。他的研究在模糊集合与累积分布函数之间建立起重要的联系。[④]布尔代数法和模糊集合法所反映的这种质性研究定量化的趋势实际上是比较政治研究方法第二次浪潮整体特征的集中表现。正如马洪尼指出的，"KKV 试图在质性研究中使用一些从定量研究（特别是回归分析）中抽取出的成形规则，并以此来提升质性研究。他们所潜含的假设是，主流的定量研究使用了一些优势的方法，而质性研究则可以通过使用这些方法而从中获益。《设计社会调查》鼓励质性研究学者遵循一些定量研究的原则（如回归分析的规则）"。[⑤] 简言之，第二次浪潮的基本倾向就是借用定量研究的一些规则和方法来使得质性研究更加科学化。而布尔代数

① Charles Ragin & Paul Pennings, Fuzzy Sets and Social Research, 2005, p. 425.

② Charles Ragin & Paul Pennings, Fuzzy Sets and Social Research, 2005, p. 424.

③ Aaron Katz, Matthias vom Hau& James Mahoney, Explaining the Great Reversal in Spanish America: Fuzzy – Set Analysis Versus Regression Analysis, *Sociological Methods & Research*, Vol. 33, No. 4, 2005, pp. 539 – 573.

④ Michael Smithson, Fuzzy Set Inclusion: Linking Fuzzy Set Methods with Mainstream Techniques, *Sociological Methods & Research*, Vol. 33, No. 4, 2005, pp. 431 – 461.

⑤ James Mahoney, Debating the State of Comparative Politics: Views from Qualitative Research, 2010, p. 121.

法和模糊集合法只是这种基本倾向的集中展示而已。

六　结语

在《比较政治中的概念误构》一文中，萨托利曾谈到两种比较方法的误区：一种是不自觉的比较，另一种是过度自觉的比较。不自觉的比较是一种没有方法的比较，或者说是没有严谨的科学设计的比较。过度自觉的比较则是使用了定量方法，但同时又没有把问题分析透彻的比较。萨托利认为，这两种比较都不是最好的比较，而最好的比较是经过了严格的科学设计的质性方法。[①] 萨托利的观点应该说是非常透彻的。比较政治中最为经典的研究如斯考切波的《国家与社会革命》和阿尔蒙德的《公民文化》等往往都是一些小样本的宏大深入分析。从这个角度来讲，比较政治方法更多的是一种质性方法。更为重要的是，本文的文献梳理表明，近20年来，质性方法在研究的深度和科学化上都有了进一步的发展。可以说，这种方法在保持其传统特色的基础上，在逐步向定量方法的领域拓展。譬如，目前质性比较研究已经不只将兴趣集中在理论建构上，而是同样关注理论检验，比较历史方法和原因分析方法的发展可以充分证明这一点。同时，质性比较研究也不仅仅强调对社会现象的深入理解，也在建构因果关系，并且在多重条件因果关系的解释上已经表现出定量方法所不具备的优势；质性研究的研究方法也在丰富之中，它对布尔代数和模糊集合的引入使其科学性特征更为强化。

从结果来看，质性比较方法的新发展可能对整个社会科学的研究都会产生非常深远的影响。从政治学与相关学科的学科史来看，基本上政治学领域总是受到其他领域知识的侵入，最典型的便是经济学和社会学知识对政治学的侵入。目前政治学中的一些重要发展都受到这些侵入性知识的影响，譬如公共选择理论、新制度主义政治学、政治社会学的发展等。相比而言，政治学对其他学科的影响是比较弱的。但是，这一情形可能会因为质性比较研究的新进展而得到逆转。近年来，质性比较研究的一些主流学者在探讨比较政治研究方法时，开始积极地使用社会科

----

① Giovanni Sartori, Comparing and Miscomparing, 1970, pp. 1033 – 1036.

学这一标志。①　此外，比较政治方法对整个社会科学的贡献并不仅仅是标志意义的。本文中讨论的新进展如比较历史分析、因果分析、分析性叙述、布尔代数法和模糊集合法都可以为整个社会科学的发展提供新的方法论工具。质性比较研究在应对"多变量、小样本"的问题上已经发展出一整套相对成熟的处理机制，而"多变量、小样本"这一问题并不仅仅是在比较政治研究中才会遇到的。在其他领域，类似的问题同样存在。例如，在社会学领域的社会冲突研究中，由于典型社会冲突的案例数量相对也比较有限，其中的相关变量也较多，所以在这一研究中质性比较方法同样可以得到有效的运用。与此类似，质性比较方法在比较社会学、比较经济学、比较法学和比较史学等学科中都将会有广阔的应用空间。简言之，质性比较研究的新发展表明，政治学正在为整个社会科学的发展贡献其知识和力量。

（选自《国外社会科学》2014 年第 2 期）

---

①　除了本文之前提及的《设计社会调查》《重新思考社会调查》《重新设计社会调查》这类的"社会调查"标志之外，吉尔林所著的《社会科学方法论：一个标准性框架》、马洪尼和卢切迈耶（Dietrich Rueschemeyer）主编的《社会科学中的比较历史分析》、格尔茨所著的《社会科学概念：一个使用者手册》、科利尔和吉尔林主编的《社会科学中的概念与方法：萨托利的传统》等都使用了"社会科学"的标志。需要说明的是，这些作品都是比较政治研究领域的著作，其作品中使用的知识和引用的人物可以充分证明这一点。参见 John Gerring, *Social Science Methodology：A Criterial Framework*, Cambridge：Cambridge University Press, 2001；James Mahoney & Dietrich Rueschemeyer（eds.）, *Comparative Historical Analysis in the Social Science*, New York, NY：Cambridge University Press, 2003；Gary Goertz, *Social Science Concepts：A User's Guide*, Princeton, NJ：Princeton University Press, 2006；David Collier & John Gerring（eds.）, *Concepts and Method in Social Science：The Tradition of Giovanni Sartori*, New York：Routledge, 2009。

西方左翼何去何从？

——21 世纪西方左翼的状况与前景

姜　辉[*]

21 世纪初，世界形势和世界格局大动荡、大分化、大调整，世界社会主义运动的形势、条件和环境也发生了新的变化。与 25 年前苏联解体东欧剧变时相比，与 8 年前资本主义发生第二次世界大战后最严重的金融—经济危机时相比，世界形势的确发生了剧烈的变化，需要用全新的眼光来打量这个世界，根据新的形势和变化重新观察和评估世界面貌、发展的变迁、重大事件和社会制度。正如列宁所说，形势"极其剧烈的震动，这就自然而然地、不可避免地要产生'重新估计一切价值'，重新研究各种基本问题，重新注意理论"。[①] 过去许多被公认为永恒的、不容置疑的价值与法则，如自由、民主，如发展、现代化，如社会主义、资本主义，如左翼、右翼等，都发生了巨大变化。在当前剧烈变动的世界和新形势下，重新研究西方左翼及其与世界社会主义和资本主义的关系，具有全新的现实意义。

---

* 姜辉，1969 年生，中国社会科学院信息情报研究院研究员、博士生导师。
① 《列宁选集》第 2 卷，人民出版社 1995 年版，第 281 页。

一　苏联解体东欧剧变之后西方左翼发展历程:退却—右转—回归

把西方左翼研究置于 21 世纪前期西方世界变化的经济政治格局和世界社会主义运动发展变化的大背景下进行系统的、整体的研究，要避免单一化、碎片化、片面化、抽象化、凝固化。理论研究要坚持以研究和解决实际问题为目的，适应新的形势，同实际状况紧密结合，坚持实事求是。当前，关注的焦点应集中在以下几个问题：21 世纪前期左翼面临的新形势和新挑战，资本主义危机对左翼的深刻影响及其实际后果，左翼的理论策略新变化与实践活动的新走向，左翼变化调整的价值取向、实际诉求及其深层原因，全球化条件下左翼谋求联合与实际分化两种趋势并行的状况及影响，左翼的变化调整与世界社会主义运动的关系，等等。

苏联解体东欧剧变到现在已经过去 20 多年了，西方左翼的调整与变化大体上分为三个阶段:(1)从苏联解体东欧剧变到 20 世纪 90 年代中期，5—6 年的时间(1990—1995 年);(2)从 20 世纪 90 年代中期到 21 世纪初金融危机爆发前(1996—2007 年)，大约 10 年的时间;(3)从金融危机到现在，6—7 年的时间。

第一阶段(1990—1995 年)是苏联解体东欧剧变后西方左翼溃退、蜕变、分化，为谋求生存而苦斗的时期。在西方右翼高奏凯歌和恣意进攻面前，左翼处于守势和被动局面。为适应变化了的生存环境和条件，多数左翼开始否定过去，与苏东划清界限。有的共产党组织蜕变为社会民主党组织，社民党组织也纷纷告别自己的"老旧"形象，淡化左翼意识形态色彩，有的特别注意与"共产主义""社会主义"标志脱钩。西方左翼整体上从抗争到屈从，从激进到温和，从左移向右，是以总体退却、否定自己来谋求生存的阶段。虽然希腊、葡萄牙共产党继续固守自身立场，第四国际托派组织试图用苏联解体来证明自己激进左翼路线的正确性，但这改变不了西方左翼整体陷入低潮的局面。

第二阶段(1996—2007 年)是西方左翼在经过苏联解体东欧剧变的大分化、大调整后进行大幅度理论与政策转向并取得一些实际成果的时期。这一时期的前半期是所谓的"左翼复兴"时期。在理论上，以英国工党提出"第三条道路"理论并得到法国社会党、德国社民党共同倡议，以及以法国共产党提出"新共产主义"为标志，西方社会党和共产党两大左翼同时继续再度右转。在实践上，英国工党、德国社民党、法国社会党相继上台执政。这是西方左翼短暂的"黄金年代"，高潮是当时欧洲掀起的"玫瑰潮"，欧盟十五国中有十三个由左翼政党掌权。然而，左翼政党上台执政是以投向右翼新自由主义怀抱、放弃自己明确左翼身份特征、大幅度右转为代价的，实际上是西方右翼理念政策通过左翼力量继续贯彻。撒切尔夫人曾骄傲地说，她打造了工党和布莱尔。时任美国总统的克林顿同英国首相布莱尔、德国总理施罗德一起亲兄弟般同唱"第三条道路"赞歌。然而好景不长，"第三条道路"昙花一现，在21世纪初期左翼又纷纷下台，右翼卷土重来。西方政治版图再次变换色彩，欧盟有十多个国家的右翼政党相继上台执政，政治钟摆再次摆向右翼。以法共"新共产主义"为代表的激进左翼随即偃旗息鼓，实际成效甚微，西方共产党组织更加被边缘化。总之，这一阶段是西方左翼更加否定传统、在变革或革新的口号下更加屈从或投身新自由主义的时期。

第三阶段（2008—2014年）是资本主义发生金融危机，西方左翼根据新的环境和条件再调整、再重组、再分化的时期，可以被称为"否定之否定"阶段，呈现出向苏联解体东欧剧变前左翼传统和理念某种程度的"回归"。其主要标志是在思想理论领域重新兴起的"马克思热"，激进左翼共产党组织和左翼人士在资本主义危机条件下对资本主义及右翼进行猛烈的批判，30余年来似乎被人遗忘的阶级、工人阶级、社会主义、替代资本主义等概念重新回到政治讨论的话语当中。在政治实践中，爆发了大规模的街头抗议或广场"占领"运动。这是西方左翼对资本主义与右翼在理论与实践上的双重否定，也是对自己此前"矫枉过正"式大幅度右转战略的"否定"。然而，这种"否定之否定"是初步的，还不成熟，难以产生持续的成效。长期的右转已经使左翼在理论上准备不足，在实践上难以有效动员与组织社会力量对抗和反击资本主义及其右翼。但无论如何，这种"否定之否定"是西方左翼实现新发展和有所作为的新起点，虽然离实现脱胎换骨的转变还有相当长的距离，但毕竟是左翼重新崛起和发挥作用的难得的历史机遇。

二 当前西方左翼面临的主要问题：
批判与建设的双重挑战

当前西方左翼的状况可以概括为占据"天时"但缺"人和"、转向激进但失锋芒、积极行动但缺少明确方向、谋求联合但多分裂分化。

所谓具备"天时"，即在西方世界形成了二战以来难得的有利于左翼理论与实践发展的条件和环境。资本主义遭遇了战后最大的金融危机及其引发的价值危机、合法性危机和信仰危机，使资本主义和右翼遭受重创，由苏联解体东欧剧变之后的恣意进攻转为消极防守。社会民众的不满和反抗也是二战以来最为激烈和集中的，斗争矛头甚至指向了资本主义制度本身。因此，这是左翼重新崛起、谋求大发展的难得"天时"，是百年难逢的历史机遇。

然而，在这样的大好机遇面前，西方左翼深感自身之轻，难以承受历史之重。虽然他们也为资本主义危机所激发和鼓舞，也重新燃起重振左翼的希望，但他们在"整个世界向左转"的大环境中遭遇到新的失败，在选举中纷纷败北。例如，在2009年的欧洲议会选举中，西欧各国左翼政党的得票率继续下降，各国右翼力量组成的联盟接连赢得胜利，社会民主主义政党全线受挫。危机中激烈的社会动荡和积重难返的矛盾问题，使得不满与失望的民众放弃长期右转的社会民主主义政党。尽管法国社会党在2012年的总统选举中获胜掌权给了西方左翼政党以新的鼓舞，但这是否能够带来左翼的时来运转还难以预料。作为激进左翼的共产党组织也是得时得理不得利，它们本应该获得深受危机之苦的广大中下层民众的支持，但实际并非如此。西方社会长期以来对共产主义的诋毁以及共产党长期的边缘化，使得它们的理论政策主张不为多数民众认可和接受。危机之中乘虚而入的极右翼政党，像法国国民阵线、奥地利自由党、瑞典民主党，吸引了部分中下层民众的支持。法国新反资本主义党就是在危机中激进左翼试图代表中下层民众利益的尝试，是对长期以来中左翼政党改良主义的反抗，试图重建"左翼中的左翼"，但这种类型的政党目前影响力尚小。

总的来看，在资本主义危机背景下，西方左翼具备"天时"，一定程度上也有"地利"，包括国际和国内活动空间的条件，但最明显的是他们不具备"人和",即自身组织无力、涣散,难以得到社会民众广泛的支持。具体来看,西方左翼的难题和困境体现在以下几个方面。

1. 身份缺失,"有名而少实"。长期以来,西方政治淡化意识形态,在右翼理论家鼓吹"意识形态终结"和"历史的终结"的影响下,左翼理论家也怀疑自己的理论阐释能力和现实价值,"左翼被劝说和建议加入自由民主领域中那些寻找解决办法的人的队伍中来"。左翼被右翼自由民主"绝对胜利"的狂潮吞没,有的失语而缄口不言,有的主动走上否定自己的"超越左与右"的"第三条道路",有的激进左翼也"放弃革命,只保持激进"的立场。左翼整体上被排挤或同化,丧失独立性,失去鲜明身份和特征。这种状况在金融危机爆发以来有所改变,但重塑左翼身份和形象仍然是首要的问题。

2. 理论战略准备不足,难以适应重大社会变革。西方左翼最近30余年来也提出了种种创新或现代化的理论战略,但在右翼新自由主义理论占据统治地位的环境下,其理论的"创新"主题和实质或是摒弃传统,或是着意抹去左翼曾有的思想锋芒而重复不痛不痒的改良主义话语,或是以直接或间接的方式搬用右翼自由主义的概念和规则。改良主义、实用主义、投机主义、犬儒主义长期在左翼中盛行。因此,所谓左翼理论的"现代化"难以经得起大风大浪的淘洗和剧烈社会变动的考验。正如英国一位左翼人士所说,"一些左翼力量逐步滑向右翼,转而支持新自由主义政府,一些左翼力量强调'清白无污点',使得任何政治改组都异化为浪费时间。这样发展下去,左翼运动所能做的无非是散发文件、举行会议、批判所有其他人和赞美自己'纯洁无瑕'等毫无意义的工作。若是如此,我们尽可专注于我们的小团体而把改造社会的愿望交由右翼和极右翼力量来完成"。① 当资本主义金融危机爆发时,长期理论匮乏与缺乏战略储备的左翼难以引领、驾驭对抗资本主义的洪流,显得心有余而力不足,而被实践的快速发展抛在了后头。

3. 批判有余,建设性方案不足。金融危机的爆发使左翼特别是共产党等激进左翼能够充分运用左翼的批判理论和资源,揭露资本主义危机

---

① 转引自门小军《21世纪要建立怎样的泛左翼政党》,《当代世界与社会主义》2008年第4期,第190—191页。

的实质、弊端及其危害，直指症结，揭示出问题和矛盾的根源。左翼的批判理论确实发挥了一定的"社会矫正"功能。然而，在如何克服危机、解决实际经济社会问题方面，左翼还难以提出适应实践发展需要、符合广大民众利益、切合实际社会状况的长远性、系统性纲领方案。其理论与政策碎片化，缺少鲜明且有凝聚力的纲领目标，缺乏达成共识、协调一致的理论与组织基础，难以为长远发展提供有效的思想理论指导。

（4）有联合意愿和行动，但分裂分化严重。苏联解体东欧剧变后，西方左翼一直谋求左翼力量和运动的联合，希望借此改变左翼的弱势地位，应对全球范围内联合一致的跨国资本和新自由主义力量。其中，既有尝试建立包括多种类型左翼力量的"泛左翼联合阵线"，又有相同类型内部的各种形式的联合和论坛，有些已经取得较为显著的成效，如世界工人党和共产党会议等。但总的来看，左翼内部成分庞杂，各自为政，分化分裂很严重，特别是在激进左翼中，共产党之间分裂严重，冲突矛盾经常发生，这削弱了左翼的整体力量。

三 21 世纪西方左翼的前途：取决于"否定之否定"的程度和水平

可以说，在过去的 30 多年里，西方左翼总体上渐次右转，西方共产党大多蜕变为社会民主主义性质的政党，尽管像法国共产党、西班牙共产党等还保留共产党的名号，但其纲领政策已与过去有天壤之别。而社会民主主义政党大多连"社会主义"称号都已抛弃，重新披上"民主主义"的百衲衣，除去了自己的阶级性征和激进姿态。但是，西方左翼在世纪之交面临的"喧闹与无序"，除了无穷无尽的不确定性和挑战之外，也出现了西方社会主义复兴的机遇，这就是 21 世纪初的资本主义危机。尽管这场危机没有带来西方社会主义的复兴，但毕竟使其进入一个否定之否定的新阶段。21 世纪西方社会主义和左翼的走向与前途，取决于他们在资本主义危机之后实现"否定之否定"的程度和水平，也就是扬弃自己的程度和水平。这不是简单地回归到过去的旧左翼，也不仅仅是在已经向右走了很远的路之后掉过头来往回走几步了事，而是基于资本主义危机之后的新形势和新变化，真正在"否定之否定"的过程中塑造一个全新的左翼、一种有希望的社会主义。

在实现新的"否定之否定"的过程中，左翼结合新的历史条件和境况认真处理好以下四个方面的关系。

一是左翼与社会主义的关系。在西方，社会主义一般属于左翼行列，而左翼不一定就是社会主义。历史上，左翼对社会主义的立场经历了四个阶段，即紧密结合—逐渐分离—彻底抛弃—重新关注。在 20 世纪五六十年代之前，有相当部分的西方左翼政党和人士信奉、服膺社会主义，甚至有人认为左翼与社会主义"有着天然的联系"。20 世纪 70 年代至 80 年代末期是左翼与社会主义逐渐脱离的时期，其纲领逐渐避免使用"社会主义"来称谓自己及其路线。苏联解体东欧剧变之后一段时期是西方许多左翼政党与社会主义彻底分离的时期，如许多民主社会主义政党改名称为"社会民主主义政党"或"左翼民主党"，有的即便保留了"社会主义"称谓，其纲领路线也与从前大相径庭。在 21 世纪初资本主义发生危机之后，左翼政党和左翼思想家中有些开始重新强调"社会主义"的名称和内容，开始用传统社会主义的一些观点主张来回应和解释资本主义的危机，马克思的思想和方法也重新引起人们的关注，甚至一度形成"马克思热"。在"占领运动"中，有的打出"社会主义是未来"的旗帜。一些左翼纲领也增加了社会主义的成分和色彩。在新阶段，西方左翼能否再次重拾和诉求社会主义价值来探索自己的复兴之途，传统的社会主义政党如何对待各种左翼力量的变化和调整，左翼与社会主义的关系能否在一种积极促进的方向上形成密切联系，等等，这些问题具有重要的现实意义。左翼运动与社会主义运动应该是"天然的同盟军"。21 世纪西方社会主义的前途很大程度上取决于左翼运动与社会主义运动的共存共生、彼此促进，形成社会主义运动主导的"大左翼"运动。

二是左翼运动与阶级运动的关系。当前，在西方，左翼运动已经基本不在阶级运动和阶级斗争层面来谈论和开展。20 世纪六七十年代以来的"新社会运动"的形成和发展，就是不断对以阶级斗争和阶级运动为基本内容和主旨的"传统左翼"的否认和替代。难能可贵的是，20 世纪90 年代之后，仍有一些西方学者和左翼人士开始重新关注阶级、阶级不平等和阶级斗争问题，特别是在资本主义爆发危机之后。比如，美国左翼学者迈克尔·茨威格（Michael Zweig）分析了 21 世纪初期美国的社会状况，指出"在八年或十年以前，以权力术语表述的阶级范畴，工人阶级、资本家阶级，似乎如此远离政治对话，以至于它们对于建设性的政治争论是无用的。但今天甚至主流的评论员也正日益频繁地提到工人阶级、阶级斗争，而在总体上以阶级术语贯穿其文章……严肃的阶级话语再次成为可能，并充满生机、奥妙和信心"。[①] 美国学者伯奇·波勃罗格鲁（Berch Berberoglu）也认为，"在我们的时代，在全球化时代，也就是全球资本主义时代，阶级和阶级冲突变得更加鲜明了，而不是淡弱。它在世界的每一个地方都流行起来，因而成为全球资本主义体系的显而易见的特征。今天，随着阶级分化的扩大，阶级越来越发生两极化并持续地冲突，阶级斗争越来越成为整个世界范围内资本主义之社会风景的不可或缺的部分"。[②] 阶级和阶级斗争的存在与否，关系到西方社会主义运动和左翼的性质问题，关系到西方社会主义运动的主体是什么的问题。新社会运动的左翼运动如果不同社会主义运动结合，只能停留在街头抗议的水平上，而这种街头抗议一般是消极的、非建设性的，无法转变为改造社会的实际力量。抗议行动虽然也是社会主义运动的重要内容，但社会主义运动不停留在这一较低层次的斗争水平上，而是以高层次的政治目标将抗议人群团结凝聚起来，开展有组织的斗争、变革或革命，组织成为无产阶级来进行阶级斗争。左翼运动如果只停留在理论批判或街头抗议的水平上，仅作为孤立分散的抗议力量来行动，不诉求社会主义，不依赖工人阶级的整体斗争，就难以在改变现存秩序的斗争中有大作为。尽管资本主义社会结构和阶级结构今非昔比，尽管资产阶级和工人阶级都发生了很大变化，但是工人阶级仍然是社会主义运动的主体，阶级斗争和阶级运动仍然是最有力量、最有规模、最有前途的左翼运动力量。

三是议会选举活动与社会群众运动的关系。这始终是西方社会主义政党的一个"难解之谜"，是在探索中始终面临的未能有效解决的问题。这个悖论是，在选举中越成功，社会主义政党身份越淡化；群众运动和

---

① ［美］迈克尔·茨威格：《有关阶级问题的六点看法》，孙寿涛译，人大经济论坛（http：//www. pmggu. org）。

② Berch Berberoglu, *Class and Class Conflict in the Age of Globalization*, Lanham, MD: Lexington Books, 2009, p. 129.

社会运动开展得越是有成效，在议会选举中越边缘化。几十年来，西方社会主义政党过多投入选举活动，忽视群众运动的开展；过多认同资本主义国家的政治经济制度，忽视对资本主义政治、经济变化之深层规律的把握；过多为局部的、短期的选举成绩而向右翼妥协，忽视自身特征和独立地位的维系；过多关注具体、琐细的竞选纲领和方案的实用有效，忽视长远战略和目标的制定；等等。当前，西欧共产党等左翼政党正根据本国政治形势和各种政治力量对比的新情况，对议会内与议会外斗争的关系进行新的反思，并调整战略与策略。

　　四是民族国家范围内的活动与全球范围内的活动的关系。西方学者萨松说道："西方的社会民主主义政党和规模较大的共产党仍深深陷入一种国家主义的政治概念中，并不断使之加强，在自己国家边界内画地为牢式地维系着自己的成就（福利国家、教育和公民权等），而这时资本主义开始大步地在全球奔走了。"[①] 民族国家范围内的活动与全球范围内的活动的关系成为当前社会主义运动中普遍存在的问题。在如马克思所说的"历史向世界历史转变"突飞猛进的时代，在全球化时代，在资本主义生产关系已经在全球范围内确立统治地位并不断扩张的时代，对于社会主义国家来说，一国自己能否建成社会主义呢？在国际共产主义历史上，斯大林就提出"一国建成社会主义"理论并付诸实践，经验和教训值得我们总结。而对于西方社会主义政党来说，在一个国家舞台上开展的无论议会活动还是其他社会运动，脱离了全球化的背景和实际，脱离了全球资本主义的发展，成效究竟有多大呢？对这些问题的探究，就是要关注社会主义除了本国化和民族化外，还有一个世界性和国际性的问题。这在"民族特色"成为世界社会主义主要特点的时代，仍然是更加重要的问题。正如马克思、恩格斯所指出的，社会主义在形式上是民族的，而在内容上是国际的。在 21 世纪，马克思主义和社会主义的发展需要更多的世界历史视角和广阔的国际舞台。

（选自《国外社会科学》2015 年第 3 期）

---

　　① ［英］唐纳德·萨松：《欧洲社会主义百年史》（上册），姜辉等译，社会科学文献出版社 2008 年版，第 9 页。

西方"民主价值观"测量的
方法与启示

楚成亚[*]

从卢梭、托克维尔到科恩、罗尔斯等西方政治思想家都把公民对民主价值观（democratic values）的认同视为稳定有效的民主的前提条件。第二次世界大战以后，随着政治文化研究的兴起，用实证方法测量大众的民主价值观逐渐成为西方政治学的一个重要领域，最初是对欧美民主国家的研究，20世纪80年代以后重点转向了对转型国家和"威权主义"国家的研究。

一　对欧美国家大众民主价值观的测量

美国在经历了20世纪60年代的经济危机、社会动荡之后，凯恩斯主义破产，保守主义抬头。保守主义者"祭出了'平等之危险'这个幽灵，向……民主潮流发起了攻势"，[①]自由主义面临挑战。在此背景下，美国大众的政治价值观状况受到学术界关注，出现了对大众民主价值观进行测量的实证研究。

1. 政治宽容的测量

政治宽容是民主价值观最基本的准则。科恩对此的分析具有代表性：

楚成亚，1967年生，博士，山东大学政治学与公共管理学院教授。

① ［美］墨菲：《政治的回归》，王恒、臧佩洪译，江苏人民出版社2001年版，第25页。

"有裁决权的多数并非总是变动的。如果它不是变动的，或变动不够频繁，多数裁定可能逐渐妨碍普遍参与的实现。因此，如果社会中形成固定的多数，对民主来说就存在着真正的危险。" 避免这种危险的最好方法是"建议的自由"和"反对的自由"，两者结合起来就构成民主所需要的言论自由。这就要求公民具有宽容精神，既要容忍离经叛道者，也要容忍异见。① 所以，最初的民主价值观测量主要是围绕与政治宽容有关的论题设计的。这些论题包括：公民在多大程度上愿意把言论和结社自由这种程序性自由扩展至不受欢迎的政治群体？政治宽容或不宽容的影响因素是什么？是否存在政治宽容精神的群体性差异？政治宽容或不宽容对个人行为和制度有何影响？

最具代表性的是斯托夫 1954 年主持的在全美国范围内进行的两项民意调查。他认为，具有民主价值观的公民最首要的品质是愿意将公民自由扩展到不受欢迎的群体身上。他据此设计的民主价值观的测量方法是询问被访者对待不同政见者的态度。问卷给出了五种选择：（1）他们应当被允许在公开场合进行演讲；（2）他们写的书应当从公共图书馆剔除出去；（3）与他们有关的商品应当被抵制；（4）他们应当被从各种工作岗位上开除；（5）他们应当被投进监狱。从选项（1）到选项（5），政治不宽容的强度是递增的。斯托夫发现，美国公民的宽容程度远没有人们想象得那样高；年长者、受教育水平较低者、农村及小城镇居民、妇女等群体更加不宽容；精英与大众的宽容水平有明显差异，政治精英比普通民众更加尊重不受欢迎的群体的公民自由，而且这种差异主要是由受教育程度和社会经济地位的不同造成的。②

斯托夫的研究影响广泛，但其测量方法和结论也受到了后来的研究者的质疑。例如，1972 年，杰克曼基于对 1954 年美国民意研究中心（NORC）数据的分析，发现精英之间宽容水平的差异更大，而且这种差异与社会化经历和角色预期（role expectation）的差异无关；③ 1985 年，

---

① ［美］科恩：《论民主》，聂崇信等译，商务印书馆 2005 年版，第 77、127、187 页。

② S. A. Stouffer, *Communism, Conformity, and Civil Liberties*, N. Y. : Doubleday, 1955, pp. 89 – 155.

③ R. W. Jackman, Political Elites, Mass Publics, and Support for Democratic Principles, *Journal of Politics*, Vol. 34, No. 3, 1972, pp. 753 – 773.

麦卡琴指出，斯托夫的方法很难测量大众的"宽容"或"不宽容"是否具有一般性，因为受访者的喜好不同，受访者不喜欢的对象也许不在研究者提供的名单中，但这并不能说明被访者是宽容的；① 1979 年，沙利文提出，不宽容最好的测量指标是受访者感觉受到自己不喜欢的目标群体的威胁程度，在感受不到威胁的情况下，人们对某个群体的负面情绪几乎不可能演变为试图阻止该群体成员享有与他人相同的自由的愿望；② 1991 年，斯奈德曼等基于对 1977 年美国社会普查（GSS）数据的分析得出结论认为，精英与大众在政治宽容方面的差异远小于精英内部的差异。③

为了克服仅仅测量被访者对待指定对象的态度所存在的局限性，1982 年，沙利文等人基于对他们 1978 年在美国境内进行的调查的数据的分析，提出了一种更具一般性的测量政治宽容的方法——"民主的一般准则量表"（general norms of democracy scale）。该方法主要是询问被访者是否同意如下六项陈述：少数人应当有争取多数人支持其观点的自由；无论一个人的政治信仰是什么，他都应当享有与别人相同的合法权利和保护；我信奉所有人的言论自由，无论他们的观点是什么；如果一个人被怀疑谋反或其他重罪，他不应当享有保释的权利；当国家处于危难时，我们也许不得不迫使人们自证有罪，即便这会威胁他的权利；任何自身行为受到质疑时钻法律空子的人都不值得同情。前三条是对支持言论自由的抽象陈述，后三条则是言论自由和程序性权利的具体应用。④ 沙利文这样设计的目的是把抽象态度与具体态度联系起来，以证明政治宽容方面的抽象态度是可以测量的。

---

① A. L McCutcheon, A Latent Class Analysis of Tolerance for Nonconformity in the American Public, *Public Opinion Quarterly*, Vol.49, No. 4, 1985, pp. 478 – 488.

② J. L Sullivan, J. E. Piereson & G. E. Marcus, An Alternative Conceptualization of Political Tolerance: Illusory Increases, 1950s – 1970s, *American Political Science Review*, Vol. 73, 1979, pp. 781 – 794.

③ P. M. Sniderman, J. F. Fletcher, P. H. Russell, P. E. Tetlock & B. Gaines, The Fallacy of Democratic Elitism: Elite Competition and Commitment to Civil Liberties, *British Journal of Political Science*, Vol. 21, No. 3, 1991, pp. 349 – 370.

④ J. L. Sullivan, J. E. Piereson & G. E. Marcus, *Political Tolerance and American Democracy*, Chicago: University of Chicago Press, 1982.

2. 对民主的一般性支持的测量

其实，民主包括许多取向，对少数人权利的保护和宽容精神只是其中的一个方面。吉布森等将民主性公民描述为这样一种人，他或她"相信个人自由；政治上是宽容的；对政治权威有一定程度的不信任而对同胞又是信任的；服从国家但又不会放弃与国家抗争的权利；认为国家是依法受到约束的；支持基本的民主制度和程序"。① 与这种多面向的民主概念相匹配的是对民主的一般性支持的测量。

最早对美国公民的民主价值观进行这种一般性测量的是普罗思罗和格里格。20 世纪 50 年代末，他们在密歇根和佛罗里达等地对注册选民进行了抽样调查，基于这次调查的研究成果发表在次年美国的《政治学杂志》上。他们在论文中提出了一个"民主基本原则量表"（fundamental principles of democracy scale），该量表试图测量大众对抽象民主原则的支持程度，尤其是对"多数统治"和"少数权利"的支持程度，以及对抽象民主原则的支持多大程度上转化成在具体情景下对民主原则的支持。该量表由 15 个问题组成，要求被访者回答"同意"或"不同意"；前 5 个是对支持民主原则的抽象陈述，其中 1 个关于支持作为政府形式的民主，两个与支持多数统治有关，另外两个与支持少数权利有关；其余 10 个条目是这些抽象原则的具体应用。他们使用这一量表在密歇根州和佛罗里达州进行了调查，发现被访者对前 5 个条目即抽象民主原则的"同意"率很高，都在 90% 以上；而对其他 10 个条目的支持率则较低，大部分被访者对其中一些条目的选择甚至是"非民主"的，即便是受教育程度较高的群体也只是对其中 4 个条目的同意率超过了 75%。②

1984 年，麦克洛斯基与佐莱尔提出了一个包括 44 个条目的"民主价值观量表"（democratic values scale），并从 1975—1979 年美国相关调查的三个数据集中抽取数据进行了分析。量表的每个条目都以自问自答的句式呈现：前半句是一个设问句，后半句是两个相互对立的回答，一个反

① J. L Gibson, R. Duch & K. Tedin, Democratic Values and the Transformation of the Soviet Union, *Journal of Politics*, Vol. 54, No. 2, 1992, pp. 329 – 371.

② J. W. Prothro & C. M. Grigg, Fundamental Principles of Democracy: Bases of Agreement and Disagreement, *Journal of Politics*, Vol. 22, 1960, pp. 276 – 294.

映的是民主价值观，一个反映的是非民主价值观，被访者必须做出同意其中之一的选择，也可以选择"都不同意"或"还未决定"。他们根据被访的精英群体对这些条目的选择的一致程度，将民主价值观区分为"无争议的民主准则"（clear democratic norms）与"有争议的民主准则"（contested democratic norms）。前者主要是有关"民主"的基本价值观，如多数统治和私有财产权，75%的被访者支持这些准则；后者主要是有关"资本主义"的价值观，不支持与支持的比例相差高达30个百分点。对"资本主义"支持度的差异在精英中间产生了两种意识形态：福利国家资本主义（对"民主"的支持程度高，对"资本主义"的支持程度低）和19世纪自由主义（对"民主"和"资本主义"的支持程度都较高）。另外，在精英阶层中还存在少量的强保守主义者（对"民主"支持度低，对"资本主义"支持度高）与反体制者（对"民主"和"资本主义"的支持度都较低）。①

　　1989年，威尔通过对1945—1987年美国、英国、法国、联邦德国、意大利、澳大利亚等国各种调查数据的分析，提出了一个"支持民主量表"（support for democracy），试图把对民主原则本身的支持与对民主的实际效用的评价区分开来。对前者的测量包括两个问题。（1）在你看来，一个国家只有一个政党以便获得最大限度的统一性好一些，还是有若干政党以便各方观点都可以自由表达好一些？（2）两个人在讨论国家应如何统治。一个人说："我最喜欢的是，人民把最好的政治家放在政治权力的顶端，并赋予他全部统治权力。这样，他就可以与少数专家一起没有争论地、快速地做出决定。也就是说，不需要费太多口舌就可以把事情搞定。"另外一个人说："我更喜欢的是，必须是许多人决定一个国家的事情。他们确实是在做出决定之前要讨论来讨论去，但这样可以避免权力被滥用。"这两种意见哪一种更接近你的意见，第一个还是第二个？对后者进行测量的题目是：如果想一想我们面临的诸多困难——人口和经济的快速增长带来的原材料、食品和能源安全问题，你认为议会里有多个政党的民主体制能解决这些难题吗？或者将来我们需要一个只有一个

---

　　① H. McClosky & J. Zaller, *The American Ethos*: *Public Attitudes toward Capitalism and Democracy*, Cambridge: Harvard University Press, 1984.

政党的强大政府来处理这些难题? 威尔发现, 经济成就欠佳虽然会影响人们对民主有效性的信心, 但不会动摇人们对民主原则本身的支持; 而如果简化有效回应政治反对派的政治结构, 不仅民主有效性的信心会受到打击, 人们对民主原则本身的支持也会减少。[1]

二　对转型国家大众民主价值观的测量

20 世纪 80—90 年代的"第三波"民主化浪潮催生了很多新的民主国家。然而, 按照西方社会的标准, 这些新兴民主国家的民主水平千差万别, 不尽如人意。很多新转型的国家虽然建立了民主制度, 实行了民主选举, 但缺乏实际上的公民自由与政治自由, 其民主不是"有效民主"(effective democracy)而是"形式民主"(formal democracy)、"低强度民主"(low intensity democracy)或"不完全民主"(defective democracy)。[2]因此, 新兴民主国家民主发展的前景引起了欧美政治学界的关注: 这些新兴民主国家的公民在民主转型过程中以及在民选政府出现若干年以后是否已经形成了巩固民主结构所需要的民主价值观? 与之相关的论题包括: 与欧美国家相比, 新兴民主国家中公民的态度究竟有多"民主"? 民主价值观是如何在威权体制下出现的? 对民主的支持与对资本主义的支持之间是什么关系? 对民主的支持态度已经在新兴民主国家扎根, 还是依赖于短期的经济—政治条件?

在对转型国家的个案研究中, 吉布森等人的测量方法较有代表性。他们于 1990 年 2—3 月在莫斯科进行了问卷调查, 并为测量苏联民众的民主价值观设计了一个"多向度民主价值观量表"(multi - dimensional scale of democratic values)。该量表包括"政治宽容""自由的价值""民主准则""政治权利意识""政治异见""独立媒体"和"选举竞争"七个子量表。"自由的价值"量表包括四个问题, 要求被访者在维持社会秩序的

---

① F. D. Weil, The Sources and Structure of Legitimation in Western Democracies: A Consolidated Model Tested with Time - series Data in Six Countries since World War Ⅱ, *American Sociological Review*, Vol. 54, 1989, pp. 682 – 706.

② K. A. Bollen & Pamela Paxton, Subjective Measures of Liberal Democracy, *Comparative Political Studies*, Vol. 33, 2000, pp. 58 – 86.

愿望与政治参与之间做出"两难"权衡；"政治异见"量表的四个问题是从世界价值观调查（WVS）中借用的；"民主准则"量表也包括四个问题，都是有关公民自由与权利的；"独立媒体"量表有三个问题；"竞争性选举"量表有六个问题，包括对差额选举的态度以及对竞争性选举的利弊的评价等；"权利意识"量表则询问被访者 11 种不同的特定权利是否应当受到国家的保护；"政治宽容"量表是从沙利文的"政治宽容内容控制量表"（content - controlled measure of political tolerance）中借用的。他们发现，在苏东地区，政治转型的初期很快就出现了对民主价值的广泛支持，尤其是在那些受教育程度较高者、男性以及年轻人中。受教育程度高的被访者之所以更支持民主价值，与获取民主相关信息有关；如果控制了这一中间变量，教育将不能影响人们对民主的态度。另外，他们还发现，至少在短期内，被访者对经济表现的评价对其民主价值观的影响较小。[①] 吉布森在两年后的另一项有关俄罗斯大众民主价值观的个案研究中，验证了"后物质主义价值观"（post - materialism values）与民主价值观的相关性。[②]

当然，更多的研究是对处于民主不同发展阶段的国家的比较研究，因为只有通过这种比较，才能发现转型过程中民主结构与民主文化之间的互动关系。进行这种比较研究需要采集许多国家和地区的大量数据，是一项浩大的工程。20 世纪 90 年代，较大规模的区域性调查相继启动，包括拉美晴雨表、非洲晴雨表和新欧洲晴雨表等；英格尔哈特（lngle-hart）等人主持的世界价值观调查也开始在全球近 100 个国家和地区展开。这些大规模调查尤其是世界价值观调查，为民主价值观测量的跨国比较提供了必要的数据。

世界价值观调查从 1981 年开始启动，至今已经进行了六轮（1981—1984 年、1990—1994 年、1995—1998 年、1999—2004 年、2005—2009

① J. L. Gibson, R. Duch & K. Tedin, Democratic Values and the Transformation of the Soviet U-nion, 1992；J. L. Gibson & M. D. Raymond, Emerging Democratic Values in Soviet Political Culture, in Arthur H. Miller, William M. Reisinger & Vicki L. Hesli（eds.）, *Public Opinion and Regime Change*：*the New Politics of Post - Soviet Societies*, Colo. ：Westview Press, 1993, p. 71.

② J. L. Gibson& M. D. Raymond, Post - materialism and the Emerging Soviet Democracy, *Political Research Quarterly*, Vol. 47, 1994, pp. 5 – 39.

年、2010—2014 年)。① 该调查有两大类内容是与民主价值观直接相关的。一类是可以直接用来测量民主价值观的变量,包括民主认知(询问被访者什么是民主的基本准则)、民主情感(询问被访者民主政体是好是坏)和民主评价(询问被访者民主对于其个人和所在的社会有多重要),三项得分加权就可以计算出被访者的民主价值观水平;另一类内容是关于社会发展目标(选项包括:维持社会秩序、在重要的政府决策方面给予人民更多发言权、控制物价、保护言论自由)和儿童个性发展目标(选项包括:品行端正、独立性、勤奋、责任心、想象力、尊重他人、节俭、有信仰、不自私、听话)的,通过对不同社会发展目标的重要性的选择("第一重要"和"第二重要")可以计算出"后物质主义价值观"指数,通过对儿童个性发展目标的选择可以计算出"自主性"指数,通过这两项指数的加权可以计算出"自我表现价值观"(self - expression values)指数。按照英格尔哈特等人的人类发展理论,自由民主的基础是"自我表现价值观",随着后工业化水平的不断提高,每个社会都会按相同的模式强化自我表现价值观,并最终实现自由民主。当多于30%的公众强调自我表现价值观的时候,形式民主(选举民主)就会出现;至少45%的公众强调自我表现价值观的时候,真正有效的民主(自由民主)就会出现。② 戴蒙德认为,民主得以巩固所需要的政治文化方面的条件是,持续相信民主比其他政府形式好的大众占70%以上,同时,支持威权主义政府的大众不超过15%。③ 在世界价值观调查的数据库发布之后,出现了大量基于这一数据库的跨国比较研究。

按照传统的政治文化理论,一个国家的政治结构和政治取向将随着时间而日益稳固。照此推论,新转型国家的公民不会有较高的民主价值观支持率。但是,大量调查研究表明,在民主转型的早期或者转型后的很短时间内,被访者对民主价值观就有了很高的"总体"支持率。不过,这些国家的被访者主要支持的是"抽象的民主原则",如竞争性选举、多

---

① 世界价值观调查官网,http://www.worldvaluessurvey.org/wvs.jsp。

② R. Inglehart & C. Welzel, *Modemization*, *Cultural Change*, *and Democracy*, N. Y.: Cambridge University Press, 2005, p.134.

③ L. Diamond, *Developing Democracy*: *Toward Consolidation*, Baltimore: Johns Hopkins University Press, 1999, p.69.

党制、个人捍卫自由的权利等；对那些设定了具体情景特别是设置了需要付出某种代价的情景的民主价值观的支持率并不高。而且，这些国家公民的民主取向较多地依赖可观的经济和政治表现，也就是说民主价值观与经济表现相关。[①] 这似乎意味着这些转型国家公民的民主价值观虽然广泛存在，但并不牢固。

三　启示与讨论

1. 大众的民主价值观是政治民主的文化条件。如阿尔蒙德所言，除非政治文化能够支持民主系统，否则，这种系统获得成功的机会将是渺茫的。[②] 科恩也指出，在民主的所有条件中，心理条件是最基本的，虽然"并不需要社会每个成员都表现出这种气质上的特征，也不需要社会任何一部分成员，时时表现出这种特性。但民主确实要求较大百分比的参与者在较大百分比的时间内表现出此种特征"。[③] 但是，走向民主的民主价值观与保持民主的民主价值观并不完全相同，因此，对"老牌"民主国家进行的测量与对转型国家进行的测量自然应有不同的侧重点。

2. 对民主价值观进行测量与比较，要求研究者对"民主"的准则有基本一致的界定。也就是说，既然测量的是民主价值观，其变量设计就应当以民主的规范含义或理想模型为依据，而不应以本国特色的"民主"概念为依据，否则，就失去了测量与比较的意义。当然，变量的具体问题需要充分考虑各国国情，避免出现对于被访者来说过于敏感或难以理解的条目。

3. 设计的变量越具体，越能准确地反映被访者的真实想法。在对民主价值观进行测量时，询问被访者是否同意"民主"所得到的数据、询

---

① H. D. Klingemann & R. Hofferbert, Germany: A Newin the Mind? *Journal of Democracy*, Vol. 5, 1994, pp. 30 – 44; F. D. Weil, The Development of Democratic Attitude in Eastern and Western Germany in a Comparative Perspective, in F. D. Weil (ed.), *Research on Democracy and Society: Democratization in Eastern and Western Europe*, CT; JAI Press, 1993, pp. 195 – 225; M. Seligson & J. Booth, Political Culture and Regime Type: Evidence from Nicaragua and Costa Rica, *Journal of Politics*, Vol. 55, 1993, pp. 777 – 792.

② ［美］阿尔蒙德、维巴：《公民文化》，徐湘林译，东方出版社 2008 年版，第 443 页。

③ ［美］科恩：《论民主》，聂崇信等译，商务印书馆 2005 年版，第 17 页。

问被访者是否同意"民主"的某些具体准则所得到的数据与询问被访者在特定的情景下是否同意"民主"的某些具体准则所得到的数据会有明显差别。其原因在于，在表达对"民主"这个抽象概念的态度时，呈现在人们脑海中的往往只是"民主"的红利；而当设置了具体情境时，人们不得不对选择"民主"所需要付出的代价进行计算。

4. 已有的测量方法没有充分考虑民主诉求动机的重要性。实际上，人们对民主的诉求可能是基于对民主准则本身的信仰，也可能仅仅是把民主作为达到其他目的的手段。[①] 如果人们仅仅是把"民主"作为获得物质利益或泄愤的工具，那么这种民主价值观可能非常脆弱。正如托克维尔所指出的，"对于那些善于保持自由的人，自由久而久之总会带来富裕、福利，而且常常带来财富；但有些时候，它暂时使人不能享受这类福利；在另些时候，只有专制制度能使人得到短暂的满足。在自由中只欣赏这些好处的人，从未持久保持自由"。[②] 只有把自由本身作为目的的民主价值观才是稳固的。

（选自《国外社会科学》2015 年第 6 期）

---

①　D. A. Rustow, Transitions to Democracy: Toward a Dynamic Model, *Comparative Politics*, Vol. 2, No. 3, 1970, pp. 337 – 363.

②　［美］托克维尔：《旧制度与大革命》，冯棠译，商务印书馆 1996 年版，第 202—203 页。

国别政治

影响俄罗斯政治发展的
因素及中俄关系的未来

庞大鹏[*]

2008 年 2 月 25—29 日，中国当代世界研究中心与俄罗斯"统一基金会"在莫斯科共同举办了主题为"俄罗斯与中国发展前景及战略协作伙伴关系的未来"的研讨会。会议分为 5 个讨论单元："中俄两国的发展模式""中俄两国的经济改革""中俄两国的政治发展""中俄两国对外政策和中俄关系""中俄文化关系的现状与未来"。

俄方"统一俄罗斯基金会"主席维亚切斯拉夫·尼科诺夫（Вячес-лав Никонов）、"有效政策基金会"主席格列布·帕甫洛夫斯基（Глеб-Павловский）、《政治阶层》（Политическийкласс）杂志主编维塔利·特列季亚科夫（ВиталийТретьяков）、《全球事务中的俄罗斯》（Россиявгл-обальнойполитике）主编费奥多尔·卢基扬诺夫（ФедорЛукьянов）等俄罗斯著名学者，先后就俄罗斯内政外交及中俄关系的前景做了发言。中国社会科学院的学者及相关专家参加了讨论。

一　关于俄罗斯政治发展的影响因素

俄罗斯学者认为，影响俄罗斯政治发展的因素主要集中在 7 个方面：

* 庞大鹏，1976 年生，博士，中国社会科学院俄罗斯东欧中亚研究所副研究员。

自我认同、文明属性、与国际组织的关系、国家的作用、政治体制、意识形态、在国际格局中的地位。

1. 从人口构成的角度诠释自我认同问题

俄罗斯在20世纪90年代,一直致力于解决"俄罗斯是谁"的问题。因为在苏联时期,俄罗斯族是苏联人数最多的民族,占苏联总人口的50%左右,但由于苏联实行的是以民族为主体的联邦制度,俄罗斯族主要集中在俄罗斯联邦境内,所以从这个意义上讲,俄罗斯族在苏联时期就全国范围而言还是相对少数的民族。苏联解体后,俄罗斯独立,俄罗斯族成为俄罗斯联邦的最大民族,也成为其主体民族,人口超过一亿,占俄罗斯联邦人口的82%。这种人口结构对于刚刚成为主权独立国家的俄罗斯联邦而言,是一个全新的挑战。俄罗斯需要回答"我们是谁"的问题,即俄罗斯的自我认同问题。普京总统在2007年国情咨文中也指出,只有达到人民精神上的团结以及道德准则的一致才能明确国家正确的发展方向,俄罗斯才能走向成功。俄罗斯学者认为,自我认同的问题至今也没有完全解决,但是就原则性问题而言已经得到回答。自我认同问题非常重要,这涉及普京时期垂直权力体系的建立、联邦主体的合并、车臣问题等一系列俄罗斯政治发展中的关键问题。

2. 文明的属性

俄罗斯独特的"结合部文明"可能是发展的根源所在,是其真正走出属于自己道路的客观条件之一。苏联解体后,始终困扰俄罗斯政治转轨的问题是俄罗斯文明的归属问题。俄罗斯处于历史性大变革时期,关于"俄罗斯向何处去"的争论一直存在。俄罗斯究竟走向何方,到底应该回归欧洲,纳入西方文明,还是将国家属性归于东方文明?俄罗斯如何保持和发扬自己的文明传统?俄罗斯学者认为,可能走出一条独立文明的道路。历史证明,俄罗斯每次急于倒向西方的时候,发展就会出现波折。普京执政8年致力于建立一种立足于俄罗斯自身特色,同时结合东西方文化特点的独立文明。这可能是俄罗斯发展道路的正确方向。

3. 与国际组织的关系

戈尔巴乔夫和叶利钦时期,俄罗斯对西方为主导的国际性组织存有幻想,反而受到压制,现在俄罗斯对以西方为主导的国际组织已不抱幻想。俄罗斯视自己为世界的一个主要力量中心。一方面,俄罗斯的国力近年来得到迅速提升（2006 年的 GDP 已达 1.07 亿美元），而美国却陷入了伊拉克战争以来的全球困境。这导致俄罗斯对国际形势的判断发生了变化。2007 年的《俄罗斯联邦对外政策概论》明确指出："单极世界的神话在伊拉克彻底破灭了。越来越需要客观上对国际事务承担特殊责任的主要国家一起发挥集体领导作用。""俄罗斯要想在自己目前的边界范围内继续生存下去，就必须作为一个有活力的世界大国，必须在量力而行的基础上就迫切的国际问题所涉及的各个方面采取主动政策。"另一方面，当前俄罗斯外交政策的整体取向已经明确，就是要采用实用的、非意识形态的、协同合作的方式解决俄罗斯面临的迫切问题。从更广泛的意义上说，这指的是以国际法为基础的国际关系文化，不强迫他人采用不适合的发展模式，加速历史发展过程中的自然进程。国际生活的民主化问题、国家和人民之间交流的新道德标准，以及扩大国家之间经济与人道协同合作的问题都具有特殊的作用。

4. 强化国家的作用对于转型国家的意义

国家是秩序的源头和保障，是改革的主要推动力。国家应当承担促进经济发展的主要责任。俄罗斯经济还处于过渡时期，希望所有的发展问题都能通过强化纯市场机制加以解决是不现实的，国家在任何系统中都是不可替代的。它是规则公认的制定者，所有经济因素都无一例外地必须遵守它所制定的规则。

5. 俄罗斯学者对政治体制的现状及前景的分歧

（1）有学者认为：俄罗斯是总统制国家，并且只能保持总统制。关于"梅普配"，主要是由民主发展的初级阶段决定的，其职权划分符合宪法规定。（2）有学者认为：从戈尔巴乔夫时期起，俄罗斯主要采用一种领袖型民主机制。现在普京想超越这种机制，俄罗斯会逐渐出现一个新的体制模式，总统权力会被分开。因为普京意识到，领袖型民主的缺陷在于领袖必须依靠一个利益集团，而形成某种利益集团显然不利于长期战略的发展。俄罗斯政权发展的趋势是：从领袖型民主过渡到权力制衡的制度，从解决实际问题和短期问题过渡到长期发展战略。（3）有学者认为，很难说"梅普配"就代表俄罗斯政治体制的发展将发生变化，而且很难回答俄罗斯政治体制发展的问题。"梅普配"是一种以信任关系为基础的政治关系。"梅普配"在普京和梅德韦杰夫两人之间不会有问题，两位政治家肯定都已经协商好了未来的权力机制问题。但是，普京和梅德韦杰夫各自团队的精英可能会发生冲突，这才是难以控制的。

6. 意识形态

俄罗斯当前流行的是以"主权民主"思想为核心的保守主义。加强国家政权、法制与秩序是俄罗斯强国的首要保证，也是俄罗斯民众的普遍要求。爱国主义和强国意识已是全社会的精神支柱。在有集权传统的国家都是保守主义思想占上风。例如，保守主义的政治思想和路线在战后的日本、德国和意大利三个国家都占上风。当前，以"主权民主"思想为意识形态基础的"普京计划"是俄罗斯未来的战略规划与发展理念。有学者认为，普京在发展战略上具备务实主义特点，而且战略明晰；也有学者认为，普京没有战略，是一种"没有目标的转变"。

7. 俄罗斯在政治格局中的地位

俄罗斯坚持多极化思想，谋求在国际格局中成为一个大"极"。调节全球和地区范围内国际关系的主要方式是多边外交，其不可替代性正在得到广泛认同。世界上绝大多数国家已经认同世界格局多极化的现实，多极化思想将是俄罗斯对外政策的基础。正如普京 2007 年 2 月在慕尼黑安全会议上所指出的，俄罗斯不能允许这样一种国际秩序的存在，即一个力量中心企图称霸世界，把以军事优势和经济优势为基础的游戏规则强加给其他所有国家。单边主义外交政策的后果，是形成了单一权力中心、单一军事中心、单一决策中心。这是只有一个征服者、一个主权国家的世界，与民主毫无共同之处。国际关系中对一种实力，即军事实力的几乎无节制的过度使用，使政治解决变得不可能。主权原则受到威胁。

二　关于"主权民主"思想

俄罗斯学者认为，"主权民主"与西方其他民主概念如社会民主、自由民主、直接民主等都有区别。"主权民主"具有普世性价值，同时又有条件，即目前只适合于大国。普京于 2007 年 9 月 14 日与"瓦尔代"国际俱乐部成员会面时也提到了这一点。普京表示：世界上目前并没有很多国家能够满足且幸福地表示它是一个主权国家，这样的国家屈指可数，如中国、印度、俄罗斯等国家。其余国家都处于一定程度或是非常明显的彼此依赖中，或是听命于集团领导。在目前看来，主权是非常珍贵甚至是排他性的东西，但俄罗斯不是一个能够在不维护本国主权情况下存在的国家。它要么是个独立主权的国家，要么就根本不存在。

"主权民主"思想主要就是针对西方模式而言的。它对于俄罗斯的意义在于，克服了西方模式是人类唯一正确的发展模式的狭隘观点。每个国家都可能走出属于本国的发展道路。民主主要原则的表现形式不应强求一致。俄罗斯不会拼凑特殊的俄罗斯式的民主，俄罗斯会继续遵循民主的普遍原则，但是在不同国家，民主的主要原则表现形式各不相同，如在选举法方面，美国和欧洲国家就不同。尽管在这种主要民主机构的运行方式上有差别，但是民主的主要基本原则都是以现代文明社会发展出来的民主形态加以贯彻。当前"主权民主"思想还不完善，还是处于这种主导思想的过渡期。

上述论断有助于加深我们对于俄罗斯发展道路的理解。民主的俄罗斯政治体制应当服从于维护和加强主权的要求。俄罗斯首先要维护自己的主权，这既是来自政治转轨的内在要求，也是俄罗斯所处的复杂的国际地缘政治环境所迫。俄罗斯避开西方式自由的民主化，而以建立符合俄罗斯民族特性和实际情况的现代化发展模式实现强国目标，至少目前看来是可行的。当前，俄罗斯与西方围绕"主权民主"思想展开的争论，不仅表明俄罗斯与西方在政治价值观上出现裂痕，更使得关于俄罗斯发展道路的认识与评价问题具有实质性的国际政治意义。可以认为，围绕"主权民主"思想展开的争论不仅导致俄罗斯与西方关系出现结构性矛盾，而且已经成为当今国际政治新秩序建立与发展过程中的新的重要因素。

三　关于中俄关系

俄罗斯学者认为，需要从国际体系的变化中看待中俄关系，即21世纪国际关系的主体将从欧洲转移到亚太地区，中俄双方需要对此做好准备。中俄关系具备全球、地区与双边三个层面的利益基础，而且三个方面的因素都对中俄关系有影响，即历史与传统、现实利益以及短期因素。中俄关系当前的一个热点问题是中国的环保问题。此外，中俄双方需要共同研究如何更好地处理民族问题。

俄罗斯学者尤其强调，中俄非常缺乏文化交流。而且，俄罗斯的知华派少，导致不信任和不理解的因素依然存在。中国学者强调，"普京计划"不仅是俄罗斯未来需要坚持的治国理念，同时也是俄罗斯发展的战略规划。"普京计划"表明，俄罗斯在未来15—20年内的主要战略任务是致力于国内的经济与社会的高速发展。这个战略重心和发展道路的确定，对于同样坚持科学发展观及和谐世界理论的中国而言，是一个令人振奋的积极因素。"普京计划"使得中俄关系有可能将战略关系的着眼点深化为共同的合作双赢，以求共谋发展。因此，"普京计划"对于中俄关系的影响将是一个积极的和有益的因素。中俄战略协作伙伴关系已经是军事同盟关系以外的最高层次的双边合作关系，今后中俄关系面临的问题将是如何充实中俄战略协作伙伴关系的内涵，在下一个10年进一步提高两国关系的水平。"普京计划"为今后中俄关系的发展带来了调整的契机。总之，促进世界多元化的发展，建立国际政治经济新秩序，致力于解决各自的社会经济问题和消减西方民主压力将成为未来俄中关系良性互动的基础；同时，中俄双方不仅积极融入全球化进程，还将对这一进程施加影响。因此，中俄关系将会有一个新的发展前景。

总之，中俄两国学者至少在以下问题上有共识。（1）关于双方发展模式的问题，双方都认为不同国情的国家应因地制宜，选择独立自主的、符合国情的发展道路。（2）虽然双方坦诚地指出了双边关系中存在的问题，但都认为中俄关系不是普通的双边关系，而是两个相邻的同时又具有重要影响的大国之间的关系。（3）即使存在一些问题，也要区分战略性问题和一般性问题，而且中俄关系既然是不存在历史遗留问题的双边关系，那就是在中俄双方快速发展中存在的问题，只能靠发展来解决。因此，中俄关系应继续发展，而且要致力于共同发展。

（选自《国外社会科学》2008年第4期）

如何研究东亚政治的历史演进？

——分析架构和问题意识的探析

周少来[*]

经历了从半殖民化或殖民化到现代化、民主化的血泪历程之后，东亚各国的经济现代化取得了令人瞩目的巨大成就，各国经济发展的过程、特征及其共性模式也得到了充分的研究和比较。

如何解读和比较东亚各国的民主演进？解读和比较的分析架构如何确立？各国有可供比较的相似性或共同性因素吗？从中能够分析和比较出通则性、规律性的认识吗？从东亚民主进程的研究中提升出的理论性问题有哪些？能够阐明东亚民主生成的历史逻辑吗？以上的研究架构和问题意识，便是本文提出的基本背景和解析思路。

一 问题的缘起和研究视角

2008 年由中国社会科学院政治学所所长房宁主持的"东亚政治发展研究"课题的研究对象是日本、韩国、印度尼西亚、泰国、新加坡和中国台湾地区，这"五国一区"包括了东亚地区现代化和民主化发展的典型模式和基本样态。历时两年多时间，课题组在实证和比较研究的基础

* 周少来，1964 年生，中国社会科学院政治学研究所研究员。

上，对"五国一区"的政治发展进程和规律取得了一些突破性认识。

例如，认识到了"五国一区"政治发展的阶段性：从二战后自由民主体制下的追求自由年代，到威权体制下的实现工业化年代，再到多元体制下的竞争性民主年代。又如，对自由民主体制向威权体制转变的原因、威权体制存在和发展的条件、威权体制向多元体制转变的动力和条件、东亚政治发展紧紧围绕东亚各国民族发展和现代化的主题等，都提出了新的认识和解读，丰富了人们对东亚各国现代化和民主化进程的历史解读和理论剖析。

课题组在深入研究的基础上，对东亚政治发展和民主进程有了更深一步的理论性阐释。在政治体系结构问题上，宪政体制、权力结构和利益结构的互动调适，决定着一个国家政治体系的实质性质和过程特征，也决定着各国民主进程的过程、结构和特征。在政治发展规律问题上，权力结构变化体现出权力分散与权力集中的机制性循环规律，这是适应不同国家不同发展阶段的发展主题和历史条件的应对性要求。而各国政治发展和民主进程的路径和特征，则是各国历史起点、外部影响、经济社会条件、政体规模和国民性文化等综合性作用的结果。①

东亚各国的现代化，是在什么样的历史条件下开启和起航的？各国对直接面临的西方列强半殖民化和殖民化威胁，各自做出了怎样的应对和变革？在与殖民当局的抗争中民族国家的政治建构是如何产生的？推动各国不同历史阶段变迁和政治发展的主体及动力是什么？各国的政治发展和民主演进是否能够适用统一的路径分析架构来解读？本文的研究是在"东亚政治发展研究"大课题已经取得的认识基础上，进一步细化政治发展和民主化的动力机制分析，特别突出和解剖了各国政党互动的中介性动力机制，并以此作为解析和研究东亚民主进程的机制核心。在深入分析和解读了东亚各国近代以来以现代化为核心的政治发展历程后，对东亚各国民主生成的历史逻辑进行了尝试性理论阐释，以期对东亚民主的生成和演进有一个体系性的架构理解。

---

① 参见房宁等：《自由、威权、多元——东亚政治发展研究报告》，社会科学文献出版社2011年版，绪论和结语。

二　研究对象的确定

"东亚政治发展研究"大课题的研究对象，确定为日本、韩国、印度尼西亚、泰国、新加坡、中国台湾地区。选取这"五国一区"，主要是参照于中国政治发展的问题意识和"五国一区"相似的经济现代化阶段和政治发展进程。特别是其中相似的工业化和现代化这一发展核心主题，以及由现代化发展所促发和要求的政治发展和民主转型。本文的研究则在以上"五国一区"以外再加上马来西亚和菲律宾，使问题范围和比较的基础更为广阔和问题差异更为明显。

在东亚包括从东北亚到东南亚的广阔地域中，有众多的国家和地区，这是一个复杂而多样化的地区，其中经济和社会发育程度参差不齐、民族关系错综复杂、宗教信念多种多样、意识形态也明显分歧。① 我们选择了以上的"七国一区"作为研究对象的主要原因有以下几点。

第一，相似的半殖民化或殖民化危机和挑战所激起的现代化起航，相似的遭遇促成相似的命运。相似的遭遇引发的不同的应对策略和制度变革，决定了现代化启动之后不同的发展路径和发展结果，反映了不同国家的不同传统政治制度及其应变能力。

第二，现代民族国家独立之后，"七国一区"有着相似的政治制度三大发展阶段：从竞争性体制到非竞争性体制再到竞争性体制。虽然各国（地区）的政治发展进程和民主成熟程度有差异（从稳定民主政体的日本，到新兴民主政体的韩国、泰国、印尼、菲律宾、中国台湾地区，再到半民主政体的马来西亚、新加坡），政治制度的竞争性和民主性程度也有所差别，但三大阶段政治制度发展路径的相似和差异，同样反映了各国（地区）不同的经济社会发展状况和政治力量博弈对比情况。

第三，对应三大阶段政治制度发展路径，各国（地区）有着相似的政党及政党制度的发展路径，同样存在竞争性政党制度、非竞争性政党制度、竞争性政党制度三个相似而互有差异的阶段。政党力量的博弈及

---

① 李路曲：《东亚模式与价值重构——比较政治分析》，人民出版社2002年版，第1—7页。

其互动规则和制度，构成了政治发展和民主进程的动力机制和核心特征。对政党及其制度的分析，可以看出各国政治运作的组织化和稳定化程度，以及政党在组织体系、资源集聚和民众动员等方面的相似或差异。

第四，"七国一区"在从半殖民化或殖民化到现代化、民主化的整个过程中，都实行资本主义的基本政治和经济制度，这是进行比较分析的大背景中的基础性制度相似点，也决定了"七国一区"在不同历史时期与西方大国的亲资本主义关系和与社会主义国家的疏远或敌对关系。所以，"七国一区"的现代化和民主化，在不同时期和不同的程度上，都受到国际上西方列强直接或间接的制度性影响。

以上的考虑基点，说明该研究是以"政党及其制度变迁"为分析核心的比较研究，而不是以文化或宗教因素为基点来选择研究对象的，还有，研究对象中的相似性和差异性同样可以反映出问题，相似性可能因为有共同的原因，差异性可能反映出共同原因的存在与否及程度大小，差异性与相似性是互为映照和对比的。所以，差异性也应该受到同样的关注，它同样能够反映出政治制度变迁和政党力量博弈的不同样态。

三 分阶段、分类型比较

东亚民主的演变是隐含在东亚现代化历史进程的逻辑之中的，是在东亚从半殖民化、殖民化到现代化、民主化的大的历史进程中生发和生成的。要深刻理解东亚民主的演进及其逻辑，就必须深刻理解东亚从近代到现代的现代化演进及其逻辑。

本研究的"七国一区"民主演进研究，时间跨度从 16 世纪初的殖民化时代，到 21 世纪初的民主化时代，横跨 400 多年的东亚变迁历史。其中涉及从政治传统、民族构成、宗教文化、国家规模到经济、社会发育程度各不相同的多样国家形态。"大历史、长跨度"对于比较研究造成了诸多知识理解上的客观限制，所以，"分阶段、分类型"比较便是接近研究对象实质和揭明问题的必要方法。只有在较短历史阶段中的相似国家形态时期，制度变迁和政党博弈的相似和差异状况分析才能使民主演进中的问题及其原因的比较更加凸显。具体的分析架构如下。

1. 分阶段的历史架构

把"七国一区"从近代到现代的大历史进程，依据殖民化、现代化到民主化的大历史脉络，从政党及其制度的竞争性体制、非竞争性体制，再到竞争性体制的制度变迁中轴视角，具体划分为四个历史阶段：被迫上路的现代化—多党冲突的民主初试时期—党优位的威权发展时期—多党轮替的民主转型时期。不同的历史时期各国（地区）面临着不同的发展境遇、制度结构和政党力量对比，因而形成不同时期的制度形态和民主演进状况。

2. 分类型的比较分析

在不同的历史阶段中，又根据制度变迁路径和政党结构状况，把不同的国家（地区）分为不同的类型。同一类型之中的国家（地区）具有更多的相似性，从而表现出更为鲜明的突出类型特征和不同类型之间的差异。如在"被迫上路的现代化"的时期，再分为两个子阶段：一是半边缘化和边缘化阶段，其中有国家形态完整下的半边缘化、国家衰败化和殖民化、国家形态不完整下的殖民化；二是殖民危机下的国家形态建构，其中有国家形态下的维新变法、殖民全权主义的掠夺体制、殖民统治下的民族抗争。在"多党冲突的民主初试时期"，再分为三种类型：君主立宪制下的多党冲突、民族国家分裂下的多党冲突、民族国家建构中的多党冲突。在"一党优位的威权发展时期"，再分为三种类型：君主立宪制下的一党优位发展体制，军政主导下的威权发展体制，一党主导下的威权发展体制。在"多党轮替的民主转型时期"，则再分为君主立宪下的多党轮替、威权移转中的多党轮替、威权崩溃后的多党轮替。

同时，分类型的比较分析并不是固定不变的，如马来西亚和新加坡，在"多党冲突的民主初试时期"是和印度尼西亚、菲律宾同一个类型，属于"民族国家建构中的多党冲突"，而在"多党轮替的民主转型时期"时期，印度尼西亚、菲律宾属于"威权崩溃后的多党轮替"，而马来西亚和新加坡，则属于未发生明显民主转型的"半民主体制"。分析类型的细分和调整，是为了更为明显地突出该阶段、该类型的特征，并与其他类型明显区别开来，以更深入地揭示路径特征和演变规律。

四   政党中轴分析

从近代以来的世界现代化进程来看，在现代民主的建立和运行中，政党的作用更为关键和根本，其中执政党与反对党的互动博弈，更是现代民主政治过程中的基本场景和动力机制。因为，"现代民主是一种有组织、有规则地竞争国家权力的政治，而政党正是实现权力竞争的组织性和规则性的主要机制"。[①] 所以，要研究一个国家的民主生成和演进的过程，离不开研究该国以"政党为中轴"的政治权力配置及其博弈过程。

在东亚民主的演进中，同样能看到政党与民主发展紧密相关的政党职能的"中轴原理"：执政党与反对党的互动博弈，反映了各自所能动员的组织力量、物资资源和民众力量的大小强弱，也体现和标志着政党制度稳定性和民主发展的程度，政党因此成为组织整合和资源凝聚的"组织化中轴"。所以，我们的研究在"分阶段、分类型"的历史分析架构下，在每一个阶段和历史类型中，以每一个国家政治发展中的政党互动和博弈为中轴展开，论述经济发展、社会结构、阶层分化、利益集团和公民社会时，也是以其能否对政党博弈施加影响为主线，以此来关注和突出东亚民主生成的政党动力和制度性标志。这种"政党中轴分析"的视角和方法主要体现在以下几点。

第一，大的历史分阶段特征，是以政党及其制度的状况为分段标志的。依据竞争性政党体制、非竞争性政党体制和竞争性体制的基本"政党中轴"架构，在半殖民化和殖民化时期，关注现代性国家因素的引进和民族性政党的萌芽和生成，民族性政党的组织发展和壮大，领导和整合民族国家独立和统一的力量。在多党冲突的民主初试时期，关注西式民主制度和要素的引进，导致多党竞争和冲突的加剧，进而影响到经济和社会的稳定和发展，从而为威权体制的引入奠定社会和民意基础。在一党优位的威权发展时期，关注经济和社会发展的压力，从多党竞争性制度到一党优位威权型制度的发展，威权型政党和发展体制促进了现代

---

① 李剑鸣主编：《世界历史上的民主与民主化》，上海三联书店 2011 年版，第 40 页。

化的发展，也为民主化转型积累了社会经济基础。在多党轮替的民主转型时期，则关注威权型体制的僵化和低效，长期压制和排斥公民政治参与的要求和行动，以及由此为反对党和民众运动提供的契机和动力，在执政党与反对党的互动博弈和协商谈判中，各国进入了不同路径和制度结果的民主转型时期。

第二，执政党与反对党的博弈，构成了各个时期组织资源、物资资源和民众力量集聚的"中轴主线"。从殖民化到工业化和现代化，只是构成了东亚民主生成的大的历史场景和社会历史条件，真正在第一线推动政治演变和民主生成的能动性力量则是政党及其政治参与者。而作为政治参与者的个人，在现代政治运作中，其利益和权力要求如果要得以组织化表达，也更多地，甚至是必须通过政党这一"组织化中介"。所以，经济发展、阶层分化和教育普及等发展性成果，都要通过与执政党和反对党直接或间接的组织关联、通过"政党中介"这一组织渠道而对政治发展进程起到作用。执政党可以动员和集中各种组织和资源，特别是动用国家和政府的体制内组织和资源，用以巩固执政党的地位和压制反对党的活动。同样，反对党也可以动员和集中各种组织和资源，特别是民间经济资源和公民社会的力量，反抗执政党的压制和推翻执政党的统治。执政党与反对党在各自的组织资源、物资资源和人力资源的支持下，形成了执政党—反对党互动博弈的制约和平衡机制。反对党的地位合法与否、力量大小，以及是否可以和平和合法地替换执政党，在东亚民主的演进中体现了民主生成发展的状况。

第三，政党及其制度的状况和稳定性，也反映和代表着政治发展和民主演进的状况和稳定性。"无政党国家即保守国家，反政党国家即反动国家。"① 政党状况构成政治发展文明程度的制度性标志，东亚国家政治发展从竞争性体制到非竞争性体制再到竞争性体制，集中表现在政党制度上的从多党冲突到一党威权再到多党轮替的政党演进主线。同时，这一政党演进主线的变化，也反映了历史阶段、经济发展和政治稳定等条件的不同，甚至反映了世界格局的紧张或和解。在东亚民主的历史生成

---

① ［美］塞缪尔·P. 亨廷顿：《变化社会中的政治秩序》，王冠华等译，生活·读书·新知三联书店1988年版，第376页。

中，各种民主因素或体制的引进、孕育、生长，甚至混乱、冲突、窒息，直到民主化的转型与民主成熟，等等，都和各国政党及其制度的生成、发育和成熟息息相关。东亚民主的未来，也与各国多党竞争体系的稳定和制度化成熟状况密切相关。

当然，在现代化和民主化的历史演进中，执政党和反对党都不可能是"铁板一块"，其在不同发展时期也隐含着不同的内部分歧和派系斗争。如执政党内的保守派和改革派、反对党阵营中的激进派和温和派，还有两者中不乏其人的各种机会主义者，各个政党内部各自的权力博弈和派系争斗，都在影响着执政党和反对党的力量和作用。特别是在民主转型的动荡时期，在各种民众抗议运动的激励和刺激下，执政党和反对党各自内部的分裂、分化和重组，都对民主转型的时机和制度建构取向有着重大的决定性影响。但不管怎样，执政党与反对党各自内部的分歧和分化，也都是围绕着掌握"政党权力"这一"政党中轴"的政治力量博弈的主线而展开的，这也就更加凸显了政党及其制度对政治发展和民主演进的直接决定性作用。

五　拟揭示的理论性问题

分阶段、分类型的比较和政党中轴分析，只是为了使民主演进的历史进程更具历史深度，同时使民主生成的逻辑更加凸显。但历史进程所要求的"发展逻辑"和政治进程所要求的"民主逻辑"，也始终处于阶段性的紧张和纠结之中。如何使"发展"促进的物质性力量和"民主"要求的价值性追求相互促进和相互增强，是本研究拟揭示阐释的学理性目标。经过东亚"七国一区"民主生成的历史逻辑的梳理和分析，我们能否对以下问题有更近一步的解读或揭明？

1. 东亚的"后发型民主"相对于西方的"原生型民主"有什么不同的发生条件、生成路径和过程特征？这是否决定了我们的研究该从什么样的视角和切入点，来梳理和研究东亚各国民主的发生和成长的过程？在西方列强殖民化威胁的严重压力和挑战下，东亚各国有自主选择自己现代化或民主化道路的权利和机遇吗？

2. 现代化或民主化有唯一的生成路径或"单一道路"吗？东亚国家

能够移植或重复西方发达国家的现代化或民主化道路吗？有"普适"的民主标准和制度模式吗？各国民主之所以能够或有资格被称为"民主"，是否存在根本性或"最低底线要求"的民主原则和核心要素？

3. 现代化目标包括政治现代化内涵吗？政治现代化在面临巨大的经济社会发展重任的发展中国家，首要解决的是什么问题？政治现代化必然意味着民主化吗？民主是政治发展的唯一价值目标吗？民主与秩序、效率等发展性目标存在什么样的紧张或协调关系？

4. 民主是在历史演进中生发和生成的，民主逻辑和发展逻辑必然处于冲突和紧张关系之中吗？民主逻辑必须服从于发展逻辑和更大的历史逻辑？如果民主逻辑服从于历史逻辑，民主价值还是目标性价值吗？民主岂不成了历史发展的手段？

5. 民主的生成和成熟必须具备一定的社会历史条件？民主是经济社会发展的自然结果，还是更具有主体建构性的人为建构？民主需要什么样的经济社会条件？民主必须有什么样的主体推动和自觉建构？

6. 能否从东亚民主化的转型中看出，执政党与反对党的战略互动和策略选择，对民主转型的时机和制度性路径有着决定性影响？为什么政党及其互动博弈发挥了"中轴性中介"作用？社会组织、民间资源和公民个体如何通过与"政党中介"的关联而对民主化的生成发挥作用？

7. 民主的运作和成熟与政党及其制度的稳定性密切相关，在东亚民主的生成进程中，各国政党及其制度体系发挥着什么样的功能和作用？"政党中轴"的作用机制与各国政治发展和民主生成有着怎样的关联？

8. 民主转型之后，民主的巩固成熟和民主生活方式的形成，需要什么样的经济和社会条件？公民社会的生成和成长在民主的巩固成熟中发挥着什么样的功能？

9. 在东亚各国现代化的历史大潮中，东亚各国民主生成的时机、条件、路径、制度体系、成熟度都各不相同，学理上能够说有统一模式的"东亚民主"吗？是否存在"最低底线要求"的民主原则和制度要素？

10. 从一个发展中大国的政治发展视角，我们能得出什么样的历史性启示和借鉴？在经济社会结构发生了深刻的历史性变革，日益开放和多元的时代条件下，中国未来的民主化进程该如何取得突破和深化呢？

中国的改革开放和现代化事业进入了深化发展的关键时期，民主政治的发展更是我们不懈追求的目标。具有相似现代化历程和背景的东亚各国和地区的民主演进，为我们提供了经验和教训。研究这些，可以使中国的民主发展更加顺畅，少走弯路。

（选自《国外社会科学》2013 年第 4 期）

国际干预与民主转型

——基于"阿拉伯之春"的经验观察

陈家喜[*]

始于 2011 年初的"阿拉伯之春"犹如一幕幕惊心动魄的政治情景剧。许多观察者将这一系列事件定性为革命、叛乱、暴动,"内生的、自下而上的社会变革运动",[①] 或是缺乏明确组织者和领导者的群氓行动。[②] 然而,还有研究者将"阿拉伯之春"看成"第四波民主化浪潮"。这一波浪潮没有越过中东的阿拉伯世界,而是以这一区域为中心。[③] 其中,西方国家发挥了令人瞩目的作用,甚至是决定性的作用。[④]

本文试图从民主化的国际因素理论出发,解析国际势力在"阿拉伯之春"中的干预契机、作用手段、策略选择与实施效果,力图把握国际干预在阿拉伯国家转型中的作用机理,并证明外力干预最终只有转化为内部因素才能够发挥效力。

---

* 陈家喜,1976 年生,深圳大学当代中国政治研究所副教授。

① 李伟建:《西方插手将搅乱中东》,《解放日报》2011 年 4 月 2 日。

② 马晓霖:《阿拉伯剧变:西亚、北非大动荡深层观察》,新华出版社 2012 年版,第 2—3 页。

③ Stephen R. Grand, Starting in Egypt: The Fourth Wave of Democratization? http://www.brookings. edu/opinions/2011/0210_egypt_democracy_grand. aspx.

④ Joseph Wright & Abel Escribà - Folch, Authoritarian Institutions and Regime Survival: Transitions to Democracy and Subsequent Autocracies, *British Journal of Political Science*, Vol. 42, No. 2, 2012, pp. 283 - 309.

一　民主化的国际因素理论：文献回顾

与民主转型的结构主义论和精英主义论相比，国际因素理论注重从威权体制的外部视角来认识转型过程。广义上，民主化的国际因素理论，是指在国际结构性要素和国际行为体的推动、鼓励和强制作用下，一些发展中国家开始民主转型或者过渡的过程；狭义上仅指国际行为体在推动威权体制转型所发挥的突出作用，在上述定义中，国际结构性要素又包括国际政治格局、国际经济秩序、国际文化与社会交往，以及国际意识形态和传播秩序①；而国际行为体则包括美英法德等西方大国，国际组织如世界银行、国际货币基金组织、世界贸易组织，以及各种国际援助机构和非政府组织。②

国际干预理论的预设前提，是对于非自由体制而言，民主可以通过外部影响，被鼓励、塑造和支持，从而实现民主过渡与转型。虽然早期政治现代化理论认为，一个国家的民主化进程有赖于市场经济与城市化的发展，识字率和教育水平的提高，以及中产阶级与市民社会的成长等基本条件。③ 但国际因素理论从中受到启发，它们期望通过外部援助来孕育这些民主的基础条件，推动受援国渐进的民主化进程。也正是在这一乐观主义主导下，二战之后美国积极向"非民主"的第三世界国家进行经济援助，并附带政治改革的条件，旨在实现美式的"民主输出"。亨廷顿对于第三波民主化浪潮的观察证实了这一点，美国正是利用其超级大国地位，对拉美、东亚、东南亚和南非的民主化进程发挥了"关键性"作用。④ 欧盟也在 20 世纪 80 年代开展"民主提升与保护计划"（DPP），

① 宋瑞芝：《论影响发展中国家民主化的外部因素的两种基本类型及其作用机制》，《北京行政学院学报》2008 年第 2 期。

② 谈火生：《民主化进程中的国际因素》，《经济社会体制比较》2011 年第 4 期。

③ ［美］西摩·马丁·李普赛特：《政治人：政治的社会基础》，张绍宗译，上海人民出版社 1997 年版，第 24—43 页。

④ ［美］塞缪尔·亨廷顿：《第三波——20 世纪后期民主化浪潮》，刘军宁译，上海三联书店 1998 年版，第 97—112 页。

旨在推动中东北非的民主转型与中东欧的民主巩固。①

　　然而，长期以来，民主化的主导理论将注意力集中在国内因素，不论是结构主义论还是精英主义论，都将民主转型看成国内政治过程的结果，外部国际因素只是发挥次要、间接乃至微弱的影响。② 而且，国际干预能否对目标国的民主进程产生积极作用，也充满争议。例如，有些研究者发现，西方的经济援助可能诱发受援国出现大量的寻租、腐败及内战，进而对民主进程产生不利影响。西方援助本意在于推动受援国的市场化改革，却可能孕育一批不劳而获的寻租官员，他们可以大手花钱却不用担心向民众增税。③ 当政府财政不依赖于民众和商业组织的纳税之后，当政者也就失去了压力和动力去建构民主的回应体制。④ 大笔的外援还可能导致政局不稳，受援国的各种政治势力围绕国际援助进行你争我夺的暴力斗争，导致政府的解体。⑤ 特别是一些腐败的执政党，为了独占这笔"意外之财"，将极力排斥其他政党和政治力量参与政府的政策过程，因此政治制度受到破坏，政治分歧显著，民主出现恶化。⑥ 因此，西方援助可能会进一步巩固当政者的统治能力以及引起市民社会的萎缩，或是导致更为严重的政治动荡而非民主。显然，上述研究主要从宏观上探讨国际因素对于威权体制转型的影响，探讨的是作用方向而非作用机理，并且对国际干预的认识也局限于经济援助或制裁层面。而实际上，国际干预还有着更为广泛的形式，如军事打击、舆论谴责、价值输送等，因此，

---

① Nuno S. Teixeira (ed.), *The International Politics of Democratization: Comparative Perspectives*, London: Routledge, 2008, p. 26.

② Guillermo O'Donnell, Philippe C. Schmitter & Laurence Whitehead (eds.), *Transitions from Authoritarian Rule: Southern Europe*, Baltimore: Johns Hopkins University Press, 1986, pp. 3 – 10; Juan J. Linz & Alfred Stepan, *Problems of Democratic Transition and Consolidation: Southern Europe, South America, and Post – Communist Europe*, Baltimore: Johns Hopkins University Press, 1996.

③ Karen L. Remmer, Does Foreign Aid Promote the Expansion of Government, *American Journal of Political Science*, Vol. 48, No. 1, 2004, pp. 77 – 92.

④ Stephen Knack, Does Foreign Aid Promote Democracy, *International Studies Quarterly*, Vol. 48, No. 1, 2004, pp. 251 – 266.

⑤ Philip J. Grossman, Fiscal Decentralization and Government Size: An Extension, *Public Choice*, Vol. 62, No. 1, 1989, pp. 63 – 69.

⑥ Sarantis C. Kalyvitis & Irene Vlachaki, When Does More Aid Imply Less Democracy? An Empirical Examination, *European Journal of PoliticalEconomy*, Vol. 28, No. 1, 2012, pp. 132 – 146.

对于国际干预与民主转型的复杂关系，需要更为深入的解析与探讨。

二　国际干预在"阿拉伯之春" 中的形态与机理

"阿拉伯之春"为观察国际因素与民主转型的关系提供了绝佳的窗口。一是干预主体与干预目标之间泾渭分明。实施干预的国际势力主要包括美、英、法、德等国，以及欧盟和北约组织；而目标国则是被上述国家视为"非民主"的中东阿拉伯国家。二是干预手段十分丰富。与传统政府间的经济援助相比，此次干预的方式更为多元，价值输送、经济制裁、军事干预、援助反对派势力等纷纷采用。三是干预效果及时呈现。由于这些中东国家在短时间内发生剧变，不同的干预手段及其成效可以通过国别比较加以观察。

1. 价值推送与执政合法性

通过从外部向目标国进行民主价值的输出，侵蚀执政者的社会基础和执政合法性，是国际干预的常见形式。美国决策层认为，正是由于缺乏民主才导致中东国家极端主义和恐怖主义盛行，因此对于这些缺乏民主传统和社会基因的国家，唯有进行民主价值观的外部推送，才能推动这一地区的民主进程。[1] 因此，在"9·11"之后，小布什政府大力推行其"大中东计划"，试图用"民主"改造伊斯兰世界。这一计划旨在通过民主、自由、人权等西方政治价值观的传递，以及对"民主中坚人士"的培训，慢慢侵蚀这些国家执政者的合法性。

除了"大中东计划"之外，从20世纪90年代初开始，欧美国家在阿拉伯世界启动的"民主促进"计划多达600多项。内容包括对于潜在意见领袖（如政治上活跃的妇女、议员候选人、法官、法学专业学生、记者、教师和非政府组织积极分子）加以培训；再通过他（她）们游说政府，要求渐进改革和发展自由，用以刺激来自市民社会的民主"需

---

① 王鸿刚：《美国"大中东计划"简介》，《国际资料信息》2004年第4期。

求"。① 事实上，这些计划的实施为这些阿拉伯国家培养了一批具有"民主意识"的社会精英，他们在接受了西方价值观念的同时，也自然成为现有威权统治的反对者。

2. 舆论谴责与外交压力

如果说价值输送是一种长期而潜移默化的影响方式，采取外交声明、国际舆论、国际组织呼吁、谴责等舆论手段，会对目标国形成道义、舆论和外交上的压力，进而导致政治上的变革。对于利比亚政府镇压反对者的行为，美国总统奥巴马认为这是"残暴的和令人无法接受的"。针对叙利亚的镇压行为，美国抨击巴沙尔政权"不合法、不道德"，呼吁所有国家放弃支持巴沙尔政权并支持叙利亚政权过渡。对于这些非盟友国家，舆论谴责只是第一步，随着事态的发展与恶化，西方国家往往会采取进一步的行动，如经济制裁和军事干预等。

面对埃及政府镇压民众时，美国总统奥巴马一方面谴责埃及政府的行为，警告埃及如继续以暴力方式镇压反政府示威，将停止对其经济援助。但同时，他又要求"埃及政府和示威者都要谨慎处理，千万不要诉诸暴力"。必须指出的是，对于盟友来说，这一谴责同样会形成巨大的外交压力。该国领导人会意识到，一旦其主要合法性来源——西方强国的政治支持被抽走之后，他也将随之失去执政的正当性。正是在美国的介入下，穆巴拉克在埃及的威权统治大体以相对和平的方式结束。

3. 经济制裁与社会危机

经济制裁是较为常见的国际干预形式，具体包括停止经济援助、限制进出口贸易、关闭外贸通道、冻结国家及其领导人的海外财产等。面对国际制裁，不同形态的国家所采取的反应也有所差异。一党制国家往往会进一步提高对主要支持者的恩惠，以获取他们的支持；军人政体则会扩大开支，特别是军事装备以及官兵的工资；相比之下，个人政体则

---

① Sheila Carapico, Foreign Aid for Promoting Democracy in the Arab World, *Middle East Journal*, Vol. 56, No. 3, 2002, pp. 379 – 395.

会削减各项支出，提高镇压民众的成本。① 虽然经济制裁的效果不及军事干预，但是实施严厉的经济制裁也将会重创目标国的经济实力，引发连锁反应，如经济拮据、民众生活困难、社会危机，进而出现政局动荡。从制裁的效果来看，单一的经济制裁手段、较短的制裁时间和单方面的制裁，都难以奏效。

在"阿拉伯之春"当中，西方国家往往将经济制裁作为舆论谴责和外交手段的升级，并且常用于敌对国。2011 年 2 月，美国宣布冻结卡扎菲及其政府高级官员在美国的所有资产，禁止卡扎菲及利比亚高官访美，冻结美国控制的利比亚政府、中央银行和主权财富基金，禁止美国人和他们进行商业往来。欧盟同时也做出了类似的决定。同年 6 月，美国又宣布对 9 家利比亚政府拥有或控制的实体实施制裁，把 3 家银行和 6 家公司列入制裁名单。随后，美国又宣布制裁叙利亚外长、总统政治和新闻顾问和叙驻黎巴嫩大使，冻结其资产和禁止商业往来。经济制裁使这些国家遭受经济上的重创，外部经济来源被封锁，影响到国内民众的生活水平，进而成为社会危机与动荡的导火索。

4. 军事干预与政权垮台

相对于上述各种手段而言，军事干预既包括给予反对派武器支持、协助军事训练，也包括亲自发动军事打击和武装战争。军事干预往往会带来违反国际法、侵犯主权国家以及人道危机等后果，因此往往是国际干预的最后选项，却是最有效的手段。在"阿拉伯之春"中，西方国家使用军事干预也十分谨慎。从目前来看，除了利比亚以及美国扬言军事打击叙利亚之外，对其他几个国家均未使用军事干预。

之所以对利比亚采取军事行动，也是为形势所迫的策略。由于该国反对力量太过弱小，无法独立推翻现有政权；同时对于利比亚这样一个相对封闭的国家，西方国家难以通过内部渗入的方式培养出自己的代理人。因此，西方国家借助于利比亚的部落矛盾，并辅之以军事行动，推翻卡扎菲政权。2011 年 3 月，以法国为首的北约军队发起了"奥德赛黎明"行动，向利比亚发射导弹袭击。在随后的 5 个月内，北约配合利比

---

① Abel Escribà – Folch, Authoritarian Responses to Foreign Pressure Spending, Repression, and Sanctions, *Comparative Political Studies*, Vol. 45, No. 6, 2012, pp. 683 – 713.

亚的反对派武装进行了多轮空袭，最终帮助其控制了政权。

三　国际干预因素的内部转化与影响

显然，对于国际干预对目标国解体影响的考察，任何单因论都可能陷入掩耳盗铃的解释困境。我们常常发现，那些丧失了政治合法性的政权更容易被外力干预所动摇和左右；而在经济政治危机交织压力下的政权，也更容易被外力左右。在承认国际干预和外部介入成效的同时，必须关注威权体制的内部脆弱性。在"阿拉伯之春"中，西方国家所采取的干预手段与成效的差异，可以通过对这些国家内部因素的考察，如政治合法性的削弱、社会危机的恶化以及自身实力的弱小等因素来加以解释。

1. 政体合法性的减损

政体合法性体现在民主制度的建构程度、政治选举的真实性和广泛性、政治自由的保障程度等，最终落实到公众对于当政者统治的认同度。政体合法性低的国家，不仅招致国内反对派的不满和抗争，也会给国际干预提供良好的契机。在"阿拉伯之春"中的各国中，世袭制、家族政治、裙带关系盛行，政治制度化水平低，政治合法性先天不足，造成抵御外部干预的能力十分脆弱。特别是在信息化背景下，西方政治价值观的渗透，领袖和高层负面新闻在新媒体上的曝光和扩散，进一步加剧了这些威权政体合法性的流失。

根据美国学者格迪斯研究，威权体制大体上可以分为个人政体、一党制和军人政权三种类型，不同类型的威权体制的稳定性也有所差异。[①]突尼斯、也门、埃及等五国政体带有混合型政体的特征，融合了强人政治、一党制和军人政权的三重特性。尽管这五国的政权都有一个带有装点门面式的政党，如埃及民族民主党、突尼斯宪政民主联盟和叙利亚阿拉伯复兴党、也门全国人民大会党以及叙利亚复兴党。然而，由于威权领袖通过家族政治、军队、伊斯兰教和政党掌控着政治选举和国家权力，

---

① Barbara Geddes, Authoritarian Breakdown: Empirical Test of a Game Theoretic Argument, Paper Presented at the Annual Meeting of the American Political Science Association, September 1999.

使政党的功能受到极大限制。因此，这些弱合法性的政权，在面对西方的舆论压力、外交攻势和军事打击时，不仅获得国内民众支持甚少，还出现执政集团内部的分崩离析，利比亚和叙利亚的政府高官和军事将领纷纷叛逃，再次证实这一体制的脆弱性。

2. 社会经济危机的恶化

国内社会经济危机的生成与恶化是国际干预的重要契机。经济危机表现为经济发展滞后、通货膨胀严重、贫富差距悬殊、失业率高等；社会危机体现在社会结构失衡，精英与民众之间、教派与教派之间、部族与部族之间的严重割裂和断层生成。面对多重外部干预，如军事打击、经济制裁、援助控制、内部战争以及出口控制，拥有高度的经济绩效能够确保威权统治更加稳固，而低迷的经济增长会同外力干预相互作用和发酵，导致独裁者的下台。①

发生"阿拉伯之春"的国家，内部社会经济问题丛生，导致社会骚乱与政治动荡，不仅形成内部的体制脆弱性，对外部干预的抵抗力也大为降低。如利比亚依靠石油资源保持较高的经济绩效，2009年人均GDP即达9000多美元，但获益群体十分有限，动荡前的利比亚失业率高达21%。卡扎菲将巨大的石油收益用于购买武器和中饱私囊，其家族掌控着国家的经济命脉以及该国700多亿美元的海外资产。与此类似，埃及富人集团占全国人口的20%，却拥有55%的社会财富；占全国人口60%的穷人，只拥有18%的社会财富。也门10%的富有阶层控制了34%的国民收入，其消费总量占全国总消费量的25.5%，而10%的赤贫阶层消费仅占全国总消费量的3.5%。相对于以上国家，突尼斯的发展指标在中东国家屈指可数，2009—2010年度世界经济竞争力论坛年报显示，突尼斯在133个国家排名中名列非洲第1位，世界第40位。然而，伴随2008年全球金融海啸，突尼斯经济滑坡，外企大量裁员，失业率急剧上升。与此同时，本·阿里家族成员的严重腐败开始曝光和散播，进而引发社会的大动荡。

---

① Barbara Geddes, The Effect of Foreign Pressure on the Collapse of Authoritarian Regime, paper presented at the Annual Meeting of the American Political Science Association 2002.

3. 国家能力与盟友关系

影响外部干预的第三个因素是国家自身实力的强弱及其盟友关系。通常情况下，一个大国除了自身出现问题，他国很难撼动，即使采取最为直接的严厉制裁或者军事介入手段也无效果，而这两种手段在西方国家用于推翻小国时则立竿见影。如冷战时期，尽管西方阵营对于苏联及其所领导的华约敌视有加，但没有采取军事手段来加以变革。而在此次"阿拉伯之春"当中仍然坚挺的叙利亚，一旦离开俄罗斯的庇佑和保护，可能会迅速沦为又一个利比亚，在西方国家的直接军事干预下，将会不堪一击而迅速解体。

盟友关系也决定着西方国家干预的形式及其程度。实际上，在"阿拉伯之春"的国家当中，埃及、也门、巴林等均为亲西方的政权。埃及在 19 世纪 90 年代曾经是美国对外援助的主要国家之一，作为美国在中东的代理人，埃及积极协助美国调停区域内的冲突与争端，因此穆巴拉克长期的威权统治与美国的支持也不无关系。也门和巴林是美国反恐的重要伙伴，巴林还是美军第五舰队司令部所在地。因此，虽然上述三国带有威权体制的色彩，甚至出现了严重的社会危机，但西方国家仍主要集中在相对平和的外交方式，协调当权派与反对派和平解决争端。甚至在 2011 年 2 月巴林发生社会抗争时，美国国防部部长盖茨仍前往该国访问以示支持当政者。此后，海湾合作委员会的"半岛之盾"部队进入巴林，镇压示威者，协助巴林"维护正处于危险之中的国家安全和秩序"，美国却置若罔闻。[①] 为此，英国广播公司网站发表题为《为什么美国支持对利比亚而非巴林和也门动武？》一文，对此提出疑问。反观利比亚和叙利亚，美国及其盟友则态度十分鲜明，明确要求当权者下台，否则将进行严厉的经济制裁和军事打击。

四 结论

伴随全球化和信息化的到来，各国之间的影响与互动日趋增加，国际结构性要素和国际行为体对于威权国家民主进程的影响也在不断加强，

---

① 刘宝莱：《美着手调整"中东牌局"》，《解放日报》2011 年 4 月 1 日。

民主转型的国际因素理论开始拥有越来越多的经验支撑。在"阿拉伯之春"中，国际行为体在推动国家政权更迭和转型中发挥了令人瞩目的作用，除了兜售民主价值之外，还综合使用了舆论谴责、经济制裁和军事干预等各种手段。而从干预的时机来看，西方国家除了一贯坚持的"政治信念"和"民主价值"之外，更主要的是利用了这些阿拉伯国家自身出现的社会政治经济危机。这些中东北非国家长期实行合法性极低的个人政体；经济危机与通货膨胀严重，失业率攀升；社会分化加剧，贫富分化突出，民众相对剥夺感强烈。

国际因素与国内因素对于民主转型的影响存在复杂的互动关系，无法截然割裂开来。[①] 从"阿拉伯之春"来看，外部的压力、渗透、扩散、干预，与内部结构要素和行动者的结合，最终在目标国内部发酵，产生民主化的综合效应。如西方的价值推动不是简单地推销政治价值观，而是通过改变民众的政治观念和培养独立的意见领袖，达到污化、丑化当政者的目的；经济制裁不过是在目标国已经岌岌可危的经济危机上再撒把盐，激化民众与当权者之间的矛盾；外部援助和军事干预也多是应国内反对派的需求而实施的。归根结底，中东的政治变局是由于这些中东北非国家自身矛盾重重，导致外力变内力，内外力交集，最终出现政权更迭或动荡。从这一点来看，在民主化的经典理论体系当中，国际因素理论无法与结构主义理论和精英主义理论截然区分开来，它们在很多情况下存在着交叉和互动的复杂关系。

（选自《国外社会科学》2013 年第 4 期）

---

① Geoffrey Pridham, Eric Herring& George Sanford（eds.）, *Building Democracies? The International Dimension of Democratization in Eastern Europe*, London: Leicester University Press, 1994.

战后美国政党政治的新变化

臧秀玲　王　磊[*]

西方政党自20世纪60年代以来出现了政党衰落或政党危机，存在的争论主要围绕政党是衰落了，还是政党危机的本质是西方民主的转型这个问题而展开。[①] 通过观察20世纪80年代以来美国政党政治的新变化，反思"政党衰落论"，美国政党的新变化无疑对政党衰落论提出了挑战。美国的两大政党不同于现存的西欧政党。所有现存的政党类型学都是在过去一个半世纪内从西欧政党研究中得出的，美国两个分权型政党几乎不符合现存的政党类型学。[②] 分析战后美国政党的变迁，对西方政党政治研究是一种补充和扩展。本文从"选民中的政党""政党组织"和"政府中的政党"三个向度对美国政党政治的新变化进行探析，从而更加清晰地判断美国政党政治的变迁和前景。

一　围绕战后美国政党变迁的争议

第二次世界大战后，政党的衰落与复兴成为美国政治学界研究最多

＊ 臧秀玲，1963年生，山东大学当代社会主义研究所教授；王磊，1984年生，山东大学政治学与公共管理学院博士生。

① 参见陈崎《衰落还是转型：当代西方政党的发展变化研究》，中国传媒大学出版社2010年版；John J. Coleman, *Party Decline in American: Policy, Politics, and the Fiscal State*, Princeton University Press, 1996。

② ［美］拉里·戴蒙德、理查德·冈瑟：《政党与民主》，徐琳译，上海人民出版社2012年版，第5页。

也最富争议的政治现象之一，一直以来没有统一的答案。持"衰落论"
与"复兴论"观点的学者都有强有力的论据来论证各自的观点。根据笔
者收集的资料，美国学者在"政党衰落还是复兴"这个问题上除了系统
地著书立说之外，更多的是发表各类论文。美国政治学会（APSA）的
《美国政治学评论》（*The American Political Science Review*）、美国南部政治
学会（SPSA）的《政治学杂志》（*The Journal of Politics*）、美国中西部政
治学会（MPSA）的《美国政治科学杂志》（*American Journal of Political
Science*）、美国西部政治学会（WPSA）的《西政治学季刊》（*The Western
Political Quarterly*）等期刊在近几十年里刊登了大量有关"美国政党衰落
与复兴"这一问题的相关学术论文，尤其是《美国政治学评论》更是探
讨这一问题的权威期刊。

　　美国政党衰落的现象很早就被美国学界归纳为"政党衰落论"（the
party decline thesis）。[①] 美国学者观察政党政治与政党制度主要依据弗拉基
米尔·奥兰多·基（Valdimer Orlando Key）提出的"选民中的政党""政
党组织"和"政府中的政党"三条研究路径，也就是理查德·卡茨
（Richard Katz）和彼得·梅尔（Peter Mair）所说的政党的"三张面孔"。
"政党组织"包括那些为政党事业和候选人而工作的政党领袖和积极分
子；"政府中的政党"是指党员竞选并且获得了公共职位；"选民中的政
党"指对政党表现出忠诚的那部分选民。[②] 政党衰落最先发生在"选民中
的政党"。1970 年，沃尔特·伯恩汉姆通过观察选民党派性的变化首先提
出了"美国政党逐渐消亡的长期趋势"。[③] 此后，大量美国学者对"政党
衰落"问题进行了深入的研究，提出了比较系统的"政党衰落理论"。这
些学者认为，20 世纪 60 年代美国的政党组织已经瓦解，选举中强党派性
的选民人数下降，独立选民持续上升，政党组织在提名候选人上的垄断
被打破，国会中议员的政党团结投票持续下降。

---

　　① Jay A. Desart, Information Processing and Partisan Neutrality: A Reexamination of the Party
Decline Thesis, *The Journal of Politics*, Vol. 57, No. 3, August, 1995.

　　② Marjorie Randon Hershey, *Party Politics in America* (Twelfth Edition), Pearson Education,
2007, pp. 7 - 8.

　　③ Walter Dean Burnham, *Critical Elections and the Mainsprings of American Politics*, New York:
Norton, 1970, p. 133.

20 世纪 80 年代之后，美国政党并没有出现"政党衰落理论"所预示的情况，"政党衰落"这个概念也就不再时髦，取而代之的是"政党复兴"的概念。"政党复兴"是相对于"政党衰落"而言的，一般是指美国两大政党在"选民中的政党""政党组织"和"政府中的政党"这三个向度恢复了过去的组织和功能。莫里斯·菲奥里纳甚至指出，美国已经进入了一个"政党重生"（party enewal）的时代。① 詹姆斯·凯瑟尔在安东尼·金主编的《新美国政治制度》一书中，根据政党变革的情况将政党变迁的模式归纳为三种："衰落模式""稳定模式"和"复兴模式"。② 在"衰落模式"中，政党影响力持续损失；在"稳定模式"中，政党稍微加强了地位，并且扮演着次要角色；在"复兴模式"中，政党则恢复了丧失的功能或获得新功能，比过去更加强大。

综上所述，政党复兴模式与衰落模式是一个硬币的正反两面，都是政党变迁的外在表现形式。二战后美国政党虽然"衰落模式""稳定模式"和"复兴模式"交替存在，但在最近几十年来出现了复兴的趋势，并且正在试图通过国家政治权力恢复政党的功能。尽管美国政党无论是在政党组织、选举层面，还是在政府层面都走出了 60—70 年代的低谷，但总体而言，两大政党的复兴更多的是暂时性和碎片化的。

二　"选民中的政党"的新变化

1. 选民的政党认同出现极化

"政党认同"是指选民在选举中对政党的忠诚感，以及采取的投票态度和行为。美国学者安格斯·坎贝尔（Angus Campbell）在《美国的选民》（*Voter*）一书中最早提出这一概念，后来被广泛应用于政党的三个领域。选民的政党认同在童年和青少年时期受到家庭的影响，这也是选民政党认同最普遍的来源。成年时期的政党认同随着选民进入新的环境，

---

① Morris P. Fiorina, Parties and Partisanship: A 40 - Year Retrospective, *Political Behavior*, Vol. 24, No. 2, 2002, p. 99.

② James W. Ceaser, Politica Parties – Declining, Stabilizing, or Resurging? in Anthony King (ed.), *The New American Political System* (Second Version), Washington D. C.: The AEI Press, 1990, pp. 89 – 90.

例如大学、工作、结婚和结社之后，在某一段时期里，他们会根据自己关于政治的经验重新检验儿童时期的政党忠诚。政党认同、候选人的吸引力和选举中的各种议题这三种力量强烈地联系在一起。[①]

"选民中的政党"的新变化首先表现为两党选民益发只将选票投给本党，即选民政党认同的极化。政党认同的极化是指民主、共和两大政党的意识形态和政策日趋对立，两党内部意识形态同质化，导致两党国会议员和选民日益只投本党候选人的票。20世纪80年代以来，两大政党日益显著的意识形态极化使得美国选民越来越依据他们的意识形态倾向选择政党认同，导致了意识形态的政党忠诚逐渐重组。[②] 政党认同极化的现象自20世纪70年代以来日趋激烈，在时间段上与政党复兴的趋势大致吻合，受到"政党选民重组"产生的选民结构变化的影响。2004年的大选中，"直接投票"（straight – ticket voting）的选民达到了83.3%（选民"直接投票"是指选民只投给其中一个政党的候选人），是自1964年以来的历史最高水平。[③] 选举势力的重组扩大了两大政党在许多重要议题上的分歧，政治极化促进了美国两大政党的复兴。

政治极化同时也对美国政治产生了影响，使政党与选民的关系成为美国政府面临的核心问题。米奇·爱德华兹的最新研究成果表明，政治极化使两党差异变得更加确定，总统、州长和议员都加入党派性的争夺当中。党派性在国会中的问题更加严重，国会日益陷入机能失调的状态，不能在任何一个全国性的重要议题上达成共识。[④] 我国学者张业亮在考察美国两党政治极化的历史和现实之后认为，"政治极化"对现有的政治理论提出了挑战，两党政治极化的现实说明，两党与选民之间的联系正在加强，政党的地位不是衰落，而是再度兴起。[⑤]

---

① Marjorie Randon Hershey, *Party Politics in America* (Twelfth Edition)，2007，pp. 110 – 111，p. 116.

② Kyle L. Saunders & Alan I. Abramowitz, Ideological Realignment and Active Partisans in the American Electorate, *American Politics Research*，Vol. 32，No. 3，2004.

③ Donald C. Baumer & Howard J. Gold, Party Images and Partisan Resurgence, *The Social Science Journal*，2007.

④ Mickey Edwards, *The Parties Versus the People*：*How to Turn Republicans and Democrats into Americans*，Yale University Press，2012.

⑤ 张业亮：《"极化"的美国政治：神话还是现实?》，《美国研究》2008年第3期。

政党认同中的"独立选民"也发生了变化。独立选民是指自称不归属于任何政党的选民群体。有必要对两种不同类型的"独立选民"进行区分，即"纯粹的独立选民"（pure independents）和"有独立倾向的选民"（independent leaners）。后者虽然也属于"独立选民"，但被认为与两党中的一党有相对较密切的联系，在选举投票中更容易进行党派性投票。在2004年总统选举中，只有10%的选民是"纯粹的独立选民"。三分之一的选民是强党派性的选民。强党派性选民在选举中占了不小的比例。①

2. 选举层面的政党危机深化

美国的民主政治是通过选举制度表现出来的。一方面，投票选民的政党认同日益极化，两党选民日益只投本党候选人的票；另一方面，没参加投票的选民数量依旧很大。选举层面的政党政治危机主要表现在选民的低度政治参与。2004年总统大选，适龄选民人数大约有2.213亿人，但只有1.237亿人（约55.3%）参加了投票。根据1904—2006年的相关数据，只有1960年、1964年和1968年三个年份的投票率超过60%。② 低水平的参与也削弱了政党与其他政治机构和社会势力对比中的地位。③ 然而，尽管选民的投票率很低，但并不意味着选民不认同政党或者政府。纳尔逊·波尔斯比（Nelson W. Polsby）和艾伦·威尔达夫斯基（Aaron Wildavsky）反对将选民的低投票率归因于选民对政治的不满与疏离，认为美国人在其他政治参与形式上仍比较活跃，为他们支持的候选人或政党工作。造成选民不投票的原因很多，例如，需要进行的登记工作有很多，历史、地理与习惯起了重要作用。此外，对投票权的记录分散也导致选民需要因此而承担更多的预期工作。④

另一现象是"分裂投票"（split - ticket voting）。将选票投给不同的政党及其候选人，造成"分裂政府"，它已成为美国政治的常态。在1953—

① John C. Green& Daniel J. Coffey (eds.), *The State of the Parties* (Fifth Edition), Rowman & Littlefield Publishers, 2007, p. 272.

② Steffen W. Schmidt, Mack C. Shelley & Barbara A. Bardes, *American Government and Politics Today*, 2008 - 2009 Brief Edition, Wadsworth, Cengage Learning, 2009, pp. 200 - 201.

③ ［美］塞缪尔·亨廷顿：《变化社会中的政治秩序》，王冠华、刘为等译，上海人民出版社2008年版，第336页。

④ ［美］纳尔逊·波尔斯比、艾伦·威尔达夫斯基：《总统选举——美国政治的战略与构架》，管梅译，北京大学出版社2007年版，第5—8页。

1997 年 12 届的美国总统任期内，共和党执政 7 届，民主党执政 5 届，7
届共和党总统任期内国会都控制在民主党的手中。现在的第 113 届国会
中，民主党虽然占据了参议院的多数（53 席），但在众议院中，共和党以
233 席占据着绝对优势。两党分别掌控着参议院和众议院，在民主党控制
政府的前提下，现有的状况更加复杂。由此，分裂选票也是"政党衰落
论"者的重要依据之一。

三　"政党组织"的新变化

1. 组织结构的新变化

美国的全国、州和县三个层次的政党委员会的活跃程度都经历了真
正变革。政党组织的强化出现在 20 世纪 60 年代。首先是在州和县一级的
政党组织。起初，这一强化并没有被视为政党组织的复兴。政党的预算、
党员在政府中任职的数量、雇员的规模以及地方和全国政党组织的活跃
程度都比至少一代人之前的情况要更好。[1] 州和县一级的政党委员会的组
织比二战以来的任何时候都活跃。县一级的政党组织在选举中的参与度
也得到了提高，1980 年是 80%，1992 年达到了 92%。专职党务人员的人
数曾经很少。以州政党为例，通常只有一个秘书或者行政指挥。但是随
着以候选人为中心的政治潮流兴起，这样的人员配置显然无法满足竞选
活动的需要，大量专业化的人员进入政党组织。现在，在几乎所有的州，
政党都有全职的领导人。[2] 美国两党在政府职位的控制上达到了历史上的
最高程度，两党的力量比过去 50 年里的任何时候都显著强大。[3] 两大政
党也越来越注重制度化的作用。例如，20 世纪 60 年代早期，只有 50% 的
州一级政党组织有永久性的州总部，在 1979—1980 年，有永久性州总部

①　Cornelius C. Cotter, James L. Gibson, John F. Bibby & Robert J. Huckshorn, *Party Orgasia-tions in American Politics*, New York: Praeger, 1984.

②　周淑真、冯永光:《美国政党组织体制运行机制及其特点》,《当代世界与社会主义》
2010 年第 3 期。

③　Joseph A. Schlesinger, The New American Political Party, *American Political Science Review*,
1985.

的比例达到 91%。① 在总统选举上，20 世纪 60 年代，总统候选人参加选举很大程度上是依靠候选人自己的组织，政党组织在选举中起着次要的作用。自 80 年代以来，这种趋势正在不断反转，这使得政党的复兴似乎有了真正的希望。

2. 政党功能的新变化

政党组织在筹集竞选经费、招募和训练候选人上变得更加强大。由于在选举中需要花费大量的金钱，为相关的选举筹措资金一直是两大党的主要任务。在这方面，两党都是不折不扣的"筹款机器"。政党的制度化水平变得更加持久和专业。民主、共和两党在 2003 年筹集到的资金比 2001 年多 1.89 亿美元，政治极化所起的作用明显。② 政党组织可以利用其特殊的政治地位为重要的候选人筹集"软钱"（soft money），即那些选民捐给政党而不直接捐给候选人的钱。捐给某一特定总统候选人的"硬钱"（hard money）数额受到联邦选举委员会（Federal Election Commission）的严格限制，而"软钱"则可以绕过监督。由于"软钱"不受数额限制，所以公司和个人可以向政党提供任何数目的捐款，政党对"软钱"的使用更加灵活。里根政府的共和党全国委员会（Republican National Committee，RNC）用它筹集到的"软钱"促进地方政党组织的复兴。地方组织功能的强化很大程度上得益于经费的增加。所有层面的政党组织都采取了更多有效的手段筹集资金，而地方政党组织得益于从州政党组织中分享到的这些资金，在政党地方组织获得上级政党财政支持的同时，党的全国委员会对地方提名候选人的影响力也达到了空前的高度。

一方面，两大政党在筹集资金和招募候选人上的功能越来越强大。另一方面，政党在利益代表与利益聚集的功能上又是弱小的，正在受到越来越多的挑战。利益集团正在利用其优势通过游说发挥很多利益代表和利益聚集的功能。利益表达和利益聚集功能的衰落也表明，政党的社会基础正在萎缩。"政党的衰弱"体现的就是政党功能的一种转化，即由

①　James L. Gibson, Cornelius P. Cotter, John F. Bibby & Robert J. Huckshorn, Assessing Party Organizational Strength, *American Journal of Political Science*, 1983, p. 199.

②　Marjorie Randon Hershey, *Party Politics in America* (Twelfth Edition), 2007, p. 61.

原来的利益表达功能为主转化为控制政府功能为主。① 美国一直存在的一个老问题是，一方面，两大政党越来越采取极化的立场，特别是在一些对大多数美国人日常生活极为重要的议题上；另一方面，如果要忽视任何一个反对者的利益，两大政党就会遭受公众的不信任。②

3. 第三党以及利益集团的新变化

汉斯·达尔德尔认为，从民主政治的发展趋势来看，政党对民主政治发展曾经起到的作用不容否定。但是，随着后工业社会的来临，其他政治行为主体和政治制度已经取代了政党的大多数功能，政党终将衰败。③ 美国第三党和利益集团的兴起导致政党的衰落，挑战"政党组织"的复兴。1992 年总统大选，企业家罗斯·佩罗自己组建"改革党"参加总统竞选，最终获得了 19% 的选民票，是独立候选人参加竞选以来的最好成绩，并最终分化了共和党的选票，导致执政的共和党总统布什落选。2009 年的茶党运动是美国保守的右翼人士反对奥巴马的经济刺激计划发展起来的社会运动。茶党运动兴起于美国各地的基层，并在全国范围内相互呼应，发挥了重要的政治影响。该运动的基本主张是反对政府的高税收、高福利政策和大规模的经济干预。虽然茶党运动是美国民众的草根运动，但是明显得到了共和党右翼以及保守派的支持，反映了美国政治和经济日益分裂的趋势。这些人大体上可以被视为持右翼自由放任立场的共和党人。茶党运动的兴起说明，无论是民主党还是共和党都不能为当前的大混乱局势提供很好的替代选择。运动增强了大量持自由放任立场民众的政治参与程度，影响了美国民主共和两党的选举运动，并且使温和派共和党人担心共和党的政治基础发生根本性改变。尽管茶党运动声势浩大，吸引了媒体的关注，但是民调显示茶党的发展空间有限，到 2010 年底，仍有 1/3 的美国民众对茶党很陌生，该党的发展势头正在放缓。④ 在美国，第三党常常是昙花一现，不会对民主共和两大政党产生

① 柴宝勇：《政党发展：涵义、视角及趋势》，《当代世界与社会主义》2001 年第 5 期。

② Marjorie Randon Hershey, *Party Politics in America* (Twelfth Edition), 2007, p. 97.

③ Hans Daalder, A Crisis of Party, *Scandinavian Political Studies*, Vol. 15, No. 4, 2001, pp. 269 – 270.

④ Vanessa Williamson, Theda Skocpol & John Coggin, The Tea Party and The Remaking of Republican Conservatism, *Perspectives on Politics*, Vol. 9, No. 1, March 2011.

根本性冲击，两党制仍然在美国政党体制中占据统治地位。

如果说第三党只能算美国政治中的一个点缀的话，那么利益集团对美国政党政治的影响则要深远得多。美国是世界上利益集团政治最为盛行的国家。在现实政治中，除了政府以外，利益集团对政治有很大影响，它们常常以组织化的方式参与和影响政府决策。它们可以越来越多地越过政党，通过直接游说国会和诉诸法院，赢得立法结果，从而获取其自身利益。现在，在美国政党政治运作中，这是一股不容忽视的力量。利益集团政治对选举活动的介入极大地改变了选举政治地图，尤其是国会选举的政治地图，不少候选人争相获得某个大的政治行动委员会的支持而不是党的支持。[1] 美国利益集团的繁荣是以政党为代价的观点，也有一些更基本、更经得起时间检验的理由。关心政策议题的个人拥有的资源有限，但他们可以把这些资源给予利益集团或者政党。在很多情况下，给予利益集团是合乎逻辑的选择，因为它们致力于范围狭窄的议题。[2] 在少数群体利益的代表方面，社区、团体和社会服务组织发挥了重要作用，它们会增加领导者代表这些群体利益的可能性。[3] 在利益集团与两大政党的关系上，大多数利益集团摇摆于党派性和非党性之间，尽管它们在两党之间实际上会有所偏向。然而，随着时间的推移，利益集团维持这种两党路线越来越困难。随着政党之间差距的拉大，对政党的忠诚由于点名表决而得到加强。利益集团发现，同时支持两大政党的候选人要做到合情合理越来越难，政党领袖也推动利益集团向政党立场上靠近。[4]

四　"政府中的政党"的新变化

1. 责任政党政府的巩固

政党政府（party government），或者称为"责任政党"（responsible

---

①　张立平：《美国政党与选举政治》，中国社会科学出版社 2002 年版，第 214 页。

②　［美］杰弗里·M. 贝瑞、克莱德·威尔科克斯：《利益集团社会（第 5 版）》，王明进译，中国人民大学出版社 2012 年版，第 92 页。

③　［美］皮特·F. 伯恩斯：《仅有选举政治是不够的：少数群体利益表达与政治问题回应》，任田忠译，中央编译出版社 2011 年版，第 13 页。

④　［美］杰弗里·M. 贝瑞、克莱德·威尔科克斯：《利益集团社会（第 5 版）》，王明译，中国人民大学出版社 2012 年版，第 98—99 页。

parties），既区别于传统的限权政府，也不同于传统的强大政党，它提供了一种关于民主政治的展望。政党政府的捍卫者认为，需要一个强大的政府来处理社会和经济问题。政党和国家通过建立"责任政党政府"的方式互相渗透和影响，政党依靠国家的力量加强对政治权力的垄断。

"政府中的政党"经历了20世纪70年代早期触底之后，在罗纳德·里根竞选总统时期明显地复兴。到90年代，政府中的政党已经比50年代显著加强。党派团结分（party unity scores）或者党派支持（party support）通常被用来表示两党议员站在本党一边投票的比例。[①] 党派团结分在80年代继续上升，特别是1995年共和党控制国会之后增加更快。1995年"金里奇革命"时期，众议院共和党议员的政党团结分高达93%。[②] 在国会议员的投票上，2003年达到了一个空前极化的高度，在国会的所有投票中，有385次（超过总数的30%）选择了这种极化的投票模式。[③] 在记名投票中，两党互相对立的状况更为明显。1970年，众议院两党多数派互相对立的记名投票占所有记名投票的27%，到了1995年，这一比例高达75%。随后虽然有所下降，但仍远高于20世纪70年代。[④] 国会改革促进了两党党派性的增强。[⑤] 虽然90年代美国选民的党派性与50年代相比稍显不足，但选民在总统选举中确实表现出更强的党派性。乔治·W. 布什执政时期，两党继续持续30多年的政治极化趋势。在反恐、伊拉克战争和国土安全问题上，两党分歧巨大，小布什也成为50多年来美国公众评价最两极分化的一位总统。在奥巴马执政之后，国会议员的政治极化现象不仅没有减缓，反而有了明显的加剧，共和党出于选战需要，几乎是"逢奥必反"。一个典型的例证是，由奥巴马总统倡导的、民主党

---

① Marjorie Randon Hershey, *Party Politics in America* (Twelfth Edition), 2007, p. 257.

② Bruce Miroif, Raymond Seidelman & Todd Swanstorm (eds.), *The Democratic Debate: An Introduction to American Politics*, Boston and New York: Houghton Mifflin Company, 2002, p. 309；参见张业亮《"极化"的美国政治：神话还是现实?》，《美国研究》2008年第3期。

③ Polle, Votes Echo Electoral Themes, CQ Weekly December, 2004；Donald C. Baumer & Howard J. Gold, Party Images and Partisan Resurgence, 2007, p. 466.

④ Harold W. Stanley & Richard G. Niemi (eds.), *Vital Statutics on American Politics*, 2005 – 2006, Washington D. C.: CQ Press, 2005, p. 217.

⑤ David W. Rohde, *Parties and Leaders in the Postreform House*, Chicago: University of Chicago Press, 1991.

国会议员全力推动的医疗改革法 2013 年在国会获得通过时，完全是以党派划线：在参众两院中没有一名共和党议员支持民主党的医改方案，这种情况在当代美国国会历史上实属罕见。

2. "候选人为中心"的政治强化

"候选人为中心"（candidate centered）是指选举运动聚焦在候选人的行动和策略，而不是政党。在美国，政党的竞选组织和选举人的竞选组织通常是两班人马，后者只对选举人负责，而不会顾及政党的选举策略和政党能够赢得的公职数量。在两者出现矛盾的时候，政党往往服从候选人。由于新媒体时代的技术进步，候选人可以直接接触选民，而不需要依靠政党作为媒介，而利益集团和其他政治组织可以直接为候选人服务，支持他们的竞选运动。因此，候选人成了选举的关键。1976 年，吉米·卡特赢得民主党总统候选人提名，他公开反对许多州县一级的政党组织。没有一个现代总统像卡特那样少地利用全国的政党组织。① 大众媒体的扩张，特别是互联网的普及，扩大了选民获取政治信息的途径，促进了"候选人为中心"的政治，加速了政党组织的衰落。20 世纪 60 年代中期以来，美国民主党的"新政"（New Deal）选民联盟的解体使得选民的政党认同更新，"政党解组"导致政党稳定的选民认同不复存在。而政党候选人当选总统之后强调自己的超党派性质。例如，奥巴马当选之后就宣称自己是超党派的总统，试图调和民主共和两党之间的裂痕。"候选人为中心"的选举使得政党的作用降低，而选举结果也越来越不确定和不可预测。在"政党为中心"的选举中，选民更容易进行"直接投票"。"候选人为中心"的选举的弊端也是明显的，它冲击了政治的稳定性，选民投分裂选票的可能性增大，出现分裂政府的情况将越来越频繁。

五　结语

美国两大政党在 20 世纪 60—70 年代经历了衰落，而在 80 年代又迎

---

① David E. Price, *Bringing Back the Parties*, Washington, D. C.：Congressional Quarterly Press, 1984, p. 78；James W. Cease, Political Parties – Declining, Stabilizing, or Resurging? in Anthony King（ed.）, *The New American Political System*（Second Version）, Washington, D. C：The AEI Press, 1990, p. 88.

来了复兴。从政党发展史来看，政党衰落是历史趋势，并将随着阶级的消灭而消亡，但是美国政党政治发展所呈现出的这种错综复杂的现象，更加深刻地表现出了资本主义民主下政党政治的两难困境。我们应该辩证和具体地看待"政党危机"与政党衰落，既要看到西方政党危机的一般性，也要分析其中的特殊性，把政党放在特定的历史条件下考察。美国政党的复兴只是相对的，各个领域都有一套衡量政党复兴还是衰落的指标体系。无论是关于"政党复兴"的研究还是"政党衰落"的研究，都犯了一个同样的错误，即过多地依赖于政党的三个向度（选民中的政党、政党组织和政府中的政党），没有能够说明政党体制中一个领域的变革怎样促进或者阻止另一领域的变革。① 这种模式又被称为"不适宜的三位一体"（unholy trinity）。在"选民中的政党"中，政党认同的极化在一定程度上恢复了政党过去对选民的动员能力，但是，选民的低投票率仍将长期存在，影响政党复兴的势头。在"政党组织"中，两大政党的各级政党组织的组织结构在过去几十年里都得到了一定程度的加强，在筹集资金和支持候选人上的功能也比过去更强大。但是，第三党分化了两大政党的组织基础，尤其是利益集团对政党功能的冲击更加明显，政党的利益表达和利益聚集功能亟须重塑。在"政府中的政党"中，总统和议员的党派性有所增强，但是选举过程中的"候选人为中心"的政治在一定程度上弱化了政党的作用。从政党变迁的发展过程来看，美国政党在短期内虽然出现一定程度的复兴，但长期衰落的趋势仍然存在。

（选自《国外社会科学》2014 年第 2 期）

---

① John J. Coleman, *Party Decline in American: Policy, Politics, and the Fiscal State*, 1996, pp. 7 – 8.

治　　理

西方城市空间扩张与治理理论研究

段进军[*]

一 城市扩张的内涵及其影响

在 20 世纪 60 年代，城市扩张的概念在西方经历了一个不断变化的历程。最初地理学家戈特曼把城市扩张简单地描述为"大都市边缘持续不断地扩张"，并且，"大城市边缘总有一个带状的土地处于乡村向城市的转化过程中"。[①] 自 20 世纪 60 年代以后，城市扩张逐步与城市发展过程中许多"负面因素"联系在一起，包括城市土地资源的浪费、农业用地的丧失、新地区个性的丧失、湿地的破坏、环境恶化、交通拥挤、中心区的衰退等。[②] 针对城市扩张的负面影响，大批西方学者从不同视角定义城市扩张，至今尚无统一的定义。伯切尔等人将城市扩张总结为以下 8个方面：低密度的土地开发；空间分类、单一功能的土地利用；"蛙跳式"或零散的扩展形式；带状的商业开发；依赖小容量交通的土地开发；牺牲城市中心的发展进行城市边缘区的开发；就业岗位的分散；农业用地和开敞空间的消失。[③] 谢拉·克拉布认为，郊区扩张呈现"一种不负责

* 段进军，博士，苏州大学商学院副教授。

① Jean Gottman, *Megalopolis: The Urbanized Northeastern Seaboard of the United States*, New York: Twentieth Century Fund, 1961, p. 247.

② A. Duany, E. Plater – Zyberk & J. Speck, *Suburban Nation – The Rise of Sprawl and the Decline of American Dream*, North Point Press, 2000, p. 120.

③ Rolbert Burchell, Economic and Fiscal Costs (and Benefits) of Sprawl, *The Urban Lawyer*, Vol. 29, 1997, pp. 156 – 157.

任的、规划失败的发展，其毁坏了绿地，使交通堵塞，空气污染加剧，学校拥挤和增加车税，等等"。① 总之，关于城市空间扩张尚无统一定义，但它与社会经济和生态等问题的出现密切相关。因此，必须抑制城市扩张，促进可持续发展，在这一认识上诸学者的观点是统一的。针对城市扩张所带来的负面影响，西方国家中也形成了诸多新的城市理论。例如，区域主义（regionlism）、新城市主义（newurbanism）、精明增长（smart growth）、紧凑城市（compact city）等，并在这些理论的指导下采取了诸多具体措施，主要包括通过城市再开发增加中心区的活力，如美国1949年的城市更新法案（Urban Renewal Act）和20世纪60年代的城市再开发示范项目、70年代设立的社区开发补贴政策等。近年来则主要通过行政手段支持大容量公共交通，实施城市成长管理政策，解决城乡发展的不均衡等问题。本菲尔德（Benfield）等人对之进行了总结：② 一是采取强有力措施，促进中心城市内邻里居住区的再生；二是通过地方政府的区域性合作和公共交通导向促进开发模式的利用，实现公共交通的有效利用和集约化开发；三是保护农业和郊区开放绿地；四是控制超市等购物设施在郊区的建设；五是通过环境整治促进企业在郊区的适度发展，保证就业岗位。下文主要对城市扩张治理的主要理论和观点进行评介，并在此基础上对这些理论和实践提出自己的思考。

二　城市扩张治理的主要理论及其观点

1. 20 世纪 60 年代区域主义的复兴

1915 年，美国哲学家和生物学家帕特里克·格迪斯（Patrick Geddes）在其著作《演变中的城市》（*Cities Evolution*）中提出了城市区域观，认为城市的形成和发展有赖于整个区域的发展。后来霍华德和刘易斯·芒福德（Lewis Mumford）进一步完善和发展了区域主义。正如芒福德对霍

① Sierra Club, *The Dark Side of the American Dream*: *The Costs and Consequences of Suburban Sprawl*, *Challenge to Sprawl Campaign*, College Park, MD, undated.

② 陆大道等：《2006 中国区域发展报告：城镇化进程及空间扩张》，商务印书馆 2007 年版，第 104—119 页。

华德的评价，"其最大的贡献不在于重新塑造城市的物质形式，而在于发展这种形式下内在的有机概念。虽然霍华德不像帕特里克·格迪斯那样是一位生物学家，然而他却把动态平衡和有机平衡这种生物的标准引用到城市中来，即城市与乡村在范围更大的生物环境中取得平衡。城市各种功能的平衡，尤其是通过限制城市的面积、人口数量、居住密度等积极控制发展而取得平衡，一旦这个社区受到过度增长的威胁以致功能失调，就可能另行繁殖新社区"。① 刘易斯·芒福德在 20 世纪 20 年代创立美国区域规划协会，虽然该协会于 30 年代末解散，但 20 世纪 60—70 年代，在城市扩张、各个城市竞相争夺发展空间和腹地的背景下，区域主义再次复苏。其主要思想是建立都市区政府，从区域职能着眼，设立新的区域性服务区和区域性税收区，以此来解决城市的无序扩张问题。区域性成长控制、交通和土地利用规划的协调、税收资源共享是比较常用的政策工具。复兴后的新区域主义更加强调区域城市和区域整体设计的新思想，这以彼得·卡尔索普、威廉·富尔顿等为代表。新区域主义理论在三个方面区别了传统的区域主义。②（1）20 世纪 20 年代的区域论者把贫民窟和交通拥堵看成是巨型城市压倒一切的问题，他们希望看到这种城市的崩溃。他们几乎想象不到，人口和产业的分散将会对主要城市中心，特别是那些留下来的穷人带来什么后果。与此相反，彼得·卡尔索普和威廉·富尔顿的区域论认识到了振兴中心城市的意义。他们把重点放在重建内城上。（2）传统的区域论者认为，自给自足的"新城"是代表高级文明社会的唯一的理想形式。他们期待大部分美国人生活在这种城市形式中。但是事实上这是不可能的，私人开发商不可能去建设这样的城市，甚至福利国家都很难实现这样的模式，因而新城建设实际上是乌托邦。与绿色田野里的"新城"不同，彼得·卡尔索普和威廉·富尔顿把他们的注意力放到了郊区土地填空补缺的开发和再开发上，放到了郊区布局结构的更新换代上，以便形成可步行的镇中心、土地与空间

---

① ［美］刘易斯·芒福德：《城市发展史——起源、演变和前景》，宋俊岭、倪文彦译，中国建筑工业出版社 2005 年版，第 528 页。

② ［美］彼得·卡尔索普、威廉·富尔顿：《区域城市——终结蔓延的规划》，叶齐茂、倪晓晖译，中国建筑工业出版社 2007 年版，第 XIII—XIV 页。

混合使用的街区和公共空间。（3）早期区域论者仍然没有跳出现代派对新技术发展的乐观主义，他们把技术革新看成像奴隶解放一样。在他们看来，完全抛弃旧的城市形式，仅仅依靠最新的技术，区域城市便可以诞生，特别是 20 世纪 20 年代的区域论者完全沉浸在汽车时代到来的喜悦之中。但新区域主义者认为，情况恰恰相反，正是以汽车为代表的新技术导致城市扩张，导致错综复杂的社会经济和生态问题。因此，必须要吸收旧的城市形式的合理内涵，以解决城市的扩张问题。正如彼得·卡尔索普 1986 年所写："我们的城市在它们出生时就有了一种特殊的智慧和成长的力量。"彼得·卡尔索普和威廉·富尔顿把目光转向旧的城市形式，既不是怀旧，也不是处于保护的动机，而是希望从旧的城市形式挖掘出可供未来发展的资源。综上所述可以看到新区域主义的区域观点正如他们一直强调的："区域的兴起、郊区的成熟和旧城街区的复兴，每一种现象都不是独立的，而是与另外两种现象相关联的。"[1] 这与传统上依靠中心城市的分散化解决城市问题的旧区域主义的理论观点是截然不同的。

2. 20 世纪 90 年代的新城市主义运动与邻里开发

"新城市主义"运动的发起人是城市设计人员和建筑师。面对城市用地扩张、传统邻里淡漠等问题，1991 年，加州地方政府委员会召集 6 位杰出的设计师起草了一套社区规划原理，系统地论述和总结了"把第二次世界大战前美国城市设计的理念与现代环保、节能的设计原理结合起来，建造具有人文关怀、用地集约、适合步行的居住环境"的新型城市的设计理念。之后，100 多位政府人员在约塞米蒂的阿瓦尼酒店召开会议，专门对这套原理进行商讨，这套原理后来被称为"阿瓦尼原理"。1993 年新城市主义联盟正式成立，并于 1996 年在阿瓦尼原理的基础上发布了《新城市主义宣言》，为城市规划和城市设计提供具体的指导。其核心是反对由于过度使用小汽车而造成的城镇扩张、社区隔离等现象，倡导集约化、高密度的社区开发。《新城市主义宣言》对精明增长、联邦政府的可持续发展策略等很多政策均产生了积极的影响。新城市主义以宪

---

[1]　［美］彼得·卡尔索普、威廉·富尔顿：《区域城市——终结蔓延的规划》，叶齐茂、倪晓晖译，中国建筑工业出版社 2007 年版，第 26 页。

章的形式提出27条原则，从区域、都市区、城市，邻里、分区、交通走廊，街区、街道、建筑物三个层次对城市规划设计与开发的理念给予阐述。①② 尤其是邻里、分区与交通走廊这一层次，对城市规划和设计进行了详细的说明，包括建立紧凑的、适合步行的邻里居住环境，日常生活安排在可步行的范围内，提供适合不同年龄、种族、收入水平的住宅类型，合理配置轨道交通等。值得一提的是，新城市主义发展观给城市规划设计带来了更新和更全面的视角。新城市主义强调了经济的多元性及区域性，使城市规划和设计突破了传统的形体设计领域。与这种对经济的多元性及区域性的强调相对应，也意味着其更加强调社会的公平性。不同收入水平、不同种族的人对住宅的支付能力不同，这就需要住宅区内既包括较昂贵的单体住宅，又包括廉价的公寓；既能为购房者提供商品住宅，又能为租房者提供租赁房屋。同时，新城市主义还强调各种收入阶层的住宅混合布置，以此解决原有的贵族问题和贫困及犯罪问题。对于区域性，除了提出住宅多样化之外，新城市主义还主张划定都市增长区，也就是提出增长应该出现的区域，以及如何将区域整体融合在一起。从总体上看，新城市主义除了强调区域和城市的形体设计外，还强调与社会和经济事务相关的政策，以及二者的有效配合。其中社会和经济事务相关的政策主要包括三个方面，即公平的住宅和贫穷的分散、在区域基础上的税收分配、城市学校和区域教育的协调等。③

3. 公共交通导向的开发和城市轨道交通的复兴及交通村的构想

20世纪80年代，人们已经提出了步行者区域（pedestrian pocket）的构想：在轨道交通站点附近进行办公、购物、娱乐等多功能的综合开发，由此形成以轨道交通为中心的广域购物和就业圈。1994年，新城市主义运动者卡尔索普提出了公交车导向开发（TOD）的构想，即以公交车站

---

① Jonathan Barnett, *The Fractured Metropolis：Improving the New City，Restoring the Old City，Reshaping the Region*, New York：Harper Collins, 1995, p. 130.

② Peter Calthorpe, William Fulton, Charter of the New Urbanism, in D. Watson, A. Plattus & R. Shibley（eds.）, *Time – Saver Standard for Urban Design*, New York：McGraw – Hill, 2001, p. 122.

③ Peter Calthorpe, *The New American Metropolis – Ecology，Community，and the American Dream*, PrincetonArchitectural Press, 1994, p. 114.

为核心，在 10 分钟的步行圈内配置居住、商业、办公、开放绿地、公共设施等功能。根据公共交通的种类和核心区设施的等级，TOD 开发模式又分为都市型和邻里居住型。TOD 开发模式在房地产开发中取得了很大成功。在郊区开发和城市建成区再开发、都市圈规划政策中都得到了很好的应用。例如，波特兰等都市区根据这一思想对公交车站周围 400 米以内的商业设施给予用地上的优惠，或向那些在公交车站附近购买住房的居民提供低息贷款和补贴。随着这些事例的推广，TOD 在国际上也受到广泛关注。20 世纪初，路面电车曾经是美国各大城市的主要交通工具。然而 20 世纪 50—60 年代，由于城市的扩张和公共交通服务质量的下降，以及小汽车的普及，很多城市的路面电车停产停运。[①] 20 世纪 70 年代以后，由于石油危机和城市贫困阶层社会问题的加剧和环境问题的恶化，越来越多的人恢复了对路面电车和公共交通的关注。1968 年美国运输部的成立是政府恢复和重视公共交通的一个转折点。1990 年的《空间净化法修正案》和 1991 年的《运输效率法》进一步促进了公共交通的复兴。现在美国和加拿大已经有 20 多个城市修建了城市轻轨。20 世纪 90 年代伯尼克和塞弗罗提出了交通村（Transit Village）的设想，[②] 其主要内容是在距离公交车站 400 米，徒步 5 分钟的范围内配置综合居住功能，在交通站点设置小汽车停车场，由此实现小汽车与公共交通方式的衔接（park and drive）等。交通村模式在普林斯顿、华盛顿、洛杉矶、旧金山等城市得到应用。1994 年，加州颁布了交通村开发法，对在轨道交通站 400 米范围内的开发提供了优先审批、资金补助、行政服务等多方面的支持。

4. 都市增长管理政策与精明增长

美国增长管理政策的主要目标是控制都市的扩张，保护农田和城市周围的开放绿地，减少由于财政上的浪费所造成的投资效率的降低以及公共服务效率的下降。目前，1/4 的州和地区制定了关于增长管理的法律。其中最早的是 1973 年俄勒冈州的《土地保护与开发法》。1994 年，美国城市规划协会发出了精明增长的倡议，敦促各州在精明增长思想的

---

① Arthur O'Sullivan, Urban Economics, Copyright by The McGraw – Hill Companies, 2002, p. 585.

② M. Bernic & R. Cervero, Transit Villages in the 21st Century, McGraw – Hill, 1997, p. 100.

指导下，通过法律的修订来解决由于小汽车和郊区化带来的城市扩张、中心区的衰退、道路拥堵、空气污染等问题。1997 年，副总统戈尔在竞选口号中号召精明增长，进一步提高了它的影响力。精明增长强调以步行尺度重新组织居住区和社区，复兴公共交通，重新构筑城市的网络化结构，通过区域协调和法律的保障来促进城市地区的振兴（如表 1 所示）。2003 年，美国城市规划协会在丹佛召开会议，主题是通过精明增长来解决城镇扩张。会议总结了精明增长的三个要素：① 一是保护城市周边的农村土地；二是鼓励城市地区的填充式开发和城市再生（urban regeneration）；三是发展公共交通，减少对小汽车的依赖。精明增长引发了以土地使用为中心的 5 个方面的讨论，② 它们包括农地保护、环境保护（空气、水、野生动植物等）、节约基础设施投资、改善人类健康（大气、水、锻炼活动、交通步行安全）和社会公正。精明增长的最终目标是提高社会质量、改变扩张导致的社会极化和社会不公。但是，如何通过土地使用的改革来进一步接近目标还有许多争论。实现精明增长目前有 4 个方面被认为十分有效，它们分别是地方管治、土地使用规划、土地使用法规及投资和激励政策。这些政策的主要目的都是减少都市扩张，但是它们也支持一种"包含住区内的功能均衡，支持以家庭为基础的工商业，限定公众空间领域，利于徒步到达，将汽车的使用减到最低，并利于横越"方式的都市发展模式。总之，无论从理论层面还是可操作的政策层面，精明增长在西方发达国家，特别是美国都引起了广泛的关注和重视，也被认为是替代城市郊区扩张的新的发展模式。

表 1　　　　　　　　　　　精明增长政策工具箱

精明增长的措施	实现手段
开敞空间的保护	规划控制（包括环境规制、分区控制、开发权转移等）；规制适度、税收激励；土地许可制度
增长边界的控制	城镇的增长边界；区域城市的增长边界

---

① Greetings from Smart Growth America, http//www. smartgrowthamerican. com.

② T. Daniels, Smart Growth: A New American Approcach to Regional Planning, *Planning Practice and Research*, Vol. 16, 2001, pp. 271 – 279.

续表

精明增长的措施	实现手段
紧凑、混合型 土地开发	新型邻里开发（TND）；公共交通导向开发（TOD）；公共交通村 （transit villages）
城市中心和 商业区复兴	市中心和主要街道的再开发；棕地（brown field）再开发；灰地 （grey field）再开发
发展公共交通	地方公共交通体系的建设；区域性交通体系的建设
区域协调机制	设立区域性管理和协调机构；建立区域基础设施服务区；建立区 域性规划协调机制
区域性财税制度	区域税收共享；区域性适度成本住房的提供

资料来源：[美]奥利弗·吉勒姆：《无边的城市——论战城市蔓延》，叶齐茂、倪晓晖译，中国建筑工业出版社 2007 年版，第 169 页。

5. 紧凑城市与城市的可持续发展

随着可持续发展思想的提出，许多学者认为城市该采取紧凑形态，即紧凑城市（compact urban）的主张。它是与分散化思想相对的一种集中化思想。人们同时认为，可持续城市应该是"适宜行走、有效的公共交通和鼓励人们相互交往的紧凑形态和规划"，其主要观点为：[①]（1）通过社会可持续的混合土地利用，促使人口和经济的集中，减少人们对出行的需求，有效地减少交通排放；（2）提倡使用公共交通，减少小汽车使用，鼓励步行和自行车使用，以解决城市交通问题；（3）通过有效的土地规划，统一集中供电和供热系统，充分节约能源；（4）高密度的簇状社区有助于生活设施系统充满活力，可以增强社会的可持续性。他们认为，城市应该采取通过公共交通系统把城市中心和分散在其周围的自给自足的紧凑社区聚集和联系起来的形态。紧凑城市理论起源于英国。近年来，英国大城市人口流失、城镇空间扩张、城市中心衰退、环境恶化等问题日趋严重。同时，自 20 世纪 90 年代以来，部分地区（东南部）人口增加带来新的住宅需求。针对这些问题，英国政府采取了可持续发

---

① E. Burton, The Compact City: Just or Just Compact? A Preliminary Analysis, *Urban Studies*, Vol. 37, 2000, p. 132.

展和紧凑型城镇空间形态（compact city）的基本战略，把城镇空间形态问题与可持续发展的理念有机地结合起来，并采取了以下重要措施。[①] 一是都市复兴战略以紧凑型发展为思路，提高城市密度，恢复城市的吸引力，实现城市地区的复兴。二是英国城市规划制度以计划导向为主要特征。政府以政策理念为依据，制定了各个领域的规划政策导则（PPG：planning policy guidance）和以区域为对象的区域规划导则（RPG：regional policy guidance）。各地方政府根据导则制订各自的开发计划。这种方式在很大程度上排除了规划中的主观性和随意性，对各地方的开发建设起到了有效的控制作用。近年来，紧凑城市理论也逐步被其他发达国家和发展中国家所接受，已经成为其他国家和地区实施可持续发展的重要选择。

三　对城市扩张治理理论及实践的思考

1. 强调政府对城市空间资源配置的干预性，实现对市场失灵的矫正

从区域主义、城市增长管理到新城市主义，控制城市扩张的路径逐步从区域制度安排、城市投资项目管理，深入社区的规划设计层面，特别是到了 20 世纪 90 年代后，控制城市扩张的手段逐步实现了制度层面、城市建设项目投资管理层面以及社区规划设计层面的融合。精明增长成为统一各种治理城市扩张手段的口号。无论是区域主义、城市增长管理、新城市主义还是精明增长，都是对市场配置城市空间的一种干预。可见，以美国为代表的西方市场经济国家，在 20 世纪 60 年代后，逐步在传统的分区制（zoning）土地利用管理模式之外派生出一套干预城市空间配置的新的管理手段，来矫正市场配置城市空间的负面效应。[②] 在这一点上各种理论都呈现出高度的一致性，而且在操作上（其间的差异往往被忽略）呈现出一定程度的融合性，比如在公共交通的导向、土地的混合使用、增长边界的管理和追求社会的公平性等方面。也正因为各团体的多元结合、求同存异，才能在很短的时间内促进社会各界及不同研究领域的学

① 陆大道等：《2006 中国区域发展报告：城镇化进程及空间扩张》，商务印书馆 2007 年版，第 254 页。

② 李强、戴俭：《西方城市扩张治理路径演变分析》，《城市管理》2006 年第 4 期。

者形成一个具有全新理念的联盟和范式的共同体，这对于抑制无序扩张具有重要的意义。

2. 不仅强调理论的创新性，更强调其实践性和可操作性

以上各种新的理论相对于过去的规划理论都具有鲜明的观点和创新性，更重要的是其本身也具有实践性和可操作性。例如，新城市主义发展理念特别强调市场的重要性。新城市主义联盟的创建人之一、建筑师安德鲁斯·杜安尼（Andrews Duany）也承认，只有在新城市主义有市场需求的情况下，他才会拥护新城市主义。① 新城市主义实践从规划设计到实施都十分注重与市场的结合，这种结合体现在三个方面。首先在理念上，面对多种城市问题，新城市主义只是为居民提供一种新型的工作和居住方式，居民有权选择是否要在这样的社区中生活。其次，在规划设计中，新城市主义注重建筑的价值和销售。新城市主义一定要把传统的步行和邻里与当代的居住、商业、交通紧密融合，从而有能力与原有的郊区开发模式展开竞争。事实上，新城市主义在市场上也获得了很大的成功。调查显示，美国有23%的人愿意购买采用新城市主义理念设计的住房。② 再次，精明增长也强调了各种主体的共赢性和可操作性。梁鹤年认为，③ 精明增长的出发点是对放弃现存的城市基础设施而转向外围扩建所引发的经济成本提出质疑，指出精明增长的推动力之一是由于地方财政困难。而且他认为，关键在于把经济开发和环境保护看成是非但没有矛盾，而且是相得益彰。政府非但不是置身事外的调停人，而且还是玉成其事的促成人和受益者。在追求最高成本效应的前提下，政府把基础设施的最高成本效应（最优的收益成本比率）作为土地开发的指导原则，通过开发管理机制使土地使用率最大化。同时强调了无论是政府、开发商、消费者还是环保者都从精明增长或开发中得到好处，这是精明增长能够在许多地区成功的重要之处。彼得·卡尔索普也认为，区域城市战略将保护开放空间的环境保护主义者与主张经济发展的内城复苏的提倡

---

① 王丹、王士君：《美国"新城市主义"与"精明增长"发展观解读》，《国际城市规划》2007年第2期，第62—63页。

② J. S. Hirschhorn & P. Souza, *New Community Design to the Rescue: Fulfilling Another American Dream*, National Governors Association, Washington, D. C., 2001.

③ ［加］梁鹤年：《精明增长》，《城市规划》2005年第10期。

者们结合在一起；使开发内城空地的商人与主张增加公共交通和减少汽车污染的环境保护主义者联合起来；把内城里的地方议员和郊区的地方议员联合起来，甚至政党间的分歧也在这个新的联盟中消融。总之，以上各种理论都强调其理论的政策性和可操作性，以及在各种主体之间的利益均衡性，这对于上述理论的成功实践具有重大的意义。

3. 关注人的尺度，强调场所及社区特性，以及区域重要性

彼得·卡尔索普认为，问题不是现代城市和郊区缺少设计，而是按照错误的原则去设计城市和郊区，再加上充满疵点的工程。专门化、标准化和大规模生产这类现代主义的原则严重危害了城市的街区和区域特征。专门化和标准化导致了无差异的社区，割断了历史的文脉，对独特的生态系统无所顾忌，消除了场所和社区的特殊性。因此，他反对专门化、标准化和大规模生产等，主张一种多样性和保护以及以人为尺度的原则。多样性意味着关注复杂的和有差异的社区和场所；保护意味着关注现存的自然的、社会的和社会机构的资源；人的尺度把个人带离那个无人情味的和机器的世界。按照哈佛大学罗伯特·普特南（Robert Putnam）在 20 世纪 90 年代提出的观点，社会资本由"市民的参与、良好的社区机构、互相帮助的规范和信任"所组成。社会资本把人这个概念从"我"扩大到"我们"，鼓励人们共同解决他们的社区问题。在研究的基础上，普特南认为，即使在有效的民主机制下，社区生活也要依靠非正式网络的凝聚力和反馈强度，非正式只有通过大量的社区组织和街区团体才能形成。普特南提出，有了社会资本，社区将蒸蒸日上；没有社会资本，社区则运行维艰。① 这种对社区多样性的追求与以人为尺度相吻合，它强调了一种人本的思想，并且有利于社会资本的形成，这是对传统福特制的标准化、规模化、专业化的一种否定和超越，实质上是后福特时代新理念在城市和区域设计上的一种体现。另外，上述理论也强调了区域的重要性，这与后福特制时代区域的复兴也是吻合的，因为区域是国家竞争的基本单位，国家的政策必须与区域结合，政策才能取得成功。同时，只有从区域层面考虑才能解决西方社会面临的诸多错综复杂

① ［美］彼得·卡尔索普、威廉·富尔顿：《区域城市——终结蔓延的规划》，叶齐茂、倪晓晖译，中国建筑工业出版社 2007 年版，第 15 页。

的问题。正如芒福德所言，作为一种集体的艺术工作，区域的复活和重建是后人的政治任务。① 区域主义的复活及其科学的实践可能是对芒福德这位杰出的城市学家最好的纪念。

4. 寻求一种新的发展模式，但仍任重而道远

各种理论都是在寻求一种新的发展模式，正如彼得·卡尔索普所言，我们正处在美国城市生命的转折点上，我们已经打破了旧郊区的模式，城市生活的所有方面——人口、经济、生态——正在加速变化。问题不是我们的都市是否在变化，而是我们如何去改变都市。如果我们继续按照扩张和不平等模式走下去，社会只会倒退。② 因此，我们可以看到，西方发达国家特别是美国的发展处于关键点上，上述诸多理论试图从理论和实践上来指导现代城市的发展，以此来解决西方发达国家长期发展所积累的错综复杂的社会经济和生态矛盾。但我们认为，这仅仅是个开始。正如彼得·霍尔所言，一方面，普遍存在高水平的物质财富，另一方面，少数人生活在极端贫困之中，比一般水平低得多；一方面，在城郊住宅和新公路建设等领域取得很大成就，另一方面，内城正在瘫痪和衰退；一方面，个人的生活水平处于世界前列，另一方面，一些地区凋残的景观和城市衰落导致了实际的公害。这是越来越多的美国人所意识到的矛盾，但仍然难以发现应对之策。目前则有好转迹象。中心城市人口有所回升，一些新城市主义范例在商业区的发展获得成功。但是，相对于长期的、大规模的分散化和郊区化趋势而言，它们只是一些较小的迹象。城市化的美国处于不断的变迁之中，在 21 世纪的开始，没有人——即使是专家也不能——知道它将会走向何方。③ 可见面对未来，如何让这些新的理念和新的实践去改变人们长期形成的郊区化的惯性思维仍任重而道远，即使是伟大的城市规划专家彼得·霍尔似乎也处于这样一种矛盾和忧心之中。

（选自《国外社会科学》2009 年第 2 期）

---

① 吴良镛：《城市·建筑·人居环境》，河北教育出版社 2009 年版，第 476 页。

② ［美］彼得·卡尔索普、威廉·富尔顿：《区域城市——终结蔓延的规划》，叶齐茂、倪晓晖译，中国建筑工业出版社 2007 年版，第 212 页。

③ ［英］彼得·霍尔：《城市和区域规划》，邹德慈、李浩、陈熳莎译，中国建筑工业出版社 2008 年版，第 224—225 页。

美国危机管理的发展态势

——基于网站的内容分析

沙勇忠　曹惠娟[*]

一　引言

　　美国的公共危机管理如果以政府专职机构的成立为标志，迄今已有 30 年的时间。1979 年，卡特发布 12127 号行政命令，组建联邦紧急事态管理局（Federal Emergency Management Agency，FEMA），直接负责对国内重大紧急事态的预测、准备和应对，标志着美国具有专门机构、专职人员、从事专门危机管理的新行业的诞生。在经历了 2001 年的"9·11"事件和 2005 年的卡特里娜飓风事件后，美国根据新的国家安全形势和危机事件态势，全方位地加强了公共危机管理的相关建设，酝酿和推出了很多新的举措。经过 30 年的建设，美国的公共危机管理被认为管理体系最成熟，理论构建最充分，管理队伍也最具专业化水准，一直被西方世界奉为楷模。[①]

　　随着电子政府建设和公共管理信息化的推进，专业化的危机管理网站在美国大量涌现。这些专业化网站不仅是政府进行公共危机管理与服

　　* 沙勇忠，1968 年生，博士，兰州大学管理学院教授，博士生导师；曹惠娟，1982 年生，兰州大学管理学院硕士。

　　① 夏保成：《美国公共安全管理导论》，当代中国出版社 2006 年版，第 1 页。

务、实现政府与社会公众沟通互动的载体，也是危机管理的相关组织进行危机管理研究、服务和信息交流的重要平台。因此，危机管理网站是观察美国危机管理发展态势的一个重要窗口。

二　数据收集及研究方法

1. 数据来源与收集方法

网络内容分析以大量且无序的网络信息作为分析的基础，数据信息收集需要借助相应的技术工具。[①] 由于大多数专业的危机管理网站在 Alexa 中没有排名数据，我们选择在三大搜索引擎 Google、Alltheweb、Altavista 排名同时靠前的危机管理网站作为研究对象。

利用 Off Enterprise Explorer 离线浏览软件将这 54 个网站的主页面及其一级、二级子页面的文本内容下载保存，作为进行内容分析的对象。由于网络信息更新速度快，采集并筛选检索结果的工作和下载保存工作于 2008 年 12 月 21 日至 12 月 26 日集中进行。

2. 研究方法与工具

利用内容分析法之词频分析对美国危机管理网站的文本内容进行分析，采用的软件工具主要有：（1）搜索引擎：Altavista、Alltheweb、Google；（2）整站分层下载软件：Off Enterprise Explorer；（3）内容分析软件：WordSmith；（4）数据汇总软件：Excel。

具体做法如下：在 Google、Alltheweb、Altavista 三大搜索引擎中，分别以"危机管理"（crisis management）和"紧急管理"（emergency management）为关键词并限制网页语言为英语进行检索，保存其前 300 条检索结果；然后挑选出在这三大搜索引擎检索结果中重复出现的网站，找到对应的 URL，并根据其 URL 及 URL 所链接的资源内容进行筛选，结果选择了 57 个危机管理的网站，其中 54 个是美国网站，2 个是澳大利亚网站，1 个是欧洲网站，显示了美国在危机管理领域的活跃程度和领先地位。我们选择 54 个美国危机管理网站作为研究样本，表 1 列出其中 10 个网站。

---

① 任立肖、沙勇忠：《网络内容分析研究》，《情报理论与实践》2005 年第 5 期。

表1　　　　　　　　　　　**美国危机站**

序号	域名	网站名称
1	www. adem. arkansas. gov	Arkansas Department of Emergency Management
2	www. ak – prepared. com	Alaska Division of Homeland Security and Emergency Management
3	www. bcoem. org	Bergen County Emergency Management
4	www. bernsteincrisismanagement. com	Bernstein Crisis Management. INC
5	www. cmgassociates. com	CMG Associates
6	www. cmiatl. com	Crisis Management International（CMI）
7	www. cmionline. org	Crisis Management Institute
8	www. crisisexperts. com	Institute for Crisis Management（ICM）
9	www. crisismanagement. org	Renewal& Crisis Management
10	www. crisismanagementconsulting. com	Crisis Management Consulting

三　美国危机管理网站类型与特点

根据网站内容对其类型进行划分，获得网站类型及其对应的网站数量（表2）。

表2　　　　　　　　　**网站类型及其对应网站数量**

检索关键词	网站数量	网站类型	类型编号
crisis Management	2	提供危机管理软件的网站	Ⅰ
	2	为企业提供危机管理服务的网站	Ⅱ
	7	为各行业或各种组织（主要是企业，也包括政府部门、公共机构、非营利性组织、家庭、个人等）提供危机管理服务的网站	Ⅲ
	2	学校危机管理网站	Ⅳ

续表

检索关键词	网站数量	网站类型	类型编号
Emergency Management	36	政府危机管理机构的网站	Ⅴ
	1	政府危机管理研究	Ⅵ
	1	民间组织协会	Ⅶ
	2	为政府危机管理提供服务的网站	Ⅷ
	1	为政府危机管理提供资源的网站	Ⅸ

可以看出，美国危机管理网站类型丰富，不但包括政府危机管理机构的网站、为政府提供服务的危机管理网站、为企业提供服务的危机管理网站、学校危机管理网站，还包括一些提供危机管理软件、提供危机管理资源的网站。网站类型涉及了危机管理理论研究、危机管理机构（政府、行业、民间）、危机管理专业服务、危机管理技术与产业等广泛的范围。

在各类美国危机管理网站中，政府危机管理的网站数量占绝大多数（Ⅴ、Ⅵ、Ⅶ、Ⅷ、Ⅸ等都是涉及政府危机管理的网站），尤其是政府危机管理机构的网站数量达到 36 个，占网站总数的 67.7%，占以"emergency management"为关键词检索到的网站数量的 87.8%，这些网站中包括 FEMA 的网站、各州政府、县政府的应急管理网站。

另外，以"crisis management"为关键词检索到的危机管理网站偏重于企业危机管理方面，其中涉及为企业危机管理提供服务的网站较多。而以"emergency management"为关键词检索到的网站则几乎都涉及政府公共危机管理，且网站数量明显偏多，说明美国危机管理中政府的主体地位。在实践中，美国政府机构和政府文件一般使用"emergency management"一词，更侧重于"紧急管理"这种意义的表达。

危机管理是针对自然与人为灾害所实施一系列减灾（mitigation）、准备（preparedness）、反应（response）与恢复（recovery）的程序与工作。由于危机的本质涉及高度不确定性与时间急迫性，往往非既有决策体系所能因应，故又称为"紧急管理"。[1] FEMA 对"emergency management"

---

① 翁兴利、方志豪：《Katrina 飓风对环境不确定性的启示：论政府的危机管理》，http：// thu. edu. tw/ ~ g96540001/taspaa/pdf/068. pdf. 2008 - 11 - 23。

的定义为：组织分析、规划、决策和对可用资源的分配以实施对灾难影响的减除、准备、应对和恢复。其目标是拯救生命、防止伤亡、保护财产和环境。[1] 显而易见，"crisis management"和"emergency management"这两个词表达的意义有大同而无殊异，故我们同时选择它们作为检索关键词，在研究中将其作为同义词对待。

四 美国危机管理网站词频分析

利用 WordSmith 软件的 Wordlist 工具，对样本危机管理网站的文本内容进行分析，选取与研究主题相关的实义词，将单复形式的词及具有相同词根的同义词作合并处理，取排在前 150 位的高频词，形成美国危机管理网站的高频词表，表 3 列出前 20 位高频词。

再利用 WordSmith 软件的 Concordance 工具，对选取的高频词进行词组搭配分析。该工具配合 Wordlist 工具能够显示词频列表中的任一单词在文本中出现的地方，以及一定范围内与该单词毗邻的所有单词。通过以上两步工作，得到一些能够表达完整意义的词或词组（后文简称"相关词"），参照这些相关词出现的频次来对网站内容进行分析和解读。

表3　　　　　　　　　　　　**美国危机管理网站高频词**

No	WORDS	FREQUENCY	No	WORDS	FREQUENCY
1	system/system	45980	11	solutions	22853
2	emergency	45421	12	communications/communication	22307
3	management	41197	13	crisis	18648
4	security	40998	14	planning/plan/plans	18508
5	suppliers/supplier	38436	15	business	17946

---

① Emergency Management Institute, Independent Study, Principles of Emergency Management, March, 2003, p. 2.

续表

No	WORDS	FREQUENCY	No	WORDS	FREQUENCY
6	information	37885	16	technology/ technologies/ technical	17941
7	industry/ industries/ industrial	35021	17	state/states	15959
8	services/service	33733	18	safety	15884
9	products/product	33642	19	company/companies	13813
10	fire	26045	20	disaster	13188

1. 美国危机管理网站关注的危机管理主体

美国危机管理网站关注的危机管理主体主要有政府、企业、学校、组织、协会、公众以及公民个人。

与政府相关的词频总计达到 52376 次，表明政府是危机管理的核心主体。在现代国家制度中，公共危机管理主要是政府的责任，也是政府的主要职责之一。[①] 美国联邦政府作为国家的最高行政机关，是公共危机管理的最高领导机构。联邦政府下一级是州政府组织和地方政府组织，州一级的危机管理机构主要负责灾难的应对和恢复工作。在州政府和地方政府之下，社区作为美国社会基本的组织单位，也被赋予了重要的公共危机自我管理的责任。从社区开始，通过地方到州再到联邦，构成了美国应急管理的完整的组织体系。[②] 美国州以下行政单位的县（county）和市（city）被称为地方政府，county 和 city 这两个词的词频分别是 6400 次和 3908 次，显示地方政府作为危机管理的主要组织者和实施者，在美国危机管理中发挥着重要作用。

美国危机管理网站关注较多的另一个主体是企业。出现较多的词是

---

① Edward S. Devlin, *Crisis Management Planning and Execution*, New York: Auerbach Publications, 2007, pp. 4 – 6.

② Ibid. .

company（–ies），其对应的词组搭配中 Sanborn Map Company 出现了 1171 次之多。Sanborn Map Company 是 1867 年由美国马萨诸塞州萨墨维尔市的一名勘察人员 D. 桑伯恩创立的，为美国近几十年制作火灾保险评估地图，拥有 1867 年到 1970 年美国大约 12000 个城镇和城市的详细资料。[①] 保险公司是继 Sanborn Map Company 之后出现频次较高的另一相关词，这是由于灾害保险在欧美和日本等发达国家的防灾减灾中越来越受到重视，成为应急管理研究的一个重要领域。[②] 而危机管理公司出现频次也很高，说明它也是参与危机管理的重要成员。

公众（public）作为公共危机事件中的直接参与者或受害者，受到关注是理所当然的，其出现频次为 9158 次。社会公众的生命和财产安全是政府危机管理最重要的内容之一，社会公众在危机管理中发挥着重要的作用。而公众自身的危机意识、危机预防与自救能力以及危机应对水平是决定危机管理成败的关键因素。[③]

媒体（media）作为现代社会信息传播最重要的渠道，也受到危机管理网站的关注，其词频次数超过 7000 多次。由于美国媒体往往是非官方的，而危机管理部门则是官方的，因此，美国政府在危机管理中强调"与媒体一起工作"（working with the media），[④] 建立合作伙伴关系，利用媒体的庞大网络和影响力通报危机事态和政府的工作，取得公众的认同和配合。

组织（organization）也是重要的危机管理主体类型之一，与之搭配出现的词组主要有志愿者组织、私人组织、营利组织、非营利组织、健康组织等。志愿者组织是非政府组织的重要部分，它的基层组织和成员遍布全美的每一个地区，美国十分注重志愿者和志愿者组织在公共危机管理中的作用。全国抗灾志愿者组织（National Volunteer Organization Against

---

① Sanborn Maps, wikipedia, http：//en. wikipedia. org/wiki/Sanborn Maps. 2008 – 11 – 23.

② 万鹏飞主编：《美国、加拿大和英国突发事件应急管理法选编》，北京大学出版社 2006 年版，第 1—236 页。

③ 谢春艳：《浅论社会公众与公共危机管理》，《湖南行政学院学报》2007 年第 6 期，第 17—18 页。

④ Mike Seymour& Simon Moore, *Effective Crisis Management：Worldwide Principles and Practice*, LondonAnd New York：Cassell, 2000, pp. 68 – 87.

Disasters，NVOAD）是美国重要的志愿者组织。

学校的公共危机管理在美国一直受到重视。本文研究的 54 个美国危机管理网站中，有两个学校危机管理网站，另外，有两个危机管理服务网站明确提到为学校提供危机管理的相关服务。School 这个词出现在高频词之列也说明了这一点。美国危机管理网站关注的另一个主体类型是协会，其中 Technologies Industry Association、Business Resumption Planning Association、International Association for Fire Chief（IAFC）、Medicine Foundation International Association of Emergency Managements 这几个协会出现频次较高，它们在危机管理领域比较活跃，值得我们关注和研究。

2. 美国危机管理网站关注的机构

（1）联邦紧急事态管理局（Federal Emergency Management Agency，FEMA）

FEMA 是美国危机管理网站最关注的机构，出现频次达 5583 次。FEMA 成立于 1979 年，是美国联邦政府承担突发事件应急管理职能的机构，代表美国总统协调灾难救助事宜，包括协调州和地方政府、27 个联邦政府机构、美国红十字会和其他志愿者组织的应急反应和灾后恢复重建活动。2003 年 3 月 1 日，FEMA 并入美国国土安全部（DHS）。现内设 17 个处室及美国突发事件集成中心，并把全美分成 10 个行政区域，分别在每个行政区域设立区域运行中心。FEMA 的核心业务主要围绕 4 个业务流程展开：减灾、应急准备、应急反应和灾后恢复重建。①

（2）社区救灾反应队（CERT）

社区救灾反应队计划帮助培养人们更好地为应对他们所在社区中的紧急情况做准备。当紧急事件发生时，社区救灾反应队的成员能够为第一反应者给予关键的支持，为受害者提供即时的援助，组织志愿者到达灾害发生地。社区救灾反应队的成员也能够为非紧急状态的住宅区提供帮助，改善社区的安全。

（3）地方政府和州政府的专职应急管理部门

美国的 50 个州和 6 个领地都设有应急管理部门，各个州的每一个县

---

① 刘志峰：《美国应急管理署（FEMA）e – FEMA》，http：//www. cnw. com. cn/security/htm2006/20060920 17232. htm. 2006 – 09 – 20。

都设有专职的应急管理部门，但是名称和组织结构有所不同。

（4）其他

应急管理还涉及众多的其他部门和机构，如军事部门、警察局、消防部门、农业部门、环境保护部门、司法部门、网络安全中心等，这是由于一件紧急事件的发生和应对涉及方方面面，需要政府和社会的各个部门通力合作与协调。

3. 美国危机管理网站所关注的危机事件类型

火灾（fire）的词频高达 26045 次，排在第一位，是关注程度最高的危机事件，其相关词涉及预警、准备及应对等各方面。

暴风雪（storm）的词频为 5352 次，其中 storm track/storm scans/storm trackers tracking 三个词组的词频加起来 2388 次，在暴风雪总词频中所占的比例较大，说明在对暴风雪灾害的关注上，较侧重于对它的控制和管理。但是比起火灾来说，其预警、应对等工作还关注较弱。

洪水（flood）的词频为 4427 次，其相关词组中，词频最高的是水灾保险（flood insurance），频次达 1449 次，说明洪水保险在美国受重视程度高且比较完善。1956 年美国国会通过了《联邦洪水保险法》，1968 年通过《国家洪水保险法》，1969 年通过《应急洪水保险法》，此后，还在其他法案有关条款中予以修正补充，并逐步从自愿保险转向强制保险。强制保险政策实施后，对推动全国洪水保险起到明显作用。[①] Flood 的其他相关词组搭配还有 Flood Mitigation Assistance（FMA）Programs，频次为247 次。FMA 即洪水减灾协会工程，作为美国国家洪水改革法的一部分创建于 1994 年，目标是根据国家洪水保险计划（NFIP）减少或消除赔付。另外，Flood Monitoring Systems 出现了 218 次，关注洪水灾害本身的词组 Special Flood Hazard Area（SFHA）出现了 202 次，Flood Damage 出现了 115 次，Flood Risk 出现了 64 次。

飓风（hurricane）是另一类关注度较高的危机事件。美国历史上曾遭受过多次飓风的袭击，2005 年 8 月底的"卡特里娜"飓风，使 1600 多人丧生，间接和直接的经济损失达 1800 亿美元，成为美国近年罕见的重大

① 百度百科，http://baike.baidu.com/view/45517.htm。

自然灾害。[①] 2008 年 9 月 "古斯塔夫" 飓风登陆墨西哥湾沿岸的美国路易斯安那州, 对于该地来说是旧伤未愈后的又一次重创。

暴力 (violence) 是关注最多的非自然灾害类危机事件。其中, 工作场所暴力事件预防与安全 (work place violence prevention and security) 在网站中出现频次达 1331 次。国际劳工组织 (ILO) 最近公布的研究报告称, 工作场所的肢体暴力和心理暴力已在全世界蔓延, 在许多国家已经达到 "泛滥程度"。该研究称, 恃强凌弱、性骚扰和人身攻击等工作暴力造成的损失, 可能占这些国家国内生产总值的 0.5% 至 3.5%, 形式为旷工、病假和生产率低下。[②] 该问题已被公认为一种职业危害, 在美、英等国成为社会各界关注的焦点。家庭暴力 (domestic violence) 同时也受到一定的关注, 频次为 122 次。另外学校暴力也被提及, 出现 41 次, 受重视程度远远不及工作场所的暴力事件。

核事故 (nuclear) 是第二大受到关注的非自然灾害类危机事件。出现的频次为 2516 次, 相关词 Nuclear or Radiation Emergency 出现 535 次。

4. 美国危机管理网站关注的相关技术

美国危机管理网站对多种技术类型和具体技术的关注, 表现出以下三个特点。

(1) 强调技术在危机管理中的作用

"技术" (technology/technologies/technical) 一词的频次高达 17941 次, 说明美国危机管理领域对技术的重视, 其相关词大多数涉及近几年随着科技的快速发展而涌现出来的新兴技术。主要有数字无线通信技术、地理空间技术、网络技术、测绘地图、数字视频、无线通信、自动导航系统以及电子技术等, 以互联网技术为代表的新一代信息科技的发展已经深层次地渗入到危机管理的各个方面。

(2) 各类危机管理系统得到广泛应用

systems (/system) 词频高达 45980 次, 位居高频词表首位。地理

---

① 贾朋群:《卡特里娜飓风——让我们学会敬畏自然》, http://stream1. cma. gov. cn/info u-nit/ReadNews. asp? NewsID = 374. 2006 - 05 - 24。

② Duncan Chappell & Vittorio DiMartino, Violenceat Work, http://www. ilo. org/public/eng-lish/protection/safework/violence/violwk/violwk. pdf. 2008 - 12 - 27.

信息系统（GIS）、安全系统、通信系统、预警系统、全球定位系统、号码系统等技术在危机管理领域的应用非常广泛。同时，"Geographic Information Systems" 这个词组的频次高达 4487 次，GIS 的频次达到 4959 次，居高频词中的 78 位。基于地理信息系统的危机管理（Geo Collaborative Crisis Management，GCCM）成为近年危机管理研究和应用的一个热点。[①]

（3）先进工具、设备以及应用软件备受关注

工具和设备是技术领域不可或缺的硬件，tools 词频为 3765 次，e-quipment 词频达 12134 次，devices 词频达 3704 次。关注较多的工具及设备主要有气象传感器、无线电设备、监控设备、保护设备、防御设备、安全设备、人员通知设备、数字视频等。各类消防设备在这些网站中出现的频次也较高，这与火灾类危机事件关注度较高有关。另外，与软件相关的词如 Software Industry、Software Development、Premium – Quality Digital Map Data Applications、Alerts USA Wireless Applications 等，词频均超过 1000 次以上，显示出对危机管理成套技术的重视。

5. 美国危机管理网站关注的相关理论及应用

（1）关于管理

在高频词表（表 3）中我们可以看出，"management" 一词出现了 41197 次，仅次于 "systems" 和 "emergency" 位居第三，其主要的相关词除了 emergency management 与 crisis management 之外，disaster manage-ment、risk management、incident management 等在危机管理文献中经常使用的相关词出现频次也较高。根据 FEMA 的定义，disaster 是引起重大的人员和经济损失，需要超出地方和州资源范畴的危机应对的危险性事件。disaster 与 emergency 的区别在于要求更高层次的应对，并且更倾向于表达自然灾害。[②] Incident 常译为 "突发事件"，美国国土安全部的定义是：

---

① Alan M. Mac Eachren, Rajeev Sharma, Guoray Cai, Michael McNeese & Sven Fuhrmann, Geo Collaborative Crisis Management（GCCM）：Building Better Systems Through Advanced Technology And Deep Understanding of Technology – enabled Group Work, National Science Foundation – Digital Government, July1, 2003 – June30, 2006.

② Emergency Management Institute, Independent Study, Principles of Emergency Management, March, 2003, p. 2.

"一种自然发生的或人为原因引起的需要紧急应对以保护生命或财产的事或事件（event）。"① 在美国危机管理领域，"emergency""crisis""disaster""accident""incident"经常混用，主要取决于事件或态势的规模、涉及部门的多少、所涉及部门在其自有资源内的应对能力，以及各部门的习惯。② 而 risk management 即风险管理，是从私人企业中引入公共危机管理领域的，其在公共危机管理领域的原理与企业危机管理是相同的。③

（2）关于危机管理的生命周期

美国《危机和紧急情况管理手册》将危机管理划分为 4 个阶段，即减灾、准备、反应和恢复。④ 在美国危机管理网站中这 4 个词的词频分别为 5374 次、5853 次、9010 次、10289 次，在高频词表中的排名分别为 66 位、58 位、33 位和 26 位。

关于减灾，FEMA 定义为："针对来自危险及其影响的对人员和财产的长期风险，所采取的减少或消除的任何持续行动。"⑤ 2003 年 FEMA 并入国土安全部后，其洪水保险与减灾管理处（Flood Insurance and Mitigation Administration）被更名为减灾部（Mitigation Division），负责洪水保险计划和 FEMA 减灾计划的监管工作。目前，减灾部负责很多经过国会授权的全国性减灾计划，在词频统计中出现较多的有 The Hazard Mitigation Grant Program（HMGP）、The Flood Mitigation Assistance Program（FMAP）、Repetitive Flood Claims Program（RFCP）、The Flood Insurance Program（FIP）等。

关于准备，国土安全部在《全国突发事件管理系统》中的定义为：为了对国内突发事件实施预防、保护人们免受其害、应对其发生并从中

① Department of Homeland Security, National Incident Management System, March 1, 2004, p. 130.

② 夏保成：《美国公共安全管理导论》，当代中国出版社 2006 年版，第 13 页。

③ 同上书，第 20 页。

④ J. Carroll, Emergency Management on a Grand Scale, in A. Farazmand（ed.）, *Handbook of Crisis and Emergency Management*, New York: Marcel Dekker, 2001, pp. 463 – 480.

⑤ David J. Brower & Charles C. Bohl, Principles and Practice of HazardsMitigation, FEMA, National Emergency Training Center, Emergency Management Institute, Emmitsburg, Maryland, March, 2000, pp. 2 – 3.

恢复、建设、支撑、改进动作能力所必需的一系列精心设计的重大的任务和行动。[1] 美国危机管理中，准备包括制定各种应急行动预案、招募相关人员、确定资源和供给以及指派危机事件发生时所需要的设备等内容。这些内容在危机管理网站中也有明显的反映，其中预案（planning/plan/plans）一词频次高达 18508 次，培训演练（training）一词的频次亦高达 13089 次，显示出美国在危机管理准备阶段的工作较为充分和完善，强调通过演练培训检验和保证应急预案的科学性和可操作性。

关于应对，《全国突发事件管理系统》的定义为：致力于一场突发事件的短期的、直接的后果的行动。它包括拯救生命、保护财产和满足基本的人道需求的迅即行为；也包括实施应急行动，以及旨在限制生命损失、人员伤害、财产损坏和其他不利后果的减灾行动。[2] 在美国应急管理学院的教科书中，将应对分为五个阶段，分别是预警与通告（alerting and notification）、警示（warning）、保护公众和财产（protecting the public and property）、提供公共福利（providing for the public welfare）和复原（restoration）。其中，"alerting""notification""warning"三个词都出现在高频词表中，其频次分别为 11718 次、5696 次、2382 次。

关于恢复，《全国突发事件管理系统》的定义是：制定、协调和实施服务和现场复原预案，重建政府运转和服务功能，实施对个人、私人部门、非政府和公共的援助项目以提供住房和促进复原，对受影响的人们提供长期的关爱和治疗，以及实施社会、政治、环境和经济恢复的其他措施，评估突发事件以汲取教训，完成事件报告，主动采取措施减轻未来突发事件的后果。[3] 这个阶段是美国危机管理网站中最受关注的一个阶段，频次排名 26 位。

6. 对产业和市场的关注

产业（industry/industries/industrial）、服务（services/service）、产品

---

① Department of Homeland Security, National Incident Management System, March1, 2004, p. 134.

② Ibid. , p. 136.

③ Ibid. .

（products/product）、供应商（suppliers/supplier）、制造商（manufacturers）、咨询（consulting）、营销（marketing）、贸易（trade）等与产业和市场联系密切的词出现频次也相当高，从侧面反映出美国围绕危机管理已形成相关的产业，危机管理的市场化服务业比较发达。

五　结束语

本文运用内容分析法之词频统计分析的方法，对美国的 54 个危机管理网站的文本内容进行了分析，得出了在这些网站中出现最多的前 150 个高频词及其频次，对这些词及其相关词进行阐释和解读，在一定程度上揭示出美国危机管理领域关注的热点。

可以看出，美国的危机管理体系比较成熟，专门网站内容涉及危机管理的方方面面，从组织结构、管理制度、运行机制、危机应对类型、危机应对能力、危机应对网络、技术支持系统、理论研究、社会服务等方面都有大量的参与主体和实践内容，显示了美国是在一个高发展水平上进行危机管理体系的全方位建设，这与美国较早进入乌尔里希·贝克所谓"风险社会"的背景是分不开的。[①] 对处于转型期的中国来说，危机管理面临的语境、问题与美国有重要的差别，需要分轻重缓急进行危机管理体系的建设，但美国危机管理的历史经验和现实做法无疑对我国具有启示意义和借鉴价值，需要我们认真研究和思考。

由于内容分析法本身的局限性和网络媒体的特殊性，本文仅对可以获取数据的 54 个网站作为研究样本进行了研究，而美国实际危机管理网

---

① "风险社会"这一概念是 1986 年由德国社会学家乌尔里希·贝克在《风险社会》中首次提出的，他认为："风险是一个指明自然终结和传统终结的概念。换句话说，在自然和传统失去它们的无限效力并依赖于人的决定的地方，才谈得上风险。风险概念表明人们创造了一种文明，以便使自己的决定将会造成的不可预见的后果具备可预见性，从而控制不可控制的事情，通过有意采取的预防性行动，以及相应的制度化措施战胜种种负作用。"由此可见，风险一词被赋予了新的含义，从传统的关注自然风险转向关注社会风险。他将后现代社会称为风险社会，认为现代性正从古典工业社会的轮廓中脱颖而出，正在形成一种崭新的形式，即"风险社会"。参见［德］乌尔里希·贝克《风险社会》，何博闻译，译林出版社 2004 年版；［德］乌尔里希·贝克：《从工业社会到风险社会——关于人类生存、社会结构和生态启蒙等问题的思考》，《马克思主义与现实》2003 年第 5 期。

站总数远远大于这个数字，高频词表仅提取前 150 位（理论上可以列出每一个在网站中出现的词），并从 6 个主要方面进行了分析和解读，这与网络内容分析所要求的大样本是有一定距离的。今后随着网络发展、网络分析工具的完善以及采用多种方法的综合研究，可以得到逐步改进和完善。

（选自《国外社会科学》2010 年第 2 期）

政府服务合同外包：
公共治理的创新路径

——美国经验及其对中国的启示

施从美[*]

自 20 世纪 80 年代末以来，在管理危机、信任危机和财政危机的多重压力下，西方各国纷纷兴起公共部门的改革浪潮，美国的表现尤为突出，其改革重点是提高公共服务供给效率、改善公共部门服务质量。政府服务合同外包是这场改革浪潮中出现的一个政府治理的新元素。所谓政府服务合同外包，多数学者认为就是"政府购买公共服务"（purchase of service contracting，POSC），是指政府将原来直接提供的公共服务事项，通过直接拨款或公开招标方式，交给有资质的社会服务机构来完成，最后根据择定者或者中标者所提供的公共服务的数量和质量支付费用。[①] 合同外包作为一种新生制度安排，赞成者与反对者都有之。赞成者认为公共服务的合同外包较之政府直接提供，能够提高效率、节约政府开支、改善服务质量与增强公众信任。而反对者则担心政府在将服务生产职能外包于企业或社会组织的过程中，会遭遇私人资本增值动机支配下的私

---

[*] 施从美，1971 年生，博士，苏州大学中国特色城镇化研究中心副教授。

[①] 王浦劬、[美] 莱斯特·萨拉蒙等：《政府向社会组织购买公共服务研究》，北京大学出版社 2010 年版，第 4 页。

人垄断、降低服务质量、抛弃部分顾客的撇脂行为等风险。① 而且，如果出现密尔沃德所称的"空心化国家"（hollow state）现象时，会加剧损害政府的合法性与社会公正。但不管怎么说，政府服务合同外包浪潮已经构成了各国政府再造运动中的一件重要工具或策略。

一　美国政府服务合同外包的理论基础

政府服务合同外包作为公共事务治理的一种创新，其学科背景复杂，涉及政治学、行政学、社会学、法学、管理学等众多学科，这些学科从不同的视角做出了种种理论阐释。

一是政府失灵理论（government failure theory）。该理论是美国经济学家伯顿·韦斯布罗德提出的。在现代民主社会中，公共服务的供给应该使所有符合条件的人受益。但是，因为区分的成本过高，使得一些人额外受益，而应该受益的人却被排除在外。另外，公共服务追求普遍性，但是公众因收入、宗教、种族、教育等方面的差异性，往往会产生异质的需求，所以普遍性的服务无法满足每一个人，从而造成"政府失灵"现象。② 政府失灵理论的提出意味着传统的公共服务供给方式开始遭受人们质疑。斯蒂格利茨指出，"对那些提议对市场失灵和收入分配不平等采取政府干预的人们，经济学家提醒他们不要忘记政府同私人市场一样是有缺陷的。政府并不是某种具有良好意愿的计算机，总能够做出对社会有益的无私决策"③。正是由于政府在提供公共物品方面的局限与不足，才导致了对社会组织的功能需求。可以说，政府失灵理论率先尝试用经济学方法来解释公共服务合同外包的问题，用"需求—供给"的传统经济学理论来解释政府可以不用单独承担供给公共服务的重任，转变人们

---

① 所谓撇脂行为，指企业将新产品价格定得较高，在短期内获取厚利，尽快收回投资的行为。这一定价策略就像从牛奶中撇取其中所含的奶油一样，取其精华，所以称为"撇脂定价"策略。参见王雁红《公共服务合同外包：一个研究综述》，《天府新论》2012年第2期。

② A. Weisbrod Burton, Toward of Theory of the Voluntary Nonprofit Sector in a Three - Sector Economy, in S. Rose Ackerman（ed.）, *The Economic of Nonprofit Institutions*, New York：Oxford University Press, 1986, p. 26.

③ ［美］斯蒂格利茨：《经济学》（上册），姚开建等译，中国人民大学出版社1997年版，第502—503页。

把政府视为公共服务当然供给者的观念，继而解释了政府将公共服务以合同的形式外包出去是必要的。

二是公共服务生产与供应相区分理论。传统的公共经济学理论强调公共服务从生产到供应无区分，都应当由政府承担，这是典型的主张一元化管理方式的单中心理论。① 然而照此理论，政府只能提供同质性的公共服务，忽视了公民偏好的差异性，但更为关键的是并不能保证公共服务提供的效率。事实上，公共服务的提供（provision）和生产（production）是两个不同的概念。早在 1959 年，理查德·A. 马斯格雷夫就对这两个概念进行了区分，② 又被以文森特·奥斯特罗姆为代表的制度分析学派所继承并进一步阐述。③ 公共服务生产与供应相区分理论认为，公共服务的生产和供应在性质上应该加以区分。公共服务的生产主要是技术性的，就此而言，公共服务与供私人消费的服务并无不同；公共服务的供应则是公共和政治性的，政府承担着供应公共服务的政治责任，该过程只有政府才能承担。④ 由此可见，公共服务和私人服务的差别主要在于供应的主体不同，但它们在生产方面则具有共性。罗纳德·J. 奥克森认为，地方政府的主要工作是供应而不是生产，服务供应的组织和服务生产的组织应根据不同的标准来进行。⑤ 生产与供应相区分理论为解决公共需求偏好显示及排序所要求的政府与公共物品供给效率的矛盾提供了全新的思路，意味着政府服务合同外包是可行的。

三是契约失灵理论（contract failure theory）。该理论由美国法律经济学家亨利·汉斯曼最早提出。所谓契约失灵，是指由于生产者和消费者之间存在着信息不对称，虽然两者之间存在契约，但也难以防止生产者坑害消费者的机会主义行为的出现。汉斯曼认为，由于非营利组织的

---

① 何精华：《区分供给与生产：基于政府公共服务职能实现方式的分析框架》，《中国行政管理》2007 年第 2 期。

② R. A. Musgrave, *The Theory of Public Finance: A Study of Public Economy*, New York: McGraw – Hill Book Company, 1959.

③ V. Ostrom, C. M. Tiebout & R. Warren, The Organization of Government in Metropolitan Areas: A Theoretical Inquiry, *American Political Science Review*, 1961, p. 55.

④ 易承志：《政府向社会组织购买服务相关问题研究》，《太平洋学报》2012 年第 1 期。

⑤ ［美］罗纳德·J. 奥克森：《治理地方公共经济》，万鹏飞译，北京大学出版社 2005 年版。

"非分配约束"（non – distribution constraint）特性，①在他们提供公共服务或公共物品时，营利不是他们的目的，此时尽管存在着诸如服务的购买者和消费者分离、价格歧视和不完全贷款市场等情况，也会使得公共服务生产者的欺诈行为少得多。②非营利组织"非分配约束"的这种特性，实际上是消费者无法通过契约方式来监督生产者（即"契约失灵"）时的一种制度反应，③是对生产者机会主义行为另一种有力的制度约束。该理论从制度需要的角度，用功能分析的方法解释了政府为什么要将公共服务外包出去的原因。

四是第三方治理理论（third – party government）。萨拉蒙（Salamon）认为，非营利部门研究中的市场失灵、政府失灵和契约失灵理论在对公共物品供给现象进行解释时都存在着某种程度的局限性，因此，他提出了第三方治理理论。在政府失灵和契约失灵理论中，由于政府提供公共物品存在诸多局限，人们往往认为非营利组织的参与是一种较为恰当的替代性制度。政府因其内在局限性导致无法适应多元化的社会，无法满足人们多样性的需要。非营利组织正好可以弥补政府失灵，为社会提供政府不能提供的服务。但萨拉蒙认为，此观点忽视了非营利组织本身固有的"志愿失灵"缺陷，而政府则被视为志愿失灵之后的衍生性制度。④非营利组织的缺陷主要表现在四个方面：其一慈善不足；其二慈善的特殊主义；其三慈善的家长式作风；其四慈善的业余主义。⑤在萨拉蒙看来，志愿失灵恰好证明了非营利组织与政府之间的相互依赖性。正因为政府和非营利组织在各自组织特征上具有互补性，它们之间应该建立起

---

①　所谓"非分配约束"，是指非营利组织不能把获得的净收入（net earnings）分配给对该组织实施控制的个人，包括组织成员、管理人员、理事等。净收入必须得以保留，为组织的进一步发展提供资金。这一原则将有助于最大限度地减少"契约失灵"现象。参见吴东民等《非营利组织管理》，中国人民大学出版社2003年版，第47页。

②　Hansmann, Henry, The Role of Nonprofit Enterprise, *Yale Law Journal*, Vol. 89, 1980, pp. 835 – 901.

③　吴东民等：《非营利组织管理》，中国人民大学出版社2003年版，第47页。

④　L. M. Salamon, Partners in Public Service：The Scope and Theory of Government – Nonprofit Relations, in W. W. Power（ed.）, *The Nonprofit Sector*：*A Research Handbook*, pp. 110 – 113.

⑤　［美］萨拉蒙：《公共服务中的伙伴——现代福利国家中政府与非营利组织的关系》，田凯译，商务印书馆2008年版，第47页。

合作关系，把政府筹集资金方面的优势与非营利组织公共服务提供的优势充分结合在一起。这意味着政府一方面可以利用非营利组织充分实现其公共目标；另一方面则可以只做公共服务项目的管理者和资金的提供者。① 第三方治理理论为政府提供了在公共服务供给中与其他供给主体合作的思路。

五是政府、市场、志愿部门相互依赖理论（resources interdependence）。该理论其实就是资源相互依赖理论。豪认为，组织是受制于外在环境的，为了维持其生存，组织必须引进、吸收、转换各种资源，而这些资源往往来自环境中的其他组织，于是形成了组织间的资源相互依赖的关系网络。② 在萨德尔看来，政府、市场与志愿部门之间的关系并不完全是单方面的顺从与服从的关系，由于三者各自掌握并向对方提供关乎对方的生存与发展至关重要的资源，因此形成了资源上的相互依赖关系，从而使得各方在依赖对方的环境中得以生存并得到发展。③ 而伍思努则坚信，政府、市场和志愿部门之间存在着不断变化着的交换与互动关系，诸如竞争合作、资源互换、符号交易等。当很多不同组织提供相似服务的时候，他们之间就是竞争关系。当掌握不同资源的组织来解决共同面临的社会问题时，他们之间就是合作关系。④ 他认为作为实现社会功能的三大主体，要完整地实现社会的全部功能，三者的任意一方都不能偏废，这其实就是对新古典经济学的一个反叛，认为除了市场以外还有其他的因素影响着社会功能的实现。

除了上述理论，还有诸如新公共管理理论、公共选择理论、交易成本理论、委托代理理论、协商民主理论等，学界对此已经讨论很多了，这里不再赘述。

---

① L. M. Salamon, Rethinking Public Management: Third – Party Government and the Changing Forms of Government Action, *Public Policy*, *Vol.* 29, No. 3, 1981, pp. 255 – 275.

② R. Hall, *Organizations*: *Structure*, *Process and Outcomes*, New York: Jersey Prentice Hall, 1991, p. 278.

③ J. Saidel, Resource Interdependence: The Relationship between State Agencies and Nonprofit Organizations, *Public Administration Review*, Vol. 51, No. 6, 1991, pp. 543 – 553.

④ Robert Wuthnow, *Between States and Markets*: *The Voluntary Sector in Comparative Perspective*, *Princeton*, N. J.: Princeton University Press, 1991.

二　美国政府服务合同外包的实践历程

美国政府购买公共服务实践活动可分为以下几个阶段,即以 20 世纪 80 年代为界,分为传统公共服务供给阶段与现代公共服务购买阶段;而现代公共服务购买阶段又以 1997 年为界,分为政府服务合同外包平缓增长阶段和倒合同外包阶段。

1. 传统的公私合作关系及其发展

学界普遍认为,现代公共服务供给机制在某种程度上体现了所谓的公私部门的伙伴合作关系(public - private partnership, PPP),也是萨瓦斯所说的"民营化"。许多学者认为,这种关系源起于 20 世纪 50 年代的美国城市更新运动过程之中。比如,1954 年的第一个"合同制城市"(contract city)莱克伍德的公共服务外包模式,被认为是开启了美国公私合作关系的先河。① 事实上,这种地方政府的合作关系早在 19 世纪中期就已经萌生,只是很少有人提及。当时地方政府已经开始介入公共服务领域,比如为治安防火、管理公共卫生、规制建筑设施等提供财政支持;同时,随着政府规模的扩张,管理城市的能力成为地方选举获胜的重要筹码,职业性政客开始出现;而制造业及生产技术的发展促成了大量工业资本家的出现和私营部门的发展,他们主要应当地政府之邀生产城市需要的各项基础设施,如 18 世纪早期很多由私营部门建造的收费公路,19 世纪末期的西部大开发也是由联邦政府和私营铁路公司合作推动的。② 上述这些条件为美国公私合作关系的产生创造了必须但还并不完善的条件。

实际上,严格意义上的美国公私合作关系一直到 19 世纪末 20 世纪初期才真正出现。因为公私合作关系的存在前提是,地方政府是理所应当

---

① 1954 年 3 月 9 日,莱克伍德市举行全民公决投票,结果是 7524 票赞成,4868 票反对,予以批准。4 月 16 日,经加利福尼亚州议会批复,莱克伍德正式建制为自治市,成为美国第一个公共服务外包的"合同制城市"。见王旭《莱克伍德方案与美国地方政府公共服务外包模式》,《吉林大学社会科学学报》2009 年第 6 期。

② 孙春霞:《现代美国城市公共服务供给机制研究》,博士学位论文,华中师范大学,2007 年,第 22、24 页。

的服务供给者，并且有相对稳定的财政收入来源。第二次世界大战结束以后，美国的公私合作关系进入了一个较快发展时期，政府与私营部门的合作进一步加强。1929—1933 年发生的美国经济大萧条引起了美国经济、政治、社会的巨大转变，罗斯福政府执政时期的国家财政支持和计划引导迅速增强。由于许多私营企业在经济危机中纷纷破产，许多相关的公共服务项目则转而由政府接管以维护社会的正常发展，美国各级政府的权力和职能范围都得到了较大程度的扩张。由美国政府启动公共工程建设，通过公共部门支付的薪金来刺激和推动经济发展，增加就业，维持生活，并取得了良好的社会效果，帮助美国渡过了经济危机的难关。一直到 50 年代后，当需要重新发展国家交通和公共设施环境的时候，像州际公路、净水法案的实施等，人们依然依赖于联邦政府。由此可见，这是一种发展良好的公私合作关系，责任明确，公私双方均受益。地方政府得到的是扩大的税收资源以及面目一新的城市景象，私营部门则得到由政府提供的新的投资机会，获得更多利润。① 这些公私合作给政府与私营部门带来了成效感，但许多美国民众并不认同。那些不动产被迁移或关闭的小业主们，由于城市更新或修建高速公路而将其陋室拆迁的原城市居民们，他们对公私合作没有给自己带来期望的利益产生不满。此间，许多社团和公民组织的领导开始建立他们自己的非营利组织，并且参与到城市再发展的设计、指导甚至是管理活动当中。这些其实才是真正的、重要的合作伙伴关系的体现，不过，这些非营利组织在 60 年代以前还很难发挥太大的作用。

2. 公共服务合同外包平缓增长

20 世纪 70 年代，美国在经历过二战后数十年的黄金发展期后，经济逐渐陷入滞胀状态。与此同时，美国政府用于公共服务的支出费用也在不断提高，政府的财政开支压力增大，公共服务提供效率低下，出现政府失灵现象。在新公共管理、生产与供应相区分、第三方治理等理论指导下，美国自 20 世纪 80 年代起，开始逐步推行以市场化、放松管制和分权化为取向的行政改革，包括公共服务市场化（民营化）改革。尽管美

---

① 孙春霞：《现代美国城市公共服务供给机制研究》，博士学位论文，华中师范大学，2007年，第 24 页。

国原本在公共服务提供方面就有着公私合作的传统，但地方政府正式的、大规模的民营化（市场化）改革还是从 20 世纪 80 年代初开始的，至今已有 30 多年。然而很多调查结果显示，西方国家虽然广泛运用包括完全合同外包在内的各种"替代性服务提供方式"（alternative service delivery approaches），但并没有成为地方政府提供服务的最主要方式，政府直接提供公共服务的方式一直占主导地位，公共服务民营化的增长极为有限，[①] 呈现出平缓增长趋势。

美国国际市县管理协会（ICMA）在 20 世纪 80 年代初对美国地方政府公共服务民营化发展进行了专题调研，并且长期跟踪调查。1982 年、1992 年、1997 年、2002 年、2007 年的调查结果如下（见图 1）。

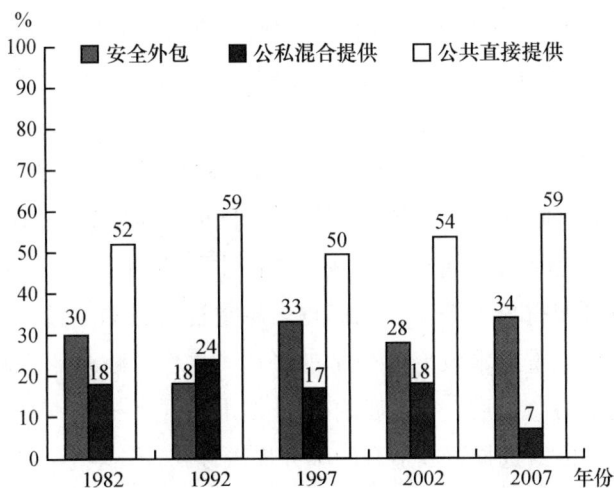

图 1　美国地方政府服务提供构成（1982—2007）

资料来源：International City/Country Management Association，Profile of Alternative Service Delivery Approaches，US Municipalities，Washington DC，1982，1992，1997，2002，2007。

（1）政府直接提供仍是美国地方公共服务供给的主要方式。从图 1 可以看出，政府直接供给服务的数据一直在 50%—60% 波动。其中，

----

① 胡伟、杨安华：《西方国家公共服务转向的最新进展与趋势》，《政治学研究》2009 年第 3 期。

1982 年约占 59%，1992 年占 54% 左右，1997 年占 50%，2002 年占 59%，2007 年占 52% 左右。

（2）1997 年前，公共服务合同外包比重呈平缓增长趋势。自 20 世纪 80 年代以来，尽管越来越多的美国公众对公共服务提供方式市场化改革表示认可，但合同外包并非一路凯歌高奏，从改革伊始，失败的案例并不鲜见，相关的批评也不绝于耳。1982 年美国地方政府公共服务合同外包占所有服务的比例是 34%，而 1992 年、1997 年、2002 年、2007 年的这一数字分别是 28%、33%、18%、30%，可见服务外包增长是不稳定的，其中 2002 年仅为 18%，但 2007 年又回升到 30%。

（3）1997 年后，倒合同外包呈增长趋势。所谓倒合同外包（reverse contracting）是指公共服务从现有合同外包形式，又重新由政府直接提供。调查表明，1997—2002 年比较明显，政府提供公共服务的比例有所上升，由 50% 上升到 59%，而合同外包的数量则由 33% 下降到 18%，出现倒合同外包态势。

那么，如何解释上述公共服务合同外包所显示的变化态势呢？首先，合同外包并不一定能节约成本，相反，合同外包的实施往往与各种问题相伴而生。这是制约合同外包数量增长的主要原因之一。其次，美国地方政府管理者变得更为务实，他们越来越重视公民的利益，尽量避免片面强调效率，注重追求效率与公平的平衡。再次，财政压力减轻也降低了民营化的动力。最后，公共服务本身提供模式多样化，政府会根据服务成本等各种因素选择更加适合的服务提供方式。[①] 这些都在一定程度上解释了合同外包为什么会有限增长。

3. 公共服务倒合同外包的平稳态势

哈菲兹等认为，1997 年是美国合同外包发展的分水岭。自 1997 年公共服务外包发展高峰之后，一方面，赞成民营化的呼声仍然很高；另一方面，人们的私有化意识开始转向理性，对民营化的态度也变得更加务实，美国合同外包（民营化）发展总体上呈下降趋势，混合公私提供与

---

① 详见句华：《美国地方政府公共服务合同外包的发展趋势及其启示》，《中国行政管理》2008 年第 7 期；胡伟、杨安华：《西方国家公共服务转向的最新进展与趋势》，《政治学研究》2009 年第 3 期。

公共直接提供的比例开始上升。民营化试验使人们认识到，服务质量、经济效率和公民参与都不可或缺。此时，在一些成熟的公共服务市场中，一个关键趋势是倒合同外包的增长，一些外包了的服务被政府重新收回。①

图 2 反映了 1992—2002 年十年间美国倒合同外包的增长情况。如图 2 所示，1992—1997 年，倒合同外包占所有服务提供的比例为 11%，新合同外包②占 18%；1997—2002 年，这一形势发生了逆转，倒合同外包的比例上升为 18%，而新外包的比例则下降为 12%，倒合同外包增长势头超过了新外包。倒合同外包上升到 18% 的比例，说明美国地方政府合同外包数量逐渐增长，但并没像很多人想象的那么快。

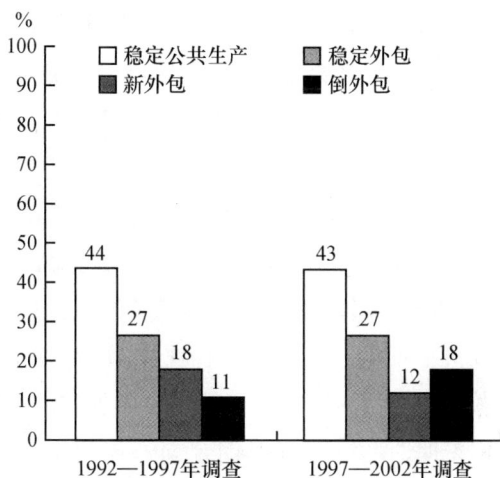

图 2　美国地方政府服务提供动态发展图（1992—2002）

说明：A. Hefetz & M. E. Warner, Beyond the Market vs. Planning Dichotomy：Understanding Privatization and Its Reverse in US Cities, *Local Government Studies*, Vol. 33, No. 4, 2007, 转引自胡伟、杨安华：《西方国家公共服务转向的最新进展与趋势》，《政治学研究》2009 年第 3 期。

---

①　Gracec, et al., Making and Managing Markets：Contestability, Competition and Improvement in Local Government, Final Report to the Audit Commission, 2007, p. 5.

②　新合同外包（new contracting 或 new contracting out）是指以前完全由政府提供而现在通过承包方式（包括公私混合提供和完全外包）提供的服务。参见胡伟、杨安华：《西方国家公共服务转向的最新进展与趋势》，《政治学研究》2009 年第 3 期。

那么，为什么会出现上述倒合同外包现象？

首先，合同失败是倒合同外包兴起的直接动因。ICMA2002 年对 245 个地方政府的调查显示：其中 73% 对合同外包的服务质量不满意；51% 认为合同外包没能带来明显的费用节省；15% 认为合同外包存在合同说明难题；22% 强烈支持将服务收回政府。① 这说明，合同外包并不一定带来效率和成本节省，有时还带来如服务质量下降、监督困难等问题，这一点前面已经做过交代。

其次，美国兴起于 20 世纪 80 年代的新公共管理改革陷入了困境，前一轮改革产生了政府的碎片化、政治控制的削弱、协作不力和能力不足等问题，② 以及大量民营化所带来的公平与责任问题。这促使美国加快第二轮的新公共管理改革，改革的重点已经从结构性分权、机构裁减和设立单一职能的机构转向整体政府，并趋向整体治理。③ 这重新强调政府在公共服务提供中的作用，势必会促进倒合同外包的兴起与发展。

再次，20 世纪 90 年代，以自由主义为理论基础的"华盛顿共识"大力倡导民营化改革，但近 30 年的民营化试验给很多西方国家带来了经济增长大幅度下降、贫富分化等诸多问题，美国同样不能幸免。于是，新自由主义和市场化理论受到质疑，甚至有学者认为民营化是一种"新的通往奴役之路"④。2008 年爆发的全球金融危机更是加剧了这种质疑，各国为了摆脱经济危机，不得不放弃新自由主义政策，而采取"重新国有化"的措施来解救本国经济，其中也包括倒合同外包的重要措施。

最后，主要相关理论也可以解释倒合同外包的出现。比如，在委托代理理论中，由于劳工反对民营化迫使政府创新考虑倒合同外包的形式；市场失灵理论则强调政府应该干预市场；交易成本理论表明了信息与监

---

① International City/Country Management Association, Profile of Alternative Service Delivery Approaches, Survey dat, Washington, DC, 2002.

② Laegreid P. Christensent, *New Public Management: The Transformation of Ideas and Practice*, Aldershot, UK: Ashgate, 2001, p. 4.

③ 杨安华：《当代西方国家逆民营化兴起的动因分析》，《上海交通大学学报》（哲学社会科学版）2010 年第 3 期。

④ 这一说法是迈克尔·赫德森（Michael Hudson）于 2008 年 7 月 25 日接受《大炮与黄油》电台题为"虚拟经济"的访谈中提出的概念。参见［美］迈克尔·赫德森：《虚拟经济论：金融资本与通往奴役之路》，嵇飞译，《国外理论动态》2009 年第 1 期。

督难题增加了合同外包失败的可能性；社会选择理论则主张将市场提供与公共提供结为一体。① 这些理论不仅解释了倒合同外包的出现，同时也为逆向民营化的发展提供了理论支持。

上面描述的公共服务由政府直接提供到合同外包，再到倒合同外包的变化过程，虽不足以囊括美国政府服务合同外包发展的完整画面，但有助于我们把握当代美国公共部门治理模式的转变轨迹，凸显出现实环境中公共服务提供的复杂性、动态性以及地方政府管理的实用性，即政府应该根据具体情况选择合适的公共服务提供方式。

三　借鉴与启示

美国政府服务的合同外包无论从理论上还是从实践上都为中国相应改革提供了有益的启示。

1. 美国政府服务合同外包理论对中国的适宜性指导

关于政府失灵理论。按照韦斯布罗德等人的观点，当政府和市场都不能满足公众日益多样化的公共服务需求时，便有了政府向非营利组织购买公共服务的可能。在美国，由于每个人对公共物品在质和量上的需求是不一样的，政府就难以满足每一个公民的需求，于是产生在公共物品供给方面的政府失灵现象。而且美国政府在提供公共物品方面也存在着浪费和低效率问题，这为非营利组织介入公共物品供给创造了条件。事实上，美国的确有相当多的非营利组织提供的服务具有公共物品的性质。可见，该理论对美国政府服务外包的现实运作具有较强的说服力。对于中国目前而言，政府失灵理论解释了政府将公共服务外包出去的必要性。而从中国现阶段国情来看，政府购买服务在很大程度上仅是在政府无法满足公众需求的情况之下产生的，② 而政府通过向企业购买服务来满足公众需求还较少，再者，孱弱的非营利组织是否有生产公共服务的能力还未尝可知。可见，现有的政府失灵理论还不足以很好地解释中国

---

① 详见杨安华：《逆向合同外包：国外民营化发展的新取向》，《行政论坛》2010 年第 6 期。

② 参见田凯：《西方非营利组织理论述评》，《中国行政管理》2003 年第 6 期。

的政府购买服务现象。

关于公共服务生产与供应相区分理论。该理论为解决公共需求偏好显示及排序所要求的政府与公共物品供给效率的矛盾提供了很好的解决思路，从理论上启发了中国政府将公共服务外包出去的可行性。然而，改革开放后的中国，虽然经济体制改革带来了经济和社会的迅猛发展，但民众对公共服务供给在数量和质量方面提出了越来越高的要求。公共服务的供给绝大多数是由政府所掌控的国有企业来生产和供应的，生产与供应相区分理论在指导中国政府购买服务的实践中似乎也难以发挥作用。

关于第三方治理理论。萨拉蒙认为，政府和第三方（非营利组织）在资金来源、运行方式、组织成本等方面的优势互补，才使得二者之间建立起了合作伙伴关系。在该理论指导下，美国政府与第三方分享了在公共基金支出和公共权威运用上的处理权，既为公共福利服务提供更多的资金，又对美国政府权力进行了有效的限制。该理论为中国政府在公共服务供给中寻找合作伙伴提供了一个有效的思路，但该理论仍然不能圆满地解释中国的政府购买服务现象。因为，一是由于中国非营利组织的弱小，政府还很少与之建立起服务购买和委托代理的契约关系；二是目前中国绝大多数社会服务仍然是由政府部门来提供，政府向非营利组织购买服务的情况还鲜有发生；三是很大一部分非营利组织还处于政府的控制之下，主要表现为控制其人事任免权和较大资金运用权；四是中国的非营利组织也没有表现出萨拉蒙所说的组织特点上的优势。[①]

而其他的理论对美国政府服务合同外包的实践都具有相当大的说服力，是因为其本土理论在解释着其本土实践，在理论上对中国有着或多或少的借鉴意义，但是在解释中国政府购买服务现象方面还是有一定的局限。

2. 美国政府服务合同外包实践对中国的启示

第一，政府购买公共服务在我国是一个新鲜事物，虽然在 20 世纪 90 年代上海、深圳等地就开始一直在尝试，但毕竟是少数，且处于摸索阶段。因此，在我国合同外包还是值得尝试，值得推广。美国的市场化程

---

① 参见田凯：《西方非营利组织理论述评》，《中国行政管理》2003 年第 6 期。

度高，自 20 世纪 80 年代以来，还一直坚持以市场机制来改造政府，尝试包括合同外包在内的种种公共服务提供的可替代方案，追求公共部门效率的提高。不能因为美国逆向合同外包呈上升趋势而全盘否定政府购买服务。[①] 不过，我国在大胆尝试合同外包时，应同时避免美国的失误，公共服务供给的效率与公平应尽可能兼顾。

第二，在公共服务合同外包过程中要充分发挥政府的作用。政府的角色是要既掌好舵又要划好桨，而不是奥斯本和盖布勒等所认为的只掌舵而不划桨。根据美国经验，政府在合同外包过程中必须起到三方面的作用：一是政府必须负责确定公共服务的供给目标和合同外包的接受对象；二是政府必须要为公共服务提供足够的资金支持；三是政府必须对公共服务的结果进行监督和评估。

第三，政府部门要重视公共服务市场化（民营化）改革，积极探索符合国情的实践形式。除了经济和效率，政府还需要考虑其他众多的因素，如政治、文化、历史、地理，以及服务的性质、市场的竞争性等，因而政府在进行合同外包决策时须谨慎处置，做好可行性论证工作，减少盲目性。

第四，探索多样化的公共服务提供方式。中国地方政府应该根据服务成本和公民满意度等多种因素综合考虑公共服务提供方式的多样性，比如可以考虑政府提供、合同外包、政府间合作、公私混合提供等方式并存，优势互补，发挥政府、市场、非营利组织各自的比较优势。[②] 不妨借鉴美国经验尝试，在合同外包的同时，部分保留公共部门提供服务的能力，让公共部门成为竞争者，进而促进公私部门各自效率的提高，并通过公共部门回应公民的呼声性，增强监督，提高公共服务供给效率。[③]

第五，政府要实行对合同外包实行全过程的监管，并且实时进行动态调整。美国经验充分表明，一个有效的实施过程及监管可以保证公共服务合同外包的成功运行，包括招标与遴选、合同的制定、风险防范、

---

① 句华：《美国地方政府公共服务合同外包的发展趋势及其启示》，《中国行政管理》2008 年第 7 期。

② 杨安华：《逆向合同外包：国外民营化发展的新取向》，《行政论坛》2010 年第 6 期。

③ 句华：《美国地方政府公共服务合同外包的发展趋势及其启示》，《中国行政管理》2008 年第 7 期。

绩效监督等。因此，公共部门必须提高自身的管理能力，对合同外包进行全程监控，不能一包了之。① 同时注意收集公众、媒体等对合同外包质量的评价信息，当发现承包者无能力或者合同外包初衷时，应该及时中止合同，必要时也可借鉴美国经验进行动态调整，比如采用倒合同承包的方式，不必拘泥于合同外包。

　　总之，相比于美国，中国目前正面临着日益增长的社会公共服务需求，政府服务的合同外包行为并不是为了要削减开支，而是在政府将继续加大对社会公共服务投入的前提下，转换政府职能，整合优势资源，满足社会需求，促进社会和谐，积极探寻提供社会公共服务的良性化发展道路。② 对中国而言，全面准确地认识和把握美国公共服务合同外包的全景，走出理论与实践上的认识误区，借鉴美国从合同外包到倒合同外包发展的经验教训，才能少走弯路。

（选自《国外社会科学》2014 年第 1 期）

---

① 杨安华：《国外民营化的逆向发展对中国的启示》，《现代经济探讨》2010 年第 7 期。
② 张汝立、陈书洁：《西方发达国家政府购买社会公共服务的经验和教训》，《中国行政管理》2010 年第 11 期。

低制度化治理与非正式制度

——对国家治理体系与能力现代化一个难题的考察

谢志岿　曹景钧[*]

治理的制度化是国家治理体系和能力现代化的重要内容和标志。改革开放以来，治理的制度化一直是国家追求的目标。习近平同志指出，今天，摆在我们面前的一项重大历史任务，就是推动中国特色社会主义制度更加成熟、更加定型，为党和国家事业发展、为人民幸福安康、为社会和谐稳定、为国家长治久安提供一整套更完备、更稳定、更管用的制度体系。随着政治、经济、社会领域改革的深入，中国的国家治理日益制度化。但是，在一些治理领域（如土地管理、环境保护、计划生育等），低制度化和低效问题仍然存在，并造成诸多经济和社会问题。对于低制度化的原因，理论界往往将其归结为韦伯主义理性化程度、治理的结构和功能、政治体制等因素的函数，但这些理论没有完全解释目前国家治理中存在的一些问题。在中国的转型时期，由于旧的利益关系被打破，新的、合理的利益结构还没有完全建立起来，因此一些领域的制度处于非均衡状态。这种制度上的失衡，导致地方政府通过非正式运作实

　　* 谢志岿，1971 年生，博士，深圳市社会科学院社会发展研究所所长、研究员；曹景钧，1954 年生，博士，香港中文大学政治与行政学系教授、博士生导师。

现其利益，由此产生了大量组织的非正式行为规则，影响了这些治理的制度化。通过对一些行政领域低制度化和低效问题直接原因及其制度背景的揭示，可以深化我们对国家制度建设系统性、复杂性的认识。

作为一个新的概念和解释视角，"组织的非正式制度"将为国家治理制度化问题提供一个新的解释，也将为新制度主义关于非正式制度概念及其作用的讨论提供一些新的经验事实和理论发现。[①]

一　治理的制度化及其衡量标准

制度化是我们在分析管理活动时经常使用的一个概念，但对其学理内涵和衡量标准，目前国内学术界尚未进行系统的、充分的阐述。传统的制度主义与新制度主义对此进行了一些探讨。

传统的制度化理论强调政治系统与稳定及适应性相联系的特征。如亨廷顿认为，制度是稳定的、受尊重的和周期性发生的行为模式，组织和程序与其制度化水平成正比例。制度化是组织和程序获取价值观和稳定性的一种进程。[②]

新制度主义强调制度化带来的确定性和可预期性。如诺思指出，制度在一个社会中的主要作用是建立人们互动的稳定结构（未必是有效率的），以降低不确定性。这些不确定性是由问题的复杂度和个人所具有的解决问题的软件（套用计算机名词）两方面造成的。[③] 杰普森认为，制度意味着一种社会秩序和模式，制度化是指这些状态或特征的形成过程。[④]

诸多关于制度化的观点都强调制度化过程中制度被认知和践行的特征。如朱克认为，制度化是在一个既定社会现实中，个体行动者传达由社会规定的判定一个行为正确与否的因素和程度的过程。他反对将制度

---

① 参见谢志岿：《弹簧上的行政：中国土地行政运作的制度分析》，商务印书馆2014年版。

② Samuel P. Huntington, *Political Order in Changing Societies*, Haven: Yale University Press, 1968, p. 12.

③ Douglass Cecil North, *Institutions*, *Institutional Change and Economic Performance*, Cambridge; New York: Cambridge University Press, 1990, p. 6, p. 25.

④ Ronald L Jepperson, Institutions, Institutional Effects, and Institutionalism, in Walter W. Powell & Paul J. DiMaggio (eds.), *The New Institutionalism in Organizational Analysis*, Chigaco; University of Chigaco Press, 1991.

化过程看作创制其他结构的副产品；相反，一旦实现制度化，结构或行为不需要任何进一步的行动而得以维持。① 贝格尔和卢克曼认为，制度化现象出现在各类行动者惯例行为相互类型化的时候，一系列惯例性行为（形成过程先于制度化）是行动者或某个特定行动者在某个时间、以共同的方式，在一定的社会背景下开始担负某种角色时形成的。② 而鲍威尔认为，制度化是迫使一部分人在遇到挑战时变得与其他遇到同样挑战的人类似的一个强制性过程。在同形化的作用下，他们将采取同样的办法。③

托尔伯特等还讨论了制度化的过程，他们将制度化分为前制度化、准制度化和完全制度化三个渐次推进的阶段，每一阶段分别以习惯化（habitualization）、客观化（objectification）、根植（sedimentation）三个连续化的过程为特征。④ 波拉尼则将经济制度化过程视为一个与非经济的结构和制度相互关联的过程。⑤

有的学者将制度化与合法性联系起来。如萨奇曼认为，与制度化紧密相连的是合法性——由对实体行为的必要性及符合既定社会道德、价值、信仰、规定等的普遍化认同和设定构成。合法性在由制度理论造成可能的知识转型中发挥着重要作用，为围绕构建、限制或加强组织行为者的规范化、认同性力量的理论形成提供一个框架基础。因此，合法化与制度化是同义词。⑥ 但是，杰普森认为，合法性是制度化的产物或者促

① L. G. Zucker, The Role of Institutionalization in Cultural Persistence, in W. W. Powell & P. J. DiMaggio（eds.）The New Institutionalism in Organizational Analysis,, 1991.

② P. L Berger & T. Luckmann, A Construg& o Social da Realidade？Tratado de Sociologia do Conhecimento：Editora Yozes, 2003, cited from Carlos Alberto Sampaio de Freitas & Tomds de Aquino Guimaraes, Isomorphism, Institutionalization and Legitim – acy：Operational Auditing at the Court of Auditors, BAR, Vol. 4, No. 1, art 3, Jan. ∕ April 2007, pp. 35 – 50.

③ W. W. Powell, Expanding the Scope of Institutional Analysis, in W. W. Powell & P. J. DiMaggio（eds.）, The New Institutionalism in Organizational Analysis, 1991.

④ P. S. Tolbert & L. G. Zucker, The Institutionalization of Institutional Theory, in S. R. Clegg, C. Hardy & W. R. Nord（eds.）, Handbook of Organization Studies, Sage, London, 1996, pp. 175 – 190；Stephen R. Barley & Pamela S. Tolbert, Institutionalization and Structuration：Studying the Links between Action and Institution, Organization Studies, Vol. 18, No. 1, 1997, pp. 93 – 117.

⑤ K. Polanyi, The Economy as Instituted Process, in Mark Granovetter & Richard Swedberg（eds.）, The Sociology of Economical Life, Boulder：Westview Press, 1992.

⑥ M. C. Suchman, Managing Legitimacy：Strategic and Institutional Approaches, Academy Management Review, Vol. 20, No. 3, 1995, pp. 571 – 610.

进因素，但并不总是联系在一起，因为非法因素如腐败、诈骗和有组织犯罪也会制度化。① 对于治理的制度化，不同学者提出了不同的衡量标准。亨廷顿将制度化看成是组织和程序获取价值观和稳定性的一种进程，任何政治体系的制度化程度都可根据其组织和程序所具备的适应性、复杂性、自治性和内部协调性来衡量。② 托尔伯特和朱克将根植看成是完全制度化的阶段。根植是一个结构的历史延续过程，尤其是历经组织成员代际更替而存续。在他们看来，结构的充分制度化取决于下列因素的联合效应：反对群体较低的抵制；倡导团体持续的文化支持与推动；产出的正相关。他们提出了评价制度化的一些方法，如通过调查和问卷了解被访者对制度化程度的评价；运用档案数据进行历史分析；鉴别结构在不同制度化水平发生变化的决定因素，这些决定因素包括组织中革新者的规模和地位、反对力量的大小、组织的大小、变化的成本、革新与产出的相关性等。③

在总结吉登斯（Giddens）和贝格尔与卢克曼理论的基础上，巴利和托尔伯特提出了制度化的过程模式，这为衡量制度化过程提供了思路。④ 在他们看来，制度化是一个由多个时段（T1，T2，T3……）构成的连续过程，每一个时段（T）都由 a、b、C、d 四个步骤组成。a 表示编码（encode），即对运用于某种制度背景的规程（scripts）中的制度原则进行解读，编码常常发生在社会化过程中，并包括个体对相应特定背景行为规则和解释的内化。⑤ b 表示将编码的制度原则制定为规程的过程。c 表示行为改变或复制规程的程度。在多数环境下，改变规程的倾向比无意识、无倾向地背离规程更可能导致制度变迁。⑥ d 包括这一阶段模式化行为和互动的客观化（objectification）及外在化（externalization）。第一个

---

① Ronald L. Jepperson, 1991.

② Samuel P. Huntington, *The New Institutionalism in Organizational Analysis*, 1968.

③ P. S. Tolbert & L G. Zucker, The Institutionalization of Institutional Theory, 1996, pp. 175 – 190.

④ Stephen R. Barley & Pamela S. Tolbert, Institutionalization and Structuration : Studying the Links between Action and Institution, 1997, pp. 93 – 117.

⑤ Perter L Berger & Thomas Luckmann, *Social Construction of Reality*, New York: Doubleday, 1967.

⑥ Max Boisot & John Child, The Iron Law of Fiefs: Bureaucratic Failure and the Problem of Governance in the Chinese Econoinic Reforms, *Administrative Science Quarterly*, Vol. 33, 1988, pp. 507 – 527.

时段（T1）结束后，即进入第二个时段（T2），如此往复，每一个时段都相应形成一套行为规程（scripts T1，scripts T2，scripts T3）。可见，制度化是新的制度安排与行为规则不断得到内化或社会化的过程。[①]

根据已有关于制度化及其衡量标准的讨论，制度化可以定义为制度形成、制度（价值）认同和制度践行的连续过程。而制度化的衡量主要可以从制度成形化（惯例化、成文化、法定化）、制度的认同和执行情况（价值认同和遵循）以及对反制度行为的处罚等几个方面进行。

二　中国地方治理低制度化运作的主要理论解释

近年来，中国地方政府在治理中存在的一些低效和低制度化问题已经引起了国内外学者的重视和讨论。如王绍光和胡鞍钢讨论的中国财政包干体制下地方政府的扭曲性经济行为；[②] 邹谠和迪特默（Dittmer）等讨论的"非正式政治"；马骏和侯一麟探讨的"以关系为基础"的预算制度；[③] 孙立平、郭于华分析的诸如人情、面子、常理等日常生活原则和民间观念如何以及为何被引入正式行政权力行使的过程；[④] 周雪光讨论的基层政府间的"共谋现象"，[⑤] 以及学术界讨论的组织性腐败和违规等，都是地方行政紊乱和低效的具体事例。这些事实表明，行政紊乱和低制度化问题在不同领域均有表现。

对中国地方政府在治理中存在的非正式运作，学者们提出了种种解释，概括起来，主要有如下几种理论。

（1）中央与地方关系理论。这一理论将地方政府非正式运作看作政

---

① 李汉林、渠敬东、夏传玲、陈华珊：《组织和制度变迁的社会过程——一种拟议的综合分析》，《中国社会科学》2005 年第 1 期。

② 王绍光、胡鞍钢：《中国国家能力报告》，辽宁人民出版社 1993 年版，第 3—4 章。

③ 马骏、侯一麟：《中国省级预算中的非正式制度：一个交易费用理论框架》，《经济研究》2004 年第 10 期。

④ 孙立平、郭于华：《"软硬兼施"：正式权力非正式运作的过程分析》，《清华社会学评论》特辑，2000 年。

⑤ 周雪光：《基层政府间的"共谋现象"——一个政府行为的制度逻辑》，《社会学研究》2008 年第 6 期。

府内（中央与地方）分权和集权不合理造成的。学者们注意到，改革开放以后实行的分权式改革和分灶吃饭的财政体制，使地方政府成为独立的利益主体，削弱了中央的财政能力，也削弱了中央的调控能力，由此产生了地方政府各种不合规行为。王绍光认为，凡事皆有度，在"度"以内是好事的，到了"度"以外就变成坏事了，集权和分权亦然。① 吴国光和郑永年指出，中国经济改革的一个突出特点是以分权为导向，这样一种分权战略的贯彻实施，深刻地改变了中国政治的结构图景，产生了一系列重大的政治经济后果。其中，最为直接和突出的政治后果，就是地方主义在中国的兴起。他们反对单纯的集权和分权路径，而是主张一种制度化的分权。遵循托克维尔的传统，他们认为，制度化的分权，应该是"政府集权"和"行政分权"的结合。②

（2）国家结构和功能理论。国家结构和功能理论将中国政治/行政运行中存在的非正式运作归因于国家结构体制和功能运行中存在的问题，这方面有很多的理论解释，如政治体制说、转型体制说、压力型体制说、混合体制说等。

政治体制说将中国政治、行政运行中的失序归因为政治体制，如党政不分，权力过于集中，立法、行政、司法机关之间缺乏科学合理的权力划分和制约，导致整个国家的权力运行失据，也造成行政乃至各领域的混乱。③ 转型体制说将中国现阶段的治理问题归结为从计划向市场经济转型过程中出现的问题。孙立平将中国向市场经济的转型视为一个政体、权力和主导型意识形态仍然持续，但经济和社会形态逐渐断裂的过程。在这一背景下，很多制度变迁最初只能以非正式的形式表现出来。④ 黄宗智也将中国地方治理中存在的一些问题归因为转型体制，将中国目前的转型体制称为"改革中的国家体制"，认为这一体制既是经

---

① 王绍光：《分权的底线》，中国计划出版社 1997 年版。

② 吴国光、郑永年：《论中央与地方关系》，牛津大学出版社 1995 年版。

③ Zheng Shiping, *Party State in Post - 7949 China*: *The Institutional Dilemma*, Cambridge University Press, 1997；徐湘林：《后毛时代的精英转换和依附性技术官僚的兴起》，《战略与管理》2001 年第 6 期。

④ 孙立平：《社会转型：发展社会学的新议题》，《开放时代》2008 年第 2 期。

济发展的动力，也是社会危机和公共管理中非正式运作的根源。① 压力型体制说将地方政府运行中的失序问题归因为政治组织（以党委和政府为核心）为完成某个目标而层层施加行政压力的体制，在强大的行政压力下，下级组织会发展出各种针对上级及管理对象的非正式运作。② 混合体制说将地方的非正式方面归因于国家和社会的边界模糊和低分化。如黄宗智所讨论的介于国家正式机构和社会之间并联结二者的半正式领域——"第三领域"，③ 在他看来，第三领域本来不是由完全正式组织而是由半正式官员来进行治理的领域，他用"集权的简约治理"来概括这一传统。④

（3）政权内卷化和腐败理论。这一理论将中国地方治理中的失序行为归因为政权内卷化和腐败。杜赞奇认为，国家政权内卷化是指国家机构不是靠提高旧有或新增机构的效益，而是靠复制或扩大旧有的国家和社会关系来扩大其行政职能。吕晓波认为，在改革年代，制度化和韦伯主义官僚化成为主导性的战略选择，但组织内卷化仍然存在并在发展，表现在诸如小金库、形式主义、关系网络等传统的行为方式中，也表明新传统主义仍然处于支配地位。⑤ 于建嵘则用"退化"来表示改革以来中国一些基层政权内卷化问题，突出表现在黑恶势力对基层政权的侵蚀。在他看来，基层政权的这种病变不仅仅是国家政权出现了功能性异化，而更严重的是一种结构性退化。⑥ 与组织内卷化相关的是腐败问题，腐败既可以个体形式出现，也可以组织形式出现。吕晓波探讨的与组织内卷

---

① 黄宗智：《改革中的国家体制：经济奇迹和社会危机的同一根源》，《开放时代》2009 年第 4 期。

② 荣敬本等：《从压力型体制向民主合作体制的转变——县乡两级政治体制改革》，中央编译出版社 1998 年版。

③ 黄宗智：《中国的"公共领域"与"市民社会"——国家与社会间的第三领域》，载邓正来等主编《国家与市民社会：一种社会理论的研究路径》，中央编译出版社 2002 年版。

④ 黄宗智：《集权的简约治理——中国以准官员和纠纷解决为主的半正式基层行政》，《开放时代》2008 年第 2 期。

⑤ LÜ Xiaobo, *Cadres and Corruption*: *The Organizational Involution of the Chinese Communist Party*, Stanford, Calif.: Stanford University Press, 2000, pp. 230－232.

⑥ 于建嵘：《农村黑恶势力和基层政权退化——湘南调查》，《战略与管理》2003 年第 5 期。

化相关的组织性腐败、韦德曼所讨论的机构性腐败、① 公婷讨论的宏观经济管理中的腐败、② 丁学良所讨论的银行部门系统性的违规等,③ 都属于这类腐败。组织性腐败违反了法律、规章等正式制度的规定,因而是导致治理低效和失序的重要原因。

概括起来,上述理论解释有三个主要的理论预设,即将中国地方行政的紊乱看成是三个主要变量的函数。一是中央与地方政府之间集权与分权状况;二是政治体制,如政党、立法、行政、司法机构之间的权力划分及其关系;三是韦伯意义上官僚体制的理性化程度。

三　组织的非正式制度:一个新的解释视角

影响中国政治与行政运行状况的因素很多,中央与地方政府之间的权力划分不尽合理、政治体制运行问题和理性官僚制的缺失等是导致地方政府诸多非正式运作的原因。然而,这些理论并不能完全解释目前国家治理的一些低制度化问题。

本文将提出一个新的解释视角,即组织性的非正式规则/制度视角。在现有的制度结构和利益关系下,政治系统(尤其是地方行政系统)组织性地利用非正式规则/制度来达成行政目标,是导致地方治理低制度化和低效问题的一个重要原因。

事实上,治理既需要借助正式制度,也需要借助非正式制度,即使是制度化的治理,也并不一定排斥非正式制度的作用。但是,如果在治理中正式制度没有得到充分尊重,而非正式规则大行其道,制度化就无从谈起。

非正式制度的表现形式既有非组织的形态,也有组织的形态。而组织的非正式制度也可以分为两类。一类是组织的政策或制度试验,这类

---

① Andrew Wedeman, Stealing From the Farmers: Institutional Corruption and the 1992 IOU Crisis, *The China Quarterly*, Issue 152, 1997, pp. 805 – 831.

② Gong Ting, Forms and Characteristics of China's Corruption in the 1990s: Change with Continuity, *Communist and Post – Communist Studies*, Vol. 30, No. 3, 1997, pp. 277 – 288.

③ X. L. Ding, Systemic Irregularity and Spotaneous Property Transformation in Chinese Financial System, *The China Quarterly*, Vol. 163, 2000, pp. 655 – 676.

政策试验是探索性的，在表现形式上往往不具备非常正式的特征，如韩博天等学者讨论的地方政府的各种改革探索和政策试点①及一些正式制度没有详细规定的政策执行方面的操作办法；另一类则主要是下级组织为了局部利益发展起来的，旨在规避上级组织的正式制度约束甚至禁止的各种模式化的行为规则。这是两种不同性质的非正式制度，前一类非正式制度往往是上级组织所默许的，是正式制度的外部利润下降，或者无法获得新的外部利润，需要进行制度创新时的产物。这类制度探索的利益和目标指向与正式制度具有一致性，并且有可能发展为正式的制度（探索成功），因而大多可以归纳为补充性和替代性的非正式制度。而后一类非正式制度一般不会发展为正式的制度，它们是在正式制度仍然有效，并且需要执行的情况下发生的。其利益指向或者与正式制度不一致，为正式制度所禁止，如变应性的非正式制度、竞争性的非正式制度；或者即使在利益指向上一致，但是与正式制度的精神不一定契合（见表1）。本文讨论的主要是后一类非正式制度及其对国家治理制度化和绩效的影响。

表1 从存在形式划分的非正式制度类型

类型	非组织性的非正式制度	组织的非正式制度	
表现形式	自发和零散的非正式关系、惯例、文化道德等	政策或制度试验、操作规则、组织的意识形态	目标替代的非正式制度
与正式制度的关系	补充性、变应性、竞争性、替代性非正式制度	补充性、替代性非正式制度	变应性、竞争性非正式制度

在中国地方政府一些行政领域，如土地管理、计划生育、环境保护等领域，普遍存在组织的非正式规则。这些非正式规则的存在，直接影响了国家治理的制度化和绩效，既表明由于转型期利益调整的滞后性，现有制度安排还存在不完善（制度成形化，formulation）的地方，也表明

① 韩博天：《中国异乎常规的政策制定过程：不确定情况下的反复试验》，《开放时代》2009 年第 7 期。

正式制度没有得到充分认同和执行。事实上，地方政府的各种低制度化的行为，也没有得到严格的处置。

在中国公共行政中，组织的非正式规则是普遍存在的，社会上通常将这些非正式规则称为"土政策"或者"潜规则"，也有研究用"上有政策，下有对策"这一通俗说法表示地方政府运用各种非正式规则对付中央和上级政府的正式制度的情形。

这些概念比较形象，但也比较随意，并不是学术语言，没有严谨地界定组织的非正式规则的内涵和外延，也没有将其纳入制度主义的理论背景和理论框架之中。《现代汉语词典》关于"土政策"的定义为"指某个地区或部门从局部利益出发制定的某些规定或办法（多与国家政策不一致）"。[①] 而《当代汉语词典》对"土政策"的定义为"指某个地区、部门或单位自行制定的不符合国家政策的法规"。[②]《辞海》和《辞源》等尚没有相关词条。已有的关于"土政策"的定义都包含了四个特征：从局部或部门利益出发；不符合国家政策和法规；是在局部起作用的规定和办法，不论成文或不成文；其主体都是组织，如地区、部门或单位。

吴思指出，"潜规则是人们私下认可的行为约束；这种行为约束，依据当事各方的造福或损害能力，在社会行为主体的互动中自发生成，可以使互动各方的冲突减少，交易成本降低；这种在实际上得到遵从的规矩，背离了正义观念或正式制度的规定，侵犯了主流意识形态或正式制度所维护的利益，因此不得不以隐蔽的形式存在，当事人对隐蔽形式本身也有明确的认可；通过这种隐蔽，当事人将正式规则的代表屏蔽于局部互动之外，或者，将代表拉入私下交易之中，凭借这种私下的规则替换，获取正式规则所不能提供的利益"[③]。

这些解释表明：一方面，组织性非正式规则是普遍存在的，并且引起了广泛关注；但另一方面，这些解释又是经验性的，没有将地方政府的非正式制度（土政策）置于新制度主义的理论背景下，因而在概念上缺乏学理基础和理论渊源。

---

① 《现代汉语词典》（第5版），商务印书馆2009年版，第1382页。
② 《当代汉语词典》，中华书局2009年版，第1456页。
③ 吴思：《潜规则：中国历史中的真实游戏》，复旦大学出版社2009年版，第193—194页。

　　新制度主义对非正式制度及其作用进行了比较深入的讨论，但一般将非正式制度视为社会的、零散的、自发的，对中国地方政府普遍存在的上述组织的非正式制度，还没有进行专门的理论阐述。

　　新制度主义认为，制度包括正式的规则和非正式的规则。在诺思看来，规则的层级结构——宪法、成文法、习惯法（以及法律细则）——合起来界定一件特殊交换的正式权利结构。但是大部分的契约是不完全的，因此非正式限制也影响到真正的合约。非正式限制包括声誉、普遍接受的行事标准（效力以足以迅速观察对方行为为限），以及重复交往中产生的习俗。[1] 赫姆基（Helmke）和列维茨基（Levitsky）在他们的综述性研究中指出："非正式制度"一词被用于指称包括诸如人际网络、[2] 庇护主义、[3] 腐败、[4] 宗族和黑帮组织、[5] 市民社会、[6] 传统文化、[7] 以及立法、司法及官僚机构的道德规范等范围广泛的对象。他们将非正式制度定义为"由社会分享的规则，常常是不成文的，在官方批准渠道之外创立、传播和执行"，并且从作用上将组织的非正式制度分为变应性、补充

①　Douglass C. North, *The New Institutionalism in Organizational Analysis*, 1990.

②　Wang Hongying, Informal Institutions and Foreign Investment in China, *The Pacific Review*, Vol. 13, No. 4, 2000.

③　Guillermo O'Donnell, Another Institutionalization: Latin America and Elsewhere, Kellogg Institute Working Paper No. 222, University of Notre Dame, 1996; Hans – Joachim Lauth, Informal Institutions and Democracy, *Democratization*, Vol. 7, No. 4, Win. 2000, pp. 21 – 50.

④　József Böröcz, Informality Rules, *East European Politics and Societies*, Vol. 14, No. 2, 2000, pp. 348 – 380; Keith Darden, Graft and Governance: Corruption as an Informal Mechanism of State Control, paper prepared for the Conference Informal Institutions and Politics in the Developing World, Harvard University, Apr. 5 – 6, 2002.

⑤　Hans – Joachim Lauth, Informal Institutions and Democracy, *Democratization*, Vol. 7, No. 4, 2000, pp. 21 – 50; Kathleen Collins, Clans, Pacts and Politics in Central Asia, *Journal of Democracy*, Vol. 13, No. 3, 2002, pp. 137 – 152; Kathleen Collins, The Political Role of Clans in Central Asia, *Comparative Politics*, Vol. 35, No. 2, 2003, pp. 171 – 190.

⑥　Caroline Boussard, Democratic Consolidation: The Role of Informal Institutions – Illustrations from Central America, paper presented at the 22 nd International Congress of the Latin American Studies Association, Miami, FL, Mar. 16 – 18, 2000; Manor, James, Center – state Relations, in Atul Kohli (ed.), *The Success of India's Democracy*, Cambridge : Cambridge University Press, pp. 78 – 102.

⑦　Mamadou Dia, *Africa's Management in the 1990s and beyond ? Reconciling Indigenous and Transplanted Institutions*, Washington: World Bank, 1996; Svetozar Pejovich, The Effects of the Interaction of Formal and Informal Institutions on Social Stability and Economic Development, *Journal of Markets and Morality*, Vol. 2, No. 2, 1999, pp. 164 – 181.

性、竞争性和替代性几种类型。①

　　本文所讨论的上述地方治理中存在的组织的非正式制度，与新制度主义关于非正式制度的定义存在区别。第一，以组织为主体。这些规则是组织性的，而不是自发或零散的；是官方的，而不是社会的或者纯粹个人的。第二，规则化。非正式制度是地方政府在应对正式制度限制时所形成的种种模式化的行为规则或惯例。它们不是赫姆基和列维茨基所讨论的偶然的现象或随意的、一次性的行为或运作，而是高度惯例化和同形化的，并且，如果不这样做，地方利益就不能实现。按照制度主义的观点，从行为变成规则的标志是这种行为是否模式化、惯例化，并且具有强弱不等的约束性。第三，非正式性。地方政府的非正式制度，一般是为正式制度所禁止但又难以完全依正式制度处置。非正式性表现在它们一般是非成文的；或者即使成文，也具有临时性，会随时随地被要求改变或作废。当然，地方政府的非正式制度也包括伦理道德和意识形态等传统意义上的非正式制度。

　　从作用上看，地方政府的非正式制度，包括变应性的、补充性的、竞争性非正式制度，这些制度在协助完成地方目标、实现地方利益的同时，都在后续的博弈中可能变成竞争性非正式制度，因为这些非正式制度往往消弭了正式制度的权威，影响了国家治理的制度化。因而，它们的作用不是单一的、一次性的，而是复合的、递进的，这与新制度主义关于非正式制度作用（单一的、一次性的）的论述也存在区别。

　　因此，本文阐述并讨论的事实上存在于地方政府的"组织的非正式制度"为国家治理中存在的低制度化和低效问题提供了一个新的解释视角，也为新制度主义拓展和丰富非正式制度概念、类型及其作用的认识提供了新的经验事实和理论发现，或者说对新制度主义关于非正式制度的理论提供了某种补充。未来，如何在国家治理中有效克服地方政府应对中央政策的各种非正式规则，推进国家治理的制度化，是提升国家治理能力、实现国家治理体系和能力现代化的重要任务。

（选自《国外社会科学》2014 年第 5 期）

---

① Gretchen Helmke & Steven Levitsky, Informal Institutions and Comparative Politics: A Research Agenda, *Perspectives on Politics*, Vol. 2, No. 4, 2004, pp. 725 – 740.

北极全球治理与中国外交：
相关研究综述

徐庆超[*]

　　20 世纪 70 年代末，作为全球变暖的重大影响之一，北冰洋海冰面积的消融显著加速，继而引发了全球性的持续关注和反应。在应对全球气候变化的背景下，20 世纪 90 年代末以来，中国的北极研究从最初的地理学、物理学、动力学等自然科学领域，逐渐扩展至经济学、政治学和战略学等社会科学领域，其中包括一些跨学科、跨领域的交叉研究。近年来，中国在北极的活动——无论是科学考察，还是商业经营，抑或外交修睦、政治磋商等，均是国内外同行的重要研究议题，总的来看，他们的研究兴趣已逐渐从"低政治"转向"高政治"。

　　在全球视野下的所谓"高政治"范畴内，最近十年间国内外同行关切的实质性问题包括：中国北极政策制定的依据和目标是什么？中国在北极有什么长远打算和战略规划？中国在北极不断增强的存在感和参与度可能会给北极国家和其他利益相关者，以及地区和全球格局带来怎样的影响？围绕这些问题，本文将就目前国内外同行所做的值得注意的一些相关研究成果，加以梳理、分析和比较，考察其优点与不足，为今后

---

　　* 徐庆超，1982 年生，北京大学国际关系学院博士后，讲师。

的进一步研究奠定文献基础和知识积累。[①]

一　变化中的北极：从地区到全球

截至目前，尽管科学家们对于北极冰融的速度并未达成广泛共识，但在北极地区正在发生的最为显而易见的事实性变化就是海冰在极速消融。这是全球变暖现象在北极地区的显著反映，也是气候变化在全球范围内的突出表现，极大地提升了北极地区的全球关注度，并显示出这一自然过程已逐渐突破地区性而具有的全球性影响。概言之，气候变化将北极从地理意义上的地区概念，发展成为一个多维度的全球概念。

1. 北极气候变化的物理生态和环境意义

1992 年，《联合国气候变化框架公约》将气候变化问题设定为"人类共同关注事项"。北极地区海冰消融、气候剧变等物理变化带给全世界的生态和环境影响，成为国内外同行相关北极研究的认识起点，并基本认同北极气候变化的真实性和严重性。

罗伯特·科雷尔认为，北极正经历地球上最快速和严峻的气候变化，这将对世界其他地区产生影响，这种影响既是物理的和生态意义的，也

---

① 这里援引或提及的中文文献绝大部分来自中国知网（CNKI）且发表于 2006 年底至 2016 年底，英文文献则以 ProQuest 数据库为主，辅之以 JSTOR、SAGE 及 Google Scholar 平台的相关文献，对发表时间无特别限定，但因主题关系，其重点也是最近 10—20 年的。另，有国内外同行的文章涉及中国北极研究状况并做了评价，主要包括：David Curtis Wright, China's Growing Interest in the Arctic, *Journal of Military and Strategic Studies*, Vol. 15, Issue 2, 2013；David Curtis Wright, The Dragon Eyes the Top of the World：Arctic Policy Debate and Discussion in China, *China Maritime Study*, No. 8. Newport, RI：U. S. Naval War College, Aug. 2011；Iselin Stensdal, Coming of Age? Asian Arctic Research, 2004 - 2013, Polar Record, January 2015, pp. 1 - 10；Iselin Stensdal, Asian Arctic Research 2005 - 2012：Harder, Better, Faster, Stronger, FNI Report 3 /2013；Anne - Marie Brady, Polar Stakes：China's Polar Activities as a Benchmark for Intentions, *China Brief*, Vol. XII, Issue 14, July 20, 2012；Linda Jakobson, China Prepares for an Ice - free Arctic, *SIPRI Insights on Peaceand Security*, No. 2, March 2010；Linda Jakobson & Jingchao Peng, China's Arctic Aspirations, *SIPRI Policy Paper*, No. 34, Nov. 2012；赵华、匡增军：《中国学者的北极问题研究——基于中国国际政治类核心杂志（2007—2016）》，《战略决策研究》2017 年第 4 期；王晨光：《中国北极人文社科研究的文献计量分析——基于 CSSCI 期刊的统计数据》，《中国海洋大学学报》（社会科学版）2017 年第 2 期。

是经济和社会意义的。① 蒂莫·科伊武罗瓦、特里·芬格以及伯纳德·芬斯顿指出,气候变化尤其对北极地区敏感的动植物和环境带来了严重影响。② 北极问题研究编写组认为,气候变化是"变化中的北极"之最大变化。③ 刘慧荣分析称,北极主权与航道争端、北极生态法律危机、北极资源开发与管制问题等都是由气候变化所引起的,而最终的解决之道即"北极全球共治"也是气候变化所提供的契机。安妮卡·尼尔森对北极气候变化的理解凸显了环境政治学视角,认为1987年以来的北极环境运动出现了从"低政治"向"高政治"的转变,环境在将北极塑造为全球关注点方面发挥了至关重要的作用。④

2. 北极气候变化的经济商业和社会意义

在北极冰盖加速消融的趋势下,不断增加的北极全面通航的可行性、该地区巨大的资源能源储备,以及地区开发给北极原住民生产生活所带来的影响等,一并使北极气候变化的全球性意义在经济和社会层面得到了阐释。正如热纳维耶芙·鲁埃尔所分析的,北极地区自然资源开发急剧地改变着世界之巅的地缘政治学,使北极进入全球公众瞩目的中心,媒体也将航道开通等北方议题前置或放到中心位置。⑤ 斯科特·伯格森确信,北冰洋将开放常规通航和进行有利可图的自然资源开发,已不再是一个假设,而只是时间问题。⑥ 郭培清等强调,控制北极航道,就等于控制世界未来的经济走廊。⑦ 张侠等评估了北极航线的海运经济

① Robert W. Corell, Challenges of Climate Change: An Arctic Perspective, *Ambio*, Vol. 35, No. 4, *The Royal Colloquium: Arctic under Stress: A Thawing Tundra*, 2006, pp. 148 – 152.

② Timo Koivurova, Limits and Possibilities ofthe Arctic Council in a Rapidly Changing Scene of Arctic Governance, *Polar Record*, Vol. 46, Issue 2, April 2010, pp. 146 – 156; Terry Fenge & Bernard Funston, 2015, The Practice and Promise of the Arctic Council.

③ 参见北极问题研究编写组《北极问题研究》,海洋出版社2011年版。

④ Annika E. Nilsson, The Arctic Environment – From Low to High Politics, in Lassi Heininen (ed.), *Arctic Yearbook 2012*, Akureyri, Iceland: Northern Research Forum, 2012, pp. 180 – 194.

⑤ Geneviève King Ruel, The (Arctic) Show Must Go on: Natural Resource Craze and National Identity in Arctic Politics, *International Journal*, Vol. 66, No. 4, Autumn 2011, pp. 825 – 833.

⑥ Scott G. Borgerson, Arctic Meltdown: The Economic and Security Implications of Global Warming, *Foreign Affairs*, Vol. 87, No. 2, Mar. – Apr., 2008, pp. 63 – 77.

⑦ 郭培清、管清蕾:《北方海航道政治与法律问题探析》,《中国海洋大学学报》(社会科学版) 2009 年第 4 期。

潜力，认为北极航线有利于节省国际贸易海运成本。[①] 李振福认为，有必要建立北极航线问题的国际协调机制，这也是北极问题国际协调的切入点。[②]

北极气候变化所连带产生的社会意义，主要是指海冰消融对北极原住民传统生活方式、文化认同、政治参与等方面的挑战。潘敏将研究对象聚焦到了北极的原住民群体，分析了因纽特人的生活实态及全球变暖对其生活的影响。[③] 海尔格·哈夫滕多恩（Helga Haftendorn）认为，在应对气候变化所带来的挑战上，北极地区原住民不得不面对一个基本悖论或难题，即在不限定北极国家主权或土著居民自治权的情况下，北极治理如何能够得到加强。

3. 北极气候变化的政治法律和安全意义

2007 年 8 月，俄罗斯的"北冰洋插旗事件"使北极国家间原有的主权争端和外大陆架划界问题，以及相关的法律和安全问题，引起国内外同行的密切关注。

第一，关于北极国家间主权争端的研究，具体包括三大类问题：[④] 一是领土主权问题，二是海洋划界问题，三是 200 海里外大陆架问题。现有研究认为，有三个原因导致了北极国家间的主权争端，即北极地区重要的地缘战略地位、北极地区丰富的自然资源和能源开发潜能、北极航线通航的潜在商业价值。至于争端的解决，可归纳为三种代表性观点。其一，王郦久、刘慧荣等主张遵照《联合国海洋法公约》（UNCLOS）来处理。其二，王秀英、黄志雄等建议参照《南极条约》制定《北冰洋公约》或《北极条约》等类似文件。斯蒂芬妮·福尔摩斯认为最好的方法是促成一个专门的多边北极条约（Arctic – Specific Treaty）。[⑤] 凯瑟琳·艾米特和詹姆斯·斯达尔雷格也持这一主张，认为建立北极

---

① 张侠、屠景芳、郭培清等：《北极航线的海运经济潜力评估及其对我国经济发展的战略》，《中国软科学》2009 年第 2 期。

② 参见李振福《北极航线问题的国际协调机制研究》，清华大学出版社 2015 年版。

③ 参见潘敏《北极原住民研究》，时事出版社 2012 年版。

④ 贾宇：《北极地区领土主权和海洋权益争端探析》，《中国海洋大学学报》（社会科学版）2010 年第 1 期。

⑤ Stephanie Holmes, Breaking the Ice: Emerging Legal Issues in Arctic Sovereignty, Chicago *Journal of International Law*, Vol. 9, No. 1, Summer 2008, pp. 323 – 351.

条约（Arctic Treaty）对于监管和强制施行现有框架中的法规是必要的。[①] 其三，曾望等认为，应坚持《斯瓦尔巴德条约》（*Svalbard Treaty*）模式，保持北极的自由、和平、中立地位。

第二，与北极国家间主权争端密切相关的，是北极地区的国际法律地位问题。总的来看，国内同行普遍认为不应按"无主之地"或者依照"扇形原则"来认定北极的法律性质。[②] 他们的主要观点大致可分为以下三类。一是参照"南极条约体系模式"或"斯瓦尔巴群岛条约模式"，构建未来北极的法律体系。二是"另起炉灶"，建立独有的"北极条约"，构筑"北极特定模式"的法律体系。三是以现有国际海洋法为基本的制度框架，形成"发展海洋法公约模式"。

第三，关于北极气候变化所引发的安全讨论，既有全球视角的普遍性关注，也有基于本国和地区利益的特别关注。夏立平认为，北极的环境变化将加剧北极国家关于主权和资源的竞争和争夺，将给北极地区带来毁灭性的生态灾难。[③] 陆俊元称，未来北极地区的环境将继续深刻改变，影响到北极地区、北半球甚至世界的战略结构，对包括中国在内的有关国家和地区产生深远的战略影响。[④] 万楚蛟从地缘政治安全、海权和能源的角度，对北极冰盖融化给俄罗斯带来的战略性影响做了分析。[⑤] 2012 年，乔治·巴克斯、罗伯·休伯特和尤里·莫洛佐夫在《原子科学家简报》的专栏上针对"北极 2030：气候变化的结果是什么"的问题，分别给出了"美国的回应""加拿大的回应"和"俄罗斯的回应"，并展望了 2030 年北极的军事、外交、环

[①] Catherine Emmett & James Stuhltrager, After the Ice Melts：The Need for a New Arctic Agreement, *Natural Resources & Environment*, Vol. 26, No. 2, Oil & Gas：Post – deepwater Horizon, Fall 2011, pp. 33 – 36.

[②] 刘慧荣主编：《北极地区发展报告（2014）》，社会科学文献出版社 2015 年版，第 13—15 页。

[③] 夏立平：《北极环境变化对全球安全和中国国家安全的影响》，《世界经济与政治》2011 年第 1 期。

[④] 陆俊元：《北极环境变化对中国的战略影响》，《人文地理》2014 年第 4 期。

[⑤] 万楚蛟：《北极冰盖融化对俄罗斯的战略影响》，《国际观察》2012 年第 1 期。

境和经济状况。① 巴克斯认为，除非尽可能多地了解那些潜在风险，否则美国不能够有效地解决变暖中的北极可能带来的不确定性。休伯特认为，气候变化的影响最终迫使加拿大不得不严肃对待北极的安全需求，不仅要为国际安全提供保障，而且必须优先考虑北方加拿大人的安危问题。莫洛佐夫指出俄罗斯在北极地区的国际合作中有待实现的三项主要任务：一是该地区的边界所有问题应遵循 1982 年的 UNCLOS；二是为保持地区和平稳定，环境和其他挑战应该由北极国家联手解决；三是飞越北极的空中交通和经由俄罗斯北方海航道的航行应基于北极国家间的同意而受辖于国际法。威尔弗里德·格里夫斯的研究发现，因纽特人将环境和社会挑战也看作安全问题，而萨米人通常不会使用安全化的语言去讨论环境和社会议题，也不太将环境和社会议题看作对他们生存和幸福的威胁。②

二　北极全球治理：从封闭到开放

　　尽管不同研究报告对于"无冰的北极"（Ice – free Arctic）的出现时间有着不同的预测，③ 但正如奥兰·扬所说，由于气候变化和我们通常冠之以全球化的那些因素的相互作用，北极已经成为一个极具活力的社会生态系统。其结果就是出现了一系列重要进展，它们强调北极进程与全球体系的关联性，并为保持北极圈内可持续的人与环境的关系而产生了

---

① George Backus, Arctic 2030: What Are the Consequences of Climate Change? The US Response, *Bulletin of the Atomic Scientists*, Vol. 68, No. 4, 2012, pp. 9 – 16; Rob Huebert, Arctic 2030: What are the Consequences of Climate Change? The Canadian Response, *Bulletin of the Atomic Scientists*, Vol. 68, No. 4, 2012, pp. 17 – 21; Yury Morozov, Arctic 2030: What are the Consequences of Climate Change? The Russian Response, *Bulletin of the Atomic Scientists*, Vol. 68, No. 4, 2012, pp. 22 – 27.

② Wilfrid Greaves, Arctic (in) Security and Indigenous People: Comparing Inuit in Canada and Sámi in Norway, *Security Dialogue*, Vol. 47, No. 6, September 2016, pp. 1 – 20.

③ 海军研究委员会（Naval Studies Board）在 2011 年的报告中称，北极无冰期的到来可能在 2030 年。IPCC 在 2007 年的报告研究表明，一个无冰的北极将会出现在 2040 年，而其 2013 年的报告又建议将预期时间延至 2070 年。转引自 George Backus, Arctic 2030: What Are the Consequences of Climate Change? The US Response, *Bulletin of the Atomic Scientists*, Vol 68, No. 4, 2012, pp. 9 – 16。

新的治理需求。① 在不断涌现的治理需求和任务面前,北极治理(Arctic governance)的主体已不再仅仅局限于北极五国或北极八国,北极治理从理念到行为,都在经历从封闭到开放的转变。国内外同行关于北极治理结构、机制、模式及当前北极全球治理体系的支柱性平台——北极理事会(Arctic Council)等所做的研究,也充分证实了这一点。

1. 治理挑战与北极理事会的作用

北极治理挑战有地区性的、领域层次的,也有全球性的、综合层次的。王传兴分析了北极治理的复杂性,认为北极安全议题自冷战结束以来,在层次上得到深化,在领域上得到拓宽。② 卢静从治理模式、治理规范、个别议题领域,以及治理目标等方面,指出了当前北极治理的无体系性和碎片化特征。③ 扬认为,北极治理的挑战主要涵盖下列五个主题:北极变化的内在动因,在回应治理议题时合法利益相关者的认同问题,以政策制定为目的的北极议题框架,关于制定北冰洋国际协议的呼吁,以及将北极作为一个整体来制定综合的法律条约的建议。④

面对诸多北极治理挑战和困境,北极理事会被认为是北极治理框架的核心支撑平台,其成长、发展及作用等也是国内外同行们讨论的议题。科伊武罗瓦和莱纳·赫纳玛基认为,对北极原住民而言,北极理事会是比国际法更可靠的实现他们的政治目标的工具。⑤ 哈夫滕多恩强调,北极理事会的核心作用应是充当国家间/跨国协议网络的枢纽,以其灵活性进一步强化北极治理体系。⑥ 郭培清对北极理事会的发展及作用给予了积极评价,认为该理事会或有望成为北极地区的核心区域机制,成为区域治

① Oran R. Young, Arctic Governance – Pathways to the Future, *Arctic Review on Law and Politics*, Vol. 1, No. 2, 2010, pp. 164 – 185.

② 王传兴:《北极治理:主体、机制和领域》,《同济大学学报》(社会科学版)2014 年第 2 期。

③ 卢静:《北极治理困境与协同治理路径探析》,《国际问题研究》2016 年第 5 期。

④ Oran R. Young, Arctic Governance – Pathways to the Future, *Arctic Review on Law and Politics*, Vol. 1, No. 2, 2010, pp. 164 –185.

⑤ Timo Koivurova & Leena Heinnämäki, The Participation of Indigenous People in International Norm – making in the Arctic, *Polar Record*, Vol. 42, No. 221, 2006, pp. 101 –109.

⑥ Helga Haftendorn, The Case for Arctic Governance:The Arctic Puzzle, University of Iceland, Institute of International Affairs, Centre for Arctic Policy Studies, 2013, http://ams. hi. is/wp – content /uploads /2014 /04 /TheCaseForArcticGovernance. pdf. [2016 – 9 – 28]

理的创新典范。① 程保志也高度认可北极理事会"三位一体"的治理手段在北极全球治理中的创新性作用。② 陈玉刚等在对北极理事会给予肯定的同时，也指出它在推动国际合作方面的局限性，比如近些年来表现出的主导甚至垄断北极事务的倾向。③

2. 北极治理的机制化与模式探讨

1920 年签订的《斯瓦尔巴德条约》为北极全球治理的机制化奠定了迄今为止最为重要的国际法基础。北极治理的机制安排，在全球层次上比较有代表性的是国际海事组织（IMO）和国际北极科学委员会（IASC）。在地区层次上，除了北极理事会及其附属相关组织之外，还有北极五国（美国、俄罗斯、加拿大、挪威、丹麦）协商机制和巴伦支欧洲—北极地区合作（Barents EURO - Arctic Region, BEAR）等。

国内同行关于北极治理机制的代表性观点，可归纳为以下四个方面：一是赵隆主张的北极治理的"阶梯性递进"结构；④ 二是肖洋提出的北极理事会的"域内自理化"趋向；⑤ 三是卢静建议的"协同治理"模式；⑥ 四是丁煌、朱宝林等建言的"命运共同体机制"。⑦ 国外同行则从不尽相同的治理概念出发，对现有北极治理机制和模式提出了自己的看法。⑧ 吉泽尔·阿鲁达指出，当前北极治理的关键性挑战在于使现有的支持架构现代化，并发展出更适合的宏大治理结构，包括政策、规制和金融框架，以应对快速变化的新现实，以及创造国家和市民社会的新交集。利瓦

---

① 郭培清、卢瑶：《北极治理模式的国际探讨及北极治理实践的新发展》，《国际观察》2015 年第 5 期。

② 程保志：《试析北极理事会的功能转型与中国的应对策略》，《国际论坛》2013 年第 3 期。

③ 陈玉刚、陶平国、秦倩：《北极理事会与北极国际合作研究》，《国际观察》2011 年第 4 期。

④ 参见赵隆：《北极治理范式研究》，时事出版社 2014 年版。

⑤ 肖洋：《北极理事会"域内自理化"与中国参与北极事务路径探析》，《现代国际关系》2014 年第 1 期。

⑥ 卢静：《北极治理困境与协同治理路径探析》，《国际问题研究》2016 年第 5 期。

⑦ 丁煌、朱宝林：《基于"命运共同体"理念的北极治理机制创新》，《探索与争鸣》2016 年第 3 期。

⑧ 参见 Gisele M. Arruda, Arctic Governance Regime: The Last Frontier for Hydrocarbons Exploitation, *International Journal of Law and Management*, Vol. 57, No. 5, 2015, pp. 498 – 521。

伊·福尔(Levi Faur)认为,对治理机制化的理解既是思维问题,也是将治理活力设定为国家中心还是社会中心的问题。贝维尔(Bevir)更倾向于一个不那么阶层化的治理模式,以便公私行为体都能在其中发挥作用。另外,谢尔盖·季莫夫(Sergey A. Zimov)等人的共同研究认为,北极治理机制应该更有弹性和适应力。①

3. 机制运转绩效评估与治理前景

奥拉夫·斯托克和盖尔·霍尼兰德认为,判断一个机制的影响力和作用应从三个层面看:一是效用(effectiveness),二是政治动员力(political mobilization),三是地区构建(region building)。② 2016 年前后,关于理事会的实际功效及其改革命题,成为国内外同行讨论的焦点。科伊武罗瓦探讨了北极理事会在北极治理场景快速变化情况下的局限与未来可能性,认为由不同北极行为体所提供的各式治理之策将不太容易形成一个新的治理安排,北极理事会将会继续作为政府间主导性的北极合作平台而存在于我们中间。③ 扬认为,目前各方应致力于推进一种"实用主义风尚"(pragmatic fashion),如通过维持甚至加强北极理事会的有效性来实现有效的北极治理,而不是指望将北极理事会变成一个在各类议题上都能做出决定并强制执行决议的组织。④

在关于北极全球治理前景的新近研究中,结合北极治理机制的现存缺陷,很多讨论围绕着北极地区的安全环境,特别是"该地区将来是否会陷入一种'新的冷战'(new cold war)"这一问题而展开。阿鲁达从能源安全问题的角度探讨了北极治理机制,认为北极地区有成为地缘政治

① F. Stuart Chapin, III, Michael Hoel, Steven R. Carpenter, et al. , Building Resilience and Adaptation to Manage Arctic Change, *Ambio*, Vol. 35, No. 4, The Royal Colloquium, Arctic under Stress: A Thawing Tundra, Jun. , 2006, pp. 19 – 202.

② Olav Schram Stokke & Geir Hønneland (eds.), *International Cooperation and Arctic Governance: Regime Effectiveness and Northern Region Building*, London and New York: Routledge, 2007, pp. 13 – 26. 转引自杨剑等《北极治理新论》,时事出版社 2014 年版,第 145 页。

③ Timo Koivurova, Limits and Possibilities of the Arctic Council in a Rapidly Changing Scene of Arctic Governance, 2010, pp. 146 – 156.

④ Oran R. Young, Arctic Governance – Pathways to the Future, *Arctic Review on Law and Politics*, Vol. 1, No. 2, 2010, pp. 164 – 185.

冲突新极点的潜在风险。① 伊娃·英根费尔德指出，北极国家的"以防万一"（just in case）政策对北极生态系统构成了威胁，北极的未来取决于所有的利益相关者创新治理框架以保护那里的环境和人的能力。② 夏立平等认为，在环北极国家在北极地区军事存在对全球战略格局重要性上升的情况下，国际社会亟须寻求"博弈安全"。③ 唐尧认为环北极国家对北极战略和经济利益的诉求直接引发了该地区的"再军事化"。④ 霍金纳德·史密斯强调，美国必须推进一种新的宽泛意义上的军事伙伴关系范式，而不是制造下一个冷战。⑤ 马建光等认为俄罗斯在北极地区实施的军事威慑战略加剧了北极地区的军事化。⑥ 斯蒂文·索希尔认为，美国、俄罗斯和挪威在《北极军事环境合作宣言》框架下的合作有助于清理北极地区的冷战遗产。⑦

三　中国参与北极：从单一到多元

1925 年，中国加入了《斯瓦尔巴德条约》。1982 年，中国作为签约国之一加入《联合国海洋法公约》。这两个法律文件及北极理事会的永久观察员地位，一并成为中国在北极地区进行常规性科学考察、在涉北极国际组织或论坛中参与相关国际规则制定，以及从事资源能源开发等商业活动的国际法依据和行为约束框架。2015 年，《中华人民共和国国家安全法》明确将极地列为国家安全的重要内容。归结起来，中国的北极参

---

① Gisele M. Arruda, Arctic Governance Regime: The Last Frontier for Hydrocarbons Exploitation, *International Journal of Law and Management*, Vol. 57, No. 5, 2015, pp. 498 – 521.

② Eva Ingenfeld, "Just in Case" Policy in the Arctic, *Arctic*, Vol. 63, No. 2, 2010, pp. 257 – 259.

③ 夏立平、苏平：《博弈理论视角下的北极地区安全态势与发展趋势》，《同济大学学报》（社会科学版）2013 年第 4 期。

④ 唐尧：《论北极地区再军事化的新动向及其特征》，《江南社会科学学报》2015 年第 2 期。

⑤ Reginald R. Smith, The Arctic: A New Partnership Paradigm or the Next "Cold War"? *JFQ*, Issue 62, 3rd Quarter 2011, pp. 117 – 124.

⑥ 马建光、孙迁杰：《论北极地缘政治博弈中俄罗斯的战略威慑》，《上海交通大学学报》（哲学社会科学版）2017 年第 1 期。

⑦ Steven G. Sawhill, Cleaning – up the Arctic's Cold War Legacy: Nuclear Waste and Arctic Military Environmental Cooperation, *Cooperation and Conflict*, Vol. 35, No. 1, pp. 5 – 36.

与大致经历了这样的历史过程:先是通过缔结国际条约获得合法权利,然后是积极介入若干重要的涉北极国际组织和论坛,再是政府组织开展大规模的北极科考,接着是在北极地区投资兴业,直至目前国家层面的战略考虑和谋划。中国在北极参与的手段和路径上,明显地体现出由单一到多元的特征。国内外同行关于中国参与北极的研究,大致涉及中国参与北极的身份问题、中国的北极政策和战略,以及中国北极活动的风险、挑战及影响等几个议题,现将大致情况分述如下。

1. 近北极国家还是非北极国家?

国内同行大多从地缘角度阐释中国北极参与的身份建构,以论证中国与北极在地缘环境、经济和政治方面的接近、关联与契合。关于中国在北极的"名分"问题,相关代表性观点和政策主张主要有四个(详见表1)。第一,"近北极机制"和"近北极国家"。柳思思依据"环北极机制"而提出了"近北极机制",认为其重要成员除了环北极国家外,还包括中、日、韩以及欧盟。"近北极国家"概念,被认为是张侠提出来的。[①]第二,"大北极""大北极国家"与"大北极国家网络"。李振福关于大北极国家的选取原则,主要是从基本界定指标和竞争性界定指标两个角度,以7种具体距离指标做了综合评估。[②] 第三,"国际公共品提供者"和"泛北极共同体"。丁煌分别于2014年[③]和2016年[④]撰文对这两个概念做了解释。第四,"北极利益相关者"和"北极重要利益攸关方"。这是继"近北极国家"之后为外交部所采用的关于中国北极身份的官方表达,王毅部长和汪洋副总理分别在2015年和2017年的北极国际会议上称"中国是北极的重要利益攸关方"。王新和从国家利益视角分析认为,"北极利益攸关方"具有一定的实用性和可塑性。[⑤] 阮建平也认为,"北极利益攸关者"更符合目前的北极政治环境及其未来的治理趋势,有助于中国

① 陆俊元:《北极地缘政治与中国应对》,时事出版社2010年版,第339页。
② 李振福:《大北极国家网络及中国的大北极战略研究》,《东北亚论坛》2015年第2期。
③ 丁煌、赵宁宁:《北极治理与中国参与——基于国际公共品理论的分析》,《武汉大学学报》(哲学社会科学版)2014年第3期。
④ 丁煌、张冲:《泛北极共同体的设想与中国身份的塑造———一种建构主义的解读》,《江苏行政学院学报》2016年第4期。
⑤ 王新和:《国家利益视角下的中国北极身份》,《太平洋学报》2013年第5期。

参与北极事务。[①] 孙凯、董利民等也认同在国际上以英文"stakeholder"一词界定中国的北极身份。

表1　　　　　国内学者对中国北极参与的身份建构的主要观点

提出者/支持者	概念主张	主要内容
柳思思 张侠	近北极机制 近北极国家	柳的三项标准：（1）地理位置上属于北半球国家；（2）地缘政治上与北极密切相关；（3）经贸上高度关注北极航道
李振福	大北极 大北极国家 大北极国家网络	"大北极国家"是指在空间、资源、人文、经济、政治等诸多方面与北极关系密切的北半球国家。大北极国家构成的外围界线的向北范围，直至北极点的区域称为"大北极"。"大北极国家网络"由大北极国家组成，是自组织形成的相互影响和相互作用的非正式关系集合体
丁　煌	国际公共品提供者泛北极共同体	"泛北极共同体"是指（1）共同体的基点在于泛北极共同体的成员国具有共同的价值取向；（2）共同体的任务在于使北极治理中的政治互信更加强化、经济纽带更加牢固、安全合作机制更加深化；（3）共同体的行动逻辑在于建构一种互助的康德文化，将他助和自助融为一体
王新和 阮建平 孙　凯 董利民	利益相关者 重要利益攸关方	与北极地区具有利益相关性的任何国家不论地理位置如何，都有权参与讨论可能影响到自身的议题及决策

注：表格为作者自制。

大多数国外同行倾向于将参与北极事务的行为体/利益相关者简单地划分为两类，即国家行为体和非国家行为体，前者又分为北极国家和非北极国家，中国属于非北极国家，但也是北极利益相关者之一。英根费尔德认为，尽管北极利益相关者的结构极其复杂，但总体上，存在两个

---

① 阮建平：《"近北极国家"还是"北极利益攸关者"——中国参与北极的身份思考》，《国际论坛》2016年第1期。

主要的利益相关者群体——北极国家和非北极国家。作为非北极国家,中国非常看重新航道,意在缩短中国与欧洲的商业路线并绕过受海盗影响的地区。① 阿鲁达列举了北极的利益相关者,包括北极五国、非沿岸北极国家、亚洲国家（中国、日本、韩国）、北大西洋公约组织（NATO）成员国以及欧盟国家。非北极国家试图通过获得北极理事会的观察员身份,以及与北极国家保持战略伙伴关系——比如中俄,来显示自己在该地区的存在。②

2. 眼前利益驱动还是谋划长远?

基于中国是非北极国家/域外国家的定位,国外同行大致认同这样的观点,即中国对北极兴趣的增加及其参与度的提升,实际上是受了潜在巨大经济利益的驱动和诱使。在列夫·伦德（Leiv Lunderen）看来,中国卷入北极是受商业本能驱使的,也受到诸如气候变化、可持续发展和加强科学研究工作等更宽泛意义上的全球事务的驱动。③ 戴维·怀特将中国在北极的利益领域做了优先性排名,从强到弱依次为:航路、能源和自然资源、科学研究和气候变化。他认为在可预见的将来,中国将在北极地区继续保持低调（low profile）。④ 克里斯多夫·熊认为,北极地区油气生产的高昂成本和挑战、中国油气进口选择的增加、中国经济增长的减速,以及北极地区的安全发展动态等,均影响了中国参与北极能源资源开发的动机和可能性。⑤ 国内同行不否认中国参与北极经济活动有其内在动因,如为拓展新的经济空间参与北极航道利用、为保障中国经济安全积极拓展海外能源供给、为国家中长期发展进行知识储备和技术创新。⑥

琳达·雅各布森分别在 2010 年和 2012 年发表过两份研究报告,对中

---

① Eva Ingenfeld, "Just in Case" Policy in the Arctic, *Arctic*, Vol. 63, No. 2, 2010, pp. 257 – 259.

② Gisele M. Arruda, Arctic Governance Regime: The Last Frontier for Hydrocarbons Exploitation, *International Journal of Law and Management*, Vol. 57, No. 5, 2015, pp. 498 – 521.

③ ［挪］列夫·伦德:《序二:北极亚洲利益的北欧视角》,杨剑主编:《亚洲国家与北极未来》,时事出版社 2014 年版,第 3 页。

④ David Curtis Wright, China's Growing Interest in the Arctic, *Journal of Military and Strategic Studies*, Vol. 15, Issue 2, 2013.

⑤ Christopher Weidacher Hsiung, China and Arctic Energy: Drivers and Limitations, *The Polar Journal*, Vol. 6, Issue 2, Oct. 2016.

⑥ 杨剑等:《北极治理新论》,时事出版社 2014 年版,第 297 页。

国北极政策做了经验性定位和预测。在《中国为无冰的北极做准备》的报告中，雅各布森认为，中国对因气候变化所引起的北冰洋冰融结果的关注正在增加。尽管外交部官员声称"中国没有北极战略"，但中国看起来确实有一个清晰的北极日程。① 在《中国的北极愿望》的政策论文中，雅各布森称有一些非中国的观察者将中国的北极行为描述为"坚定而自信的"，但中国的北极政策事实上还处于制定初期。雅各布森将中国低调（low‑key approach）的北极政策及其成就概括如下：首先，加强了中国应对北极气候变化对本国粮食生产和极端天气的影响的能力；其次，以合理成本获取进入北极航线的权利；最后，强化了中国作为非北极国家获取北极资源和渔场的能力。② 奥尔加·阿列克谢耶娃和弗雷德里希·拉塞尔承认中国已成功地成为北极舞台上的主要行为体之一，尽管中国并没有在地理意义上进入该地区。他们认为，近年来中国已逐渐发展出并实施了连贯的北极政策以获取在该地区的利益。一方面，中国启动了庞大的极地科学研究项目，推动与政策相关目的的北极知识扩散；另一方面，通过在关于北极及其世界作用的国际辩论中扮演积极角色，中国已与北极圈国家建立了持久的经济和政治关系。③

3. 冲突预期还是合作共治前景？

在国际金融危机、欧美等自由世界秩序遭遇大挑战的背景下，中国在北极不断强化的实质性存在、当前所处方位，以及可能对北极未来的影响及相应对策，对于国内外同行而言，具有更显而易见的重要研究价值。相关判断可归纳为两大类倾向和态度。

一是持谨慎、警惕甚至质疑的态度，认为中国北极行为的累加或导致潜在的冲突和对抗。小罗杰·罗宾逊认为，中国真正的意图是要拥有极大的影响力——如果不是完全控制的话。为防止这一可能前景的出现，

① Linda Jakobson, China Prepares for an Icefree Arctic, SIPRl Insights on Peace and Security, No. 2, March 2010, http://www. polar‑academy. com/Publication /SIPRIInsight1002（2）. pdf. [2016‑3‑13]

② Linda Jakobson & Jingchao Peng, China's Arctic Aspirations, *SIPRI Policy Paper*, No. 34, Nov. 2012.

③ Olga V. Alexeeva & Frédéric Lasserre, The Snow Dragon: China's Strategies in the Arctic, *China Perspectives*, No. 3, 2012.

北极理事会成员国应施行审慎的对抗外交（discreet counter diplomacy），包括执行适当的军事计划。[①] 怀特认为，美国的决策者应该清醒地意识到中国最近对于北极事务的兴趣并不是会很快消失的一种想象或是一时的政治风潮，而是一个严肃的、崭新的、刚起步的政策方向。[②] 休伯特称，人们正看到的是由于中国这一国际体系中日趋强硬的国家的到来而变化的地缘政治现实，即大国博弈在重返北极地区，加拿大对此应有所警觉。[③]

　　二是在平衡利弊之后，对中国加大北极参与持较客观、偏正向的看法，较看重合作的互利效应。拉塞尔认为，与中国建立密切关系有利于在合作讨论中突出加拿大的议程，在北极理事会框架内与中国接触对于推进加拿大在该地区的利益是一个好机会，因为中加在很多领域的利益是重叠的。[④] 亚当·麦克唐纳认为，中国对加拿大及其北极利益造成了一系列挑战，但也要承认中国的更多参与也有很多潜在好处，包括在科学研究和投资上会有一个强大的合作伙伴，以及通过吸纳域外行为体使地区秩序合法化。[⑤] 维贾伊·萨胡加认为，中国实际的北冰洋政策和战略，对冰岛而言是一个机会，因为 2008 年国际金融危机之后，由于中国的帮助而使中冰两国建立了非常紧密且实用的双边关系，这一关

---

① Roger W. Robinson, Jr., China's "Long Con" in the Arctic, MLI Commentary, Sep. 2013, http：//www. macdonaldlaurier. ca /files /pdf /MLIChina'sLongConInTheArctic09 – 13Draft4 – 1. pdf. ［2016 – 4 – 6］

② David Curtis Wright, The Dragon Eyes the Top of the World：Arctic Policy Debate and Discussion in China, *China Maritime Study*, No. 8. Newport, RI：U. S. Naval War College, Aug. 2011, https：//www. usnwc. edu /Research—Gaming /China – Maritime – Studies – Institute /Publications / documents /China – Maritime – Study – 8 _ The – Dragon – Eyes – the – Top – of – . pdf. ［2016 – 8 – 8］

③ 转引自 Robert Sibley, Arrival of China in Arctic Puts Canada on Alert, https：//d3n8a8 pro7vhmx. cloudfront. net /cdfai /pages /44 /attachments /original /1412115981 /Arrival_of_China_in_ Arctic_puts_Canada_on_alert. pdf? 1412115981。［2016 – 11 – 11］

④ Frédéric Lasserre, China and the Arctic：Threat or Cooperation Potential for Canada? *China Papers*, No. 11, June 2010, http：//citeseerx. ist. psu. edu /viewdoc /download? doi = 10. 1. 1. 475. 27 35& rep = rep1& type = pdf. ［2016 – 8 – 8］

⑤ Adam P. MacDonald, China as an Emerging Arctic Player：Compromising Canada's Northern Interests? *Canadian Naval Review*, Vol. 12, No. 2, 2016.

系的基础就是政治约定、自由贸易协议以及战略性基础设施投入等。①

国内同行对中国参与北极国际合作将取得实质性进展的前景抱有乐观态度，并站在中国立场提出了具体的北极合作路线图。一是国家/政府层次的政治性磋商与合作。加强与北极五国/八国及其他利益相关者之间的国家关系、通过一系列政治性安排推进与中国相关的双、多边北极合作，被认为是中国政府应予以足够重视的一项重要北极议程。孙凯、郭培清、刘慧荣、李晗斌、肖洋等人②分别从中美、中俄、中印、北极理事会亚洲观察员国、东北亚国家、中加、中日韩，以及中日韩俄等双、多边关系角度，探讨了中国在政府层面构建北极域内外合作关系网络的机遇、挑战及战略选择等。

二是国际组织/论坛层次的区域合作机制。张侠、屠景芳、陈玉刚、宋秀琚、郭培清、孙凯、白佳玉、程保志等③从不同角度分析了北极国际合作的历史、现状，中国加入北极理事会的利弊，以及中国参与其中的可行进路等。杨剑等探讨了亚洲国家对于北极国际合作机制的关注及各自的观点。④ 另外，杨剑、于宏源聚焦于科学家团体对北极治理在议程设

---

① Vijay Sakhuja, China's Arctic Calculus and Iceland, *SSPC Issue Brief*, No. 3, September 2011.

② 参见孙凯、郭培清：《北极治理机制变迁及中国的参与战略研究》，《世界经济与政治论坛》2012 年第 2 期；孙凯、杨松霖：《中美北极合作的现状、问题与进路》，《中国海洋大学学报》（社会科学版）2016 年第 2 期；孙凯、王晨光：《国家利益视角下的中俄北极合作》，《东北亚论坛》2014 年第 6 期；郭培清、董利民：《印度的北极政策及中印北极关系》，《国际论坛》2014 年第 5 期；刘慧荣、陈奕彤：《北极理事会的亚洲观察员与北极治理》，《武汉大学学报》（哲学社会科学版）2014 年第 3 期；李晗斌：《东北亚国家北极事务合作研究》，《东北亚论坛》2016 年第 5 期；肖洋：《北极理事会视域下的中加北极合作》，《和平与发展》2015 年第 2 期；肖洋：《中国参与北极事务的竞争对手：分析框架与应对理》，《和平与发展》2016 年第 4 期。

③ 参见张侠、屠景芳：《北极经济再发现下的国际合作状况研究》，《中国海洋法学评论》2011 年第 2 期；陈玉刚、陶平国、秦倩：《北极理事会与北极国际合作研究》，《国际观察》2011 年第 4 期；何光强、宋秀琚：《创造性介入：中国参与北极地区事务的条件与路径探索》，《太平洋学报》2013 年第 3 期；郭培清、孙凯：《北极理事会的"努克标准"和中国的北极参与之路》，《世界经济与政治》2013 年第 12 期；白佳玉：《中国北极权益及其实现的合作机制研究》，《学习与探索》2013 年第 12 期；程保志：《试析北极理事会的功能转型与中国的应对策略》，《国际论坛》2013 年第 3 期。

④ 参见杨剑等：《北极治理新论》，时事出版社 2014 年版。

定及知识和规制上的作用分析。①

三是与北极原住民团体/组织的沟通协作。北极理事会在成立之初，就有六个原住民组织作为永久代表参与其中。潘敏研究了因纽特民族与北极治理及中国参与的问题，认为中国应重视培育与原住民组织的合作关系。②叶江、彭秋红和陆俊元也各自就北极原住民在北极治理中的作用和影响，以及中国参与北极地缘经济应照顾原住民权利的问题做了探讨。③

四　基本评估：亮点、盲点及方向

对现有研究的评价，至少包含这样三个指标：第一，现有研究对于相关问题域知识增量的多少；第二，现有研究对于相关学科理论贡献的大小；第三，现有研究对于相关政策智力支持程度的强弱。现分别就现有研究中的突出亮点和可能盲点，加以定性分析和总结，并提出后续相关研究的可能方向。

1. 突出的研究亮点

一方面，从整个北极研究的知识增量上看，中国北极政策研究本身已然是一个研究亮点。基于北极地区在各北极国家政治外交议程中的优先地位，来自西方特别是北极国家的北极研究，很长一段时期以来都是其传统且强势的研究领域，占据强大的学术话语权，在总体上引领了全球范围内的北极研究事业。然而，与中国崛起同步，其中与中国北极政策相关的研究，只能算是一个新兴研究领域，也是一个新的知识增长点。在此仅举一例，根据 ProQuest 平台数据库查询结果，从 1997 年 1 月 1 日

---

①　参见杨剑、于宏源：《中国科学家群体与北极治理议程的设定——基于问卷的分析》，《国际关系研究》2014 年第 6 期；于宏源：《知识与制度：科学家团体对北极治理的双重影响分析》，《欧洲研究》2015 年第 1 期。

②　参见潘敏：《论因纽特民族与北极治理》，《同济大学学报》（社会科学版）2014 年第 2 期；潘敏：《论中国参与北极事务的有利因素、存在障碍及应对策略》，《中国软科学》2013 年第 6 期。

③　参见叶江：《试论北极区域原住民非政府组织在北极治理中的作用与影响》，《西南民族大学学报》（人文社会科学版）2013 年第 7 期；彭秋红、陆俊元：《原住民权利与中国北极地缘经济参与》，《世界地理研究》2013 年第 1 期。

至 2016 年 12 月 31 日，以"China，Arctic"为检索词，国际学术期刊
《北极》（*Arctic*）关于中国与北极的文献量占北极研究总文献量的
2.38%。从这个意义上说，现有关于中国北极政策的研究本身，就是对
更广范围内既有北极研究的一种丰富和拓展，至少在研究视角上确是
如此。

另一方面，现有北极研究对国际关系领域制度主义理论的发展也有
所贡献。20 世纪 90 年代中期以来，扬基于经验主义所建构的北极治理理
论，不仅引起国际学术界的广泛关注和讨论，而且成为国内同行从事北
极治理研究的主流分析框架和研究基点，以论证"中国参与北极的主要
方向是在北极全球治理中发挥建设性作用"的可能性。可以说，这在一
定程度上造就了上海北极研究网络的成形，并奠定了其相对于青岛等地
北极研究的后发优势和显著特色。另外，诺伊曼（Neumann）关于北欧地
区建构的理论文章，在欧洲北极地区也引发了有趣的讨论。①

2. 可能的研究盲点

第一，将中国北极外交纳入中国北极活动的较大范畴内，没有对中
国在北极的外交进展做出过专门论述。现有文献中关于中国北极活动的
讨论，往往是指中国在北极的科考活动、在国际海事组织和北极理事会
的参与、在格陵兰岛等地所进行的商业投资类活动，以及与北极国家的
双边或多边外交关系等。其中也涉及中国外交的进展，比如中国与冰岛
的北极合作框架协议的达成、中俄关于北极事务的不定期磋商等，然而，
"中国北极外交"还没有作为一个独立的概念出现。在中国诸多北极活动
中，哪些直接属于外交进展或是为中国外交所推动而发生的？这些外交
进展又产生了什么样的实际影响？应如何界定中国的北极外交？这些都
是现有研究所忽视或还没有予以解决的问题。

第二，现有研究中出现了关于中国在北极推行"科学外交""经济外
交"的内容，但基本是流于概念运用，特别是关于中国在北极的外交进
展的讨论，既不完备，也不深刻。如前所述，尽管现有研究中包含了中
国与冰岛、丹麦（格陵兰）、俄罗斯、加拿大、挪威等北极国家间的政府

---

① Leif Christian Jensen, *International Relations in the Arctic: Norway and the Struggle for Power in the New North*, London & New York: I. B. Tauris, 2016.

外交,但关于中国在北极地区面向非政府组织、特定原住民组织及企业等所开展的非政府外交和公共外交,并没有被涵盖其中。换言之,目前中国在北极的外交进展研究,只涉及国家层面,而没有涉及更广泛的社会和市场层面。在近年中国北极投资增加迅速的新形势下,中国在北极的外交活动必然扩展至地方政府、媒体和社会团体及普通公众等不同层面,显然,现有研究没有跟得上这一现实需求。

第三,在过去的几年里,国家有关部门组织专家团队进行中国北极政策文件起草工作,但如果仅从中国官方北极战略和政策迟迟未能出台的结果进行反推,或可认为,其中的一个重要原因,就是现有研究未能给予其足够的智力支持和帮助。当然,中国北极政策制定是一个很复杂的过程,涉及国内国际两个大局中方方面面的利益,不是一两个职能部门所能决定的。然而,我们仍然可以从中管窥到现有研究在政策服务上供给不足的问题。同样,国外的相关研究对中国北极政策制定的实际影响或只建立在理论倡议之上。

3. 后续研究的方向

从学术创新的角度看,这里提供的后续研究方向及其可能包含的创新点主要有以下四点。

第一,国内不同行为体(包括核心决策者、相关政府部门、学术界、企业界、主流媒体、普通公众)对于中国北极政策取向的差异化立场。正如前述,中国北极政策研究在现有北极研究中占比很小,很多研究议题事实上都处于空白状态,比如关于中国北极外交概念、内涵、构成及影响的深入研究几乎没有,对中国北极外交新进展的论述较为零散。根据调研所得,新的研究应该建立在对中国国内不同北极行为体认知的差异化分析基础上,以推进贴近现实的研究的进步。

第二,建立起中国涉北极的政治话语分析框架,进而探讨中国北极政策体系。现有研究经常引用中国代表团在一些重要国际场合上的正式或非正式发言,用以说明中国政府在北极问题上的立场和态度。但截至目前,相关讨论只限于引用,而没有成形的分析框架,对中国北极政策的建言也仅限于某一方面,比如中国如何参与北极理事会、中国如何与北极国家在应对气候变化上开展合作,以及中国如何协助治理北极环境污染等。事实上,基于外交学的新发展,中国的北极政策应该是成体系的，中国北极外交应被视为一个立体多维的、与外界交互作用的系统，必要的话语分析正是深化相关研究的重要路径。

第三，"一带一路"倡议与中国北极战略的兼容性问题。目前特别是离政策圈较近的国内外同行包括刘慧荣、张侠、陆俊元、李振福、胡鞍钢、刘能冶、尼尔森（Nielson）、厄于斯泰因·通舍（øystein Tunsj）、海达尔·古迪约森（Heidar Gudjonsson）等，陆续对"一带一路"与中国北极战略开展联合研究。值得一提的是，胡鞍钢明确提出要开发"一带一路一道（北极航道）"建设的战略内涵与构想。① 决策部门尚未对此做出正面回应，但官方已经用一些实际行动表明，中国加快了对北极航道开发利用的步伐。比如，2017 年 7 月，习近平在莫斯科表示，俄罗斯是中国推进"一带一路"建设的重要伙伴，中俄要开展北极航道合作，共同打造"冰上丝绸之路"，落实好有关互联互通项目。这些新动向表明，"一带一路"倡议与中国北极战略的联合研究将是一个新的并可积极拓展的研究动向，在未来几年或成为较大的研究生长点。

第四，比较视野下的国别和地区研究暨北极地区的北欧国家研究。在现有的中国北极研究中，较多的是对各北极国家或其他利益攸关者北极政策的描述性或阐释性研究，这固然必要，但问题是导致读者"知其然不知其所以然"，不明白为什么这些国家的北极政策是这样的而不是那样的，各个国家之间的差别、北极国家与非北极国家的政策差别得不到合理的解释。归根结底，这是缺乏对北极国家内在性认知的必然结果。从长远来看，加强这方面的研究既有利于补齐中国国内的欧洲研究（目前以西欧和欧盟研究为重）短板，也有利于推动中国北极研究占领学术新高地，使北极研究实现真正的学科化。

（选自《国外社会科学》2017 年第 5 期）

---

① 胡鞍钢、张新、张巍：《开发"一带一路一道（北极航道）"建设的战略内涵与构想》，《清华大学学报》（哲学社会科学版）2017 年第 3 期。

全球化与世界体系

西方全球化理论:概念、热点和使命

杨雪冬[*]

20世纪80年代以来,在西方社会中,"全球化"一词逐渐从学术界进入了日常生活;从一个生僻之词成了很多人信手拈来的熟语,从简略地概括世界未来的趋势成了整个社会各个层面追逐的时尚。

西方理论界在势不可当的全球化进程中被迫进行调整。学者一方面清算着各自学科中的传统,辨别着原有的理论缺陷;另一方面则以革新迎接挑战。他们不仅密切关注现实中全球化带来的各种影响、产生的各种现象,而且调整着原来的理论基础以更合理地解读变化万千的世界,这其中最根本的革新是以社会、个人、人类或者文化、文明来替代传统的理论基础——民族国家或某种体制。这种革新带来的是对人类命运的深刻思考。

一 澄清全球化的概念

在西方理论界中关于全球化的确切定义众说纷纭。纵观现有的理论,全球化概念大致有如下几种界定。

1. 从信息通信角度,全球化被认为是人类可以利用先进的通信技术,克服自然地理因素的限制进行信息的自由传递。马歇尔·麦克卢汉(Marshal Mcluhan)在其1960年出版的《传播探索》一书中提出的"全

---

* 杨雪冬,中共中央编译局。

球村"（global village）恐怕是这种认识的首部著作。而且这种认识影响了许多把全球化归于技术进步的学者。

2. 从经济角度，全球化被视为经济活动在世界范围内的相互依赖，特别是形成了世界性市场，资本超越了民族国家的界限，在全球自由流动，资源在全球范围内配置。这种经济全球化是自由派经济学家心目中经济发展的最终和理想状态，也是众多跨国公司希望的结果。这种认识把经济全球化的根本动力归结为市场的发展。

3. 从危及人类共同命运的全球性问题角度，全球化被视为人类在环境恶化、核威胁等共同问题下，达成了共识：著名的罗马俱乐部是这方面的突出代表。

4. 从体制角度，全球化被视为资本主义的全球化或全球资本主义的扩张。在这方面，毫无疑问，沃勒斯坦的世界体系理论是最有代表性的尝试。他认为不平等交换形成了中心—半边缘—边缘结构的世界体系。这个体系的本质是资本主义世界经济。美国学者德里克认为"全球资本主义"也可以称作"灵活的生产"，也是欧内斯特·曼德尔所说的"晚期资本主义"。它是指在新的经济"规则"（regime）下商品、金融交易以及生产过程本身的前所未有的流动。英国学者斯克莱尔（Leslie Sklair）则更直接地提出以资本主义为核心的全球体系正在世界范围内扩展。他强调资本主义在全球扩张不仅是一个经济过程，而且是政治、文化过程，更确切地说是三者统一的过程。左翼学者阿尔博明确地说，"全球化不仅是一种经济规则，而且是一种社会关系体系，它植根于社会权力特有的资本主义形式中，而且这种权力控制在私人资本和民族国家手中。全球化意味着市场作为一种经济规范者（regulator）日益普遍化"。他还进一步强调，"全球化只是资产阶级的国际化"。①

5. 从制度角度，把全球化看作现代性（modernity）的各项制度向全球的扩展。英国学者吉登斯是这方面的突出代表。他认为全球化不过是现代性从社会向世界的扩展，是全球范围的现代性，因为"现代性骨子

---

① G. Albo, The World Economy, Market Imperatives and Alternatives, *Monthly Review*, No. 12, 1916, pp. 16 – 17.

里都在进行着全球化"。① 吉登斯这种制度主义观点被罗伯逊批评为忽视了文化和文明在定义全球化中的意义。

6. 从文化和文明角度，把全球化视为人类各种文化、文明发展要达到的目标，是未来的文明存在的文化。它不仅表明世界是统一的，而且表明这种统一不是单质的，而是异质或多样性共存的。这一派学者更强调全球化是一个动态的、矛盾冲突的过程，它没有一个单一的逻辑，而且也不会出现其他学者所说的某种统一、一致的局面。在这方面，最早系统阐述该思想的是埃利亚斯（Elias）。此后有罗伯逊、费舍斯通等人。费舍斯通提出了全球文化（global culture）出现的可能性。② 他认为全球文化的相互联系状态（interrelatedness）的扩展也是全球化进程，导致了全球共同体——"文化持续互动和交流的地区"的出现。20 世纪 90 年代以来越来越多的学者成了这种观点的拥护者。

上面列举的只是几种代表性观点。除此之外，有的学者用更加极端的眼光看待全球化，把它等同于西方化、美国化，有的还形象地称为"可口可乐化""麦当劳化"。有的学者把各家观点综合起来，试图得到一个全面的定义。例如，姆利纳尔把全球化概括为：世界层次上不断增强的相互依存；统治和依赖的扩大；世界的同质化（homogenization）；"区域共团体"（territorial communities）内部的分化；克服时间间断（discontinuities）的手段。③ 还有的学者试图排除价值判断，得出一个中性定义。如麦克格里认为，全球化是"组成当代世界体系的国家与社会之间的联系和相互沟通的多样化"，是"世界某个地方发生的事件、决定和活动能够对全球遥远地方的个人和团体产生重要影响"的过程。④

以上诸多定义充分说明全球化具有多维特征，因此在定义全球化时应该注意以下问题：（1）不能只从一个方面、一个领域考虑全球化；

---

① Anthony Giddens, *The Consequence of Modernity*, POLITY Press, 1990, p. 63.

② M. Featherston, Global Culture: An Introduction, *Theory*, *Culture and Society*, Vol. 7, 1990.

③ Z. Mlinar, Individuation and Globalization: The Transformation of Territorial Social Organization, in Z. Mlinar (ed.), *Globalization and Territorial Identities*, England, Brookfield, 1992.

④ A. G. McGrew, Conceptualizing Global Politics, in McGrew (ed.), *Global Politics: Globalization and the Nation – State*, Polity, 1992.

（2）不能只用现有的分析单位，如国家、个人、跨国或国际团体等考虑全球化，要把不断增加的各类行为者考虑进来；（3）不能把全球化过程归结为一种"逻辑"，如沃勒斯坦将其归为不平等交换创造的国际劳动分工。

综观这些定义，我们可以对全球化做以下界定。（1）全球化是一个多维度过程。（2）全球化在理论上创造着一个单一的世界。（3）全球化是统一和多样并存的过程。（4）现在的全球化是一个不平衡发展过程。除了全球经济初现端倪之外，没有出现全球政治体系、全球道德秩序或世界社会。（5）全球化是一个冲突的过程。国家，个人，各种各样的团体、组织以及不同的文化都包括进来。（6）全球化是一个观念更新和范式转变的过程，正如意大利学者 M. I. 康帕涅拉所说："全球化不是一种具体、明确的现象。全球化是在特定条件下思考问题的方式。"①

二　全球化进程中的几个热点问题

全球化是一个充满矛盾、冲突的变动过程在这个过程中不断涌现出新问题、新事物，同时传统的事物也受到冲击，甚至被淘汰。尤为重要的是，这种新旧更替不仅涉及物质层面，而且影响到精神领域，因此可以说全球化进程是一个重新评价的过程，一个重新确立认知坐标的过程。这里介绍全球化理论所关注的几个突出问题。

1. 民族国家的命运

民族国家是现代社会的主要制度，其产生在一定程度上标志着全球化进程的开始。可以说，至少在 20 世纪 60 年代之前，民族国家一直是全球化进程的受益者和最主要的推动者。但是，全球化进程在 60 年代以后的新变化挑战了国家原有的稳固地位。这种新变化主要体现为跨国活动和跨国主体的急剧增加，以及个人和国内团体力量的增强。前者超越国家传统意义上的主权和边界；后者削弱了对国家的依赖和信任。因此，如麦克格里所说，全球化经常与"地域性民族国家的（意义）危机"密

---

① ［意］康帕涅拉：《全球化：过程和解释》，梁光严译，《国外社会科学》1992 年第 7 期。

切相关。①

麦克格里和海尔德（Held）在 1993 年为《政府与反对派》杂志合写的一篇文章中详细分析了国家目前的这种处境。他们认为：一方面国际的、地区的、全球的权力结构限定了国家的实际行动。这些权力结构包括国际规制和组织，世界经济日益居于主导地位的逻辑，国际法的约束以及民族国家安全能力的下降。另一方面民族国家，特别是被削弱的国家无法控制亚民族力量和行为者。这种认识被英国学者保罗·肯尼迪形象地称为国家权力向上、向下的转移。②

关于民族国家命运的讨论更多的集中在国际政治学界和国际法学界。学者关心的是国家能否以传统的主权者身份发挥严格意义上的作用。但一些文化学者也从国家是否具有赋予其成员以身份的角度来探讨国家存在的可能性。综合这些认识，可以发现，学者大致从三个方面说明国家的"衰落"：（1）国际主权原则的变化，国家权力传统意义上是无限的还是有限的；（2）国家在政策制定与执行的关键领域中的自主性问题，是国家决定还是其他主体决策；（3）国家作为民族身份的表现形式问题，即民族主义是否仍然有效。尽管许多学者试图论证国家权力的受限制和地位的下降，但没有几个人敢预言全球化将带来国家的消亡。

2. 民族主义和民族性（ethnicity）

在全球化进程挑战民族国家的时候，民族主义也受到了强烈的冲击。实际上，民族主义面临着来自国内和国际的双重冲击。在国内是曾经被民族主义召唤到一起、被民族国家统一在一起的种族（ethnic）。在争取民族独立的年代，这些居于少数地位的种族和居多数地位的民族团结在一起，彼此间关系是和谐的。但是，随着这一使命的完成，国家的稳定，这种和谐关系开始出现裂缝。造成这种现象的原因一是全球化进程的加速，提高了各种族的自我意识，巩固了其身份意识。与外界的频繁交往以及内部沟通的及时，都使这些种族愈加认识到自我的不同。二是国内的政治、经济、文化等问题恶化了种族与主导民族之间的关系。这在苏

---

① McGrew, Conceptualizing Global Politics, 1992.

② ［英］保罗·肯尼迪：《未雨绸缪：为 21 世纪做准备》，何力译，新华出版社 1994年版。

东国家体现得最为明显。鲍曼认为虽然苏联尽最大力量统一各民族，但是少数民族内部的少数种族不可思议地发展着，扩大了民族、种族和国家间的距离。在苏联的部分地区、南斯拉夫、中部非洲以及部分西方国家中，种族冲突带有强烈的暴力色彩。①

这些现象充分说明民族性已经成了全球化进程中一个不可忽视的问题。许多学者，如罗伯逊、费舍斯通等都认为这是全球化进程的必然产物，是这些种族重新认识自我的体现。史密斯进一步分析到，在民族主义中一直存在着前现代与现代因素的紧张关系。前现代因素是一种原始依恋的民族身份，史密斯称为"种族身份"：现代因素是与启蒙现代性相联系的"文明"传统。二者构成了民族主义的基本紧张关系。目前则是前现代因素势头正盛的时期。②

如果"民族性"只是停留在宣扬本族文化和文明的领域中，那将是对全球化进程的极大促进，但是如果它带来的是国内战乱，以及丧失人性的种族清洗，必然会被历史淘汰。

当然，我们还应该看到民族主义得到加强的一面。尽管学者们注意到经济全球化、全球文化交流等跨国活动有削弱民族主义的可能，但是他们也不得不承认在经济领域。文化体育领域以及政治领域中民族主义仍然非常强大，只不过它由原来简单地依靠军事武力转向了鼓励多方面竞争，民族主义依然是个人寻找自我身份的最佳途径。

3. 新认同政治（the new politics of identity）

近年来，身份（identity）成了时髦的概念。许多学者用它来说明政治生活中出现的新问题，即个人对传统政治和阶级身份的认同越来越淡漠，越来越归附于亚团体或者重归个人。这实际上就是政治生活的个人化和分散化，也表明了个人和团体对替代传统政治价值观念和实践行为的探索。具体而言，新身份政治表现为女权主义、绿色和平运动、民族性、新地方主义、个人疏离政治以及民粹主义等。

---

① Zygmunt Bauman, Modernity and Ambivalence, in Featherstone (ed.), *Global Culture*, 1990.

② Anthony Smith, The Supersession of Nationalism? *International Journal of Comparative Sociology*, Vol. 31, 1990, pp. 21 – 32.

在传统政治中，实现国家的政治统一通常采用的是现代化过程，如城市化、工业化以消解地方传统，或者用主导文化取消文化差异和政治抗拒，或者在教育部门以及政治代表的民族份额分配上实行多文化主义。进行政治动员则多以阶级为基础。代表某阶级的政党用政治要求把选民动员起来，夺取政权或在选举中成功。的确，这些措施在一定时期起到了应有效果。但是随着全球化进程加速，阶级界限模糊，个人、团体选择机会增多，多种认识世界方法出现，传统政治的弊端如腐败、官僚主义等日益明显。冷战的结束、意识形态压力的骤减等使得这个人、团体开始重新确定自我身份的归属。正如埃尔金斯所说，全球化增加了个人身份的选择机会和数量，使个人的独特性更加突出。[①]

新认同政治对传统政治的冲击是相当大的。这体现在以下几个方面。(1) 由于民族身份、少数民族和种族身份、地方身份以及性别身份问题日益明显，身份政治在西方由边缘问题成了政治的核心问题。(2) 威胁着民族国家的存在。由于对国家忠诚的转移，国内种族、地方以及小团体和个人分散了国家的权力。例如，雅克魁斯（Jacques）提出民族国家行将"熔化"（melt down）。他以意大利为例，贝鲁斯科尼领导的"自由联盟"在意大利选举中的获胜是因为他使选民们相信他不是腐败的政治阶级的一分子，这种意识威胁着脆弱的意大利。(3) 造成传统政治价值理念的消解或被替代。比如，葛根认为，当身份和忠诚变得更加多样时，公民的概念分解了（unbundle）。一个人的身份越来越受到环境的制约，而且在这些环境下，身份的组成部分受到了不仅是一国或地方之内的事件而是广泛的公共事件的动员与威胁。[②] (4) 个人化的政治成了西方政治选举中的一个突出现象。从近几年西方几个大国的选举过程中可以看到，获胜的重要原因也许不是什么派别的观点，而是候选人个人的魅力。这在克林顿和布莱尔的获胜中体现得最为明显。翩翩的英姿、出众的口才成了吸引选民的拿手武器。

---

① D. J. Elkins, Globalization, Telecommunication and Virtual Ethic Communities, *International Political Science Review*, Vol. 18, 1997, pp. 139 - 152.

② K. J. Gergen, *The Saturated Self: Dilemmas of Identity in Contemporary Life*, Basic Books, 1991.

总之，新认同政治是目前世界政治中的一个新现象，其产生的深远影响和发展的前景有待我们进一步观察和分析。

4. 现代性、后现代性与全球化

现代性/后现代性、现代化/后现代化这两对概念经常出现在全球化理论文献中，其关系如何呢？总的来看，这两对概念是描述第一次工业革命以来整个社会发展出现的两种状态，这两种状态是相互关联的，但是现在还没有出现完全现实化的后现代性，它更多指的是一些现象和心理反应，或者仅仅停留在哲学概念。但是无论如何，这两个概念对于描述全球化进程是相当有用的。

现代化是推动全球化发展的重要力量，但不是唯一力量。因为在现代化之前，早已出现了全球化力量，如"基督帝国"等。现代化为全球化提供了制度力量和保证，如工业主义、资本主义以及民族国家等，同时，这些现代化制度也实现了本身的全球化。应该承认的事实是，现代化在相当长的时期里是西方的现代化，并且在一段时期内，西方模式也是一种全球模式。从这个意义上讲，全球化在一定时期内是西方化的过程。但是，不能就此否认其他国家，尤其是非西方国家在现代化过程中的有益探索以及它们对全球化的贡献。

后现代性的出现既是对现代性的反动，也为多种文明参与全球化提供了机会。后现代性反对欧洲启蒙时代形成的价值理念和它维护的西方中心式的制度，倡导非中心化和多元化。当然也有学者不同意用后现代性描绘目前的世界状态，比如吉登斯提倡用激烈的（radicalized）或繁盛（high）的现代性说明目前阶段。但无论用什么样的概念，起码大多数人承认，现代性的最近发展削弱了它的整体化方面，而且"解构"了秩序起步、理性这些启蒙时代形成的经典信条，代之以机会、风险和更多的偶然性。因而，更准确地说，全球化进程现在没有扩大现代性，而是成了其转变的加速器。正如罗伯逊和莱彻纳所说："现代性的许多主题——生活世界的分裂、结构的分异、认知和道德上的相对性、体验范围的扩大——在全球化进程中已被加深。现代性问题已经扩展成在归类意义上的全球性（globality）。"①

特别需要强调的是，虽然在实践层面上，全球化推进了现代性的转变以及后现代性的某些实现，但是在理论层面上，现代性和后现代性这对概念的提出与探讨说明了西方人对自己的反思，对自己在全球化进程中的地位的重新确认。这对概念本身是西方式的。

5. 文明之间的关系

在西方学术界，自斯宾格勒、汤因比以来，一直关注着文明的问题，虽然在早期学者们注意到看待文明问题的"西方中心论"，但没有人做进一步深入研究。20世纪80年代以来，随着全球化进程的进一步多元化，一些学者意识到西方文明与非西方文明之间的关系对于全球化的重要性，并且在这方面进行了颇有益处的深入研究。

90年代以来，全球化理论更关注文明问题，而且非常坚定地抛弃了文明标准。有的学者如沃勒斯坦进一步从概念上厘清文明问题上的西方中心论。大部分学者认为全球化进程必然是文明的多元化共存。

谈到文明关系，必然涉及亨廷顿构建的文明冲突论。他用文明替代了民族国家和意识形态，并设计出一幅未来多种文明冲突的景象，声称西方文明的最大对手是儒家文明和伊斯兰文明。他实际上把现实政治中存在的一些矛盾系统化、抽象化了。虽然他在以后的著作中有所调整，但他在文明关系上是彻头彻尾的文明竞争论者。

之所以在全球化进程中文明关系问题极为引人注目，原因在于以下几个方面。(1) 文明的差异是根本和持久的，这是现代政治意识形态和体制不可比拟的。随着冷战的结束以及西方文明霸权地位的下降，西方文化解释的乏力，这种差异将更加明显。(2) 全球化进程带来的时空紧密化推动了"文明意识"的加强。人们在与其他文明交流过程中既了解了对方，又清楚了。自己虽然现代化和全球化在一定程度上削弱了民族国家的凝聚力，但更加强了对身份归属的紧迫要求。文明无疑是确立身份和意义的有效源泉。(3) 随着民族性和宗教影响力的增强，文明的作用将更显重要。

---

① R. Robertson, F. Lechner, Modernization, Globalization and the Problem of Culture in World - System Theory, *Theory*, *Culture and Society*, Vol. 2, 1994, p. 108.

三　全球化理论的使命:粉碎"中心论"的桎梏

在西方全球化理论的发展过程中,各种理论一直徘徊在"中心论"与"反中心论"之间,形成两个阵营,而这两个阵营又基本上与右派学者群和左派学者群吻合。右派学者更多的是"中心论"者(鲜明的或潜在的);左派学者则是鲜明的"反中心论"者。

所谓的"中心论""反中心论"实际上是一种看待全球化发展进程的观念或态度。"中心论"认为全球化进程源于一个中心,是这个中心模式在全球的扩展,全球化的结果就是这个模式的全球普遍化。在不同的"中心论"者那里,这个"中心"是不同的,但基本可以归纳为"欧洲""西方"甚至"美国"。主要原因是:在全球化的早期阶段,全球化进程实际上就是欧洲国家海外拓殖的过程、资本主义全球扩张的过程,或者说是西方文明挤压非西方文明的过程。在这个阶段中,"中心"的地位是无与伦比的,其力量不仅控制着政治、经济,而且掌握着文化意识形态。这个阶段中的西方主流社会科学和人文科学都或多或少带有"欧洲中心论"或"西方中心论"的色彩,直接或间接地充当了资本主义或西方文明扩张的文化意识形态,其中最典型的当推自由主义经济学,以及二战之后出现的现代化理论。

如果说"中心论"代表了在全球化进程占据优势并获得利益的团体的话,那么"反中心论"则代表着处于劣势并失去利益的团体。事实正是这样。从一开始,"反中心论"者基本是左派,他们认为全球化的进程不是由某个"中心",而是由众多主体推动的,全球化的结果不是一个模式的推广,而是众多模式的共存。作为"中心论"的对手,"反中心论"一直为推翻"中心论"在全球化理论中树立的霸权而努力着。它的努力显然受到了全球化进程的客观限制。至少在一战结束之前,全球化进程实际上等同于资本主义或西方的扩张进程。苏联的出现虽然使替代资本主义制度成为可能,但依然难以抗衡力量强大的美国霸权。以至于在二战结束后相当长时期里,"中心论"与现代化理论主导着西方理论界。

20世纪60年代以后,"反中心论"力量开始逐渐强大起来,这主要得益于非西方社会力量的强大、自我意识的觉醒,以及美国代表的西方力量的相对削弱，全球化进程日益同资本主义全球扩张拉开一定的距离，表现为多种主体共同参与。"反中心论"主张的全球化将是一幅多元化图景的观点得到了长期受到西方力量挤压的非西方社会的认同及实践的支持。"反中心论"开始在全球化理论中取得了与"中心论"抗衡的力量，甚至略胜对方一筹。

由于"反中心论"力量的壮大，全球化理论在主流上摆脱了原有的狭隘的"地域"观念以及意识形态色彩，端正了看待全球化的基本态度。虽然苏联解体和东欧剧变一度使"反中心论"的力量有所削减，但并没有动摇它在全球化理论中的中坚地位。这点可以通过福山的"历史终结论"和亨廷顿的"文明冲突论"由盛到衰的急剧过程中看出。

可以说，相对于"中心论"来说，"反中心论"的力量在于：一是抓住了全球化进程的本质，即全球化不是一元化而是多元化，不是资本主义的普遍化，而是多种文明的共存；二是"反中心论"者的左派立场使其长期站在大多数的一边，处于劣势的一边，扮演着"中心论"霸权的挑战者角色。这种角色决定了其态度更冷静些，目光更远一些，思想上更具有革新意识。这点可以在 20 世纪 90 年代"反中心论"者把文化、文明引入理论分析中看出。用文明或文化替代体制分析或民族国家，不仅能够把更多的全球化主体包容进来，而且更能加深对人类共同命运的认识。

虽然"反中心论"占据了西方全球化理论的主导地位，但其前进之路仍很漫长，这一方面是因为其本身仍有不完善之处，另一方面则在于在其面前是更强大的"中心论"——根深蒂固的整个西方理论。

（选自《国外社会科学》1999 年第 3 期）

经济全球化与当代资本主义民主危机

——西方学者的若干论述

陆象淦[*]

一

近年来，在西方学者对资本主义的现状及其所主导的全球化实质的批判性论述中有一部题为《涡轮资本主义——全球经济中的赢家和输家》的著作颇为引人注目。这部著作 1999 年 3 月初版于美国，翌年又出了第二版。其作者为曾任里根政府和克林顿政府战略顾问的爱德华·勒特韦克。该书出版后很快被译成多种文字，其中颇耐人寻味的是意大利文译本直截了当地将书名改为《资本主义的独裁》。勒特韦克的一个主要观点认为，所谓全球化，即意味着资本主义市场超越地理的界限、技术和通信的发展、由于产品的非物质化而导致的运输成本的下降以及消费的同质化等现象。这是当代资本主义特别是美国推行的经济自由主义的一种国际化。所谓经济自由主义，实质上是经济试图超越政治和法律的限制。这种经济自由主义与全球化相结合，产生了今天的"涡轮资本主义"。它的一个重要特征是在扩大经济"效益"的同时，将"私先于公、经济先于公民利益"绝对化，使"受控制的资本主义"失控，造成"社会的失

* 陆象淦，社会科学文献出版社研究员。

效"。勒特韦克强调，所谓的经济自由主义是同脱政治化、政治私有化、反民主结合在一起的，使资本主义成为一部绞杀公众利益和民主的绞肉机，结果很可能是走向"民主法西斯主义"。①

勒特韦克的论断应该说并非危言耸听或奇谈怪论。同他持类似观点的人在西方学术界绝非个别。例如，中国学术界比较熟悉的著名学者拉尔夫·达伦多夫在一篇题为《第三条道路也有其危险》的文章中着重指出："决策过程以及一般地说各种行动的国际化，几乎一成不变地造成民主的失落。北约理事会关于战争与和平的决策，国际货币基金组织对俄罗斯的决策，欧盟部长理事会颁布的法令本身，都不是在任何类型的民主监督下产生的。而世界金融交易的'私人'竞技场更不待言。"（意大利《共和国报》1999 年 7 月 6 日）

政治私有化造成民主的失落，其中一个突出现象乃是今天跨国公司的权力急剧膨胀。美国学者杰里米·里夫金在其著作《劳动的终结：全球劳动力的衰落与后市场时代的发端》中认为："跨国公司日益严重地篡夺了国家的传统作用，已经对世界资源、劳动储备和市场行使着无可比拟的控制力。大部分这类公司拥有的财富比许多国家国内生产总值更多。"因此，所谓的"全球公司"成为一种"准政治机构，通过对于信息和传播的控制，对人员和所在地行使着巨大的权力"。② 其结果正如有的论者所说，资本主义的逻辑压倒了政治的逻辑和民主的逻辑。资本要求它自己的政治是从它的利益，从它的语言出发的政治。金融市场"调控着"货币政策与之不相适应的国家，并对这些国家的货币发动猛攻，而这些国家的中央银行根本没有招架之力，回天乏术。跨国公司成功地推行着它们的规则、法律，"换言之，它们期望着一种同国家平起平坐的地位，承认它们拥有同国有企业相同的权利，但不向它们要求任何补偿"。其后果是"跨国公司可以用自己的法则来代替国家的法则，给国家剩下的只有镇压和惩处的职能"。③

① E. Luttwak, Turbo - Capitalism: Winner and Losers in the Global Economy, Paperback, 2000.

② J. Rifkin, The End of Work: The Decline of the Global Labor Force and the Dawn of the Post - Market Era, Paperback, 1996.

③ S. George, La mondializzazione e i pericoli per la democrazia, *Critica Marxista*, n. 4, 1998.

　　利用经济—政治、公有—私有之间的基本矛盾来进行投机，只能造成穷人与富豪、穷国与富国之间的差距急剧扩大。一些论者指出，社会分裂、集体焦虑、分配不均、不适应性的扩大，凡此种种是当前的社会学研究在以美国为首推行经济自由主义前卫国家现实中清楚地看到的效应。所谓的全球化必然要求"生产企业的不断兼并，以达到合理化之目的，而所谓的合理化集中到一点，就是首先排斥全体民众和劳动者的利益。因此，归根结底就是扩大社会的分裂"，通过强制"政府极大地缩小自己的再分配职能，不断减轻对企业以及富裕阶层的税务压力"，扩大社会的不平等。可以说，美国推行的经济自由主义，意味着推行政治的私有化和社会的不平等。①

二

　　经济全球化给世界带来的是福音还是灾祸？许多论者强调它将推动全球范围内生产和资源更合理的配置，将给西方发达国家带来更大的经济繁荣，例如美国已出现了连续 112 个月的强劲增长势头。但是，对此持不同看法者着重指出，美国等发达国家借助"新经济"来加速推动经济全球化，造成了财富的不断集中，不可避免地加剧资本主义的基本矛盾。在繁荣的背后隐伏着深刻的社会危机。在当代资本主义社会里，"富人更富，穷人更穷"的马太效应非但没有消除，反而愈演愈烈。贫困问题不但存在于一般劳动阶层中间，而且日益侵蚀着所谓"中产阶层"。首先表现为实际收入的下降。勒特韦克在上述著作中认为，美国一再吹嘘能够保持比欧洲低得多的失业率，掩盖了其劳动者缺乏权利和保障以及实际工资收入越来越低的事实。勒特韦克写道："自 70 年代以来，7/10 的美国人的纯小时工资不是停滞，就是实际上不断下降。"所以美国社会中消费和福利的增加完全是靠强化剥削得来的。另一位美国学者杰夫·福克斯也认为，美国的生产率与工资水平成反比："自 1979 年以来，美国劳动者的平均生产率提高了 22%，而他们的实际工资降低了 8%。美国劳动

---

①　A. Recanatesi, La rifo rma della pensioni é di destra o di sinistra? Stampa, 28 giugno, 1999.

者的实际工资在 6 年的经济繁荣之后，比 1989 年的水平反而降低了 3%。"① 其结果是贫困人口和无家可归者不断增加。据勒特韦克的估计，如今在美国有 1700 多万每年工作 50 周、每周工作 40 小时的全职就业人员生活在官方公布的贫困线以下。而据另一位学者多米尼科·德马西的看法，在美国有 3000 万居民生活在贫困线以下，700 万人沦为没有固定住址的无家可归者，170 万人被关进监狱。②

尤其值得注意的是，工资下降的趋势不仅存在于普通劳动者中间，而且波及技术人员和知识阶层。据统计，1968—1995 年，美国工程师的年均收入（包括劳保福利在内）下降了 13%。所以，勒特韦克不无感慨地说，即使是所谓精英也成为涡轮资本主义引发的结构不稳定性的牺牲品，所谓机会均等完全是意识形态专家的谎言，今天的市场机制"不但不能给缺乏训练的民众提供工作，而且也不能雇用大量有熟练技能的人员"。在少数人财富越来越膨胀的同时，"处于不利地位的公民正在丧失仅有的一点点东西。有人称这个过程为'中产阶级的空心化'"。另一位经济学家 J. 里夫金也认为："中级管理人员特别倒霉：据哈默估计，80% 具有中级管理职称的雇员在调整结构的过程中可能被解雇。"正因为如此，有的论者指出，经济全球化尽管导致了美国经济连续将近 10 年的强劲增长，但湮没了"原有的社会协调，这种社会协调保障着中产劳动者家庭避免工业资本主义滥用权力和反复无常的风险"。③ 中产阶层中在文化和经济上比较弱的那一部分人存在着被挤出中产阶级的极大风险，因为技术的变革要求以脑力强度大的职业来代替体力强度大的职业。这样的倾向，用国际著名学者 I. 沃勒斯坦的话来说，即"改变中产阶级在生产过程（包括服务部门）中的绝对生存状态和相对生存状态。何况，今天的缩减公共预算的政策将继续下去，这构成了对中产阶级的最大威胁"。④

一些论者认为，这种倾向的发展在很大程度上证实了马克思关于资

① J. Faux, Lost of the Third Way, in Dissent, 1999.

② D. De Masi, Il futuro del lavoro, Milano, Rizzoli, 1999.

③ W. Marshall, La proposta dei democratici americani, Europa Europe, n. 3, 1999.

④ I. Wallerstein, Dopo il liberalismo, Milano, Jaca Book, 1998.

本主义社会无产阶级化的论断。里夫金在前述著作中指出，高技术革命很可能加剧贫富之间日益严重的压力，最终将国家分裂成两个水火不相容的日益对立的阵营。不仅如此，技术发展过程"正在迅速地使全世界居民两极分化为两股尖锐冲突和不可调和的势力：一股势力是号称'符号分析专家'的世界主义精英，他们控制着技术和生产力；另一股势力是数量日益增多乃至多余的劳动者，他们在高技术的全球新经济中找到合适工作的希望和前景十分渺茫"。这样的绝望者包括被称为"新的贫困者"的部分中产阶级人士。据里夫金的估计，至今西方已有150多万中级管理人员失去了职位。

同时，资本主义近年来的发展也有力地说明了马克思的另一个论断：剥削和劳动者异化的加剧。里夫金指出，今天的新经济表面看来是数字化的、无害的和"纯洁的"，但它有着"另一种面貌"，它的前进道路"沾满进步牺牲者的尸体的血污"。在西方发达国家里，越来越多的异化劳动者感受到高技术劳动环境中日益增强的高度压力，以及越来越严重的工作岗位缺乏保障性。即使是名噪一时的所谓"丰田"模式，表面看来似乎强调劳动者的参与和责任感，实际上归根结底是一种经过巧妙伪装的剥削方式，可以称为"压力管理"，其结果是"加大工作的刺激"，"完全破坏了生活和工作的节奏"，引发疲劳过度的"过劳死"。

同贫困和异化加剧密切相关的是西方社会犯罪率居高不下。根据勒特韦克的看法，在"涡轮资本主义"与犯罪之间存在着直接的因果联系，犯罪成为经济自由化——全球化过程的必然产物："缺乏技能的底层事实上变成在经济领域里不可利用的人，这对于美国来说意味着惊人的高犯罪率。"与过去不同，犯罪已不再是可以克服的局部现象，而是当代资本主义的一个"功能性行为"，它"与其说是一种偏离，毋宁说是一种理性选择"，也就是说在当代资本主义社会中，犯罪不是例外，而是其必然的产物。

勒特韦克的这种看法，得到了其他一些论者的印证。里夫金在其前述著作中认为："世界范围内的失业加剧与贫富之间分化的增大，正在为社会动荡和近代所未见的大规模的阶级战争制造前提条件。犯罪、暴力与小规模冲突正在扩大，并且发出了清楚的信号表明在未来的年代将会日益加剧的趋势。一种新形式的野蛮在现代世界的墙垒外面等待着我们。"他还引用世界粮农组织一位经济政策分析家的话说，经济全球化与技术空间的迅速扩展乃是美国饥饿家庭数量日益增多的主要原因。尤其引人注目的是，意大利政府总理朱利亚诺·阿马托在1999年7月28日参议院的一次会议上也表达了类似的观点。他说："我们注重美国模式，因为它表现出许多积极的方式和发展了竞争性，但我们不应忘记，由于缺乏坚实的社会政策结构，这个国家、这个制度正在产生的穷人数量是庞大的、可怕的。"

有的论者指出，弱肉强食的"社会达尔文主义"固然是资本主义的痼疾和通病，但今天似乎已达到登峰造极的地步：人类"全体"从其"对于已变成独立的经济相对功效"来说，被看作多余的废物。[①] 贫困、犯罪、暴力严重地威胁着西方的民主价值，成为新法西斯主义滋生的温床。用沃勒斯坦的话来说，"抱有成见、粗暴地把不安定的底层阶级推入社会暴力冲突的急风暴雨道路，乃是一条新法西斯主义的道路"。勒特韦克则认为："美国民主正在变成反自由的民主"，而"美国式的法西斯主义"尽管"完全是民主的，而且基本上不是种族主义的，也肯定不是好斗的"，但它"保持了法西斯主义的本质：以非经济的形式表达经济的不满足"。

三

自由主义的市场经济或者说"自由化＋市场经济"是多年来许多西方理论家竭力鼓吹的模式。特别是在20世纪80年代末的苏联解体和东欧剧变后，这种美国模式被看作改变和拯救苏东经济的万灵妙丹。但近10年的事态发展说明事实并非如此。著名英国社会学家和历史学家E.J.霍布斯鲍姆在20世纪90年代中期就大声疾呼，着重指出20世纪的历史千百次地证实"自由市场与政治民主之间不存在内在的联系"。[②] 用勒特韦克的话来说，事实上"自由市场与很少自由的社会是同步并行的"。

---

① I. Mortellaro, La lotta per l'egemonia al tempo del merca to unico mondiale, *Critica Marxista*, n. 1, 1998.

② E. J. Hobsbawn, Il secolo breve, Milano, Rizzoli, 1995.

有的论者还认为，欧盟国家之所以失业率居高不下，经济停滞，其中一个很重要的原因是不从本国的国情出发，一味追随美国理论模式，"正统的货币主义"与自由主义相结合，在欧洲造成了一系列社会性灾难。勒特韦克指出，像意大利这样的国家，左派势力虽然历来十分强大，却表现出"走向消极"的倾向，在很大程度上迎合右翼的经济政策。勒特韦克写道：意大利"左翼民主党倾其全力来支持普罗迪的联合政府，无论是在保持失业率（在几乎整个南方高得惊人）方面，抑或是在用现代化方式改革处于衰落的学校和过时的大学，使意大利具备适当的医疗救护，将官僚制度标准提高到欧洲水平等方面。其最终目的是要使意大利进入欧洲经济和货币联盟，或者说是使正统的货币主义在欧洲加冕登基"。但事实表明削减公共开支和压缩预算赤字并没有能刺激消费和投资，毋宁说是扩大了失业和导致了"趋向消费的紧缩"。所以，勒特韦克认为，对于一定水平的公共开支率或者说"少量的通货膨胀"，"不必害怕，不论当前的政治雄辩会怎么说"。类似的观点也见诸里夫金的论述。根据里夫金的看法，"近来对长期经济增长的分析"驳倒了那种认为削减公共开支会带来机遇的"流行信条"。这样的分析清楚地说明，"在这个世纪里，从来没有过哪一次经济增长长周期不是伴随着公共开支同样迅速的相应增长"。

在这两位经济学家和西欧的一些论者看来，未来的基本问题将是如何管理生产过剩所造成的财富。人们面临的抉择是要么利益得不到"均分"，所有人都为了追逐利润而耗尽精力，要么确立以公平和公正为原则的分配机制。有的论者认为，寻求严厉的货币政策与发展政策之间的某种平衡，是21世纪左派的责任。21世纪的左派既应摆脱对过去的怀旧感，又应摆脱那种周而复始地追随右翼政策的倾向。当前，降低失业率的一个重要策略是缩短所有人的工作时间，扩大公共投资，为被劳动市场排挤出来的人在社会经济中提供就业机会。意大利经济学家保罗·西洛斯·拉比尼强调，公共投资"不仅具有扩大需求的直接的凯恩斯效应，而且具有增强生产基础，特别是刺激私人投资增长的所谓哈罗德效应，因此这两类投资不是对立的，而是互补的"。他认为那种坚持说国家干预迟早将导致税率提高的论点是"老生常谈的错误"："只有非生产性的开支或转移性的开支才会有这样的结果。生产性的公共投资，即使是赤字财政，就像生产性的私人投资一样，促使收入增长，从而也促使财税总收入的增长，税收无须提高税率而得到了补偿。"①

事实上，即使是竭力鼓吹经济自由主义的西方思想家今天也正在逐步改变想法，从他们传统的"小国家"或"小政府"理论过渡到"新社会国家"理论，以适应"激烈竞争的全球新经济"。因此，他们提出的模式是"自由化+社会国家"。美国学者杰夫·福克斯指出，从东京到纽约，所有的财经机构"要求有一个能解脱市场后果的大政府的呼声日益高涨"。克林顿在多年来为市场大唱赞歌之后，"出人意料地开始重提'新政'型的全球解决方案，而布莱尔更直截了当地'开始呼吁提高国际金融调节水平，这正是左翼学者多年来一再建议的'"。在当前没有一个"民主的世界政府"的条件下，全球性冲突的威胁将是21世纪的现实，商业战争的爆发、失控的金融不稳定将成为国内冲突、暴力和犯罪的根源。正是在这样的意义上，福克斯着重指出："在我们建立既能为劳动界的利益又能为实业界的利益服务的全球政治机构之前，金融和企业的失调将不断产生经济的不稳定和政治的混乱。"

总之，面对经济全球化的浪潮，西方资本主义国家的内部矛盾和社会危机不仅没有消失，而且有加剧的趋势，这是西方学术界的有识之士不得不正视的现实。如何解决这些尖锐的社会问题，不仅引起左翼人士的关注，而且也成为西方学术界和理论界研究的重要课题。

（选自《国外社会科学》2001年第1期）

---

① Labini P. Sylos, Perché serve ch e lo Sta to investa, in Affari & finanza, inserto de la Republica, 12 luglio, 1999.

欧洲一体化进程中的"反一体化"分析

吴志成　王　杨　焦　越[*]

欧洲一体化是世界历史上的一大创举，也是国际关系领域的一次重大变革。尽管欧洲一体化在总体上不断深入，但是其发展历程却并非一帆风顺，反对一体化的声音和活动一直此起彼伏，对"反一体化"的研究构成了全面认识欧洲一体化经验教训的重要组成部分。

一　"反一体化"研究的状况及其学术意义

"反一体化"研究大多散见于对欧洲各国政党和政治、对外政策等问题的研究中，缺乏整体性和系统性。国外的"反一体化"研究主要包括对"欧洲怀疑论"、极右翼政党和欧盟候选国"反欧盟政治"的研究。

对"欧洲怀疑论"的研究相对比较成熟，探讨也比较深入，其中最具代表性的研究成果有：P. 塔格特和 A. 什切尔比亚克的《政党、位势与欧洲：中东欧欧盟候选国中的欧洲怀疑论》对"欧洲怀疑论"进行了较明确的界定，并将其划分为"软性"的"欧洲怀疑论"和"硬性"的"欧洲怀疑论"；[①] A. 弗斯特的《反欧洲者、反市场者与欧洲怀疑论：工

＊ 吴志成，1966 年生，博士，南开大学世界近现代史研究中心与国际关系系教授；王杨，高等教育出版社编辑；焦越，北京大学外国语学院。

① Paul Taggart & Aleks Szczerbiak, Parties, Positions and Europe: Euroscepticism in the EU Candidate States of Central and Eastern Europe, paper presented at the annual meeting of the Political Studies Association, Manchester, UK, April 10 – 12, 2001, pp. 5 – 6.

党和保守党反欧政策的演变与影响》梳理了英国保守党和工党对欧政策的演变，回顾了"欧洲怀疑论"在英国的历史发展；① C. 利斯的《制度限制与德国政党层次欧洲怀疑论的失败》分析了德国政治制度对于限制政党层次"欧洲怀疑论"的作用，并探讨了"欧洲怀疑论"的内涵。②

"反一体化"研究是全面理解欧洲一体化经验教训的重要组成部分，对于深化和拓展欧洲一体化研究具有重要的学术价值。

第一，"反一体化"研究可以深化对欧洲一体化进程曲折性的认识。一体化并不是所有欧洲人一致的愿望，反对势力始终是客观存在的。从一体化初期英国的反对，到2005年法国和荷兰全民公投否决《欧盟宪法条约》，"反一体化"力量一直对欧洲一体化实践进行着多种形式的抵制。欧洲一体化的发展历程充满了曲折，与"反一体化"力量的作用是分不开的。通过剖析"反一体化"可以清楚地认识到其构成、目标、行动方式和发展变化，有助于深入理解一体化进程的曲折性。

第二，"反一体化"研究有助于更好地理解欧洲一体化进程中利益分配和观念变迁的复杂性。欧洲一体化作为一项宏大的系统工程，其所包括的利益分配和观念变迁都极为复杂，在不同阶段、不同国家中，各方的利益得失都在发生变化，各种思想观念都在激烈交锋。"反一体化"研究可以在这种复杂性中探求规律，深化认识，清晰地勾勒出欧洲一体化进程中利益分配和观念变迁的图景。

第三，"反一体化"研究是对一体化研究的重要补充。现有的一体化研究主要关注一体化的动力，对一体化阻力的研究相对较少；主要从民族国家和超国家的层面入手，对国内社会的作用重视不足；主要关注精英的思想与行动，对民众的切身利益和需求的研究较少。"反一体化"研究将从上述三个方面补充现有的一体化研究。

第四，"反一体化"研究具有重要的现实意义。欧洲一体化发展到今天，程度不断加深，范围不断扩大，进一步发展的难度也越来越大，因

① Anthony Forster, Anti – Europeans, Anti – Marketeers and Eurosceptics: The Evolution and Influence of Labour and Conservative Opposition to Europe, *Political Quarterly*, July, Vol. 73, Issue 3, 2002, pp. 299 – 308.

② Charles Lees, Dark Matter: Institutional Constraints and the Failure of Party – Based Euroscepticism in Germany, *Political Studies*, June, Vol. 50, Issue 2, 2002, pp. 244 – 267.

此越来越需要更合理地分配利益，更有效地取得民众的理解和支持。当前欧盟面临的"制宪"和"东扩"两大课题都遭到强烈的反对和抵制，"反一体化"的影响力越来越为世人所重视。欧洲一体化在政治、社会、文化等领域中的进一步深化，也将更多地依赖于民众的支持和参与。"反一体化"研究有助于人们理解"反一体化"的成因，思考"反一体化"学者的诉求，促使人们更深刻地认识一体化的负面影响，让主导一体化进程的各国精英不断反思自身的思想与行动，推动欧洲一体化事业更加健康地向前发展。

二　"反一体化"的界定与现实表现

在不同的分析层次和不同领域中，"反一体化"的现实表现各异，影响也大小不一。

1. "反一体化"的界定

卡尔·多伊奇认为，"实行一体化通常意味着由部分组成整体，即将原来相互分离的单位转变成一个紧密系统的复合体"。因此，"一体化就是单位之间的一种关系，在这种关系中它们相互依存并共同产生出它们单独时所不具备的系统性能"。"一体化"一词"也被用来描述原先相互分离的单位达到这种关系或状态"的进程。[①]　"反一体化"主要表现为"欧洲怀疑论"和"反欧盟政治"等。"欧洲怀疑论"用来表示反对本国加入欧盟，反对欧洲一体化深入发展，对欧洲一体化的前景持悲观态度的思想意识。这一术语最初专指英国的对欧态度，后来被普遍化，泛指各种疑欧、反欧思想。[②]　有些学者将"欧洲怀疑论"划分为"硬性"和"软性"两类。前者是指"完全反对当前的一体化形式，反对本国加入或继续作为欧盟的成员"；后者是指"有限的反对"，即对欧盟在某一政策领域中某些问题的反对或以捍卫"国家利益"为名博取国内政治支持的

---

① ［美］卡尔·多伊奇：《国际关系分析》，周启朋等译，世界知识出版社1992年版，第267页。

② Charles Lees, Dark Matter: Institutional Constraints and the Failure of Party – Based Euroscepticism in Germany, 2002, p. 249.

反对。①

"反欧盟政治"是指中东欧欧盟候选国部分民众中间产生的反对加入欧盟的政治运动。这些民众担心加入欧盟会使国家主权受损，重要的经济利益丧失，受到大国控制。"反欧盟政治"在捷克、波兰等国影响最大，在罗马尼亚等国则影响甚微。

2. 不同分析层次的"反一体化"

"反一体化"的思想与行动在欧洲国家中广泛存在，其内容丰富，表现形式多种多样。

(1) 国家层次的"反一体化"

在欧洲一体化进程中，少数国家在特定时期采取过抵制和阻碍一体化深入发展的措施，给一体化造成困难，甚至使一体化在一段时期内停滞不前，其中尤以英、法两国最为典型。

国家层次上的"反一体化"对于一体化进程的影响最为直接。随着欧洲一体化的不断深入，成员国之间的共同利益随之增长，采取"反一体化"行动的成本越来越高。同时，多数国家的政府形成了"参与一体化符合本国长远利益"的共识，对于采取"反一体化"行动更加慎重。

(2) 政党层次的"反一体化"

政党层次的"反一体化"囊括了从主流政党到边缘政党的庞大阵营。从政治立场上看，极左与极右政党多持"反一体化"立场，而中间政党对欧洲一体化则持积极态度。从在政党体系中所处的地位看，边缘政党较之主流政党更多地采取"反一体化"立场。②

政党层次的"反一体化"活动主要通过以下方式展开：从理论和价值观的层面抨击一体化，乃至对一体化进行"妖魔化"宣传；对一体化的政策措施、实施效果展开批评，进而号召民众反对一体化；作为单独执政党或者执政联盟中的一员制定或参与制定"反一体化"的政策；作为在野党在议会或社会舆论领域反对本国政府的一体化政策以及一体化

① Charles Lees, Dark Matter: Institutional Constraints and the Failure of Party – Based Eurosecpticism in Germany, 2002, pp. 244 – 267.

② Liesbet Hooghe, Marks, Gary & Wilson J. Carole, Does Left Right Structure Party Positions on European Integration? *Comparative Political Studies*, October, Vol. 35, No. 8, 2002, pp. 965 – 989.

的新进展。此外，某些极端政党甚至以煽动、鼓励暴力活动的方式来反对一体化。

怀有"反一体化"诉求的政党不仅存在于欧盟老成员国当中，在新入盟的国家以及部分候选国中也广泛存在。塔格特和什切尔比亚克对爱沙尼亚、罗马尼亚等中东欧 10 国的主要政党进行考察，甄别出 28 个具有"反一体化"色彩的政党。其中既有大罗马尼亚党这样的极右政党，也有斯洛文尼亚新党这样的中右政党，还有匈牙利工人党这样的左派政党。[①]这些政党在各自国内积极从事着"反一体化"活动，开展"反一体化"宣传，发挥着独特的政治影响。

上述采取"反一体化"立场的政党的出发点各不相同，大致可以分为两类。一类党派是出于本党的意识形态考虑，从传统主权观念、极端民族主义等立场出发，在原则上反对欧洲一体化。另一类则把"反一体化"作为一种政治工具，以"反一体化"的姿态来吸引选民的支持。前一类政党对一体化的态度相对稳定，后一类政党对一体化的态度则处于不断变化之中，当它们对利益得失的判断发生变化时，它们可能放弃"反一体化"的立场，转而成为一体化的支持者。

（3）民众层次的"反一体化"

民众层次的"反一体化"主要表现在各国民众在本国公民投票中对欧洲一体化举措的反对、对"反一体化"政党的支持以及各种民间"反一体化"组织的建立等方面。

自启动以来，欧洲一体化就是自上而下地由精英主导，普通民众难以对欧盟决策过程产生直接而有力的影响，因而对"精英主义"的欧洲一体化越来越失去了热情，而对一体化实践中出现的弊病则异常敏感。随着经济一体化程度的提高，欧盟各国经济进一步深入整合的难度也逐渐增大，加之经济全球化的冲击，从 20 世纪 90 年代至今，多数欧盟国家经济不振、增长乏力，民众对一体化带来实际回报的期望不断落空，失望情绪日益滋长。由此产生的直接政治后果是，越来越多的成员国的民

---

① Paul Taggart & Aleks Szczerbiak, Contemporary Euroscepticism in the Party Systems of the European Union Candidate States of Central and Eastern Europe, *European Journal of Political Research*, January, Vol. 43, 2004.

众通过各种方式对欧洲一体化说"不",以此向本国政府施加压力,迫使政治精英在一体化进程中更多地维护本国民众的切身利益。

在民众层次的"反一体化"行动中,公民投票是效果最显著、影响最直接的方式。2005年法国和荷兰公民投票否决《欧盟宪法条约》就是这种"反一体化"方式的最新实践。在法国与荷兰投票前,两国政要纷纷出马呼吁选民投赞成票,欧盟高官也亲赴两国展开游说,力图影响选民的态度。然而种种努力都未能改变反对者占优的局面,结果法国选民在投票率70%的公决中以55%对45%否决了《欧盟宪法条约》。在荷兰举行的全民公决中,62%的选民参加了投票,反对票达到63%。[①] 这种公投结果不仅表达了两国公民对《欧盟宪法条约》的态度,还反映出他们对欧洲一体化进程中出现的诸多问题的不满,以及对本国政府在此进程中维护本国公民利益不力的失望。

民众的"反一体化"倾向还表现在对"反一体化"色彩浓厚的政党的支持上。在2000年奥地利议会选举中,有排外倾向的极右翼政党自由党上升为奥地利第二大党,并参与组阁。2001年11月丹麦举行选举,左翼的社会民主党被淘汰出局,而反移民、反欧洲一体化的联合人民党一跃成为丹麦第三大党。在2001年波兰众议院选举中,自卫党、法律与公正党和波兰家庭联盟带着它们对欧盟的怀疑态度,甚至对波兰入盟的直接反对首次进入众议院。[②] 与此相反,坚决支持波兰入盟的自由联盟却因得票率太低,没能进入众议院。

3. 不同领域的"反一体化"

欧洲一体化建设主要在政治、经济以及社会文化三大领域中展开,取得了一系列重大成就。同时,在这三大领域也活跃着"反一体化"力量。

(1)政治领域的"反一体化"

在政治领域,"反一体化"主要集中在对主权让渡的反对以及对欧盟超国家权力的抵触与不信任。戴高乐就是一位高举民族主义旗帜、反对

---

① 江穗春:《法国对欧洲说"不"》,《世界知识》2005年第12期,第30—31页。

② 高歌:《试析欧盟东扩对中东欧新成员国政党制度的影响》,《俄罗斯中亚东欧研究》2004年第5期,第18—19页。

主权让渡、不信任超国家机构的代表人物。戴高乐认为，"超国家机构"可以解决一些技术性问题，但在涉及重大的国家利益时，它"没有政治上的权力和效能，只有国家才有这样的权力"，"只有国家才是有权命令并有权要求服从的实体"。① 每个国家都有各自不同的特殊利益，有自身独特的民族性格和民族文化，在相当长的时期内，国家仍然是欧洲最主要的政治单元。一个国家可以在更广阔的范围内与其他国家进行深入合作，但绝不能丧失自身的民族特性，让渡国家主权。他反对把权力转移给超国家机构的想法，坚决抵制任何以超越民族国家为最终目标的欧洲联合方式。他希望欧洲的联合能够为法国实现大国的地位服务，他想象中的欧洲应该是在法国领导下的欧洲各国的联合，以法国的利益为中心，而不是使法国融合在一个"超国家的欧洲联邦"内。他把主权让渡看作放弃主权的行为，担心一旦交出主权，法国不但无从掌握自己的命运，同时也会失去在欧洲联合事业中的领导地位，更会在德国日渐强大的经济实力面前相形见绌，逐渐失去对德国的优势和控制力。

欧盟过于复杂的机构设置、多如牛毛的法律法规、积重难返的官僚主义也是"反一体化"人士攻击的目标。为了平息欧盟公众对欧盟机构官僚主义越来越激烈的批评，改善欧盟国家的投资环境，提高经济竞争力，欧盟委员会准备收回68项欧盟的法规建议，并决心打一场扫除官僚主义和清理法规文牍的战役。欧委会还将对自2004年1月1日起产生的总计187条法律提案进行审核，以判断其是否需要撤回。"发起这一运动的目标有两个：一是重新赢得公民对欧洲融合的信任，二是纠正那种认为欧盟只是官僚和管制巨兽的错误认识。""只有成功地减少官僚主义，取消无意义的法规和建立现代的法律框架，欧洲才能稳固自己的地位，才能在全球化的竞争中抓住机会。"②

（2）经济领域的"反一体化"

欧洲经济一体化最为深入和成功，这一领域的"反一体化"的内容十分庞杂，主要有对欧元的抵制、对本国对欧盟的贡献与收益比例失衡的不满、对欧盟东扩给经济带来负面影响的忧虑，以及对某些具体政策

---

① 国际关系研究所编：《戴高乐言论集》，世界知识出版社1964年版，第192页。

② 朱鸣：《欧盟向官僚主义开刀》，《解放日报》2005年9月30日。

措施的反对等。

首先，对欧元的反对主要基于这样几种考虑。一是欧元区各国将货币政策制定权集中到欧洲中央银行，使各成员国对本国经济进行宏观调控的能力减弱，灵活性大大降低，自主权也受到限制；二是高度集中的货币政策与成员国各不相同的经济政策以及经济运行状况之间存在着难以调和的矛盾；三是统一货币的实现存在着扩大地区间经济差距的风险，欧洲中央银行将保持币值稳定和防止通货膨胀作为中心目标，对促进经济增长、创造就业机会少有作为，欧元区国家的失业状况日趋恶化。对此，很多民众感到失望和不满。

其次，对贡献与收益不平衡的不满主要来自经济发达的老成员国。荷兰是欧盟预算的净出资国之一，对欧盟预算的人均贡献量最大，许多荷兰人感到本国的高投入得不到应有的回报，在欧盟中的影响力反而因新成员的大量加入而有所下降，加入欧元区也未能有力地促进荷兰经济的发展，相反，欧元的升值还成为荷兰经济出现停滞的重要原因。这样的现实使得荷兰民众的"反一体化"情绪逐渐升温，终于在 2005 年批准《欧盟宪法条约》的公民投票中爆发出来。在其他的净出资国中，类似的"反一体化"情绪也普遍存在。

再次，中东欧新入盟的国家和候选国的"反一体化"运动也部分地出于经济原因。以农业为例，根据与欧盟达成的协议，在中东欧国家正式加入欧盟后，欧盟将完全取消对进口中东欧国家农产品设置的配额和关税壁垒。这似乎为新成员国的农业出口创造了良机，但在目前欧盟原有成员国的农业补贴明显多于中东欧国家的情况下，欧盟向中东欧国家大量倾销享受高额农业补贴的农产品，冲击了中东欧国家的农产品市场价格，进而损害了中东欧国家的农业发展。因此，在中东欧各国的农民中，"反一体化"很有市场。

（3）社会文化领域的"反一体化"

在社会文化领域中，"反一体化"往往与排外主义、种族主义纠缠在一起，主要针对的是移民问题以及与之密切相连的失业、犯罪、身份认同、对民族文化的保护以及对外来文化的排斥等问题。

数十年来，大量移民不断进入欧洲，充斥于欧盟各国社会的各个层面，给就业、社会稳定和社会福利政策带来了沉重压力，一部分欧洲民众主张排斥外来移民，以保证本国公民的政治利益和经济利益。他们认为，在欧盟各国就业形势已经十分严峻的情况下，大量移民的存在无疑使劳动力市场供求关系更加紧张，政府福利政策的包袱越发沉重，损害了欧盟公民的切身利益。而且大量移民文化素质不高，在刚刚到达欧盟国家时，由于语言、专业、社会适应性等方面的限制，就业遇到了较大障碍，导致很多人涉嫌各种犯罪，严重影响了社会稳定。在这种背景下，反对外来移民的种族主义、新纳粹主义的力量逐渐增强，并不断发生袭击外国移民的事件。那些主张保障本民族利益、反对外来移民的右翼政党，便在欧盟各成员国的社会大众层面拥有了较大的市场，相当部分的"反一体化"人士因移民问题、犯罪问题迁怒于一体化，而对一体化持反对和抵制的态度。

在一体化进程中，人员往来日益密切、文化交流大大增强，不仅有形的国家边界正在被超越，无形的民族文化边界也逐渐模糊。部分民众为本民族文化受到外来强势文化的冲击而感到担忧，他们担心一体化是一个丧失民族个性的过程，认为民族语言、文化以及传统生活方式在一体化进程中都将不可避免地遇到挑战，特别是伊斯兰移民在欧洲许多国家的人口中比重不断增大，伊斯兰教势力显著增强，使很多信仰基督教的民众感到担忧，甚至视为"文化威胁"。①

三　"反一体化"的动因

一体化是一个利益重组的过程，必然存在利益受损或对自身所占份额不满的个人、团体和国家，它们出于维护和扩大自身利益的考虑加入"反一体化"阵营。一体化也是一个旧观念不断受到冲击、新观念不断涌现的过程，传统的主权观、民族主义等观念也为"反一体化"提供了思想武器。

1. 利益分配的影响

在欧洲一体化的进程中，各国、各地区、各阶层民众之间的共同利

---

① Lauren M. McLaren, Public Support for the European Union: Cost Benefit Analysis or Perceived Cultural Threat? *The Journal of Politics*, Vol. 64, Issue 2, 2002, pp. 551–566.

益得到了维护与扩大，然而这并不能掩盖各方在利益分配问题上冲突的长期存在。在错综复杂的利益冲突中，有 4 种矛盾构成了"反一体化"的主要利益驱动力。

（1）集体与个体的利益冲突

参与一体化的国家面临着一个共同问题，即如何处理集体与个体的利益冲突，如何在共同利益与自身利益之间取得平衡。一体化集体利益的形成主要有两种方式：一是成员国个体利益的汇集，二是一体化整体新利益的形成。无论哪一种方式，都不可能把某一成员国的所有利益囊括其中，集体利益与个体利益之间只能有部分的一致。在增进集体利益的过程中，各成员国个体利益的得失情况都有所差异，部分成员国的个体利益的损失可能大于它在集体利益中的所得。同时，成员国谋求个体利益的过程也可能对集体利益构成危害。因此，个体利益与集体利益的冲突构成了"反一体化"的一大动力来源。1996 年英国与欧盟之间爆发的"牛肉战"就是个体与集体利益的激烈交锋。

1996 年 3 月 20 日，英国政府首次承认疯牛病对人体健康可能存在直接危害，这一消息当即引起社会恐慌，牛肉市场遭受重大打击。为了保护欧洲牛肉市场的整体利益，保障公众健康，欧盟委员会决定禁止英国向欧盟市场及第三国出口活牛及牛肉制品，这给英国畜牧业和食品加工业造成了极大打击。面对巨大的损失，英国政府对欧盟禁令强烈不满，在谋求解除禁令未果后，它宣布对欧盟采取"不合作"政策，威胁"使用否决权让欧盟的运作陷入瘫痪"，并很快付诸实施，频频使用否决权。英国政府的这种"反一体化"做法，不但未能与欧盟协调处理好牛肉问题，反而加深了与欧盟和其他成员国的矛盾，在国内也未能获得民众的支持，其竞争对手工党的支持率一直居高不下。在 1997 年大选中，保守党惨败，工党政府上台后就宣布改变上届政府的"反一体化"政策，着手改善与欧盟机构以及其他成员国的关系，实行更加积极的对欧政策。①

（2）大国与小国的利益冲突

在欧洲一体化进程中，尽管各国存在着广泛的共同利益，但是由于

---

① Kirsty Hughes & Edward Smith, New Labour – New Europe? *International Affairs*, Vol. 74, Issue 1, 1998, pp. 93 – 103.

实力的差异，大国与小国之间仍然存在着无可回避的利益冲突。这种利益冲突的长期存在，是小国产生"反一体化"思想与活动的重要原因。

在欧盟各项制度的创设过程中，法国和德国发挥了举足轻重的作用。它们是规则的主要制定者和受益者，而当规则对其利益构成限制或损害时，它们又比小国更有能力废除或改变规则。因此，实际上规则对于大国和小国有着不同的约束力。违反规则的小国往往难以逃脱惩罚，而大国则更有可能避免遭到惩罚甚至改变原有规则。

《稳定与增长公约》的修改就是一个典型事例。欧元启动前，欧元区各国签订了《稳定与增长公约》（以下简称《公约》），规定成员国必须将本国的财政赤字水平控制在当年国内生产总值3%的限度之内。一旦成员国的财政状况出现偏离这个目标的迹象，应立即采取措施重新达到趋同目标。此《公约》的目的在于避免各国过度采用财政政策来刺激经济短期增长，以统一的财政纪律来保证欧元的稳定，从而为欧元区各国创造经济稳定增长的环境。德国是《公约》的主要推动者，严格的财政纪律正是德国坚持列入的，而率先违反《公约》规定的也是德国。2002年，德国与法国的财政赤字越过3%的警戒线，2003年和2004年，德、法两国财政赤字双双连续超标，面对欧盟委员会的多次警告，两国仍未做出限期纠正的承诺。欧盟委员会建议欧盟财长理事会依据《公约》对德法两国进行惩罚，以严肃财经纪律。欧盟委员会与法德两国的关系因此开始紧张，《稳定与增长公约》处于"空前危机"之中。事件最终以对法、德两大国有利的结局收场，荷兰、奥地利等欧元区小国虽然对此不满，却也无可奈何。此外，欧盟在对奥、意两国极右翼政党入阁问题上的不同处理方式也突出地体现了大国与小国在欧盟中地位的差异。

（3）"先行者"与"后来者"的利益冲突

欧洲一体化从6国发展到25国，经历了多次扩大，而每一次扩大都是一次权力与利益的重新分配。对于"先行者"而言，要最大限度地保持自身的影响力，维护自身利益，尽量减少自身对扩大成本的分担，克服扩大所带来的不利影响；"后来者"面临着"后来者劣势"，即现有制度和规则都是"先行者"制定的，而这些制度和规则可能对"后来者"的利益形成损害。如何将"后来者劣势"的不利影响减至最小，是欧洲一体化事业每个新加入者都必须面对的挑战。这样，"先行者"与"后来者"之间就产生了尖锐的利益冲突。

英国加入欧共体就陷入了这种"后来者劣势"的泥潭。在法国的要求和推动下，欧共体6国于1970年达成协议，建立欧共体自有财源制度。根据这一制度，欧共体预算收入有三：对非成员国的工业品征收的进口关税；对欧共体以外进口农产品征收的差价税；对成员国商品征收的产品增值税提成（1%）。法国的这种做法正是针对英国，在法国看来，如果让英国在建立这一制度的过程中拥有发言权，他们就会要求建立一种对他们有利的制度，而这样的制度将肯定对法国不利。① 这项制度的建立对英国也相当不利。由于历史原因，英国与欧共体以外国家的贸易比重较大，按照规定应向欧共体上缴大量的工业品进口税和农产品差价税。同时，由于英国农业在欧共体各国中比重很低，而欧共体预算支出的相当大的部分都用于补贴农产品生产者，这就造成了英国的贡献与收益严重不平衡，成为欧共体内最大的净出资国之一。这种情况历经英国各届政府的努力，仍难以获得根本解决，成为英国国内"反一体化"长盛不衰的一个重要原因。

对于新加入欧盟的中东欧国家来说，"后来者劣势"也给它们带来了不容忽视的利益损失。以欧盟的共同就业与劳工政策为例，在入盟协议中，欧盟要求中东欧国家今后应分阶段地在本国劳动合同中增加更多的限制性条款，以逐步配套采用欧盟制定的共同就业及劳工政策。中东欧新入盟国家的劳动生产率普遍比欧盟原成员国低，其产品的主要竞争优势来源于较低的生产成本。中东欧国家为了保持其现有产品的竞争优势，必须进一步降低其产品成本，扩大产量。但是，欧盟统一的就业及劳工政策大大削弱了这些新成员国劳动力成本低的竞争优势，它们一旦按照欧盟的统一规定，提高本国工人的工作条件和工资水平，必然增加单位产品的生产成本。

在这种情况下，中东欧国家的企业普遍采取了裁员增效的经营策略。企业一方面改善现有工人的工作条件和提高工资水平，提高生产效率；另一方面为了降低产品成本，大量裁减企业中的冗余人员，使得这些国家的失业人数激增。欧盟制定共同就业及劳工政策的本意是为了让成员

---

① Stephen George, *An Awkward Partner*, Oxford University Press, 1990, p. 51.

国的工人享受更好的工作条件和更高的工资水平，防止一个国家向其他国家"社会倾销"，但是由于这项政策缺乏灵活性，结果导致经济相对落后的新成员国的众多工人因为失业而生活质量恶化，这是政策制定者始料未及的。在中东欧国家加入欧盟后，如果欧盟要求东扩国不折不扣地执行欧盟的共同就业及劳工政策，那么这些刚刚加入欧盟的中东欧国家很可能会重蹈当年民主德国的经济覆辙。

（4）精英与民众的利益冲突

欧洲一体化的进程是一个精英主导的进程，普通民众参与很少，更多的是被动地接受它的结果，存在着"民主赤字"。这种情况造成主导一体化进程的各国精英与普通民众在欧洲一体化认识上形成了短时期内难以消除的分歧，在利益分配方面也处于一定程度的对立之中。

欧洲一体化的巨大成就在很大程度上应归功于政治精英的努力，"民主赤字"的存在有时对推进欧洲一体化能够产生有利的影响。成员国政府可以利用欧共体的存在使自己在提出政策的主动性方面得到国内更多的肯定和支持，在国内政策议程安排方面也享有更大的权力，从而比较容易在国内进行政策方面的协调；同时，成员国政府之间的讨论和投票都是秘密进行，各国议会和公众很少有合法的机会批准欧共体的协议，从而帮助成员国领导人削弱国内潜在的反对势力，增强了成员国政府之间达成一致的能力。① 但是，随着一体化的深入发展，"民主赤字"的不利影响也愈益彰显，从而严重制约一体化的顺利推进。在这种状况下，精英与民众难免产生利益冲突，这种利益冲突在欧盟东扩这一问题上表现得尤为明显。在欧盟精英看来，东扩是其生命力和价值观念的拓展，在政治与安全领域具有重大的战略意义，在经济领域也会带来巨大收益，为欧盟的经济发展创造新的机遇。普通民众对东扩则不那么热心，他们主要关注的是与自身利益密切相关的问题，考虑的是自身在东扩进程中的得失。对他们而言，在欧盟经济增长乏力、失业率居高不下的时期，接收10个经济发展远低于欧盟平均水平的新成员国入盟，无疑是一项风险很大的行动。尽管精英信誓旦旦，但是东扩的实际效果如何仍然存在

---

① Andrew Moravcsik, Preferences and Power in the European Connunity: A Liberal Intergovern-mentalist Approach, *Journal of Common Market Studies*, Vol. 31, No. 4, 1993, p. 516.

诸多变数。欧盟各国中经济实力最为雄厚的德国花费十多年时间，投入大量人力物力重建东德经济，至今仍然效果不佳。中东欧各国比原东德人口更多，经济发展水平更低，社会文化状况更复杂，欧盟面临的挑战也更加严峻。东扩带来的各种可能出现的问题影响到中下层民众，这难免使他们产生东扩的结果是"精英获益、民众买单"的想法，因而对东扩持冷淡和反对的态度。

2. 观念领域的动因

"反一体化"在观念领域主要受到传统的主权观念和民族主义思想的影响。欧洲一体化的深入发展对传统的绝对主权观构成了挑战，遭到坚持传统主权观念的人士的反对。一体化的超国家倾向、对民族国家的限制、对民族文化和民族特性的冲击或潜在威胁都与民族主义思想存在着对立。传统的主权观和民族主义思想构成了"反一体化"的核心思想来源。

（1）传统主权观念的影响

传统的国家主权理论是适应西欧孕育和形成民族国家的特殊时代需要的产物。经过数个世纪的发展，主权观念在欧洲各国民众心中已经牢牢扎根，任何主权共享、主权让渡的努力都被很多人视为对主权原则的威胁以及对民族国家的损害。对各成员国来说，欧洲一体化建设的代价就是国家主权在一定领域的部分让渡。这些领域包括经济、政治、司法等诸多方面，某一领域内的一体化程度越高，这种让渡就越多。这种主权让渡的实践冲击了传统的主权观念，因而遭到许多持传统主权观的人士的批评和反对。传统的主权不可分割的观念反对欧洲一体化进程中主权事实上的分割实践；传统的主权独享的观念反对欧盟国家主权共享的努力；传统的绝对主权观反对现实中主权行使所受到的种种限制。对主权让渡的反对和对本国主权的珍视构成了"反一体化"在观念层面上的一个重要组成部分。

（2）民族主义的影响

在欧洲一体化过程中，民族主义也逐渐成为"反一体化"的思想武器。

首先，民族认同在与欧洲认同的竞争中处于优势地位。在欧洲各民族和民族国家形成的历史进程中，文化认同已经打上了深刻的民族烙印，对本民族文化特质和文化传统的珍视和坚守形成了一股强大的力量，影响着人们对超越民族的政治架构的选择。撒切尔夫人曾指出，欧共体只有允许各成员国维护其民族特征，才能取得成功。"试图压制各民族和把权力集中到欧洲联合体的做法，将会严重损害和威胁我们为之奋斗的目标。欧洲将会因它（使法国仍是法国、西班牙仍是西班牙和英国仍是英国）而更加强大，这些国家保持着自己的习俗、传统和认同，试图使它们适应某一种相同的欧洲个性，是一种愚蠢的行为。"① 与历史悠久、深入人心的民族文化和民族传统相比，欧洲认同则显得有些空洞和抽象，更像是整个欧洲地区所有民族和各种文化的"大杂烩"。其原因在于，欧洲作为一个整体，在历史发展中能够为其居民提供集体记忆，并使之享有共同命运感的文化认同的力量并不强大，而某些共同记忆，如每个民族对战争、冲突的记忆不仅没有加深欧洲认同感，反而增强了各自民族的认同感。

其次，民族主义追求民族自主的思想激发了欧洲一些国家的地方分离主义。例如，在法国，科西嘉人和布列塔尼人要求从法国分离出去；在英国，除北爱尔兰天主教徒的分离要求外，苏格兰人也增大了分离的压力；在西班牙，巴斯克和加泰罗尼亚的分离势力为了分离甚至采取恐怖手段。地方分离主义的存在和强劲的发展态势必定影响这些成员国的内部稳定和经济繁荣，也势必影响欧洲一体化进程。

最后，某些极端民族主义势力将本民族利益至上与种族主义、排外主义相结合，把欧洲一体化视为对本国和本民族利益的损害，不惜采取激烈的方式进行抵制。例如，德国的极右势力把"民族"或"种族"当作政治认同的最高标准，而人权和公民权则被置于从属地位。极右翼理论家几乎都强调民族或种族的"纯洁性"，坚决反对民族或种族的融合及同化，尤其是反对本民族与非欧洲人或非白种人的融合及同化。他们反对欧洲一体化，认为"泛欧洲主义"和多元文化将威胁到民族文化的"纯洁性"，甚至对移民、少数族裔滥施暴力，危及社会安定，损害本国的国际形象。

---

① Margaret Thatcher, Margaret Thatcher's Bruges Speech, in A. G. Harryvan & J. Van der Harst (eds.), *Documents on European Union*, Houndmills: Macmillan Press Ltd., 1997, p. 243.

四　"反一体化"的影响

"反一体化"作为一体化的伴生物，在欧洲一体化曲折发展的进程中产生了不容忽视的影响，而且将随着一体化程度的深化和范围的扩展而不断增强。可以说，"反一体化"对一体化实践发挥着破坏性与建设性并存的影响。在阻碍一体化前进、反对一体化具体措施的同时，它通过自身的宣传和活动使一体化不断吸取教训，解决存在的问题，在某种程度上保证一体化的发展不脱离普通民众的接受能力，不严重损害成员国的特殊利益，从而选择民众更易于接受的方式，推动一体化健康、稳定地向前发展。

首先，"反一体化"在一定程度上阻碍了欧洲一体化的前进步伐。欧洲一体化的发展主要是各成员国不断谈判和妥协的结果。各国政府经过谈判和妥协，寻求一个各方都能接受的利益平衡点，在此基础上推进一体化建设。"反一体化"力量的介入，使各国政府对参与一体化所付成本与所得收益的估算复杂化，增大了妥协和谈判的难度，从而使一体化的前进步伐受到更多阻碍。同时，一体化的不断深入发展，也为"反一体化"发挥影响创造了条件。当一体化主要局限于经济合作范围的时候，"反一体化"力量可以采取行动的途径相当有限，影响力也受到限制。而随着一体化深入政治、安全、社会、文化等诸多领域，"反一体化"可以施加影响的途径随之增多，甚至跨领域的"反一体化"不仅成为可能，其影响还会产生扩散效应。

其次，"反一体化"的宣传与活动暴露出欧洲一体化进程中存在的问题。作为一项人为设计，一体化建设不可能没有缺陷，而这种缺陷的暴露往往有赖于"反一体化"的活动与宣传。无论是公平还是效率，一体化的已有经验都不能说尽善尽美，利益分配和成本负担的不均、一体化机构的低效和浪费等问题都十分突出。对于一体化的支持者而言，这些缺陷往往被作为推进一体化难以避免的代价而得到接受，但是对于"反一体化"人士来说，这些缺陷就是他们反对一体化的现实依据。因此，寻找一体化的缺陷，暴露这些缺陷就成为"反一体化"的重要组成部分。民主赤字、官僚主义等无一不是在"反一体化"的宣传中被更多人所认识到的。一体化机构的自我监督对问题的暴露远远不如"反一体化"人士尖锐的批评。出于自身利益考虑，各国政府和精英往往夸大宣传一体化的收益，对损失则轻描淡写，这就需要"反一体化"针锋相对的声音来促使人们进行独立思考。

最后，"反一体化"促使一体化的决策者反思和修正原有的一体化方案与措施，探索更可行的一体化道路。《欧盟宪法条约》在法国和荷兰公决的失败促使欧洲政治精英反思：欧洲未来的设计者们的心情是否过于急迫了？欧洲一体化进程的建设速度是否超出了民众实际的承受能力？欧洲国家迫切需要通过重新调整前进的步伐，切实解决前进中出现的新问题，才可能给予民众一个繁荣、安全和社会公正的发展前景，增强他们对一体化未来的信心。同样，如何在"精英政治"与民主这对矛盾中取得某种平衡，减少欧盟机构的"民主赤字"，使欧盟的决策更好地体现民意，同时使民众能更多地了解进而支持"大欧洲"的计划，将是欧盟走出当前困境所必须深入思考的重要议题。影响未来欧盟发展前景的另一个重要方面，取决于各国政府能否成功地推行包括福利制度、劳动力市场等重大问题在内的经济改革，提高欧盟经济的国际竞争力，解决好与民众利益有直接关系的增长与就业等问题。只有更好地保障民众的切身利益，才能赢得民众对一体化长远目标的支持。

尽管"反一体化"对欧洲一体化事业产生的影响广泛而深入，却无力扭转一体化不断扩展和深入的前进方向。一体化的支持者和推动者主要是各国的政治精英、文化精英以及大企业集团等握有雄厚政治、经济、文化资源的势力，他们主导一体化的进程并在其中获得最多的利益。"反一体化"力量则主要是对一体化进程缺乏影响力的弱势群体，由于其目标和方式各异，难以形成合力，在与一体化支持者和推动者的实力对比中处于劣势地位。纵观欧洲一体化的发展历程，"反一体化"力量与一体化的支持者相比始终不占优势，虽然能够在某些时刻、某些问题上暂时造成一体化的挫折和停滞，但是无力长期阻挡一体化的推进。

（选自《国外社会科学》2006 年第 6 期）

美国研究全球化影响的
三大外交思潮

刘胜湘　章宗艳[*]

在美国，研究全球化的外交思潮主要有三个流派：现实主义、自由国际主义和新孤立主义。

一　现实主义及其对外政策主张

现实主义者（包括传统现实主义和新现实主义）坚持三大观点，即"美国力量衰落论""国际政治本质依旧论"和"大国协调机制论"。他们承认全球化的巨大影响和冲击及美国力量的相对下降趋势，但否认全球化和相互依赖使国际政治发生根本变化，认为美国应继续坚持冷战时期的大国协调机制和联盟政策。

传统的现实主义者认为，全球化使美国的力量削弱，并制约着美国的对外政策。亨利·基辛格指出，21世纪的国际秩序会呈现出相互矛盾的特点：一方面越来越分散，另一方面又越来越全球化。基辛格说：冷战后，美国实质上并没有比冷战之初更能独断全部问题。美国比10年前更占优势，但具有讽刺意味的是，权力也更加分散。因此，美国能够用

*　刘胜湘，1962年生，博士，中南财经政法大学人文学院，中南财经政法大学国际问题研究所教授；章宗艳，1977年生，硕士，广西师范学院社科部讲师。

来改造世界其他地区的力量实际上也减弱了。① 布热津斯基认为，美国在世界上的权力类似美国总统在处理美国各种国内的，特别是种族与城市问题时的权力，是备受限制的。美国在全球的显赫地位反而促使甚至创造了使美国在全球越来越无能为力的条件。②

新现实主义者也注意到了美国力量在全球化的影响下渐趋削弱。他们指出，全球化意味着均质化（homogenization）。③ 军事和技术先进的社会向较后进的社会扩散，这是国际权力再分配的一个关键因素，是新的大国兴起的主要原因。④

现实主义者和新现实主义者均认为，国际相互依赖并没有改变国际政治的现实。他们指出，经济的相互依赖关系既没有消除国家之间的竞争与不信任，也没有减少一些国家以牺牲别国利益和全球经济整体利益的做法来增加自身利益的行为，更没有根除发达国家与不发达国家的"富裕—贫困"的鸿沟。贸易并不总是一种维护和平的力量。⑤ 传统现实主义的代表基辛格指出，冷战后的国际秩序"接近18、19世纪的欧洲民族国家体系"，⑥ 是一种典型的均势体系。在基辛格看来，冷战后的国际政治并没有因为全球化、相互依赖的发展而改变均势状态的现实。美国著名的国际政治学家、芝加哥大学政治系主任约翰·米尔斯海默批驳了自由经济主义者关于经济相互依存导致国际和平的看法，他指出，相互依存具有两面性，既可能导致合作，也可能导致冲突，"因为各国为了加强本国的安全，都力图避免相互依存所带来的弱点。在危机或战争时，那些依赖别国提供关键性经济资源的国家害怕供应中断和受到讹诈"而

---

① ［美］亨利·基辛格：《大外交》，顾淑馨、林添贵译，海南出版社1998年版，第7、750页。

② ［美］兹比格涅夫·布热津斯基：《大失控与大混乱》，潘嘉玢等译，中国社会科学出版社1995年版，第109页。

③ Kenneth N. Waltz, Globalization and American Power, *National Interest*, Spring, 1999, p. 47.

④ ［美］罗伯特·吉尔平：《世界政治中的战争与变革》，武军等译，中国人民大学出版社1994年版，第195—196页。

⑤ 王逸舟：《西方国际政治学：历史与理论》，上海人民出版社1998年版，第173页。

⑥ ［美］亨利·基辛格：《大外交》，顾淑馨、林添贵译，海南出版社1998年版，第7页。

使用武力。① 在历史的视野中，我们也许可以更好地观察全球化的局限性。19 世纪末期是世界经济一体化水平的黄金时期，这种深度的相互依存并没有能遏制后来的两次世界大战。② 新现实主义的代表人物肯尼思·沃尔兹说得更为明确，他指出，国家之间相互依赖的增加，除了加深不平等外，现在的国际政治与早期的国际政治没有大的区别。③ 罗伯特·吉尔平认为，全球化在很大程度上被夸大了，世界经济仍然主要由国家的经济构成。④

　　基于上述看法，现实主义者倾向于强调美国应继续推行协调性的多边主义政策，建立以"大国协调机制"为核心的国际新秩序。多边主义还意味着一种有关国际秩序的组织原则，是"基于普遍性的行为准则之上用来协调三个或者三个以上国家之间关系的制度形式"。⑤ 加州大学洛杉矶分校教授理查德·罗斯克兰斯强调，国际政治的无政府本质并没有随着冷战的结束而消失，目前"既没有国际政府，国家间也没有足够的相互依存或分工体制，把国际关系改造成类似于国内事务的社会体系"。因此，后冷战时代国际力量的变化为建立新的大国协调机制创造了历史性的机遇。现实主义者主张协调性的多边主义，并强调建立主要由西方国家组成的多国合作机制。他们认为，美国应当继续保持冷战时期的联盟关系，加强与欧洲发达国家、日本等盟国的政策协调，但是美国必须承担起多边机制的"领导"重任。美国国务卿赖斯认为，为了应对各种热点问题，美国应借助大国合作，弥补现有国际机制的不足。⑥

---

① 牛军主编：《克林顿治下的美国》，中国社会科学出版社 1998 年版，第 215 页。

② Dani Rodrik, Sense and Nonsense in the Globalization, *Foreign Policy*, Summer, 1997, p. 22.

③ Kenneth N. Waltz, Globalization and American Power, *National Interest*, Spring, 1999, p. 56.

④ ［美］罗伯特·吉尔平：《温和现实主义视角下的国际关系研究——罗伯特·吉尔平教授访谈》，刘丰译，《世界经济与政治》2006 年第 4 期，第 66 页。

⑤ Keith Krause & W. Andy Knight（eds.），*State, Society and UN System: Changing Perspectives on Multilateralism*, United Nations University Press, 1995, p. 247.

⑥ Condoleezza Rice, Transformational Diplomacy, January 18, 2006, http: www. state. gov secretary rm2006 59306. htm.

二　自由国际主义及其对外政策主张

自由国际主义强调美国应承担支持世界民主的道义责任，致力于建立和主导和平民主的制度化国际秩序，在经济上建立一体化的贸易体系，在政治上建立以民族国家为基本单位的全球性的国际共同体。① 冷战后的自由国际主义认为，全球化和国际相互依赖的发展已使国际关系发生了深刻变化，美国也深受其影响，主张"国际相互依存论""国际相互制约论""软实力外交论"等。国际相互依赖是自由国际主义者认识世界事务、分析美国及其对外政策的基本观点。罗伯特·基欧汉和约瑟夫·奈指出，世界生活在一个相互依赖的时代。② 在相互依存时代的世界里，各社会之间的联系是多渠道的，非政府联系日益频繁并极大地影响着国际关系，非政府行为体有更多的机会拟定和宣传其观点。③ 理查德·哈斯认为，尽管美国拥有巨大的国内市场，同其他工业国家相比其国际依赖性较低，但美国的经济仍然和其他国家的经济发展紧密相连。④ 杰里尔·A.罗赛蒂指出，全球化的发展必然影响所有国家的国内局势和约束其对外政策：过去全球环境变化经常对小国的对外政策具有约束作用，而现在，全球局势复杂性的加剧也往往对较大的或更强的包括美国在内的国家的对外政策产生制约作用。全球多元化的形成和相互依存的加深，意味着美国在世界上的实力地位相对衰落。⑤

自由国际主义者还突出了全球化进程中"软实力"外交的作用。所谓"软实力"外交，就是想让别国做某事的能力。自由国际主义者认为，

---

① 牛可：《自由国际主义与第三世界》，《美国研究》2007年第1期，第37页。

② ［美］罗伯特·基欧汉、约瑟夫·奈：《权力与相互依赖》，林茂辉等译，中国人民公安大学出版社1991年版，第1—39页。

③ Robert O. Keohane & Joseph S. Nye, Jr., Power and Interdependence in the Information Age, *Foreign Affairs*, Sept. Oct., 1998, p. 94.

④ Richard N. Haass & Robert E. Litan, Globalization and Its Discontents, *Foreign Affairs*, May June, 1998, p. 3.

⑤ ［美］杰里尔·A.罗赛蒂：《美国对外政策的政治学》，周启明等译，世界知识出版社1997年版。

美国在综合实力特别是在"软实力"方面仍具有最大的优势。[1][2] 美国通过掌握领先的信息技术，通过发挥"软实力"的作用，将使21世纪成为比20世纪更加辉煌灿烂的"美国世纪"。他们强调，全球化有利于促进美国的安全、繁荣和竞争，有利于把民主"核心"扩大到西方以外。[3] 他们的观点也可称作民主全球主义。他们偏好一种更加理想主义的外交政策，即在全球范围内，利用美国超强的力量和影响来扩展民主，促进自由贸易和传播美国价值观。[4] 安东尼·赖克提出要扩展民主国家。他坚持认为，美国是一座意识形态的灯塔，美国"在实行了遏制主义之后必须……扩大这个世界上由市场民主制国家组成的自由大家庭"，并把"广泛地促进民主制和市场的目标同较为传统的地缘战略利益结合起来"。[5] 信息对一个国家的软实力同样重要。约瑟夫·奈认为，在信息时代，软实力越来越重要，而美国的高尚文化与大众文化有助于造就信息时代的软实力。在自由国际主义者看来，全球化的发展，包括信息技术、贸易及民主等方面的发展，有利于美国发挥"软实力外交"的影响。

自由国际主义倾向于美国重视国际制度的政策。他们将国家利益寄托于国际制度和国际规则，将国家安全寄托于在全球范围内扩散美国体制。[6] 所谓制度是"确定行为角色、约束有关行径和影响预期值的具有持久和相互关联性的规则"。[7] 自由国际主义者认为，"理性自私的模型并非一定预示着，在无序状态下，倾轧在自助的国家间关系中占据主导地位。相反，如果每个理性自私的国家通过制度和规则监督彼此的行为，且它

---

① ［美］约瑟夫·奈：《硬权力与软权力》，门洪华译，北京大学出版社2005年版，第157—158页。

② Joseph S. Nye, Jr. , Soft Power, *Foreign Policy*, Fall, 1990.

③ 美国国防大学国家战略研究所：《理清纷乱的世界——美国跨世纪全球战略评估》，林东主编，国防大学出版社2000年版，第93页。

④ 李金祥、蔡佳禾：《新保守派内部关于美国外交政策的辩论》，《美国研究》2006年第1期，第68页。

⑤ Athony Lake, Effective Engagement in a Changing World, *Bulletin of USIS*, December 20, 1993.

⑥ ［美］约翰·加迪斯：《遏制战略：战后美国国家安全政策评析》，时殷弘、李庆四、樊吉社译，世界知识出版社2005年版，第27页。

⑦ Robert Keohane, *International Institutions and State Power：Essays in International Relations Theory*, Boulder：Westview Press, 1989, p. 3.

们中间的足够多数愿意在他国合作的条件下采取合作态度，那么它们有可能调整行为以减少这种倾轧现象"。① 国际制度可以解决国家间的相互猜疑困境。国家间沟通的任务可以通过国际制度来完成，因为它的建立可以给国家带来一定程度的外部约束条件，即有助于形成制约欺诈行为的"契约环境"。② 国际制度有助于增进国家间的相互信任，可以促使各国在多次博弈中交流信息。弗朗西斯·福山强调，美国应加强参与国际制度的创设。③

三　新孤立主义及其对外政策主张

新孤立主义极力突出全球化对美国的负面影响，强调"全球化损害论""美国优先论""经济优先论"及"美国外交行动自由论"等，声称美国对外政策应为美国服务，到了回归美国的时候了。1996 年 10 月 6 日，美国《芝加哥论坛报》一篇题为《经济革命的痛苦代价——工业化国家面临的令人头痛的变化》的文章集中体现了"经济全球化损害发达国家经济繁荣论"的观点。该文指出，全球化是一场革命，它有许多好处，但它又是一股劲风，正冲击着所有工业化国家。它首先打击了美国，使美国的工资水平下降，家庭收入停滞不前。全球化意味着不断地降低工资、延长劳动时间、削减社会福利。④ 根据这种认识，这派学者认为美国的对外政策必须有一个很大的调整，应"回归美国"，奉行"美国第一，美洲第二，世界第三"的原则。⑤ 1990 年，美国《外交政策》主编梅恩斯就认为，美国不再需要一个全球性的外交政策，不再需要关心世

① Robert O. Keohane & LisaMartin, The Promise of International Institutions, *International Security*, Summer, 1995, pp. 83 – 84.

② John J. Mearsheimer, The False Promise of International Institutions, *International Security*, Winter, 1994 95, pp. 5 – 6.

③ 李金祥、蔡佳禾：《新保守派内部关于美国外交政策的辩论》，《美国研究》2006 年第 1 期，第 70 页。

④ ［德］汉斯-彼得·马丁、哈拉尔特·舒曼：《全球化的陷阱》，张世鹏等译，中央编译出版社 1998 年版，第 311 页。

⑤ ［美］罗伯特·A. 帕斯特：《世纪之旅——七大国百年外交风云》，胡利平、杨韵琴译，上海人民出版社 2001 年版，第 214—215 页。

界所有地方和所有国家。美国外交应严格遵从国家利益原则，美国可以关闭在日本的军事基地，但保持美日军事同盟，大幅度削减军费和在海外的驻军，美国应减少海外义务，少涉足海外冲突，"回归美国"。布坎南也指出，冷战后对美国国家利益最紧迫的威胁在国内，"华盛顿不必作为一名全球警察到世界各地去平息动乱"，而应将国内需要转移到政策的中心地位，奉行"经济优先"的原则。1992 年美国总统大选中，布坎南讥笑老布什是国际主义者，崇尚世界大同，用美国的财富和力量去实践他所谓的"世界新秩序"的主张。① 道格·班多提出，美国的国家力量和利益都要求美国撤回本土，把保护美国自身的安全与宪政体制当作美国政府的最高目标和最高利益。②

新孤立主义在提出美国应尽量减少国际责任的同时，还倾向于美国应保持单边主义政策的观点。单边主义（unilateralism）是"为追求美国国家利益而不与盟友（或国际社会）进行商议而采取的行动和政策"，③"是美国参与世界事务时采取的方法之一，其特点是尽可能地不让其他国家或组织参加美国的行动"。④ 单边主义者主张，美国在介入国际事务的同时应当保持行动的独立性，按照自己的利益和原则行事。美国对外政策应该"从美国国家利益这一坚实的基础上，而不是从一个虚幻的国际共同体的利益上开始实施"。⑤ 美国乔治城大学教授 G. 约翰·伊肯伯里指出，布什政府推出的以单边主义为核心的新帝国战略，其内容包括维护单极世界，彻底消除恐怖主义，实施先发制人，裁定别国主权，轻视国际条约、国际组织和国际准则，等等。⑥ 他们认为，不应当夸大国际相互依存对美国外交政策的制约作用，美国仍有着很大程度的行动自由。美国不应当强调联盟和多边机制的作用，在更加危险的世界中保持最大限

① 李小华：《冷战后影响美国外交政策的三大理论思潮》，《现代国际关系》1998 年第 12 期，第 10 页。

② Doug Bangdow, Keep the Troops and the Money at Home, *Orbis*, Fall, 1991.

③ John Dumbrell, Unilateralism and America First? President George W. Bush's Foreign Policy, *The Political Quarterly*, Vol. 77, No. 3, p. 284.

④ 理查德·N. 哈斯：《"规制主义"——冷战后的美国全球新战略》，新华出版社 1999 年版，第 85 页。

⑤ ［美］孔多丽萨·赖斯：《促进美国国家利益》，《战略与管理》2001 年第 3 期。

⑥ John Ikenberry, America's Imperial Ambition, *Foreign Affairs*, September October, 2002.

度的行动自由和独立自主最为重要。詹姆斯·F.霍杰也认为，许多美国人指望通过集体反应来减轻美国的负担，这是一种不切实际的期望，因为组建国际联盟是很困难的，保持联盟同样不易，国际法及其程序仍处于幼年期，美国仍有必要保持单边主义的政策。"现在的美国政府不是一个孤立主义的政府，而是一个单边主义的政府。"① 美国在冷战后发动的海湾战争、科索沃战争、阿富汗战争和伊拉克战争都是在其单边主义的对外政策指导下完成的。② 理查德·N.哈斯宣称："单边行动的长处是显而易见的。首先美国在采取行动之前不必取得其他人的同意，它遇到的阻力也就少了……使有关决议以最快的速度得到通过和贯彻……还有单边行动更加有助于搞好保密工作。"③

比较而言，新孤立主义对国际环境和国家能力的认知判断是全球化的"损害"和美国的相对衰落。新孤立主义者较高地估计了全球化对美国对外政策不利影响的程度，他们侧重于美国行为的"孤立"，倾向于美国应保持单边主义政策。现实主义者虽然也认识到了全球化对美国的深刻影响，但认为，这种影响不足以使国际政治现实发生根本改变，均势和多边机制仍是美国对外政策的最佳选择。自由国际主义对全球化影响的估计介于新孤立主义和现实主义之间，他们重点强调国际相互依赖作用的加强和美国的"软实力"作用，强调全球化有利于美国推进"软实力"外交，倾向于美国重视国际制度与合作的政策。

需要指出的是，美国研究全球化影响的三大外交思潮并不极端，现实主义思潮受到自由主义和孤立主义的影响，自由主义有现实主义和孤立主义的影子，孤立主义也并不孤立。同理，美国外交政策也不是单纯的多边主义、制度主义或单边主义，而是多种"主义"的混合。什么"主义"对美国有利，美国就运用什么"主义"。

（选自《国外社会科学》2008 年第 2 期）

---

① 李琪珍：《试论"9·11"事件对当前世界多极化进程的影响》，《东南亚研究》2002 年第 2 期。

② 窦博：《单边主义、多极化与多边主义》，《当代世界》2004 年第 9 期。

③ ［美］理查德·N.哈斯：《"规制主义"——冷战后的美国全球新战略》，陈遥遥、容凌译，新华出版社 1999 年版，第 86 页。

从全球化、现代性到全球现代性

——阿里夫·德里克的"全球现代性"理论

李世涛[*]

阿里夫·德里克（Arif Dirlik）是当今活跃在欧美学界的重要的文化理论家、文化批评家和史学家。近年来，他致力于现代性、全球化研究，提出了"全球现代性"（global modernity）理论，并根据世界形势的变化赋予了其丰富的含义，具有较高的理论价值和现实意义。本文尝试全面介绍其现代性理论，希望以此推进中国的现代性研究。

一 全球现代性的概念链

全球化、现代化、后现代主义、现代性、欧洲资本主义现代性、殖民现代性等概念具有家族相似性，相互间有一定的联系，揭示了当代资本主义的一些特点。德里克逐一分析了这些概念的优劣，综合了其积极因素，提出了"全球现代性"（或"全球化的现代性"）的概念。

1. 全球化

20 世纪下半叶，随着通信技术的发展，世界各地的联系和相互依赖性空前增强，全球化浪潮再次引人注目，与此同时，还出现了与一体化

* 李世涛，1969 年生，博士，中国艺术研究院研究员。

对立的本土化或"全球本土化"。实际上，它们共同构成了全球化不可分割的两种运动："整合与瓜分、全球化与地方化，是两大相辅相成的过程。更确切地说，它们是同一过程——世界性的主权、权力和活动的自由重新分配——的两个方面……合成与耗散、整合与分解的共存与交织，绝不是偶然的，更不是可纠正的。"① 各种全球化话语的意识形态性也是明显的：为了取得全球的统一性、一致性而压制差别、不同；用整体、必然、全球压制局部、偶然、地方。在德里克看来，全球化强调欧美模式的重要性和示范性，甚至有意隐瞒殖民主义扩张的作用，具有欧洲中心主义倾向。全球化话语也是一种目的论，全球近 500 年曲折而丰富的历史被简化为自觉地向全球化目的的发展，不但漠视了全球化的众多可能性，也忽视了形塑全球化力量的权力关系，把它们作为偶然的、地方的现象弃之不顾，根本不愿考虑它们当时所起的作用。但是，全球现代性可以纠正此偏颇："全球现代性的证据指向了保留殖民主义中心性的重要性，这不仅仅是在理解过去的全球化力量方面，更在于理解殖民的过去在建构现状中所起的根本性作用。"②

2. 现代化

现代化是 20 世纪 50 年代帕森斯（Parsons）等学者的发明，它无视现代社会的复杂性，抹杀了现代国家的实际国情，乐观地把发达国家的现代进程作为世界各国的发展目标和模式，希望以模仿、复制的方式促使各个国家与地区迅速进入现代社会。现代化理论具有强烈的殖民主义色彩和欧洲中心主义倾向，它无视其他社会的现代因素和现代化道路的独特性，没有处理好普遍性和特殊性的关系；它不但没有质疑欧美现代化的霸权，反而续写、强化了这种霸权；它还是一种目的论，强调复制就能够获得发展和美好的前途，就能够走向现代社会，这种乐观主义有意无意地回避了现代化的弊端和阴暗面，其希望也是注定要落空的。为此，在思考现代性问题时，应该警惕现代化意识的干扰。

---

① ［英］齐格蒙特·鲍曼：《全球化——人类的后果》，郭国良、徐建华译，商务印书馆 2000 年版，第 63 页。

② ［美］德里克：《对"全球现代性：全球资本主义时代的现代性"的进一步反思》，王杰主编：《马克思主义美学研究》，第 13 卷，第 2 期，中央编译出版社 2010 年版，第 219 页。

3. 后现代主义

后现代主义反对中心，提倡多元、差异，作为"变得自觉和自我批判的现代性"，有助于挑战欧美现代性的霸权，批判现代性的局限，但它却无视发达国家现代性的殖民主义性。因此，应该重视后现代主义对欧美现代性的质疑，但也要承认它对现代性的批判是有限的，而且，作为晚期资本主义的文化逻辑，它与全球资本主义扩张的共谋也不容忽视。

4. 现代性

现代化理论及其实践存在着种种问题，对它们的反思成为催生现代性理论的动力之一。而且，现代性不仅是一个时间的概念，还是一个关系性的概念，它涉及了全球空间和权力关系的变化。也就是说，现代性概念出现于这样的时刻："只有在非西方社会的权力资源不断增加，可以回过头来向西方发出声音并得到聆听的时候，一系列的范畴才会显露出来，而对它们的建构和利用就必然会引起权力关系的出现。后现代与后殖民的理论就是指出这种权力平衡发生变动的征兆。把它们当作实体化的时间或空间的范畴（如后现代性）而加以排斥，就会忽视此过程中这个非常重要的文化维度。"[①] 当然，后现代主义也促进了现代性话语的产生。这样，就出现了诸多的现代性话语。它们都是从各自方面对当代社会的把握，各有侧重、偏颇，也都需要反思和修正。

5. 欧洲资本主义现代性

欧洲资本主义现代性（或者欧美现代性）是当今世界最具影响力的一种现代性，已经成为全球生存方式的重要组成部分和条件："对现代性既作为物质状况又作为意识形态状况的意识是我们生存的一部分，并且塑造了我们对未来和过去的看法。"[②] 欧洲或欧美的现代性甚至已经成为讨论任何现代性的前提。实际上，它最初只是欧洲的现代性之一，但它压制了欧洲的其他现代性，并最终取得了世界的霸权。一方面，欧洲资本主义现代性在形成现代世界、现代社会的过程中发挥了不可替代的独

---

① ［英］迈克·费瑟斯通：《消解文化》，杨渝东译，北京大学出版社 2009 年版，第 203—204 页。

② ［美］德里克：《当代视野中的现代性：一种批判性的讨论》，周宪、童强编：《现代与传统之间》，北京大学出版社 2010 年版，第 80 页。

特作用；另一方面，它的黑暗面、霸权、压迫性和殖民性有着极强的破坏力，也同样需要引起我们的警惕。因此，既要肯定欧洲现代性的历史作用，又要承认其殖民主义性和欧洲中心主义倾向，不能绝对地扬此抑彼；要承认欧美现代性的物质和意识形态后果在全球范围的影响，也要挑战其霸权地位，发掘其替代性方案。同时，在批判其欧洲中心主义和殖民主义倾向时，也应该关注现实问题，防止走向另一种极端："过多关注欧洲中心主义或殖民主义也掩盖了当代现代性的根本问题。"①

6. 殖民现代性

殖民主义促进了欧洲中心现代性在全球的扩张，并形成了其世界霸权，影响巨大，甚至现在也无法回避它的存在。尽管如此，随着后现代主义和后殖民理论的兴起，它的合法性、霸权地位、影响都受到了挑战，迫使我们正视其起源、发展中存在的问题。通常人们认为，欧洲现代性是自主的，是欧洲历史发展中必然出现的现象，它的优越性和示范性足以诱使其他社会进行效仿。实际上，这种现代性只是欧洲资本主义发展中的一种特殊情况，它压制了现代性的其他可能性，在资本主义、民族主义的推动下，甚至以武力相威胁，最终在全球推广开来。

全球化、现代化、现代性等理论都是对当代世界的把握，但它们存在的诸多问题亟待反思。这样，就需要一种现代性理论，它既要放弃欧洲中心主义，又要放弃资本主义发展目的论，尽可能地包容现代性发展中不同的历史轨迹和各种可能性，即包括了欧美支配的现代性和其他地区的现代性，以区别于现代化。德里克提出的全球现代性就是应对这些挑战的产物，它灵活地穿梭于这些概念之间，吸收了这些概念的优点，克服了它们的缺陷。同时，它还质疑了全球化概念和早期的现代性概念。因此，它就具有了巨大的理论价值和现实意义："把现代性界定为全球化的现代性允许人们承认现代性在其全球化过程中的辩证法。在其方案中全球化的现代性与欧洲起源的印记有关系。另外，它又比诸如后现代性或全球化这类概念较少受到欧洲起源的束缚。它既表明了当代现代性的统一，又表明了当代现代性的分裂，在当代现代性中，欧美支配的现代

---

① ［美］德里克：《全球化的现代性、文化及普世主义的问题》，《厦门大学学报》（哲学社会科学版）2006 年第 1 期。

性的遗产是非常明显的，但是又受新的压力的束缚。最重要的是，全球化的现代性，作为当代的条件，不是以现代性的瓦解为标志，而是以其围绕一个全球性中心的重构为标志，尽管必然是一个缺席的中心。"①

二　现代性研究的思路和方法

现代性的复杂性吸引了许多学科的介入，也决定了其研究思路、方法的多样性。在德里克看来，有两种基本的研究方法。第一种方法着眼于社会的内部特征，首先制定一套现代社会的标准，然后以此为根据，判断具体的社会是否是现代的。第二种方法是结构的方法，它深受"世界体系论"方法的影响，把现代性界定为资本主义的现代性，资本主义世界体系中的国家、地区和被强行拖入资本主义世界体系中的国家、地区都是现代的，落后、先进之别取决于在这个体系中的位置，但很难对它们进行内部、外部的区分。② 就德里克的研究而言，他是倾向于后者的，并把以下方面贯穿于其研究之中。

首先，反对本质主义的思维方式和本质观，从关系角度理解现代性。现代性不是实体，也没有固定的、单一的本质与发展模式，不能以本质主义的方式理解现代性。相反，现代性是多种力量相互作用的结果，作为这些力量角逐的"力场"或"场域"，应该从关系的角度理解它。因此，需要引入资本主义世界体系的视角，也就是说，在现代性场域的各种因素作用下进入这个体系的国家或地区都是现代的，或者说，与这个体系发生关联并成为其组成部分的国家或地区都是现代的，并据此来研究各种现代性现象。应该从全球的视野、全球的时空关系来看待形塑现代性的力量和现代性的后果，以理解现代性的复杂性。例如，蒙古人的入侵加剧了欧亚大陆的交流，引发并刺激了全球性的变革，具有全球意义，同样，欧洲入侵美洲也具有了类似的意义，这些活动客观上都加剧

① ［美］德里克：《全球化的现代性、文化及普世主义的问题》，《厦门大学学报》（哲学社会科学版）2006 年第 1 期。

② 王逢振、谢少波编：《文化研究访谈录》，中国社会科学出版社 2003 年版，第 38—39 页。

了全球的交流。从全球的角度来看，这些交流是促进世界结构变化的动力，也是其结果，参与形塑现代性的力量、现代性的后果都已经成为全球性的现象。其中，亚洲与欧洲的交流、欧洲与美洲的交流都离不开欧洲，它的中介作用非常重要，对现代性的发展也至关重要。因此，如果缺乏了关系的视角，就无法理解现代性的无中心性和多极性。

其次，根据一些基本的价值观和实践来把握现代性。现代性不是抽象的，它具体地存在于政治、社会关系、日常生活的某些基本的价值观和实践中，诸如科学、资本主义、发展主义等，只有把握了它们，才能够真正理解现代性。这些价值观和实践并不具有普遍意义，而是与欧美现代性相伴的特殊现象，通常只有根据西方的现代观念才能理解它们。究其实质，"欧洲人把他们的价值观和实践视为现代性的普遍特征，并且通过对全世界的奴役和殖民化来继续证明这一点。通过扩张、征服和殖民主义，这种特殊版本的现代性从 18 世纪起开始变成全球性的，消除了现代性的其他可能性，而这些可能性则是由一些产生出欧洲现代性的相同力量所产生出来的"。① 这样，通过把它的价值观和实践普遍化，欧美现代性也随之具有了普遍的意义，再通过压制、消除现代性的其他可能性，最终把特殊的、地方性的欧美现代性转变为普遍性的全球现象。实际上，欧美现代性与其社会的某些价值观、实践彼此需要，相互支持。因此，需要根据后者把握现代性。如今，欧美现代性所产生的物质和意识形态的后果是任何人都无法回避的，已经成为我们生活中不能离开的重要部分。因此，应当承认欧洲现代性的重要作用，无论欧洲在现代性的形成与发展过程中所起的作用是积极的还是消极的，它的变革作用都是现代性发展史中不可或缺的、至关重要的因素。

再次，要历史地把握现代性，把现代性及其话语历史化。欧洲中心主义（或欧美）现代性最初是一种偶然的、地方性的特殊现象，它出现以后，在资本主义和民族主义的共同作用下，凭借其武力，进行了全球范围的侵略、扩张和殖民统治，通过压制其他地区发展的可能性，最终成为具有全球霸权的现代性。现代性话语为这种实践提供了价值、理论方面的支持，并成为其意识形态的表征。因此，必须把现代性及其话语

---

① ［美］德里克：《当代视野中的现代性：一种批判性的讨论》，2010 年，第 82 页。

历史化，反对抹杀其历史并把它完全合法化、永久化。

德里克认为，历史地研究现代性，必须考虑三个因素：资本主义的兴起、世界的重组和研究对象在重组中的位置。其中，位置包含了时间、空间两个方面，需要涉及研究对象在资本主义兴起、欧亚大陆、全球中的位置。具体到欧洲资本主义现代性，欧亚大陆是其不可或缺的环境："单一的世界资本主义体系脱胎于横贯欧亚大陆的多元世界体系，而欧洲最终从 18 世纪开始成为欧亚大陆的中心，此时全球也被带入这种世界体系的范围中。"① 其中，蒙古人的入侵使欧亚大陆的交流具有了不同于此前的重大意义，使欧亚大陆成为我们所了解的样子。欧洲对美洲的侵略也是相当重要的，同样需要我们注意。

这样的交流产生了一个新的亚欧世界体系，其内部交流导致了不同的结果。欧洲社会出现了西欧资本主义和欧洲资本主义现代性，之后，它才向其他地区扩张并取得了世界霸权。在东亚，各种措施强化了帝国的地位，明清王朝的"中国"也形成了。在经历了"郑和下西洋"短暂的开放后，虽然明朝采取了严格的"闭关"政策，但并没能阻止东亚世界体系内的交流，明、清也较为重视与包括俄罗斯、蒙古在内的中亚地区的交流。所谓晚明的"资本主义经济萌芽"也是资本主义世界体系影响的结果。此时的世界体系也大为扩大，包括了欧亚大陆和以菲律宾为纽带联系起来的美洲。同时，非洲、亚欧大陆和其他地方之间的交流也日益增强，产生了诸如地主、商人等类型的独立创业者。全球的现代性大致呈现出这样的历史轨迹，其历史性是我们研究现代性问题的基础，脱离了这个基础，研究就可能走向虚空。

而且，我们在关注现代性的历史及其对现实的影响时，也要有现实的问题意识，重视研究当前现代性所面临的实际问题，防止以历史研究代替或削弱对现实问题的研究。

最后，要辩证地看待和处理现代性的悖论。在欧洲资本主义现代性发展的过程中，出现了种种悖论，它们妨碍了我们有效地把握现代性，正确地处理它们的关系也成为我们必须面对的问题。这些悖论主要有：诸多因素挑战了欧洲中心主义，加速了它的衰落、溃败，但是，这些结

---

① ［美］德里克：《当代视野中的现代性：一种批判性的讨论》，2010 年，第 91—92 页。

果不但没能动摇资本主义的基础，相反却导致了资本主义在全球变本加厉的扩张和胜利；与资本主义现代性的全球扩张相伴，资本的全球化也势如破竹，但是，与此相反，世界并没有同质化，却出现了多元化、文化多元主义和本土化等复杂局面；欧美资本主义现代性是在反对宗教、传统的过程中建立和发展起来的，它的基本内容与宗教、传统是对立的，但是，现代性的全球扩张却促成了宗教、传统的复活或复兴，它们甚至还被用作现代性重建的资源。欧美资本主义现代性是一种复杂的社会、政治、经济、文化问题，它的悖论可能还不止这些，这种现象实际上反映了现代性的真实状态和复杂性。

鉴于此，我们在认识和处理现代性问题时，一定要考虑到这种复杂性，并由此确立我们的问题意识和解决问题的方式。为此，我们应该辩证地对待它，既要注意哪些问题属于欧美资本主义现代性自身的问题，哪些问题属于欧美资本主义现代性传播中出现的问题，哪些问题属于其他国家借鉴欧美现代性时出现的问题，同时也要关注欧美现代性的悖论，辩证地看待悖论的两个方面，据此研究现代性的发展态势，并确立问题意识和解决问题之道。

三　现代性建设中的传统问题

随着全球化的发展和资本主义的扩张，一方面，世界各地的联系和一致性空前加剧，另一方面，与此相反的地方化和传统却迅速复兴。传统问题再次凸显出来，成为许多领域无法回避的问题。以往，传统是落后、退步的标志，现代性是在否定传统、追求新的过程中建立和发展起来的。但具有讽刺意味的是，当今的许多现代性理论却异常青睐传统和传统话语，人们对传统的热情也空前高涨。这样，传统与现代性之间的关系变得极为复杂，处理传统与现代性的关系问题就显得尤为迫切，也成为现代性研究中需要面对和解决的问题。

第一，现代性和传统的悖论。一般来说，现代性在基本方面、根本方面是反传统的，二者的紧张、冲突是很难调和的，但是，新近的现代性研究重新抬出了传统，尝试把传统作为重建现代性的文化资源，以从中重新挖掘、发挥其作用，希望借此克服现代性的困境。这样的初衷当然无可厚非，但是，这样做首先就面临着现代性和传统的悖论：现代性基本上是反传统的，如今却要把其反对的对象及其动力转化为可以利用的资源。其面临的结果可能是传统成功转化消解了现代性，或者不得不抛弃旧的资源，以换取现代性的继续发展。此外，现代性在不遗余力地追求创新、进步的过程中建立了发展主义的意识形态，传统注重对过去东西的维护、继承、发扬，传统和传统话语注定会从根本上质疑、否定和反对过度的发展，离开了发展主义，现代性的大厦就会动摇、坍塌。如果接受了发展主义，传统就不复存在、难以为继了。面对这样的悖论，实在难以把二者兼顾起来。

第二，许多现代性对传统的利用颇为可疑。现代性与传统的价值取向迥异，现代化是把传统作为障碍来反对、扫除的，所表现的破坏性、绝对性和彻底性都是罕见的，这种矫枉过正的做法暴露了其十足的霸权。为此，传统和传统话语有必要反对现代性的霸权和偏激，质疑其发展主义的基础，也应该提供有别于现代生活的可能，这也许就是传统之于现代性的意义。但是，传统并没有任何作为，"具有讽刺意味的是，传统并没有质疑发展的目的或模式，只是被抽译为差异的象征性表征，并被抽空了任何实质的内容"。① 也就是说，传统既没有质疑现代性的基本方面和阴暗面，又难以提供克服现代性危机的可能，而是仅仅满足于提供抽象的差异或维持差异，没有任何实质性内容，徒具象征意义和空洞的符号价值而已。这也与其替代欧洲资本主义现代性的初衷相距甚远。

第三，有的现代性挪用、改造了传统，使其成为生产和消费的对象，服务于资本的增值和扩张。随着资本主义现代性的发展，资本和商品化逻辑逐渐向各个领域渗透、扩张，包括文化遗产在内的传统也难以幸免，它们被赋予了商品的属性，以其差异性成为生产和消费的符号，并在日常生活与审美中大行其道，成为资本主义再生产的有机组成部分。随着资本的全球扩张，出现了跨国资本、跨国公司、跨国资本主义和"跨国资本主义阶层"等现象，与此相伴，产生了如何管理差异、如何影响新的消费等问题，与之相适应，多元文化主义应运而生。虽然它标榜自己

① ［美］德里克等：《对"全球现代性：全球资本主义时代的现代性"的进一步反思》，《马克思主义美学研究》2010 年第 2 期，第 217 页。

反对资本主义的文化霸权，致力于建设多元、平等的文化，但它却是跨国公司为了寻找新的管理技巧、控制新的消费而创造的，实际上维护了资本扩张，巩固了全球资本主义统治，而起不到抵制或替代资本主义全球统治的作用。

第四，现代性应该把传统作为积极的资源来吸收，而不是保守主义式地复原传统，回到过去。实际上，不但没有实体的、固定不变的传统，也不可能完全复原传统，回归传统。同样，当今欧美社会面对的传统，也只是经历了一个多世纪的变化、发展后被重新阐释了的传统。因此，应该在反对本质主义传统观的基础上，把传统作为重建现代性可资借鉴的资源，发挥其独特的作用，而不至于在复古或复兴传统的歧途中迷失其真正的目的和方向。事实上，现代性也要求传统适应现代社会，积极参与现代性的建设，而不是代替自己，传统的取向也由此发生了转变，"它们不是指向过去，而是借道过去通往一个可选择的未来"。①

四　全球现代性的主旨

全球现代性的含义丰富而复杂，其主旨大致归纳为以下几点。

首先，德里克是在单数的意义上使用"全球现代性"概念的，它类似于詹姆逊说的"单数的现代性"（singular modernity）。换言之，全球现代性是单一的，主要指欧洲（或欧美）资本主义现代性。这种界定"源于一种对那些支持全球化主张以及全球共同性所暗示的确定性的认识。同时，作为概念的全球现代性有意去克服一种目的论（和意识形态）的偏见，这种偏见已经渗入那些用于描述全球共同性和同质性的全球化术语中"。德里克的这个概念既要吸收全球化概念的成果，又要克服其目的论和意识形态的偏颇。全球现代性承认欧美资本主义现代性在全球传播时导致的相似或相同的结果，也客观地强调，尽管欧美资本主义现代性已经成为全球现实的重要部分，但全球现代性并不必然地向它发展，而且它还存在着发展主义等意识形态，这些意识形态又是亟待克服的。这

---

① ［美］德里克等：《对"全球现代性：全球资本主义时代的现代性"的进一步反思》，《马克思主义美学研究》2010年第2期，第220页。

样，与全球化相似，全球现代性概念包含了双重内容，不但指向对现代性（包括欧美资本主义现代性）的全球扩张和实现的期待（消除某些地方的边界），而且也指向对某些霸权的现代性的反对，甚至期待在现代性全球扩张的境遇中为某些地方确立新的边界。

其次，全球现代性与殖民现代性呈现出一种相互支持、对抗的状态，"它既否定又实现了殖民现代性，因为文化身份无可避免地和推动全球化的资本主义之经济体制环环相扣，以至于整个世界似乎被不同的利益共同体所瓜分"。① 当代的全球现代性是欧洲中心主义受到挑战或后欧洲中心秩序的产物，它已经取代了欧洲中心主义的现代性，但仍然受到它不同程度的影响，因此，也可以说，全球现代性是殖民现代性的最后实现。但是，全球现代性与殖民现代性的关系是复杂的，具有对抗性和共谋关系，"在一定层面上，全球现代性呈现为殖民主义的终结，一种能够冲击现代性的去殖民化的产物，同时也是对之前被殖民的殖民现代性的替代性选择。另外，全球现代性也可以被认为是殖民主义在全球社会内在化中的普遍化和深化，这些社会具有与殖民主义纠葛在一起的资本主义现代性的前提，对它来说现在没有可行的替代性选择"。② 也就是说，全球现代性反对殖民主义，是对殖民现代性的替代，但它又使殖民主义在全球更加普遍了，甚至深化了殖民主义的逻辑，它参与形成了资本主义现代性的前提，已经成为我们建构新的现代性无法回避的境况和起点。这种不确定性反而开辟了一种可能：导致了资本的全球运动、人的流动和文化冲突等新现象，这些正在发生的现象，与其说是去殖民化的表现，倒不如说是殖民主义对全球化的资本进行重组的结果。这样就强制性地使其介入了对全球管理极为重要的新国家的运作中，并为由此造就的阶级代言，而这些阶级则成为其管理员的来源。这样看来，如果仅仅解构早期的殖民体制或去领土化，而没有终结殖民主义，就仍然起着强化殖民冲突（表现为全球性的冲突）的作用。实际上，早期殖民的权力构架

①　［美］德里克：《时间空间、社会空间和中国文化问题》，刘东主编：《中国学术》第27期，商务印书馆2010年版，第76页。

②　［美］德里克等：《对"全球现代性：全球资本主义时代的现代性"的进一步反思》，《马克思主义美学研究》2010年第2期，第225页。

并没有绝迹，至今仍然存在于全球地缘政治中。

最后，殖民主义已经转变为构建现代性的因素。这种转变有其必然性，这与发生于国族之内或国族之间的全球力量的变化有关。国族内或国族间的全球力量的变化，对作为殖民主义产物的群体和阶层是有益的，他们已经感到殖民历史为其带来的好处，这样，殖民历史不但不会妨碍现代性，而且有助于其建立自身的现代性模式，促进其选择的现代性的发展。殖民历史的转变之所以可能，还与当代世界与过去的断裂有关，虽然当今世界的许多国族都反对殖民主义和殖民历史，但是，当代世界毕竟脱胎于殖民现代性，已经深深地打上了它的烙印。殖民现代性与全球现代性关系密切，前者的实现是后者的条件，殖民现代性的视野至少有助于解释涉及当下与过去的关系时经常存在的矛盾心理，诸如全球化与帝国主义、当今世界的霸权等问题。此外，殖民现代性还有利于解释存在于当代全球现代性中的法西斯主义。

五　全球现代性的特征

全球现代性不同于全球化，也不同于其他现代性，甚至与现代性的早期阶段也相距甚远，它具有以下特征。

第一，全球现代性是全球化的栖身之地和发展结果。迈克尔·哈特（Michael Hardt）和安东尼奥·奈格尔（Antonio Negri）所说的"帝国"就是说明全球现代性现象的一个恰当例子。随着冷战的结束，美国成为拥有超级军事霸权的帝国，一种超越民族国家的新的主权形式在全球化过程中应运而生，它没有中心而又无处不在，美国能够根据其意志宣布全球主权，无视或否定别国的国家主权。实际上，帝国面临着诸多矛盾，需要独特的空间才能维持其统治，但这些空间中存在着帝国的众多挑战者，有的靠民主、公正、公民主权的现代典范意义取得了合法性，有的通过复兴过去的遗产赋予了其合法性；有的是过去的残余，有的则是现代性的遗产。它们包含了选择现代性的主张，相互之间也存在冲突。虽然这些主张和冲突是划分它们的依据，但它们都源自一个共同的领域，而这个领域已经被全球化资本主义限定了。

第二，全球现代性重视传统，又重视现代性的新变化。20世纪80年代，东亚把传统的儒家资源与资本主义现代化结合起来，经济上成功了，国力增强了。它们一改过去的看法，把儒家作为推动现代化的积极因素，这种观念在欧洲和北美也有一定的市场。1979 年的伊斯兰革命产生了伊斯兰现代性的主张，此后，类似的现代性相继出现，它们都宣称自己的传统能够促进现代性，并把传统作为构建其选择的现代性的基础。目前，不同的民族、文化、文明之间仍然存在着先进与落后之别，不过更多是由其人民内部的差异决定的，其中根本的结构性差异（有的选择了资本主义，有的则没有）也起着重要的决定作用。

全球现代性同样也关注全球化引发的现代性新现象。现代性与民族、国家密不可分，或者说，民族、国家是现代性的重要标志。但是，一种普遍的看法是，全球化挑战了民族国家的权威，使其权力锐减，危言耸听的说法是："民族国家的物质基础被摧毁了，主权和独立被剥夺了，政治阶级被消除了，它也就成了那些大公司的一个普普通通的安保部门……"① 但事实并非如此绝对、严重，甚至也存在着特例，全球现代性仍然承认民族国家的重要性及其力量增强的趋势，并能够及时地正视、吸收这些新的变化："全球现代性绝不意味着呈现出民族—国家或者民族主义的'死亡'。相反，近几年我们见证了民族主义的激增、国家力量相对于人口的增强。"② 这样，国家放弃了对民众应尽的大部分责任，转而把注意力从表面的民族转向了对全球趋势——全力追逐发展——的迎合。

第三，全球现代性从特定角度揭示了全球关系的变化和复杂性。冷战形成的三个世界空间已经在现代化话语中被内在化、合法化了。随着第二世界中社会主义力量的锐减和肇始于 20 世纪 60 年代的资本新中心的出现，对第二世界纯粹地理空间的争夺也结束了，在此过程中，出现了关于国族作为一个能够独立发展的政治、经济、文化单元的问题。现实情况是，全球化包括了不同范围、层次的多种运动，其运动路径从全球到地区再到国家，最后才到国家内部和地方。三个世界的空间与全球化

---

① 转引自［英］齐格蒙特·鲍曼《全球化——人类的后果》，郭国良、徐建华译，商务印书馆 2000 年版，第 63 页。

② ［美］德里克：《对"全球现代性：全球资本主义时代的现代性"的进一步反思》，《马克思主义美学研究》2010 年第 2 期，第 223 页。

构建的空间并置、交错，殖民空间与本土空间相互重叠，出现了第一世界中的第三世界空间（新奥尔良等）和第三世界中的第一世界空间（上海等）的复杂现象。资本主义把全球的城市作为节点，以网络化的方式向全球发展。受此影响，全球经济活动呈现出网络般的发展态势，资本及其相关的组织以网状向前发展，处于网络上的组织就能够占尽先机、迅速发展；不在网络上或位于网络经济外的组织，就可能跌入深谷的缝隙，或者不能自拔而被淘汰，或者借助全球经济对它们的诱导、帮助，勉强发展。世界大多数地方和人口没有处于全球资本主义网络的链条上，它们很难享受到全球化的成果和机遇，将不可避免地被边缘化。

第四，全球现代性面向跨越国界的人类群体，揭示了阶级结构向全球蔓延的新现象。在全球现代性的视野中，全球范围的经济交流打破了空间的封闭性，全球化的意识形态所宣称的完整空间不复存在。随着全球化的发展，跨国资本、跨国公司迅速扩张，产生了一个"跨国资本家阶级"的新群体，能够在不同空间中比较的阶级、性别、种族也出现了，阶级结构向全球扩散。与此相对应，政治、经济、文化的构成也出现了跨越国界和地区的变化。在这种情况下，如果继续把民族、文明视为完整的整体，就不合适了。阶级结构的扩散和诸如非政府组织、跨国公司和职业组织的新组织的出现，都加剧了社会和文化的复杂性，也增加了判断社会、文化性质的难度，更不要说预测其未来了。从这种意义上说，全球现代性试图把握的是历史的剩余，而不是未来。

第五，全球现代性具有矛盾性——反对但又依赖殖民现代性。这种矛盾性增加了它处理殖民主义的难度。此前，作为一种激进的现代化话语，殖民主义概念批判了殖民主义者的驱动力。但是，在目前的状况下，这种驱动力变得更为复杂了，这削弱了殖民主义概念的价值和批判力量，也更难把握全球现代性与殖民现代性的关系了。这也是理解全球现代性与殖民现代性的关系时应该考虑的问题。

六　全球现代性的意义

全球现代性具有一定的现实意义和历史意义，有助于我们宏观地认识整个世界、全球资本主义、现代性的发展状况与态势，也能够帮助我们洞察现代性的起源与发展轨迹，破除笼罩在现代性之上的种种光环、迷雾，并启发我们选择自己的发展道路与策略。其意义具体表现在以下几个方面。

第一，全球现代性有助于破除发展主义的意识形态，科学地评价现代性的得失。毫无疑问，我们应该强调发展的重要性，但是，现代性视发展为唯一目的，极端、盲目地崇拜发展，以丧失幸福、未来、和谐的环境为代价换取发展，甚至不遗余力、不择手段地追逐发展，并最终形成了发展的意识形态（或发展主义）。发展主义——现代性的基础——决定了资本主义现代性的基本选择，也塑造了社会主义对现代性的态度，甚至构成了现代性最具破坏性的力量。它由欧美输入其他地方，并在被全球共享的过程中产生了巨大的诱惑和影响。为此，我们不但要正视其殖民主义性，还要质疑其合法性。发展主义还强化了欧美资本主义发展模式和欧洲中心主义的合法性，并引发了对它的崇拜。同时，我们还应该看到，发展主义也客观地催生了其他发展模式的成功，这些成功既引发了对文化差异的肯定，又导致了对欧美资本主义现代性模式的质疑，并有效地削弱了欧洲中心主义的影响。

第二，全球现代性有助于从现实层面理解近代世界格局的变化，乔万尼·阿里基（Giovanni Arrighi）提出，随着美国的衰落，资本主义世界体系的中心已经向东亚（尤其是中国）转移。目前，美国经济衰退，其世界影响也大大减弱，经历了金融危机的打击后，主导世界的时间可能快结束了。但不可否认的是，霸权的普遍主义对全球的作用犹在，制定了其规则的欧美仍然竭力坚持。与此同时，中国的经济、国力都取得了长足发展，已经成为世界重要的经济体之一。全球现代性有助于我们从世界局势的变化理解资本主义现代性的全球扩张和变化。

第三，全球现代性具有历史意义，能够启发我们关注现代性的起源问题。欧洲中心主义现代性把现代性视为欧洲历史自主发展的必然产物，认为其起源于古希腊。但这种观念遭到了诸多挑战。首先，它忽视或有意遮蔽了欧洲自己对这个观念的重构，或者说，从某种程度上讲，这种观念是现代欧洲自己的建构或杜撰。其次，它无视形塑欧洲中心主义现代性的多重力量的作用，甚至隐藏了奴役、掠夺美洲的殖民主义行为。究其历史，欧洲中心主义现代性的实际发展情况可能是这样的："这种现代性是从欧亚地区的某一个部分产生，得到了资本主义（其独有的产物）的授权，它以自己的名字赋予现代性，不论好坏，都是以自身的价值来构成的。当代全球现代性附带着在欧洲人占据主动地位之前的历史的回音，因为这个世界随后就被欧洲霸权和统治所重构。霸权的消散使得我们不仅可以看到当前，还可以看到被欧洲现代性所设定的界限之外的过去。"① 这不是故意否认欧洲现代性的合法性，也不是否定欧洲在形成和发展世界现代史中所发挥的作用，而是为了纠正以前被遮蔽的盲点，把它置于其起源、发展的具体时空中，历史地看待它的发展过程，客观地评判其得失，挖掘现代性的多种资源，以服务于现代性的重建。

第四，全球现代性发现并揭示了传统在新的语境中的变化。现代性的全球化深刻地影响了传统，并引发了其价值取向的转变。这样，传统就背弃了过去的与现代对立的立场（现代化话语曾经如此），放弃了向后看的保守主义立场，积极地面向未来、拓展未来，即"它们并不指向过去，而是从过去迂回出来，走向另一个未来"。② 可选择的现代性正是利用了这一点，把传统转化为其可资借鉴的资源。而且，它还由此挑战资本主义现代性的合法性，反抗其压迫性和对其他现代性话语的压制，启发人们寻找适合自己的现代性，为现代性开启了新的未来和可能性，这也与社会主义的奋斗目标不谋而合。

（选自《国外社会科学》2014 年第 2 期）

---

① ［美］德里克：《对"全球现代性：全球资本主义时代的现代性"的进一步反思》，《马克思主义美学研究》2010 年第 2 期，第 226 页。

② 同上。

当代西方左翼学者对资本主义全球化替代方案的探寻

王金宝[*]

自 20 世纪 80—90 年代以来，随着信息技术的发展、新自由主义政策的推行以及冷战的结束，资本主义开始了新一轮的全球扩张，然而资本主义全球化并没有给人类带来持续的繁荣和发展，反而导致了世界的动荡、冲突、危机不断出现。

特别是进入 21 世纪以来，随着"9·11"事件、"2008 年金融危机"的爆发，资本主义全球化的弊端和缺陷更加暴露无遗。资本主义全球化的问题何在？有没有一种新的替代方案？正是在这一背景下，一些西方左翼学者建构了自己独具特色的全球化理论，对资本主义全球化进行诊断和批判，并寻求和探索替代资本主义全球化的另一种新的全球化方案。

这一阵营可以说代表人物很多，如果从理论的深度和思想的影响力两个维度去衡量的话，无疑沃勒斯坦（Immanuel Wallerstein）、哈维（David Harvey）、斯克莱尔（Leslie Sklair）、罗宾逊（William I. Robinson）、奈格里（Antonio Negri）和哈特（Michael Hardt）等几位学者是最具代表性的。当代西方左翼全球化理论各异，但他们都在某种程度上继承了马克思对资本主义批判的思想和对未来理想社会执着追求的精神，并在当代全球化背景下进行了拓展，可以说是一种全球化版本的新马克思主义。

* 王金宝，1966 年生，博士，天津师范大学马克思主义学院副教授。

本文以这几位学者的理论为范本，重点分析当代西方左翼学者对资本主义全球化替代方案的探寻，最后对这些思想的意义和局限进行剖析。

一　沃勒斯坦:"一个相对民主和 相对平等的世界体系"

伊曼纽尔·沃勒斯坦作为当代著名的左翼学者，在20世纪70—80年代就提出了自己的世界体系理论，进入21世纪以来特别是2008年金融危机后，他不断发表文章进一步阐释和拓展自己的思想，并不断探索替代资本主义全球化的道路。他虽然很少使用全球化概念，但他的世界体系理论实际上就是全球化思想的一种表达。

在他看来，在15世纪末16世纪初，随着资本主义生产方式的形成，一种现代世界体系或资本主义世界体系开始在西欧形成，并最后扩张到整个世界。世界体系在开始时虽然是世界性的，却并没有把全球所有地区都纳入它的结构，后来它不断地向世界其他地区扩张，在19世纪下半叶最终扩展到整个世界，成为目前地球上唯一的历史体系，"在今天，我们拥有一个资本主义世界经济体系。它覆盖了全球，除了它以外不存在其他体系。这是一种新形势"[1]。现代世界体系是建立在单一的劳动分工基础上一体化的不平等的经济网络，没有统一的政治中心，是由"中心—半边缘—边缘"三个部分所构成的结构。现代世界体系由资本主义驱动，它的基本逻辑是积累的剩余价值被不平等分配。

沃勒斯坦认为，资本主义世界体系运作过程中有两种基本矛盾:一是资本主义世界体系作为一个基于资本的无限积累之上的体系，必然无法摆脱最大限度获取利润和有效需求不足的矛盾;二是资本主义世界体系导致人与人、国家与国家两极分化，必然激发阶级斗争和不同国家冲突，所以它也无法消除反对者和反抗运动。正是这两种基本矛盾决定了资本主义世界体系是一个动态的而且不断产生危机的体系，作为一个整体的资本主义世界体系终将会因其自身矛盾的积累而崩溃。当前这一体

---

[1]　Gregory P. Williams, Interview with Immanuel Wallerstein: Retrospective on the Origins of World – Systems Analysis, *Journal of World – System Research*, Vol. 19, 2013, p. 207.

系正处于结构性危机中，而结构性危机是一种体系的根本性危机，最主要特征是失序，这种危机往往意味着这一体系即将终结。资本主义世界体系的结构性危机开始于20世纪70年代，并且会一直持续到大约2050年。"1997年亚洲债务危机和2008年美国次贷危机，实际上是现代世界体系自20世纪70年代以来一系列延续的债务危机所导致的持续且远未终结的经济泡沫。"[1] 这一体系在未来20年或30年后将会消失，并且被另一种世界体系完全取代。

既然目前的资本主义世界体系已陷入结构性危机中，那么现在我们面临的就不是是否保留现行体系的问题，而是有关何种类型的世界体系将取代现行体系的问题。究竟何种体系将代替资本主义世界体系，沃勒斯坦认为具有不确定性，存在多种可能性。究竟哪种可能性会实现，则取决于人们的努力、斗争和选择。在早期，他更强调"社会主义世界体系"的合理性和可能性，近年来则回避了"社会主义"这一概念，提出应该建构一种相对民主和相对平等的世界体系。他认为，"在历史上尚未出现过任何意义上的民主或平等的世界体系，一个拥有这些特征的体系将截然不同于此前历史上所有的世界体系"。[2] 在沃勒斯坦那里，所谓民主是指"大众统治"，而大众并非其中特定集团，它应该包括每一个人；所谓平等则包括教育、医疗服务、终生的体面收入水平等各方面的平等。

那么，目前我们应当采取怎样的策略呢？他认为，除了上面的长期规划外，区分出短期策略和中期策略是十分必要的。短期策略即三到五年的选择，就是要防止事情变得更糟，短期在没有其他可行选择时，我们应该两害相权取其轻，选择切合大多数群众需要和期望的更轻的恶，包括投票、罢工、示威游行和武装斗争等。中期则尽可能动员各方面的力量支持建设一个更好的民主和平等的世界体系，具体包括：第一是要对严谨的理性分析和讨论给予足够重视，这不仅要在知识分子中进行，还要在世界上所有人群中进行；第二是最大限度地以去商品化来代替以

---

① Immanuel Wallerstein, Structural Crisis in the World – System：Where Do We Go from Here？ *Monthly Review*, Vol. 62, 2011, p. 36.

② Immanuel Wallerstein, Remembering Andre Gunder Frank While Thinking about the Future, *Monthly Review*, Vol. 60, 2009, p. 51.

全球经济增长为目标；第三是努力增强各地和各区域自给自足能力，特别是在生活必需品如食物和住所等方面；第四是我们必须立即进行终结外国军事基地存在的斗争；第五是大力推动终结性别、阶级、种族、民族、宗教、性行为以及其他社会不平等现象。①

二　哈维：“另一个共产主义是可能的”

大卫·哈维作为当代地理学马克思主义代表，对马克思思想的重视是人所共知的，他挖掘并进一步拓展了马克思的空间思想，建构了“历史—地理唯物主义”理论。他是从资本主义空间生产或不平衡地理发展角度批判资本主义全球化，并由此出发去寻求替代方案的。

哈维认为，作为过程的全球化在资本主义的历史内部经历了一个漫长的过程，早在1492年甚至更早就开始了，全球化实质上是资本主义系统与生俱来的趋向。在他看来，“资本是资本主义社会的生命之源”，② 资本积累是资本主义的原动力，而资本积累离不开不断的空间生产和空间扩张。如果没有自己的“空间定位”，资本主义就不可能存在和发展，它正是通过不断的地理扩张和地理重构来解决其困境和危机的，“资本主义由此按照自己的面貌建立和重建地理”，③ 其目的就是促进资本积累的持续进行。20世纪70年代以来资本主义空间扩张虽然发生了一定的变化，但生产方式以及社会关系并没有发生根本性的革命，当代全球化只是“资本主义空间生产这一完全相同的基本过程的一个新的阶段”。④

在哈维看来，资本主义是一个创造性毁灭的过程，当代资本主义全球化实际上是通过空间生产和地理扩张把世界上每个人以及每样可以交换的东西拖入了资本的轨道，其结果必然导致一系列的严重问题，包括不平衡地理发展状况的加速，收入和财富的贫富分化，几乎失去控制的环境问题，公益事业的瓦解，政治法律机构、文化结构和生活方式的摧

---

① Immanuel Wallerstein, Structural Crisis in the World – System：Where Do We Go from Here? 2011, pp. 38 – 39.

② ［美］大卫·哈维：《资本之谜》，陈静译，电子工业出版社2011年版，前言第1页。

③ ［美］大卫·哈维：《希望的空间》，胡大平译，南京大学出版社2006年版，第53页。

④ 同上。

毁，而且这些问题在全球不同层次、不同地点、不同空间规模都在发生着。更为重要的是，资本主义生产一直存在着资本积累的潜在无限性和生产的潜在有限性之间的矛盾。资本积累一旦受到自然、市场有效需求、技术、地缘政治、反对力量等限制，就会爆发经济危机，资本主义的发展就是不断处于危机和解决危机之中。2008 年金融危机就是由于资本循环和资本积累受阻所产生的一次比较严重的危机。以前靠不断扩展空间即对其他国家和地区的征服和统治来克服危机，然而资本主义发展到今天已经扩展到了世界的每个角落，所以现在已经没有了吸收剩余资本的空间。由此，在当代全球资本主义条件下，无止境的资本积累是不可能的了。

面对资本主义全球化的危机和困境，哈维认为，没有有效的长期的资本主义解决方案，现在我们可能恰好处于资本主义发展进程的一个拐点。与此同时，目前在世界范围内资本主义实践的不均衡发展已经引起了各地的反对资本主义运动。虽然还没有形成坚决的、足够统一的反资本主义运动，可以对资产阶级的再生产及它在国际舞台上的强大力量过程构成实实在在的威胁和挑战，"但我们有一种隐约的感觉是，不仅另一个世界是可能实现的……而且随着苏联的解体，另一个共产主义也是可能实现的"[1]。

哈维一直以来没有放弃对未来理想社会的追寻，在 2002 年《希望的空间》一书中就提出了建构一种辩证乌托邦的设想，而在 2008 年金融危机后又进一步把这一思想具体化。那么，在哈维那里，所谓的"另一个共产主义"主要是指怎样的社会呢？他认为，这是一个对自然和人类负责的社会，为了所有人的利益组织生产、分配、控制过剩产品的社会，真正实现自由、平等的社会，消除了资本主义社会的剥夺和实现世界平衡的社会，具体包括："尊重自然，社会关系上的彻底平等，基于共同利益的制度安排，民主管理程序，直接的生产者组织劳动生产，将日常生活作为社会关系和生活新方式的自由探索，专注于服务他人的自我实现心态，以及以追求共同利益为目标的技术和组织创新。"[2] 哈维还指出，这当然具有乌托邦的色彩，但我们不能不如此。

---

① ［美］大卫·哈维：《资本之谜》，陈静译，电子工业出版社 2011 年版，第 219 页。
② 同上书，第 222 页。

为了实现这一"乌托邦"，具体途径是什么？哈维认为，全世界无产者必须打破地方性局限而团结起来，对改变人类历史进程的任何运动而言，工人运动的各种斗争力量和那些被剥夺了文化、政治、经济资产的人结成同盟是非常关键的一环。究竟采取怎样的方式，他认为和平演变的可能性根本没有，只有通过斗争即直接对阶级关系和国家资本主义进行攻击，甚至不排除暴力斗争，这一理想社会才能真正实现。在2011年发生在美国等地的"占领运动"中，他到占领运动现场发表演讲为抗议者鼓劲，也说明了这一点。

三　斯克莱尔："社会主义全球化"

莱斯利·斯克莱尔早在20世纪90年代就提出了全球体系理论，阐述他对全球化问题的看法，近年来则一直不断完善和发展自己的思想，并把关注重点转向了对资本主义全球化替代问题的探讨。

与沃勒斯坦和哈维把全球化看成是资本主义与生俱来的倾向不同，斯克莱尔认为，资本主义在20世纪后半叶之后才真正进入了一个性质上全新的全球化阶段，即由国家间的资本主义变成了全球体系的资本主义。自20世纪后半叶以来，随着跨国实践的出现，资本主义的全球体系逐渐形成、发展并成了支配性的全球体系，这一全球资本主义构成了当今世界变化的最大力量。资本主义全球体系是建立在跨国经济实践基础上的经济政治文化的统一体。跨国公司是跨国经济实践的主要场所，而以跨国公司为物质基础的跨国资本家阶层为了维护自身利益，通过跨国性的各种政治组织来进行政治上的跨国实践。与此同时，资本家阶层及其代理机构为了操纵消费需要并创造消费需求，宣扬消费主义文化意识形态，以为其资本积累提供文化上的支持。在资本主义全球化条件下，"跨国公司力图控制全球资本和物质资源，跨国资本阶层力图控制全球权力，消费主义文化—意识形态的跨国性行动主体和机构力图控制思想领域"。[①]

在斯克莱尔看来，随着全球资本主义体系的扩展和深化，其问题和

---

① ［英］莱斯利·斯克莱尔：《资本主义全球化及其替代方案》，梁光严译，社会科学文献出版社2012年版，第136页。

弊端表现得越来越明显。当代资本主义全球化主要表现为相互关联的两方面危机：一是世界性的阶级两极分化危机，在全球范围内很富和很穷的人越来越多，他们之间的鸿沟越来越大，这种两极分化表现在财富、教育、基础设施、其他服务、居住条件以及信息的拥有等多方面，这种两极分化的根源在于是否占有经济资源，所以这是一种阶级危机；二是生态不可持续的危机，全球层面的生态正处于紧张状态，全球环境灾难正在形成，虽然人们对此有所认识并行动，但很多人却忽视了这种整体性生态危机实际上是源于资本主义生产方式。

　　既然资本主义全球化面临的这两个危机根源于资本主义生产方式，那么它不仅无法解决这两个危机，反而会进一步恶化，因此，"资本主义全球化从两个方面看正在走向失败"。① 那么替代方案是什么？斯克莱尔在总结近些年出现的各种反资本主义全球化运动的经验和局限基础上，提出了替代资本主义全球化的方案即"社会主义全球化"，并且认为这不仅是可能的，也是必要的。

　　这种社会主义全球化的具体内容是什么？斯克莱尔明确指出，社会主义全球化是一种经济、政治、文化—意识形态等领域中的跨国社会主义全球化实践体系，在按社会主义原则组织的社会中，经济上的跨国实践的特有制度形式是各种类型的生产—消费合作社，而不是寻求组成卡特尔的跨国性大集团企业；政治方面的跨国实践的特有制度形式，将是自己管治自己的生产—消费合作社社区，在真正民主决策的基础上纳入更大的政治和经济单元；在文化—意识形态领域，社会主义全球化特有的文化—意识形态跨国实践，将为广泛多样的文化和意识形态实践和价值提供空间，这些实践和价值积极鼓励普遍人权和生态可持续性。② 社会主义全球化与资本主义全球化有着根本的区别，资本主义全球化主要目的是在全球范围内为资本家阶层赚取利润，而社会主义全球化则根据生产者、消费者和环境的利益来运作，因此这种社会主义全球化完全可以克服两极分化和生态不可持续的危机。

---

① ［英］莱斯利·斯克莱尔：《资本主义全球化及其替代方案》，梁光严译，社会科学文献出版社 2012 年版，第 354 页。

② 同上书，第 358—361 页。

那么究竟如何从资本主义全球化走向社会主义全球化？斯克莱尔指出，人权的全球化是从资本主义全球化过渡到社会主义全球化的关键环节。所谓人权的全球化也就是要在全球所有民族的人民中实现普遍的人权，这种普遍人权包括从公民权利、政治权利到经济权利、社会权利等所有权利，"在公民权利和政治权利方面资本主义全球化产生了一定积极影响，但经济权利和社会权利则意味着对资本主义全球化的深刻挑战"。①同时，在社会主义全球化实现方式上，他反对暴力革命，认为不能通过革命手段夺取国家权力，而只能靠成功的社会实验来实现。

四　罗宾逊："建立在普遍民主基础上的民主社会主义"

威廉·I. 罗宾逊是近年来涌现出的一位左翼学者，他坚持从马克思唯物主义的资本主义理论来分析批判全球资本主义，并根据当代全球化的历史条件探讨了未来社会的前景。

在他看来，全球化本质上是 20 世纪以来资本主义生产在全世界扩散的顶峰，其特点是在全球范围内资本主义生产关系取代了所有前资本主义生产关系。他把从 15 世纪末产生以来的资本主义发展区分为四个阶段，认为从 20 世纪 70 年代开始的第四阶段资本主义才进入了全球化阶段。全球化意味着民族国家的资本主义发展到了跨国的或全球的资本主义，也就是说，世界资本主义正在从各自拥有不同的体制、组织、政治和管理结构的民族国家阶段向跨国家阶段或全球阶段过渡，而且，"这一仍在形成的资本主义跨国家阶段是在质上崭新的阶段"。② 跨国资本的出现是经济全球化的基础，而经济全球化主要表现为生产活动的全球化。资本的全球流动和生产全球化改变了阶级关系，使跨国资本家阶级正成为新的世界性统治阶级，跨国资产阶级为了维持全球资本主义生产关系

---

① Leslie Sklair, The Transition from Capitalist Globalization to Socialist Globalization, *Journal of Democratic Socialism*, Vol. 1, 2011, p. 3.

② ［美］威廉·I. 罗宾逊：《全球资本主义论》，高明秀译，社会科学文献出版社 2009 年版，第 7 页。

的再生产,创造出了一种包括经过变革的民族国家以及超国家的经济和政治组织等新的跨国国家机构,这种跨国资本家集团以及跨国国家成了当代世界新的统治力量。同时,以市场意识形态、消费主义、个人主义和竞争主义为核心的资本主义文化在全球日益占据统治地位或者说实现了某种程度的文化霸权。

罗宾逊认为,资本主义这种制度孕育了技术的动力机制,带来了生产力的大幅提高,带来了巨大的物质财富,但资本主义生产是建立在资本家和劳动者的剥削关系之上的,必然导致两极分化和社会危机,这是资本主义制度发展的固有趋势,是资本主义制度的本性。而资本主义发展到当代全球资本主义阶段所面临的危机则主要表现在四个方面:一是全球的过度生产或需求不足即积累过剩;二是全球社会的两极分化;三是国家合法性和政治权威面临的危机;四是可持续发展危机。面对全球资本主义出现的这些问题,在 2008 年世界金融危机后,他进一步指出,"我们正面临一场空前规模的全球危机,我们的生存正处于危险之中",所以"在我看来,全球资本主义'人类的面孔'实际上是相冲突的"。[①]

面对资本主义全球化存在的种种危机以及为人类社会带来无休止的战争、大规模的贫穷乃至生态灭绝,罗宾逊进一步指出,在当代逆转全球化是不可能也是不可取的,但我们完全可以改变目前的发展进程,把资本主义的自上而下的全球化变成自下而上的、完全民主的全球化。从 20 世纪末期开始,面对全球资本主义的霸权已经出现了各种反抗力量,显然反对霸权、追求全球公正的运动已是大势所趋。但要建立一个对立性的霸权,必须建立一种新的意识形态,并提出取代全球资本主义的可行性方案。全球化时代人类面临的挑战就是,在一个权力不再通过民族国家来调节和组织的时期,如何才能重新构建全球大众阶层的社会权力,因此"建立在普遍民主基础上的民主社会主义也许是人类社会'最终、最好'而且也许是唯一的希望",[②] 反对跨国资本家的全球反霸权斗争必

---

① William I. Robinson, Global Capitalism and Its Anti - "Human Face", *Globalization*, Vol. 10, 2013, p. 660、669.

② [美]威廉·I. 罗宾逊:《全球资本主义论》,高明秀译,社会科学文献出版社 2009 年版,第 232 页。

须变成争取民主社会主义的全球性斗争。人类社会的希望存在于跨国社会对全球生产与再生产的统治方式中，即为弱势大众群体实现财富和权力再分配。这意味着，资本积累的发展道路——国际社会为跨国资本带来无穷利润的组织形式，最终必须被另一条发展道路取而代之，这是满足人类需求、符合劳苦大众利益的道路。

在全球化背景下，由于资本主义新的政治统治权力比以前更加分散和多元化，并已经渗入世界的每个地方和社会的每个领域，因此罗宾逊指出，要实现对全球资本主义的替代，就必须通过跨国、跨地区联合各种反资本主义霸权的力量来挑战统治集团的权力，把本土变革和全球变革结合起来。要实现国际社会的民主化，只能夺取跨国资本及其机构对人类社会物质和文化资源的控制权，所以政治对抗是不可避免的。

五　奈格里和哈特："后社会主义或共产主义政治方案"

安东尼奥·奈格里和麦克尔·哈特两位学者在 2000 年提出了帝国理论，产生了巨大影响，并奠定了他们激进左派学者的地位，近年来又出版了《多众》（2004）和《联邦》（2009）等著作，并于 2008 年金融危机后不断发表文章，进一步表达和拓展其思想。

他们虽然重点分析了资本主义全球化的政治秩序，但认为这种新政治秩序实际上是建立在资本主义经济全球化基础之上的。他们指出，从 20 世纪 70 年代开始，建立在工业化基础上的资本主义现代化进程已经结束，而全球经济正在经历向信息化经济的后现代化转型。当今的信息化经济标志着人类活动的一种新模式。这一生产方式是以知识、信息、情感和交际的生产为主，这种劳动是一种非物质劳动。这种信息化经济的地理后果是生产的一种戏剧性的非中心化、网络化和非地域化。所以，当代资本主义进入到一个全球化阶段。与经济全球化相伴随，全球化时代一种新的统治形式即"帝国"开始成型，"伴随全球市场和生产的全球流水线的形成，全球化的秩序、一种新的规则的逻辑和结构，简单地说，一种新的主权形式正在出现。帝国是一个政治对象，它有效地控制着这些全球交流，它是统治世界的最高权力"。① 这一替代了民族国家主权的新形式，由一系列国家的和超国家的机体构成，并在统治的单一逻辑下整合。帝国与过去建立在民族国家主权基础上的帝国主义不同，它不建立权力中心，不依赖固定的疆界和界限，而是一个无中心、无疆界的统治机器，不断加强对全球领域的统治。帝国的这一网络结构完满地适应了世界市场和全球资本生产循环的需要。

奈格里和哈特认为，当代世界经济的后现代转型和政治上帝国的出现，并没有消灭剥削、社会不平等和分化，而是在很多方面变得愈加严重，"现代性辩证法的终结并没有带来剥削辩证法的终结。今天，几乎全部的人类要么被吸纳入资本主义剥削之网，要么屈从于它。今天，越来越多的财富控制在越来越少的人手中，民众依旧生活在贫困与无能为力的极限边缘，贫富分化越来越走向极端。那些在帝国主义和殖民主义时代圈划好的、进行压迫和剥削的界限，在今天，在许多方面非但没有收缩，反而在爆炸性地膨胀"。② 在全球化时代，资本主义的等级制和剥削已变得越来越复杂和破碎，它们贯穿了每个国家和地方的空间，而与等级和剥削的对抗在全球的生产网络中体现出来，并决定着各个节点上的危机，危机同资本主义生产的后现代的整体共同扩张，这是帝国控制所独有的。

在奈格里和哈特看来，虽然作为新的经济方式的信息服务经济及其帝国的出现并没有摆脱剥削和压迫，但这却孕育着未来新社会的萌芽。非物质生产及其扩张使劳动越来越社会化，随着劳动者的共同基础不断建立，各种不同生产方式的日益趋同，结果是减弱了不同劳动者区分为不同阶级的基础，因此这使多众（multitude）作为一种政治主体的出现成为可能，这就为形成一个共同的替代全球资本主义方案创建了基础。这种替代方案是什么呢？2004 年在清华大学的演讲中，他们提出了一种"后社会主义政治方案"，认为这种新的政治方案在于在国家和全球的范围内发展出一种民主的新观念和新机制，基本目标是建立"全球民主"

---

① ［美］麦克尔·哈特、［意］安东尼奥·奈格里《帝国——全球化的政治秩序》，杨建国、范一亭译，江苏人民出版社 2003 年版，序言第 1 页。

② 同上书，第 49 页。

的新政治秩序，"如果说我们今天要制定一个后社会主义政治方案，那么，首要之处就在于在国家和全球的范围内发展出一种民主的新观念和新机制，而且，它是能将争取平等的斗争统合进来的"。① 近年来，他们为了突出这种方案与传统社会主义的区别，又进一步把这种方案称为"共产主义的新方案"，并指出，"共产主义者意味着建立一个消除资本剥削与屈从于国家的新世界"，② 共产主义意味着把共有的东西还给社会大众，共产主义既不是公有，也不是私有，而是共有。所谓"共有"就是多众对公共产品的公共管理，本质特征是多众的解放和民主的真正实现。

怎样实施全球民主的共产主义或后社会主义战略？奈格里和哈特给出了三个具体的政治任务：一是争取全球公民权，即流动的大众通过重新夺取空间，将其自身组成一个积极的政治主体，使每个人在居住和工作的国家拥有完全的公民权；二是要求社会报酬的权利，即要求一种社会性的酬劳和所有人有保障的收入；三是再占有的权利，核心是再占有生产方式的权利即民众自我控制和自主的自我生产权利。当然，要达到这一点，离不开罢工、怠工、骚乱、起义等各种自发运动和有组织的革命等方式。

六　当代西方左翼学者"替代方案" 思想的意义和局限

2008 年世界金融危机之后，随着左翼思潮在西方乃至世界范围的复兴，西方左翼学者的全球化理论越来越得到人们的关注。他们对资本主义全球化的批判以及对替代方案的探寻无疑具有不容忽视的重大意义，但也难免存在这样或那样的局限。

当代西方左翼学者尽管视角、观点存在一定差异，但我们看到，他们都表达了对马克思思想的极度重视，基本上坚持从马克思主义的唯物

---

① ［美］麦克尔·哈特、［意］安东尼奥·奈格里：《帝国与后社会主义政治》，《天涯》2004 年第 5 期。

② ［意］安东尼奥·奈格里：《共产主义：概念和实践的反思》，《当代国外马克思主义评论》第 8 辑，人民出版社 2010 年版，第 65 页。

史观出发，对资本主义全球化进行了政治经济维度的批判，提出了超越资本主义全球化的替代方案，这对于身处资本主义体制内的这些学者而言，无疑是难能可贵和值得称道的。与此同时，他们又结合当代社会历史现实，对马克思主义思想进行了新的开拓，这些左翼学者的理论努力在一定程度上，或许预示着自 20 世纪初期西方马克思主义产生以来的一次重大转型，即从对资本主义的文化批判转向政治经济的批判，从对国家资本主义的批判转向对全球资本主义的批判。这无疑对在全球化时代如何坚持和发展马克思主义有着不可忽视的启发意义。更为重要的是，在资本主义全球化危机四伏的时代，他们揭示了资本主义全球化的弊端、矛盾及其不合理之处，并提出了对资本主义全球化的替代方案，这对于如何促进全球化朝着公正的、合理的方向发展，如何促进人类的解放和发展，如何构建人类的未来提供了极其重要的理论资源。

同时我们也看到，他们虽然都对资本主义全球化的剥削、异化和支配形式进行了尖锐批判，提出了摆脱和替代资本主义全球化的各种方案，但在这些方案中难免带有一些资本主义意识形态的成分，而且有的思想已经溢出了马克思主义之外。另外，他们虽然都力图从资本主义全球化本身所包含的矛盾和孕育的可能性来规划替代方案，并提出了具体的策略和途径，但是他们所提出的方案与争取"另一个世界"的现实政治仍然存在某些脱节之处。尽管存在这些局限，但如果仅仅把这些左翼学者的努力看成"只是装出严肃的态度在理论上作秀而已"，[1] 我觉得是不公允的。

（选自《国外社会科学》2014 年第 6 期）

---

[1] 俞吾金：《西方左翼思想家并未突破资本主义意识形态》，《中国社会科学报》2013 年 1 月 3 日。

法　　学

欧美国家反洗钱机制研究

朱华雄　赵　伟[*]

20 世纪 50—60 年代以来，随着国际毒品犯罪和走私犯罪等有组织犯罪活动的日益猖獗，洗钱活动在世界范围内愈演愈烈。犯罪—洗钱—再犯罪—再洗钱的恶性循环不仅严重地危害了国家的社会安全和经济发展，而且威胁到地区乃至全球经济和社会的进步，已成为人类发展进程中的一个毒瘤。因此，反洗钱是世界各国都必须高度重视的艰巨任务。欧美等国家反洗钱行动开展得较早，在长期的实践中，它们逐步建立了较完善的反洗钱法律制度和运行机制，并积累了丰富的反洗钱经验。

一 欧美国家反洗钱法律体系架构

1. 美国的反洗钱法律体系

美国是世界上最早对洗钱进行法律控制的国家，其反洗钱犯罪的立法工作具有开创性意义。以国会 1970 年通过的著名的《银行保密法》为标志，美国揭开了反洗钱立法的序幕。目前，美国已形成了以《银行保密法》为核心的完备的反洗钱法律体系，其中包括《1986 年控制洗钱法令》《1992 年阿农齐奥—怀利反洗钱法令》《1994 年禁止洗钱法令》《有组织犯罪控制法》等。其中，《银行保密法》建立了金融交易报告制度，将金融机构纳入控制洗钱的轨道，而《1986 年控制洗钱法令》则第一次

---

* 朱华雄，副教授，武汉大学商学院经济系博士生；赵伟，武汉大学商学院金融学博士生。

界定了"洗钱"的概念、构成要素和行为方式，并规定了对洗钱活动的处罚措施，可以说《1986年控制洗钱法令》是反洗钱立法的里程碑。

20世纪90年代，为推动打击洗钱活动的进程，美国进一步完善了相关法律。1999年，美国国会修改并通过了《1999年反洗钱法》，这项法案希望通过更有效的法律措施来加强美国金融机构的反洗钱功能。在《2000年度洗钱法案》中，走私现金被明确定义为一种犯罪行为。

"9·11"事件之后，美国在国际和国内又采取了一系列行动，试图通过立法来切断国际恐怖组织的经费来源并打击资助恐怖活动的资金交易行为。其中最重要的一项国内立法是《采用适当手段拦截和切断恐怖主义以有助于美国团结和强大的2001年法案》，此法律也被简称为《美国爱国者法案》。该法案不仅引入了一个新的概念——"初步洗钱牵连"，还要求美国所有的金融服务企业必须任命反洗钱的专门负责人，建立专项反洗钱规划与措施，对所有员工进行反洗钱教育与培训，建立内部稽查制度，严格评估和考核反洗钱工作的效果。该法案为未来的以反恐为中心的金融监管和围剿行动提供了重要的法律依据，并且明显地反映出美国在反洗钱策略上向重点打击和全面防范转移的新取向。

2. 欧洲的反洗钱法律体系

自20世纪80年代以来，在美国不断完善其反洗钱立法和加大打击洗钱活动的力度的同时，欧洲的一些国家，如英国、意大利、法国、德国、瑞士等国相继做出反应，或在国内刑事立法中明确规定洗钱罪，或虽未明确规定洗钱罪，但也将其涵盖在其他罪名中。其中较为典型的是英国和意大利。针对日益严重的洗钱活动，两国通过出台新法律或修改已有法律，建立了较为完善的反洗钱法律体系。

1986年，英国出台了《毒品贩毒罪法》，这是英国的第一部反洗钱法律。1990年的《犯罪公平国际合作法》则着眼于国际合作，以法律的形式来促进英国反洗钱的国际合作。1993年的《犯罪公平法》修改了1988年版本，并在"所有犯罪"案件中对洗钱犯罪下了定义。1993年，英国出台了《洗钱管制条例》来预防和检查洗钱活动。在2000年《金融服务和市场法》中，管制者被授予关于反洗钱体系的责任和管制市场的力量。在"9·11"恐怖袭击事件后，英国也制定了相关的法律以遏制恐怖主义活动。2000年的《恐怖主义法》废除了以前的法规，重新撰写了恐怖分子条款。2001 年的《反恐怖主义犯罪和安全法》则引入新的法律条文，来打击恐怖主义及相关的资金交易活动。

1991 年，第 143 号法令《关于在交易中限制使用现金和票据的紧急规定》出台，标志着意大利反洗钱系统开始生效，该法案明确规定了金融中介机构具有直接向执法机构——地方中心办公室汇报涉嫌交易的责任，其目的是防止利用金融系统洗钱。但是意大利防止洗钱的法律主要集中于 1991 年的 197 号法案，它是对 143 号法令的修改和完善。该法案的突出特点是以法律形式确立了意大利反洗钱的机构体系。法案规定意大利外汇办公室（UIC）是负责管理中央金融交易数据库的机构。UIC 被授权从金融中介机构收集数据，甚至直接进入中介机构的计算机档案，以便于进行累积数据的统计分析，鉴别特定区域内可能与洗钱活动有重大关联的现象。1997 年，意大利反洗钱系统又实现了重大突破和改进。根据 1997 年第 153 号立法政令，反洗钱法案得到了修改。

二　欧美国家反洗钱体系的运行机制

1. 美国的反洗钱运行机制

随着洗钱行业的职业化、行业化，犯罪分子和洗钱者也在不断研究和寻找法律漏洞，洗钱技术也越来越成熟，因此，防范、打击、惩治洗钱活动必须有一个健全有效的运行机制。为此，美国建立了一个由多个政府机构协同、强制金融机构参与、全面防范和重点打击相结合的反洗钱运行机制。

首先，明确规定了反洗钱相关机构的职能和义务。第一，美国将有关打击洗钱犯罪的管理职能分散于以下部门：财政部、银行的各类管理机构、证券交易委员会、税务总署、海关总署、邮政总局和联邦调查局，各部门密切配合，及时发现和报告犯罪信息，司法部则负责追究犯罪行为；第二，法律要求大规模的商业机构必须向国内税务局申报其业务情况，以防止洗钱犯罪者挥霍掉更多的赃款，或防止洗钱犯罪者通过将购买的机票和消费品转手出售等方式来掩饰收益的非法来源。

其次，建立以金融犯罪情报中心为核心的信息采集、分析、传导系统。金融犯罪情报中心是政府授权收集反洗钱情报、监督预防与发现洗钱犯罪的专门机构，它的主要职能包括：一是根据《银行保密法》，要求银行及其他金融机构对货币交易和可疑交易进行报告并保存记录。这些交易报告主要包括现金交易报告、国际现金与货币工具运输报告（CMIR）、赌场现金交易报告（CTRC）、外国银行与金融账户报告等。二是为洗钱案件侦查提供情报和分析帮助。金融犯罪情报中心设置了全美金融数据库，并与境内各大银行和金融机构以及金融监管局、监管机构数据库联网，能在数分钟之内给出数据库内存储的客户信息。而且金融犯罪情报中心会聚一批情报、金融、计算机、刑事侦查和法律专家，他们具有的专业知识使他们能准确分析并发现可疑行为，他们在反洗钱线索的发现与追踪方面发挥着重要作用。三是汇总反洗钱执法各部门之间的反洗钱情报，协调各部门之间的相互行动和关系。

最后，充分发挥银行在反洗钱过程中的主渠道作用。美国对反洗钱的基本策略是重点打击和全面防范相结合，具体工作由银行承担。银行的主要责任是：银行董事会对银行执行反洗钱法规负有最终责任；银行对遵守和执行反洗钱法规负有完全责任；银行对掌握所有客户的真实身份负有完全责任，关注和报告客户或者客户账户方面出现的一些可疑活动；对经由银行多渠道转手的资金，银行负有掌握源头支付人和最终受益人真实身份的完全责任；银行以及直接经手的银行雇员，对按照规定报告有关的资金活动情况负有全部责任。为了执行法律所赋予的反洗钱责任，美国银行采取了一些措施。一是对银行客户进行反洗钱的控制和监测。美国银行在预防客户洗钱犯罪方面建立了识别客户身份、交易报告、记录保存等制度，通过客户以前的信息建立客户信用等级，确定防范的重点；通过客户当时的信息发现可疑客户，根据权限立即予以关注，并进行调查，或报告主管机关或报告司法机关。二是建立内部控制制度与程序。美国银行普遍设有规范保障部，由其制定包括反洗钱在内的内部监管政策，建立内部监管制度，并负责监督执行。总体上看，美国银行业按照统一作业标准采取的反洗钱措施，对协助政府机构查处洗钱犯罪，广泛防止一般性的洗钱活动发挥了重要作用。

2. 欧洲的反洗钱运行机制

从反洗钱立法和制度规范来看，欧盟成员国基本上执行了欧盟关于反洗钱的规定，并参考了国际上有影响的政府间组织，如反洗钱金融行动特别工作组（FATF）等的建议。它们通过颁布国内法规和建立严格的反洗钱机制，对洗钱犯罪实施严格的监管。其中，英国和意大利两国的反洗钱机制具有典型意义。

在英国，国家犯罪情报处（NCIS）是反洗钱活动的领导机构，它的主要任务是"与严重的、有组织的犯罪做斗争，在犯罪情报上提供卓越的服务"。国家犯罪情报处拥有7个地区性犯罪监督办公室，负责在英国发生的严重犯罪情报的整理与分类，提供跨国机构服务，并收藏英国对国际警察组织和欧洲警察组织的回函。经济犯罪分部（ECB）是国家犯罪情报处的下设机构，它同时也扮演着英国金融情报局的角色。经济犯罪分部的主要任务是：接收、研究和分发涉罪行为报告；维护金融情报数据库；联络金融机构；协助外国金融调查局研究涉罪行为报告；分析反洗钱的趋势；负责反洗钱的培训工作；就洗钱事宜向国家犯罪情报处（NCIS）提出建议；协助其他国家建立反洗钱系统。

在意大利，政府建立了以外汇办公室（UIC）为核心的反洗钱组织体系。UIC是意大利银行的一个职能部门，由意大利银行总裁兼任UIC董事长。UIC的基本职能是：管理外币储备；处理对外商业及金融交易的相关统计数据；从金融角度执行打击洗钱的任务。同时，意大利建立了明确的洗钱犯罪涉嫌交易报告制度，它主要分为三个环节。首先，涉嫌交易报告在经中介机构内部评估后，被送交UIC。其次，基于潜在的经济原因，外汇办对涉嫌交易报告进行审核。在审核过程中，外汇办向中介机构要求更多的数据和信息，以及使用资金流的分析结果，并和国家监督管理部门及相应的外国机构交换信息。最后，当审核完成后，涉嫌交易报告连同技术报告被传送给金融政策部特别外汇交易中心和反黑手党调查局，这些机构负责实施调查取证。其中，相关的执法单位须告知UIC调查结果，而UIC也须将信息反馈至原汇报方。

三　欧美国家反洗钱机制的有效性分析

在利益的驱使下，洗钱犯罪是无法根除的，甚至可能愈演愈烈，因此，只有建立有效的反洗钱机制，才能较好地防范和打击洗钱犯罪。从长期的实践来看，美国、英国和意大利三个国家在打击和防范洗钱犯罪上都取得了明显的成效。

1. 欧美国家反洗钱机制有效性的实证分析

（1）美国反洗钱运行机制的成效

在 1996 年，美国金融犯罪情报中心收到的可疑交易报告为 52069 份。在 1996—2003 年的 8 年间，提交的可疑交易报告呈直线上升趋势。至 2003 年，美国金融犯罪情报中心收到的可疑交易报告为 288343 份，相对于 1996 年的 52069 份，提交数量增长了约 550%。

同时，美国在 1996—2000 年的 5 年间所判决的洗钱犯罪案件有所增加。在 1996 年，判决的洗钱犯罪案件总数为 1998 件，其中，以洗钱作为主要量刑准则的案件为 853 件，涉及洗钱的案件为 1145 件；而在 2000 年，洗钱犯罪案件总数上升到 2671 件，其中，以洗钱作为主要量刑准则的案件增加了 253 件，涉及洗钱的案件增加了 420 件。

（2）欧洲反洗钱运行机制的成效

1995—2000 年之间的 6 年是一段较为平稳的时期，英国国家犯罪情报中心每年所收到的可疑交易报告约为 1.5 万份。但是，在 2001 年，可疑交易报告的提交量实现了一个突破，增加了一倍，突破了 3 万份。此后，2002 年可疑交易报告提交量又出现了一个新的飞跃，在 2001 年 3 万份的基础上再次增加一倍，达到了 6.3 万份。2003 年，可疑交易报告提交量在 2002 年的基础上再次呈现较大的增长，达到 10 万份。这主要是由于 2003 年国家犯罪情报处（NCIS）和金融服务局（FSA）将反洗钱作为工作的重点，扩大了可疑交易报告提交者的范围，将会计师、律师和审计公司纳入提交者的范围内，进一步完善了可疑交易报告系统。

2. 欧美国家反洗钱机制有效性的理论总结

综合前面的分析可以看出，尽管美国、英国和意大利在反洗钱法律体系和反洗钱机制上存在着国别差异，但是在反洗钱的实践中均表现出一定的有效性，这说明它们的反洗钱机制必然具有一些共同的特色。

（1）完善的反洗钱法律体系是打击洗钱犯罪活动的根本保证。三国都从法律的角度对洗钱的概念、构成要素、上游犯罪、处罚措施、国际合作等方面做出了较为具体的规定，构建了一个全方位的反洗钱法律体系。

（2）构建由政府主导、多部门协调、金融机构参与的反洗钱机构体系是重点打击和全面防范洗钱犯罪的组织保障。洗钱犯罪是非常隐蔽的，而且渠道复杂，因此必须有权威部门的领导和协调。

（3）建立反洗钱的情报机构，专门负责分析涉嫌交易报告、国际反洗钱的趋势和洗钱行为模式及特征，这是反洗钱活动的关键环节。美国建立了金融犯罪情报中心；在英国，经济犯罪分部则扮演着英国金融情报局的角色；意大利是由外汇办公室分析涉嫌交易报告，管理金融交易数据库。

（4）必须建立完备的反洗钱制度规范，主要包括客户身份识别、交易报告、记录保存、内部控制制度与程序等。

（5）在全面防范的基础上，重点加强对金融中介机构的控制和监督。在意大利，金融中介机构被要求了解客户的详细信息并不断更新，建立有效的内部控制体系，测量风险度并控制风险（包括"洗钱风险"），加强对员工的培训。

（选自《国外社会科学》2005 年第 4 期）

西方自然法思想的流变

罗国强[*]

自然法思想是西方法学思想的基本理念。自 19 世纪末期以来，中国虽然一直在对西方法律文化进行吸收与借鉴，但是这种吸收是割裂性的。我们仅仅注重移植实在法、学习实在法学理论。殊不知，西方的法律是在 2000 余年的自然法文化中浸淫出来的。西方的实在法再发达，也难以摆脱自然法的影响。19 世纪实在法大行其道，并不意味着自然法被否定和摒弃，而是由于很多人认为"自然法与实在法合而为一"[①] 了。20 世纪至今，新自然法学派的复兴也表明，自然法仍然在指导与评价着实在法。相比之下，从 19 世纪开始西学东渐直到现在，我们所接触的，主要就是同时代的西方法律的实在部分，而几乎完全忽视了更为遥远的西方法律的文化背景。这种割裂性的吸收容易导致只知其然而不知其所以然。

基于此，本文拟从客观的角度介绍西方自然法思想的流变，从而为全面认识与深刻理解西方法学思想，进而更好地构建中国法制作一铺垫。

一 古代：自然法思想之初生

自然法是最古老的法哲学范畴。早在古希腊，人们就认为有连宙斯

---

[*] 罗国强，1977 年生，博士，华东政法大学国际法学院讲师。

[①] ［法］勒内·达维德：《当代主要法律体系》，漆竹生译，上海译文出版社 1984 年版，第 97 页。

也要服从的"运命""必然"与"定数"这些冥冥的存在。根据米利都斯学派的哲学，构成实际的基本元素都有扩大自己领土的倾向，然而总有一种必然性或自然律永远地校正着这种平衡。① 该学派的代表人物赫拉克利特提出"逻各斯"（Logos）一词，并认为万物都是根据逻各斯而产生的。这个"逻各斯"是指事物的客观规律，也就是古希腊的朴素唯物主义所揭示的自然法。②

柏拉图的《共和国》将正义原则（自然法）与工具性的法分开，正义原则是基本法，不是统治的工具而是统治的原则。③ 柏拉图认为，正义作为国家的基本法，就意味着一个人应当做他力所能及的工作。在他所畅想的共和国中，统治者、军人以及生产阶层三大等级都要固守自己的天职（分别是统治的职责、辅助统治的职责以及生产的职责），恪尽职守而不干涉任何他人的事务，正所谓"各守本分、各司其职，就是正义"。柏拉图进而阐述说，就法律诉讼而言，正义就是指人应得到并关注那些理应属于他的东西，即"各得其所"。④ 在《法律》中，柏拉图指出，人定法是根据神的旨意制定的，包括统治者在内的人类都要服从神的权威。⑤

与柏拉图认为正义先于善并通过善实现不同，亚里士多德坚称，正义是从属于善的，达致善的本质乃是政治组织的主要目标。他把正义分为分配正义（distributive justice）与矫正正义（corrective justice），其中分配正义的主要意思就是"为各人所得的归于各人"。⑥ 亚里士多德反对柏拉图式的僵化的"各守本分"的正义，在他看来，正义就是要求任何人不能一直居于统治地位，其他人处于被统治地位，而是所有人都有机会

---

　　① ［英］罗素：《西方哲学史》（上卷），何兆武等译，商务印书馆1963年版，第33、52—53页。

　　② 李家善：《国际法学史新论》，法律出版社1987年版，第47页。

　　③ Plato, *Republic and Other Works*, translated by Jowett, Anchor Books, 1973, p. 137.

　　④ *The Republic of Plato*, translated by Cornford, Oxford University Press, 1945, pp. 120 – 128.

　　⑤ *The Law of Plato*, translated by Pangl, The University of Chicago Press, 1980, pp. 624a – 625d.

　　⑥ Aristotle, *Nicomachean Ethics*, translated by Thomson, Penguin Books, 1976, pp. 171 – 188.

做统治者。① 亚里士多德明确地将政治正义划分为自然正义（自然法）与法律正义（实在法），并提出自然法的永恒性、普遍性与不变性，堪称自然法理论的创始人之一。②

稍后的斯多葛学派对自然法理论作了更为系统而明确的阐述。这一哲学派别崇尚自然与理性，认为"普遍的规律"也就是"正当的理性"，是渗透于万物之中的，是与宇宙最高的首脑同一的。其代表人物克里西普在《论主要的善》中宣称，"主要的善就是以一种顺从自然的方式生活"。在他们看来，整个人类都是在自然法的指导之下理性生活的，尽管有的人并不情愿如此。③ 斯多葛学派将自然法作为其哲学体系的中心，他们认为自然是弥漫整个宇宙、等同于神的支配原则，自然法同理性是一回事，自然法这种理性是法律与正义的基础，自然法具有普遍性，适用于世界上各个角落。④

古罗马人推崇斯多葛学派，西塞罗更是很好地继承了这一学派的精髓。西塞罗认为，理性是人区别于动物的本质属性，自然法是唯一正确的理性，是永恒不变和普遍适用的；人定法因具体环境的不同而不同，但是必须符合自然法。⑤ 他还在《关于最高的善和最大的恶》（五卷集）中提出，理性是衡量正义与非正义的标准，按照理性给予每个人以应得的东西，这就是正义的态度。⑥

罗马帝国的法学家们承认自然法的基础地位，《学说汇纂》开门见山地说："法源于正义"，"法是关于善和公平的艺术"。⑦ 在《法学概论》里，自然法、万民法、市民法被认为是罗马私法的三重起源，但值得注意的是，这里面的"自然法"被界定为适用于生物界的自然法则，反倒

---

① Aristotle, *The Politics*, Penguin Books, 1981, p. 226.

② 张乃根：《西方法哲学史纲》（增补本），中国政法大学出版社 2002 年版，第 48 页。

③ ［英］罗素：《西方哲学史》（上卷），何兆武等译，商务印书馆 1963 年版，第 322—325 页。

④ 何勤华：《西方法学史》（第二版），中国政法大学出版社 2000 年版，第 23—25 页。

⑤ Cicero, *On the Commonwealth*, Macmillan Publishing Company, 1976, pp. 197 –216.

⑥ Cicero, *De Finibus Bonorum et Malorum*, translated by Rackham, Loeb Classical Library, Cambridge: Harvard University Press, 1941, Book V, xxiii.

⑦ C. H. Monro (ed.), *The Digest of Justinian*, Vol. 1, Cambridge University Press, 1904.

是万民法被界定成理性为所有人规定的规则。① 可见这一时期，自然法被部分学者推演为调整整个生物界的客观规律，实际上超出了"法"（调整人类社会关系的规范）的范畴，未超出的部分由万民法继承。

步入中世纪，基督教全面影响了社会关系，自然法理论也受到教义的侵蚀。阿奎那在《神学大全·论法》中，在自然法之上又加入了所谓的"永恒法"，他认为永恒法是唯一正确的理性，但是这种理性不是人类的理性而是上帝的理性，其他的法都来源于永恒法。这实际上是抽空了自然法的内核并使其披上了宗教外衣，也正因为如此，阿奎那对自然法的定义就不得不很晦涩："在理性动物中，对永恒法的参与，就称为自然法。"② 然而无论如何，在阿奎那的"托马斯主义"中，自然法理念存续下来了，这件宗教外衣的积极作用也就在于此。

及至中世纪后期，封建的神权不再适应逐渐兴起的资本主义生产方式，社会变革暗流涌动，被束缚在神法之中的自然法逐渐向人的理性回归。到了 16 世纪，一些自然国际法学的先驱纷纷阐述他们的主张，他们虽然不敢断然宣告自然法与神法的决裂，但其论述为这一天的到来创造了理论条件。

维多利亚在《晚近发现的印第安人》中称，万国法（即国际法）是自然理性在所有国家之间建立的法，自然法是万国法的渊源，是各国在彼此关系中行动的准绳。③ 苏亚雷斯在《法律及神作为立法者》中指出，民族间关系首先受神圣来源的自然法支配，而辅以万民法，万民法是由自然法发展起来的实在法，是自然法与市民法之间的中介。苏亚雷斯把国际法分为自然法的国际部分和国际意义的万民法两部分。④

---

① *The Institutes of Justinian*, translated by J. B. Moyle, Oxford: The Clarendon Press, 1949, pp. 3 – 14.

② *The Summa Theologica of Saint Thomas Aquinas*, translated by Father of the English Doinican Provinces, Revised by Daniel J. Sullivan, Encyclopaedia Britannica Inc., 1952, Vol. 2, pp. 208 – 217.

③ Franciscus de Victoria, *De Indis et de Ivre Belli Relectiones*, Ernest Nys (ed.), translated by John Pawley Bate, Washionton D. C.: Carnegie Institution of Washionton, 1917, p. 151. Notion: "Victoria" is more commonly referred to as "Vitoria".

④ Wolfgang Preiser, History of the Law of Nations Ancient Times to1648, in Bernhardt (ed.), *Encyclopedia of Public International Law*, Vol. 2, Amsterdam, 1995, p. 742; Nussbaum, *A Concise History of the Law of Nations*, New York: Macmillan, 1947, pp. 66 – 70.

可见，在古希腊和古罗马时代，自然法一开始就具有等同于规律或者神的权威，这种权威被归结为理性。自然法被认为是实在法的基础，具有永恒性、普遍性与不变性。在中世纪，自然法被作为神法的一部分保留了下来，但到了中世纪后期，自然法理论又出现向人的理性回归的迹象。

二 近代：自然法思想之繁盛

文艺复兴运动之后，古典自然法学派逐渐兴起。在实在法学实力相对孱弱的近代，自然法学居于主导地位，并对西方法学的发展起了至关重要的作用。这一时期，自然法既是实在法的基本素材，又是实在法的指导原则与评价标准，部分自然法还被直接适用于社会关系以填补实在法的空白。

格劳秀斯在其开山巨著《战争与和平法》中明确地将自然法从神学中解放出来，他宣称："自然法是不可改变的，在这个意义上，上帝也不能改变它。"他认为，自然法是正当理性的命令，它既调整人类意志之外的事物，也调整由人类有意识的行为所导致的后果，国际法分为自然国际法与意志（实在）国际法。① 经过被誉为"国际法之父"和"自然法之父"的格劳秀斯的创造性整理与阐述，自然法理论重新焕发了生机。

霍布斯虽然坚称只有民法才是真正的法律，但他承认自然法是永恒不变的真理，他认为自然法是在理性基础上签订的和平的合适条款。尤为值得一提的是，他在《利维坦》中列举了19条自然法原则，开始了探索自然法基本框架的初步尝试。②

普芬多夫承继了西塞罗的主张，认为自然法是基于人类的社会属性，即纯粹的理性，自然法是普遍的、基本的法。③

洛克相信，自然法是一种理性的要求，是适用于所有人的永恒规则，

---

① Hugo Grotius, *De Jure Belli Ac Pacis Libri Tres*, London：Oxford, 1925, pp. 39－40. 对格劳秀斯《战争与和平法》更全面的介绍，参见罗国强《从〈战争与和平法〉看"和平崛起"的国际法基础》，《比较法研究》2005 年第 6 期，第 95—97 页。

② Thomas Hobbes, *Levianthan*, Collier Books, 1962, pp. 102－132.

③ Samuel von Pufendorf, Elementorum Jurisprudentiale Universalis, *Carnegie Endowment*, 1931, Vol. 2, p. 208；Samuel von Pufendorf, *De Jure Naturae et Gentium*, Buffalo, N. Y., 1995, Preface.

但是他反对每个人都可以成为自然法执行者的说法，主张建立社会契约（实在法）来执行自然法。①

孟德斯鸠认为自然法是永恒的，实在法不能违反自然法。但在他看来，自然法不是源于人类理性，而是源于人类的自然本性，自然法是调整人类自然关系的规律。② 在认为自然法是规律这一点上，孟德斯鸠的观点显然类似于罗马帝国法学家们的主张，当然他并未像后者那样将自然法扩展至整个生物圈。

威尔逊坚信一种源于上帝的自然法的存在。他认为，人定法要得到最终承认，必须依凭永恒的自然法，他强调人人都有免遭政府侵犯的自然权利，必须引入制衡以维护法治。③ 他的观点虽带有明显的托马斯主义的痕迹，但其强调人权、法治的主张在18世纪末至19世纪中叶的美国得到了普遍认同。

作为稍后的德国哲理法学派的代表人物，康德与黑格尔都承认某种高于或先于实在法的法的存在。康德倾向于将自然法等同于道德律，但是他所说的道德不是建立在经验人性基础之上的规范，而是一种建立在理性命令基础上的"绝对规范"（the categorical imperative），这种理性就存在于他所称的先验的、应然的"本体的"（noumenal）世界之中。④ 康德虽然称自然法为道德，但是他所说的道德律实际上就是一种理性法。

值得一提的是，黑格尔在《法哲学原理》中提出了"抽象法"（abstract right）概念，他认为，抽象法是自在的法，是人们自然享有的普遍权利，实在法是被国家以法律形式加以确认的法律权利；实在法必须反映和符合抽象法，抽象法可以通过国家的介入转化为实在法。他进而指出，尽管自然法与实在法是不同的，但不应夸大这种区别，相反，两者之间的关系就像《法学概论》（即法学基本原理）和《学说汇纂》（即法

---

① John Locke, *Two Treatises of Government*, Cambridge University Press, 1988, pp. 270 – 277.

② Montesquien, *The Spirit of Law*, Hafner Publishing Company, Vol. 1, 1966, pp. 1 – 3.

③ Robert Green McCloskey（ed.）, *The Works of James Wilson*, Cambridge：Belknap Press of Harvard University Press, 1967, Vol. 1, pp. 7 – 88.

④ Immanuel Kant, *Fundamental Principles of the Metaphysic of Morals*, New York, 1949, pp. 38 – 64；The Metaphysical Elements of Justics, Indianapolis, 1965, pp. 39 – 44.

学全书）一样。[1] 黑格尔不仅指出了自然法的抽象性，而且重视自然法与实在法之间的联系，他的论证为自然法与实在法之间的转化搭建了桥梁。

可见，在近代，尽管托马斯主义还残存着一些影响，然而自然法基本上又重新被归结为人类的理性或规律，自然法维持了其一贯的高于实在法、普遍适用、永恒不变的特性。尽管一开始古典自然法学派倾向于认为自然法很大一部分是由特殊而具体的规则构成的（这显然是受了罗马法的影响），但经过黑格尔的论证之后，自然法的抽象性及其与实在法之间的可转化性逐渐被认识，自然法的基本框架开始被研究。

三　现代：自然法思想的衰落与复兴

现代资本主义社会市场经济的发展在客观上需要更多、更完善的制定法，适应于这种需要，实在法无论是在国内社会还是在国际社会，无论是在量上还是质上，都出现了井喷式的发展。由此，实在法学进入了一个飞速发展的时期，并取代自然法学占据了学术的主流地位。而与之相伴的，就是自然法学的衰落。

尽管实在法学占主流是社会发展到现代阶段的必然，但即便如此，完全弃自然法于不顾的、片面的实在法本体思维仍然是错误的和有害的。实际上，尽管这一时期自然法不再被直接适用于社会关系（至少在国内法中是如此），但自然法仍然保持着对实在法的指导和评价作用，自然法规则仍然在被转化为实在法。[2]

20 世纪初，曾经一度只能残存在苏格兰、意大利和一些天主教人员的著作中的自然法思想开始被激活。[3] 韦伯、庞德、科勒等法社会学者都对自然法哲学持同情态度。新康德主义的倡导人施塔姆勒试图根据先验

---

[1]　Georg Wilhelm Fredrich Hegel, *Hegel*: *Elements of the Philosophy of Right*, Allen W. Wood (ed.), translated by Nisbet, Cambridge University Press, 1991, p. 29. 括号内的说明为笔者所加。从该书的题目以及内容来看，黑格尔基本上是将 right 一词作为 "法" 来使用。

[2]　罗国强：《论自然法的否定之否定与国际法的构成》，《法学评论》2007 年第 4 期，第 43 页。

[3]　Roscoe Pound, The Revival of Natural Law, *Notre Dame Lawyer*, Vol. 17, 1942, p. 287; Charles Grove Haines, *The Revival of Natural Law Concept*, New York: Russell & Russell Inc., 1965, pp. 237 – 302.

的推论创立一种现代的自然法哲学，他没有提出具体的自然法制度，而是提出了一种检验实在法律规则正义与否的宽泛标准，这套标准被称为一种"内容多变的自然法"。[①]

正如劳特派特在其负责修订的《奥本海国际法》中所指出的，无论严格的实在法主义在国际法的历史上有过什么优点，它都不能再被认为与现行的国际法相符合了。[②] 于是，到了 20 世纪 20 年代，自然法学说在实现了一次否定之否定后，几乎在所有国家中重新出现了。[③]

1. 新自然法学派

在第二次世界大战中，法西斯势力对世界人民造成的巨大灾难把人们从对极端实在法主义的迷信状态中唤醒。到 20 世纪下半叶，古老的自然法学全面而迅速地复苏，新自然法学派正式登上历史舞台。

富勒批评实在法学忽视了法律的正义，他指出，真正的法律制度必须符合一定的内在道德（程序自然法）和外在道德（实体自然法），程序自然法保证法律的形式合法性，实体自然法则为法律制度确定目标。他还为程序自然法列出了 8 项标准，并声称，满足了这些标准，就可以"使法律成为可能的道德"。这 8 项标准包括：（1）必须制定一些能指导特定行为的一般性规则；（2）这些一般性规则必须予以公布，至少应当对其所适用的人公布；（3）大多数情况下这些规则都不溯及既往；（4）这些规则应当明确易懂；（5）这些规则之间不存在矛盾；（6）这些规则不应当要求不可能实现的事情；（7）这些规则不应当过于频繁地更改；（8）所颁布的规则与其实际执行之间具有一致性。[④] 此外，他反对将自然法看作一种预先制定的永恒不变的规则。[⑤]

达班从人性中推论出了自然法，他认为，自然法是某种为人性所规

---

① Rudolf Stammler, *Wirtschaft und Recht nach der materialistischen Geschichtsauffassung*, 2nd, Leipzig, 1906, p. 165.

② 《奥本海国际法》（第 8 版），王铁崖、陈体强译，上卷，第 1 分册，商务印书馆 1981 年版，第 84 页。

③ Nussbaum, *A Concise History of the Law of Nations*, New York, 1954, p. 276.

④ Lon L. Fuller, *The Morality of Law*, revised edition, Yale University Press, 1969, pp. 38 - 91.

⑤ Lon L. Fuller, American Legal Philosophy at Mid - Century, *Journal of Legal Education*, Vol. 6, 1954, p. 470.

定的最低限度的伦理要求，自然法支配实在法；与自然法相矛盾的法律不配称为法律，与道德相矛盾的东西不能包含在公共利益之中。①

霍尔坚称，合理性与道德性是法律的实质，实在法如果完全不具备道德的内容，就不具有法律的性质。为了强调和推崇民主，他主张对传统的自然法理论进行修正，并倡导一种"民主的自然法"（democratic natural law）。②

菲尼斯主张恢复亚里士多德式的以"善"为中心的自然法学，他认为实在法派生于自然法，自然法可以解释实在法的责任效力。他将自然法分为前道德的自然法（基本的善）与道德的自然法（实践理性），并提出了前道德的自然法的 7 项形式（生命、知识、娱乐、美感、社会性、实践理性、宗教）与道德的自然法的 9 项要求（内在一致的生活计划、不要专断地偏爱某一种基本善、不要偏爱某些人而歧视另一些人、超然的态度、防止狂热和避免冷淡、结果的联系、在每个行动中尊重每一项基本价值、共同善的要求、遵循自己的理智）。他把自然法原则概括为：作为有待追求和实现的善的一组基本实践原则；一组实践理性；一组一般的道德标准。③

马里旦指出，对人类而言，自然法就是道德法，因为人随意地而非必然地遵守或不遵守它。在其本体论方面，自然法是关于人类行为的理想秩序；另外，自然法是体现在人类社会最普遍和最久远遗产中的不成文的知识。他坚信，实在法与国际法依赖于某种广泛与抽象的永恒法与自然法规则，它们是自然法的延伸；而自然法之所以是法，仅因为它是对永恒法的参与。不难发现，马里旦是倾向于复活托马斯主义的，而他这样做的目的，乃是为了强调与维护建立在人类本性之上的"自然的人权"。④

菲德罗斯肯定了自然法在国际法中的存在。他认为，自然国际法是

---

① Jean Dabin, *General Theory of Law*, *The Legal Philosophies of Lask*, *Radbruch and Dabin*, Cambridge：Harvard University Press，1950，pp. 419－456.

② Jerome Hall, *Living Law of Democratic Society*, Indianapolis，1949，pp. 85－139.

③ John Finnis, *Natural Law and Natural Rights*, Oxford：Clarendon Press，1980，chapter 3－5.

④ Jacques Maritain, *Man and the State*, University of Chicago Press，1951，pp. 87－101.

一种关于人类本质的法律理念，自然国际法构成和调整着实在国际法；自然国际法不是一成不变的，也不是完全的，而是含有价值的。他的观点得到了兴德勒尔、赫特等人的赞同，后者都主张，国际法需要必不可少的价值标准或精神基础。①

新自然法学的思路在国际法领域得到了延续。特森提出，国际法应当是"在道德上合法的"（morally legitimate），道德分析是国际法不可分割的一部分。② 布彻南则主张避开关于"国际法是什么"的古老争论，而在"国际法应该怎样"这个问题上将实在国际法主义与关于国际法的道德理论结合起来。他认为，实在主义是关于法律是什么的理论，与法律应该怎样无关，即便假设法律实在主义是正确的，也不意味着关于国际法的道德理论是使人误入歧途的。相反，在他看来，一种关于国际法的道德理论不仅可以批评现状，而且可以为国际法步入一个更好的状态提供指导。当然，布彻南提出关于国际法的道德理论的最根本目的还是"维护人权"。③

可见，新自然法学派依然坚持了自然法的外部特征，即高于实在法以及对实在法的指导性和评价性。他们注意到了自然法与实在法的互动，并且普遍重视探讨自然法体系的具体框架。他们擅长将现实中的各种问题与自然法联系起来，并通过各种不同的视角来讨论这些与自然法有关的问题，从而为自然法思想体系在具体层面的丰富做出了巨大贡献。但同时，出于提倡民主、维护人权、崇尚法治并让人更容易理解与认同其主张的需要，④ 他们竭力减少自然法的抽象性，肢解了自然法理念的内核。自然法不再被归结为晦涩难懂的理性或规律，而被世俗化为道德，而且，各位学者对道德的不同方面有不同偏好，比如有的强调人权、有的则强调民主等。他们论述的"实在法与自然法"的关系实际上是法与

---

① ［奥］菲德罗斯等著：《国际法》，李浩培译，商务印书馆1981年版，第18—33页。

② Fernando R. Tesón, *A Philosophy of International Law*, Westview Press, 1998, pp. 2 - 26.

③ Allen Buchanan, *Justice, Legitimacy, and Self - determination*, Oxford University Press, 2004, pp. 15 - 29.

④ 诚然，这是完全可以理解的，正如博登海默指出的，为我们所知晓的许多绝对的法律哲学都表明，法律思想家都试图激励他们同时代的人去关注他们各自时代所存在的某些尖锐且迫切需要解决的问题。参见［美］博登海默：《法理学：法律哲学与法律方法》，邓正来译，中国政法大学出版社2004年版，第223页。

道德的关系。

2. 新自然法学派的同情者

第二次世界大战以来，在自然法复兴思潮的影响下，很多学者（包括一些实在法学者）开始同情或接纳自然法哲学。

罗尔斯受到柏拉图的影响，倾向于自然法哲学。在其名著《正义论》中，罗尔斯提出，正义是社会制度的基础，正义原则不是政治和法律的原则，而是人们在完全平等的状况下共同选择的基本道德原则。正义是人们所选择的一系列普遍原则的第一个，在正义原则的基础上，人们再选择其他原则以构建宪政制度和其他政治法律制度。

罗尔斯把正义原则分为对制度的正义原则与对个人的正义原则。对制度的正义首先指每个人都享有平等的权利与自由，其次指即便存在社会经济的不平等，但可以合理地期望这对每个人都有利且地位与官职对所有人开放；对个人的正义原则主要指公正原则与自然责任原则。罗尔斯声称，实质正义是指制度本身的正义，形式正义是指对制度的服从，形式正义归根结底是为实质正义服务的。概括说来，罗尔斯阐述了一套甚为精细的正义理论，并提出了诸多与正义有关的范畴。① 罗尔斯在《正义论》中虽然没有专门述及自然法，但他肯定法治必须遵守一定的正义准则，实际上是接受了自然法高于实在法的命题。

值得一提的是，以前曾经是极端的实在法学者的拉德布鲁赫，在亲眼见证了极端实在法主义被纳粹德国利用所造成的巨大危害之后，接受了自然法的思想。他起初坚持一种极端的"价值相对主义"（der werttheoretische Relativismus），认为实在法可以任意选择价值，如此一来，即使是不公正的实在法也是为法的稳定价值服务的。而在第二次世界大战后，拉德布鲁赫采取了温和的"价值相对主义"态度。他承认，为了使法律名副其实，法律就必须满足某些绝对的要求，而完全非正义的法律必须让位于正义；正义是一种不可能从其他价值中推导出来的绝对价值；除了正义，法律的理念不可能是其他理念；法律源于正义就如同源于它的

---

① John Rawls, *A Theory of Justice*, Harvard University Press, revised edition, 1999, pp. 3 – 15, 47 – 77, 206 – 210.

母亲一样。①

科因以"最高法律原则"的名义对自然法作了新的论证，他认为，最高法律原则建立在所有正确的法律的基础——道德价值之上，这些价值客观存在着，并能够为人类理性所认识。② 类似地，考夫曼也赞成一个"内容可变更的自然法"概念。③

作为法社会学派代表之一的塞尔茨尼克也旗帜鲜明地主张将自然法观引入法社会学。他认为，服从实在法并不意味着要放弃理性的评价，法律的存在不可能离开各种价值的实现，而自然法就是一整套可以评判实在法的价值观。他还强调说，自然法是可变的，自然法的理想只有在历史发展过程中才能实现。④

韦基奥从人的普遍本性中去推导自然法，他认为，自然法是一套关于最高真理的理性的体系，是据以评价实在法、衡量其内在正义的标准。⑤

可见，这部分学者基本上延续了新自然法学派的思路，即强调自然法在主观上的必要性，强调价值取向的重要性。他们认为自然法是可变的，这是对古典自然法学的扬弃；他们强调自然法对实在法的评价作用，这是对极端实在法学的扬弃。他们大多认为自然法是一种与基本道德紧密相关的价值或含有价值的理念，很多人甚至断言，价值就是道德作用于法律的必然产物。

（选自《国外社会科学》2008 年第 3 期）

---

① Gustav Radbruch, *Grundzüge der Rechtsphilosophie*, Auflage, 1965, p. 29; Gustav Radbruch, Legal Philosophy, in Radbruch & Dabin（eds.）, *The Legal Philosophy of Lask*, Cambridge, 1950, pp. 90 – 111.

② Helmut Coing, *Die obersten Grundsätze des Rechts. Versuch zu einer Neubegründung des Naturrechts*, 1947, pp. 28 – 54.

③ A. Kaufmann, *Die Naturrechtsrenaissance der ersten Nachkriegsjahre – und was daraus geworden ist*, FS, St. Gagnr, 1991, S. 105 ff.

④ Philip Selznick, *Sociology and Natural Law*, *Cohen and Cohen's Reading in Jurisprudence and Legal Philosophy*, Little, Brown and Company, 1979, pp. 640 – 654.

⑤ Del Vecchio, *Philosophy of Law*, Washington, 1953, p. 45.

国外有组织犯罪的现状与防范对策

李芳晓[*]

一 国外有组织犯罪的起源和现状

有组织犯罪是国际社会公认的最高犯罪形态，被联合国大会称为"世界三大犯罪灾难之一"。[①] 从世界范围来看，有组织犯罪的历史由来已久。在欧洲，近现代有组织犯罪可追溯至 19 世纪初，其始祖即全球臭名昭著的意大利黑手党（Mafia）。20 世纪 20 年代，随着意大利移民大量涌入北美，黑手党在美国后来居上，得到空前的发展和壮大。1919 年 1 月，美国国会批准了宪法第 18 修正案，规定在境内禁止一切酒类的制造、运输和贩卖。然而，黑手党了解美国人是离不开酒的。于是，他们视禁酒令为天赐良机，悉心经营非法酒类业务。他们从这种非法贸易中获利颇丰，使得其组织者不惜血本买通警察和其他执法人员，并使用暴力威胁和谋杀手段以巩固其势力范围，从而使组织迅猛发展。[②] 第二次世界大战后，美国有组织犯罪的非法行当和投资趋于多样化，不仅以合伙形式从事卖淫、贩毒、走私等传统的非法活动，而且成功控制了正规、合法的商业活动的重要部门，包括房屋和道路建设业、银行业、果树栽培和劳

* 李芳晓，1961 年生，中国政法大学刑事司法学院副院长、教授、硕士生导师。

① ［瑞士］尼古拉斯·奎勒兹：《有组织犯罪的国际状况》，周欣译，《外国法译评》1997年第 4 期。

② ［美］卡尔·西法基斯：《黑手党百科全书》，韩英鑫、沈俊译，文汇出版社 2006 年版，第 142 页。

务市场的主要部分。到了20世纪80年代，有组织犯罪的活动扩展到国际范围，影响到众多合法公民的日常生活。①

当今国际社会存在的主要黑社会犯罪组织及其活动范围大致如下。

1. 美国。美国大约有25个"家族"分布在芝加哥、纽约、佛罗里达、新不列颠、拉斯维加斯和大西洋城，共约1800名成员。从1931年起，其中5个主要"家族"共同控制着纽约、拉斯维加斯和大西洋城。五大"家族"之一的"杰诺韦赛"约有300名成员，内部至今未出现过"金盆洗手"者；而另4个"家族"卢凯塞、日比诺、博南诺、科隆博则由于一连串的案件，成员被判刑，且内部出现大批悔改者，实力大大削弱。他们从事毒品走私、放高利贷、对工业部门敲诈勒索以及非法交易等活动。②

2. 哥伦比亚。哥伦比亚主要有两大卡特尔（麦德林和卡利），拥有上千名大小头目。他们领导着2000个犯罪组织，依靠2.5万多名"战士"，控制了世界可卡因产量（2005年生产约500吨）的70%—80%。在犯罪组织基层，成员分工严密，分别在化学、农业、洲际运输、海洛因和可卡因批发等部门活动。③ 在上层，"卡特尔"负责协调工作，传递信息和情报，"保护"各"基层组织"。

3. 意大利。意大利"我们的事业"（基地在西西里）有成员4万—5万人，由130个大小不等的"家族"组成，是意大利黑社会组织中的"老大"。"卡莫拉"（那不勒斯和坎帕尼亚）有6500—7300名成员，由110个"家族"组成。"恩格朗盖塔"（卡拉布里亚）有5500名一般成员，由150个"家族"组成。"圣冠联盟"（普利亚）有2500名成员，由48个"家族"组成。他们从事毒品走私和其他形式的犯罪活动。④ 意大利的黑社会犯罪组织在世界上42个国家和地区活动，其中"我们的事

---

① 谢飞、王勇主编：《有组织犯罪研究》，中国检察出版社2005年版，第128页。

② 2001 Annual Report on Organized Crime in U. S. A, *Trend of Organized Crime*, Vol. 8, No. 3, 2001.

③ 2006 Annual Report on Organized Crime in Columbia, *Trend of Organized Crime*, Vol. 10, No. 5, 2006.

④ ［美］保罗·兰德：《有组织犯罪大揭秘》，欧阳柏青译，中国旅游出版社2005年版，第37页。

业"活动范围最大，在美洲、土耳其、泰国、越南等地都十分活跃。"卡莫拉"在欧洲一些国家还设有大量的联络站。

4. 俄罗斯。俄罗斯国内有 100 多个组织，共拥有约 700 名头目和 2 万余名成员，同国外黑社会组织有着密切联系，活动频繁的团伙有 3000—5000 个。北高加索地区（包括阿塞拜疆、塔吉斯坦、格鲁吉亚、亚美尼亚、车臣）的组织起着重要的作用。他们从事的非法活动有盗窃国库、黑市交易、走私毒品（海洛因和可卡因），以及向高加索、阿尔及利亚和前南斯拉夫等地贩卖军火。① 2003 年的犯罪活动有 2.9 万余起，活动范围包括东欧诸国、德国，在法国也发现了他们的洗钱活动。

5. 日本。有组织犯罪在日本又称为暴力团犯罪，暴力团（Boryoku-dan）即雅库扎（Yakuza），包括整个"博徒"（Bakuto）、"的屋"（Tekeya）和"愚连队"（Gurentai）。"愚连队"是一个年轻的街头帮派，最先建立于二战之后。20 世纪 70 年代的摩托化、暴走族摩托车匪发展起来，他们是暴力团的基本来源。"博徒"是赌博的意思，"的屋"也叫"香具师"，或者叫"Yakko"，意思为小贩、叫卖者或者是艺人。他们现在是季节节日市场的区域流动小贩，很难将这三种组织区分开来，因为他们已经"现代化"了，而且相互统一起来，不再保留他们最初的惯例，故现在日本国内统一称为"Yakuza"或暴力团。② 这些组织共约 6 万名犯罪分子，他们加入了约 3500 个犯罪集团，这些集团又组成犯罪联合组织。最大的三个组织是——住吉会、山口组、稻川会，包括了其中近 2/3 的犯罪集团。他们主要从事军火、苯丙胺走私，放高利贷，敲诈勒索（特别是针对中小企业），通过各种非法手段签订政府合同。③ 他们的活动范围集中于韩国、美国（夏威夷、美国东西海岸）和澳大利亚等国。

可以看出，各国有组织犯罪普遍具有组织严密、覆盖面广、隐蔽性强、危害严重、打击难度大的特点。当前，世界上各国的有组织犯罪呈

---

① ［美］保罗·兰德：《有组织犯罪大揭秘》，欧阳柏青译，中国旅游出版社 2005 年版，第 40 页。

② ［日］长井园：《有组织犯罪：日本文化的产物》，《中国刑事法杂志》2004 年第 5 期，第 112 页。

③ 2000 Annual Report on Organized Crime in Japan, *Trend of Organized Crime*, Vol. 12, No. 6, 2000.

现出类型的多样性、复杂性、易变性等特点，除传统型的有组织犯罪外，不断出现新的有组织犯罪类型。因此，有组织犯罪的类型究竟应当如何来划分，从国内外研究的有关资料来看，由于学者的研究角度和研究方法不同，至今尚无一个统一的标准，因而在有组织犯罪的类型划分上也就出现了各式各样的局面。例如，在美国，有的犯罪学家把有组织犯罪分为 4 类。其一，通常以青年为代表的所谓匪帮。这种匪帮由某个首领人物控制，经常乐于从事惊险性的犯罪活动，开始时各成员常以游乐团体的名义出现在社会上。其二，组成犯罪的联合组织，即通常的非法企业组织。其三，即通常被称为歹徒的流氓集团，这类集团经常有计划地从事各种秘密交易和黑市买卖，以及威胁、诈骗等活动，并以此为职业。其四，即被政治家或警察所收买而领取不义之财的集团。

二　国际组织和各国的立法防范对策

1. 联合国打击有组织犯罪的会议及文件①

日益猖獗的跨国有组织犯罪引起了国际社会的特别关注，联合国为此召开了一系列国际会议，并形成文件，签署公约，提出建议，为打击有组织犯罪的国际合作提供法律和政策依据。

1985 年通过的《米兰行动》要求各国努力在国内更有效地打击有组织犯罪，并在国际范围内加强合作以应对有组织犯罪。

1990 年 8—9 月在哈瓦那召开的第八届预防犯罪大会上提出的《关于从发展角度进行预防犯罪和刑事司法国际合作的建议》，分析了有组织犯罪国际化的严重危害性，号召采取有效打击行动。大会通过的《预防和控制有组织犯罪准则》和《打击国际恐怖主义的措施》等文件，要求各国制定预防战略，完善刑事立法，提高刑事司法体系的效能并加强国际合作。这标志着联合国打击有组织犯罪国际合作战略原则的形成。

1991 年 5 月，在捷克斯洛伐克的斯莫伦尼斯举行了关于对付跨国犯罪战略的特别专家组会议。会上就打击跨国有组织犯罪形成了《建议》，

---

① 参考 *Trend of Organized Crime*，Vol. 8，No. 6，1999。

主要内容有：针对日益猖獗的有组织犯罪、恐怖活动和其他跨国犯罪，建议各国政府缔结双边和多边协议，以发挥或提高引渡程序和刑事案件互助的效能。利用联合国示范条约和其他区域性或国际级别的条约和协议作为基础，建立适当的协调机制。

1991 年 10 月，在俄罗斯联邦苏兹达尔举行的有组织犯罪问题国际研讨会，着重探讨了国际社会打击有组织犯罪所应采取的切实可行的措施，并提出一系列重要建议，使打击有组织犯罪的国际合作原则在这次议会上得到进一步发展。

1991 年 11 月在巴黎召开了制定有效的联合国预防犯罪和刑事司法方案的部长级会议。会议重点研究了跨国有组织犯罪对国际社会秩序的破坏和危害，再次强调加强国际合作的重要性和必要性，并将其纳入联合国预防犯罪和刑事司法方案的重要内容。

1992 年联合国预防犯罪和刑事司法委员会成立，它表明"国际社会加强全球一致行动以对付国内和跨国有组织犯罪的决心"；"而对跨国有组织犯罪对法律尊严和公共秩序的挑战，大大加强国际合作势在必行"。① 该委员会于同年 4 月 21—30 日在维也纳召开了第一届会议，会议强调指出，将打击跨国有组织犯罪的国际合作作为重要领域，优先列入委员会议事日程中。会议通过了经修订的《关于有组织犯罪的决议草案》。

1993 年 4 月，联合国预防犯罪和刑事委员会第二届会议在维也纳召开，联合国秘书长在向大会提交的报告《有组织犯罪对整个社会的影响》和《控制犯罪收益》中，描述了有组织犯罪国际化的现状和未来趋势，强调国际合作是联合国打击有组织犯罪执法行动不可缺少的补充。

1994 年 11 月，联合国在那不勒斯召开了关于打击有组织跨国犯罪的世界部长级会议，会议通过了《那不勒斯宣言和打击有组织跨国犯罪全球行动计划》，要求各国、国际组织和非政府组织采取行动，携手对付跨国有组织犯罪的威胁，并提出制定一份打击跨国有组织犯罪公约之类的国际法律文件，并由联合国建立一个收集各国和国际组织为打击跨国有组织犯罪所采取的措施的资料中心。

---

① 郭翔：《国际社会面临的严峻挑战：有组织犯罪和跨国的犯罪》，《青少年犯罪研究》1993 年第 6 期。

2000 年 11 月 15 日，联合国大会在日内瓦通过了《联合国打击跨国有组织犯罪国际公约》，这是目前世界上第一部针对跨国有组织犯罪的全球性公约。它确立了通过促进国际合作，更加有效地预防和打击跨国有组织犯罪的宗旨，为各国开展打击跨国有组织犯罪的合作提供了法律基础。公约规定缔约国应采取必要的立法和其他措施，将参加有组织犯罪集团、洗钱、腐败和妨碍司法等行为定为刑事犯罪。

2. 各国打击有组织犯罪的立法概况

（1）美国关于有组织犯罪的立法

早在 1970 年，美国联邦政府就通过了《有组织犯罪控制法》，其主要部分为《反犯罪组织侵蚀合法组织法》（*Racketeer Influenced and Corrupt Organizations Act*，RICO）。RICO 被列入《美国联邦法典》第 18 篇第 96 章，条文包括定义、禁止行为、刑罚、民事补救措施、诉讼地与传票、诉讼中应急事项、做证以及民事调查令共 8 节（第 1961 节到第 1968 节）。其中主要内容有："有组织敲诈勒索行为"的定义涵盖联邦和州刑法中非常广泛的、数十种严重行为，构成此类犯罪的行为模式要求至少有两次这类行为，其中一次发生在本法生效后（1970 年 10 月 15 日），后一次发生在前一行为之后的 10 年内（除去监禁期）；允许受害人提出 3 倍于其损失的赔偿要求，包括诉讼费用；规定没收刑罚，一旦被告被判有罪，没收犯罪全部所得，监禁刑高达 20 年，特别情况下可处以终身监禁，且可并处数额惊人的罚金；规定了经济保安措施，以防止同类犯罪重演；其他有关证据、调查等诉讼程序上的规定。[①] RICO 是针对有组织犯罪对合法经济领域大规模的疯狂渗透而制定的，旨在运用刑罚手段防止和打击有组织犯罪向合法企业投资、维持利益、管理企业、施加影响等，从而斩断有组织犯罪集团伸向合法经济领域的魔爪。

RICO 作为有组织犯罪的专门立法，30 年来发挥了积极的作用，成为严厉打击有组织犯罪的有力武器，并被加拿大等国所借鉴。另外政府还制定了《1984 年证人安全改革法》《制裁有组织犯罪条例》《有组织犯罪

---

① 参见储槐植主编《美国、德国惩治经济犯罪和职务犯罪法律选编》，北京大学出版社 1999 年版，第 387 页。

法》《受犯罪组织影响和腐败组织法》《洗钱防制法》等。①

（2）关于意大利有组织犯罪的立法

意大利是近几十年来，在打击黑手党的立法方面注重有组织犯罪活动的界定并在不断加强打击力度上取得较大成功的国家之一。1956 年意大利颁布了《反黑手党法》《对人的预防处分法》，1982 年施行了《黑手党犯罪斗争紧急措施法》。1991 年又颁布了《黑手党悔过法》，规定：脱离黑手党的悔过者及其家属可享受"终身"由国家供养的待遇，而且不管犯过什么罪都可以立即释放。除在刑法典中订立了防范一般黑社会及黑手党之规定外，1992 年还公布了"特别法令"。② 特别法令第 306 号令规定："黑手党徒一经判刑，若无法说明所获金钱、物品、资产之来源，或其对财产之分配，与其个人合法收入不成比例的，应予以没收。"

立法者认为，恐怖和颠覆性的犯罪以及黑手党犯罪是有组织犯罪的表现形式，只要这些犯罪："目的在于进行恐怖活动或颠覆宪法秩序"（1980 年第 15 号法律第 1 条）；采用"与（黑手党）集团相联系的恐吓暴力和奴役状态的恐吓暴力以及由于保守秘密而产生的恐吓暴力"（简法第 416 条 C 款），或者"为使黑手党集团活动更为便利"（1991 年第 203 号法律之 8 条）。此外，将黑手党集团从事的两种主要犯罪活动，即清洗非法收益的犯罪和毒品生产交易的犯罪，以及严重的集团犯罪，如杀人、持械抢劫、敲诈、劫持人质等作为特殊犯罪形式纳入有组织犯罪的范围，并规定了极为严厉的处罚措施。

（3）俄罗斯关于有组织犯罪的立法

1994 年 7 月 1 日，俄罗斯总统叶利钦签署了由议会通过的《关于修改和补充〈俄罗斯刑法典〉和〈俄罗斯刑事诉讼法典〉的法令》，对俄罗斯刑法典做出了重大修改。③ 这次刑法修改的目的在于：使俄罗斯现行刑事立法能适应新的政治、经济和社会现实，打击日益增长的有组织犯罪和暴力犯罪活动，以保证国内步履艰难的经济改革能顺利进行。鉴于有组织犯罪的恶性发展和它自身的特点，新刑法典第 35 条第 3 款、第 4

① 2005 Annual Report on Organized Crime U. S. A, *Trend of Organized Crime*, Vol. 8, No. 3, 2005.

② 苏南恒：《防制黑道之利器》，《法务通讯》第 1796 期。

③ 薛瑞麟：《俄罗斯刑法研究》，中国政法大学出版社 2000 年版，第 68 页。

款分别规定了有组织犯罪的两种形式，即有组织团伙实施的犯罪和犯罪集团（犯罪组织）实施的犯罪。第 3 款规定："如果为实施一种或数种犯罪而事先联合起来的人以稳定的团伙实施犯罪的，就认为是有组织的团伙实施的犯罪。"第 4 款规定："如果为实施严重犯罪或特别严重的犯罪，以建立起来的牢固的有组织的团伙（组织）或者以有组织团伙的联合去实施犯罪的，就认为是犯罪集团（犯罪组织）实施的犯罪。"第 5 款规定，在分别相应条文规定的场合，建立或者领导有组织团伙或犯罪集团的人，对其组织行为、领导行为以及有组织团伙或犯罪集团实施的全部犯罪承担责任。新刑法典第 9 编第 24 章"危害公共安全和社会秩序的犯罪"则规定了有组织犯罪团体罪（第 210 条），并对此罪规定了 7 年以上 15 年以下，3 年以上 10 年以下，以及 10 年以上 20 年以下三个剥夺自由刑的量刑幅度，可并处或单处没收财产刑。[①]

综观各国有组织犯罪立法，其立法模式主要有以下三种。一是特别刑法或相关法规与刑法典相结合的模式，主要有日本、美国等。这些国家的工业革命完成较早，其有组织犯罪的形成和发展较早，有组织犯罪的组织化程度较高。二是在刑法典中对有组织犯罪做出专门规定，如俄罗斯、泰国、奥地利、瑞士等国。在这些国家中，有组织犯罪虽然已发展到一定程度，社会危害性日趋严重，但其组织化程度尚不能与上述工业革命完成较早的国家同日而语。三是依照刑法关于共同犯罪的一般规定处理该问题。采取这种立法模式的国家中有组织犯罪起步较晚，尚未形成典型的黑社会组织。这些国家的刑法典对有组织犯罪并未规定独立的罪名，仅按照共同犯罪的一般规定来处理。

三　国外打击有组织犯罪的具体措施和防范对策

美、俄、日、意、德等国家和地区在同有组织犯罪长期做斗争的实践中，积累了丰富的经验，主要有以下几个方面。

---

① 1996 Annual Report on Organized Crime in Russia, *Trend of Organized Crime*, Vol. 11, No. 5, 1996.

1. 高度重视，把打击有组织犯罪作为扭转社会治安形势的最高战略

诸如黑手党、日本山口组、哥伦比亚贩毒集团等，都是集杀人、控制黄赌、走私贩毒、洗钱等犯罪活动于一身的犯罪组织，并已"成功地"渗透到各国的政治、经济生活中。美国的黑手党甚至可以操纵联邦和州一级议会的选举，俄罗斯黑手党、哥伦比亚贩毒集团在一定程度上左右着本国经济的走势。因此，西方各国已把打击有组织犯罪视为扭转社会治安形势、重塑执法形象的关键，在战略上高度重视。这方面最成功的城市是纽约。① 在朱利安出任市长之前，纽约是举世闻名的"犯罪之都"。朱利安出任市长后，从打击已渗入本市经济领域的黑手党和街头犯罪团伙入手，全面整治该市治安，在不到两年的时间里，该市犯罪率直线下降，目前纽约已成为全美犯罪率最低的城市之一。

2. 建立全国性的指导、协调机构，确保领导机构的高规格

按照有组织犯罪的发展规律，在完成"原始积累"后，犯罪组织一般会向经济和政治领域渗透，进而把自己"融入"社会，在企业、工商、金融、司法、海关，甚至是议会和政府中发展自己的力量。一个犯罪组织的经济能量越大，它所依存的后台也就越大。意大利前政府总理就曾与黑手党有染，日本前首相森喜朗据传亦与本国黑社会组织有来往。② 基于这一点，西方一些国家的议会一般设有打击有组织犯罪委员会，直接指导、监督和协调全国的打击有组织犯罪工作。意大利议会下设反黑手党委员会。美国除议会的相关委员会以外，在白宫还专设直属于总统领导的有组织犯罪调查委员会。俄罗斯在 1992 年和 1994 年进行的两次反黑斗争，都是由总统直接发布命令，总检察院积极参与的。

3. 专门立法，强化司法部门的特殊打击能力

有组织犯罪的组织化、隐蔽化特征及其与政治、经济领域的"亲密关系"，使司法部门在调查取证和深挖处理犯罪组织的重量级人物时困难重重。为此，西方诸国都制定了专门的法律和法规，赋予司法部门在打击有组织犯罪方面的秘密调查、犯罪收益处理、证人保护等特殊权力。③

---

① 卢建平主编：《有组织犯罪比较研究》，法律出版社 2004 年版，第 313 页。

② 同上书，第 321 页。

③ 陈明华主编：《有组织犯罪问题对策研究》，中国政法大学出版社 2004 年版，第 358 页。

例如，美国国会于 1970 年通过的《有组织犯罪控制法》的主要目的就是强化证据搜集，建立新的处罚规定，以加强对有组织犯罪的打击。1984年制定了《全面的犯罪控制法》，以便对犯罪组织的资金来源给予重大打击。1986 年又制定了《洗钱防止法》，进一步防止犯罪组织的犯罪收益进入合法的经济领域。意大利 1956 年的《反黑手党法》扩大了警察局长、检察官和法官的调查、扣押和没收权限，对通过贩毒等不正当交易所获得的利益和财产，在没有合法出处证明的情况下有权先行扣押。1998 年的《同黑手党斗争紧急措施法》进一步扩大了法律的适用对象，不但适用于黑手党，而且适用于其他犯罪组织和集团，并增加了保护证人和没收财产等方面的规定。德国于 1992 年开始实施的《反有组织犯罪法》对刑法进行了修正和补充，增加了针对犯罪组织的"财产刑与扩大追缴""证人保护"和"卧底侦查"等方面的规定。2001 年的《犯罪对策法》又扩大了监听通信的行使对象。

4. 反黑先反腐，彻底打掉保护伞

为获取犯罪高收益，并逃避打击，犯罪组织会不惜一切代价腐蚀行政和司法官员。他们不惜花重金收买政府、法院、警察机构中的腐败分子，使其充当保护伞。在西方一些多党制国家及中国台湾地区，黑金政治司空见惯，并已成为警方打击有组织犯罪的最大障碍。① 为解决此问题，西欧一些有组织犯罪问题严重的国家采取了多项预防性措施。此外还在一些重点领域，特别是警察部门中实行严格的财务管理，制定有效的投诉程序等反腐措施。

5. 制定和完善证人保护制度，动员民众积极参与

犯罪组织一般都是依靠暴力才得以"从无到有""从小到大"的，对于自己发展道路上的"绊脚石"，他们从不手软。20 世纪 80 年代中期，力主打击黑手党的两名意大利检察官先后遇害，因"反水"或举报而被黑社会组织杀害的人更是不计其数。西方黑社会组织所营造出的恐怖氛围使得警方的调查取证工作举步维艰。为争取广大民众的支持，分散和瓦解黑社会组织，西方一些国家的警察部门近年来非常注重对证人的保

---

① 陈明华主编：《有组织犯罪问题对策研究》，中国政法大学出版社 2004 年版，第 372 页。

护工作。① 如美国的首席检察官就被赋予保护联邦或州有组织犯罪见证人及其家属生命、财产安全的职责，有权为见证人购买、租赁、改进或重建保护性房屋设施，有权为见证人及其家属提供健康、安全及福利方面的帮助，任何见证人都有权享受所提供的一切保护。而且，只要危险不排除，他们就可永久使用保护设施。

6. 加强反洗钱措施，深挖犯罪组织的幕后核心人物

众所周知，有组织犯罪的主要目标是经济利益。他们在聚敛一定数量的财富后，会逐步向政治、经济领域渗透，以获取更大的经济利益。另外，西方犯罪组织的金字塔式等级结构，也使"大哥"们在不直接从事任何犯罪活动的情况下依然财源滚滚。因此，为彻底瓦解犯罪组织，实现"打蛇先打头"的目的，联合国和西方国家目前已达成共识，把反洗钱作为打击有组织犯罪的主要战略。十多个国家已制定了专门的反洗钱法，有些国家则在银行法、保险法和有组织犯罪控制法中规定了反洗钱的类似法律条款。②

7. 促进情报信息的国际交流与合作

情报信息是打击有组织犯罪的有力保障，是掌握有组织犯罪的存在、行动、组织及其成员身份的唯一手段，也是执法部门制定对策的重要依据。美国联邦、州和地方都设有有组织犯罪情报中心。③ 州有组织犯罪情报中心的主要任务是从地方和联邦搜集有关信息，帮助侦查和起诉有组织犯罪，并定期就有组织犯罪问题向州政府和州立法机构作简要报告，对有关立法提出建议，使之对有组织犯罪产生更大的威慑力。必要时，州有组织犯罪情报中心还应当为地方有组织犯罪行动组的建立和行动提供指导和帮助，并起到联络中心的作用，确保州际情报信息的交流。其职责大致为：（1）领导、协调本州内各情报机构的工作，减少资源浪费；（2）加强和促进各机构间的情报交流；（3）向地方有关机构提供培训或资源，提高其搜集、存储和分析情报的能力；（4）向地方提供建议和帮

---

① 陈明华主编：《有组织犯罪问题对策研究》，中国政法大学出版社 2004 年版，第 422 页。

② ［法］玛丽 – 克里斯蒂娜·迪皮伊 – 达侬：《金融犯罪——有组织犯罪怎样洗钱》，陈莉译，中国大百科全书出版社 2006 年版，第 142 页。

③ 卢建平主编：《有组织犯罪比较研究》，法律出版社 2004 年版，第 407 页。

助，确保其使用精密仪器时符合法律和技术要求；（5）必要时与地方警察部门和检察机构合作办案。

从以上分析可以看出，各国对于打击有组织犯罪无不尽心竭力，采取全方位的对策，既要治标，更要治本。一方面充分发动国内各种力量，另一方面也积极利用国际力量，形成一股强大的合力，以有效打击日益猖獗的有组织犯罪。

（选自《国外社会科学》2009 年第 4 期）

俄美海洋划界争端：
法律适用与政治前景

匡增军*

俄罗斯和美国都是有着重要国际影响的世界海洋大国，也是海岸相向的邻国。目前，两国在北冰洋和北太平洋的相关海域存在划界争端。在国际海洋争端日趋复杂化的今天，研究俄美海洋划界争端的问题、原因、解决进程及其前景，无疑具有重要意义。

一 划界争端

俄罗斯与美国在北冰洋、楚科奇海、白令海、白令海峡，以及北太平洋，存在领海、专属经济区和大陆架的边界划定问题，其中领海划界问题仅存在于白令海峡。俄美海洋冲突起始于 1867 年的割让阿拉斯加。①在将近 150 年的时间里，随着国际法、国内立法实践和两国关系的发展和变化，俄美海洋争端呈现出不同的内容及形式。最初海域划界的尝试始于 20 世纪下半叶。1976 年 4 月 13 日，美国通过了《渔业管理与渔业资源养护法令》，②规定自 1977 年 1 月 1 日起实施 200 海里渔业保护区。

* 匡增军，1971 年生，博士，武汉大学中国边界与海洋研究院副教授。

① Корзун В. А. Конфликтное использование морских и прибрежных зон России в XXI веке. М. , 2004. С. 72.

② Fishery Conservation and Management Act. 参见美国渔业和野生动物局网站：http：//www. fws. gov /laws / lawsdigest / fishion / html.

1976 年 12 月 10 日第 4851 – IX 号苏联最高苏维埃主席团令《苏联海岸毗
连海域的渔业管理与生物资源养护的临时措施》① 所设定的海域宽度为起
自海岸的 200 海里。此后，1982 年《联合国海洋法公约》通过并开放签
署，美国总统在 1983 年 3 月 10 日通过第 5030 号关于建立专属经济区的
宣言②，确定专属经济区宽度为 200 海里，其法律制度原则上类似于《海
洋法公约》的相关制度。1984 年 2 月 28 日第 10864 号苏联最高苏维埃主
席团令《苏联经济区法》，③ 建立了 200 海里经济区。白令海，除了其中
不大的一块区域外，宽度不超过 400 海里。楚科奇海也有海域宽度不超过
400 海里。这样，1983 年和 1984 年美苏两国确立的专属经济区互有重叠，
就产生了重叠区。因此，有必要在美苏之间进行海域划界。

　　白令海划界及渔业问题是两国争议的焦点。1977 年美国提议基于
《俄美割让阿拉斯加公约》（以下简称 1867 年条约)④ 边界线进行划界。
但是，1867 年条约中只是在白令海峡和北冰洋划有界线，而在白令海不
存在界线。美苏双方对 1867 年条约线在白令海的走向有不同的解读，产
生了分歧。自 1977 年开始的谈判中，美国坚持大圆线方法划界，即依据
地球曲线表面划出直线；而苏联主张等角线方法，即在海图上划出直线。
因此，两条主张线之间的海域就成了争议区，争议海域达 15000 平方公
里。1983 年美方提出折中方案，直到 1990 年初两国代表团才相互妥协，
同意平分争议海域。双方同意采用等角线和大圆线之间的中间线，谈判
进程中称为"实用主义线"。⑤ 这样，争议海域被分割为面积相等的两部
分，作为补偿，双方还互换划界妥协线向东和向西的专属经济区。但是，
其划界结果仍引起诸多争议，对俄（苏）渔业在白令海的补偿问题也迟

---

① Ведомости Верховного Совета СССР. 1976. № 50. С. 728.

② Proclamation 5030 by the President of the United States of America on the Exclusive Economic Zone of the United States of America, 10 March 1983. 参见联合国网站 www. un. org. URL: http: ///Depts /los /LEGISLATIONANDTREATIES /PDF – FILES /USA – 1983 – Proclamation. pdf。

③ Свод законов СССР. Т. 4. С. 548 – 1.

④ Сборник действующих трактатов, конвенций и других международных актов, имеющихотношение к военному мореплаванию. Сост. И. А. Овчинников. Петроград, 1914. С. 82 – 86.

⑤ Клименко Б. М. Морская граница между СССР и США // Международная жизнь. 1990. № 9. С. 151.

迟未得到有效解决。

二 划界条约

俄美海洋划界争端问题的解决进程，主要体现为以下几个有效的双边法律文件。

1. 1867 年条约，俄美成为海上邻国

美俄之间的国家边界最早确认是 1867 年 3 月 18（30）日于华盛顿签署的《俄美割让阿拉斯加公约》。1867 年条约的目的，并非划分两国间的海域边界，而是割让土地并确定两国的领土边界。条约第 1 条表明，条约的对象是割让领土——阿拉斯加及其附近岛屿。"全俄皇帝陛下……必须割让给北美合众国……在美洲大陆的全部领土，及其附属的岛屿。上述领土列入下述边界内……"① 虽然 1867 年条约并非以海洋划界为目的，且当时也没有任何必要进行海域划界，但是客观上条约也涉及海洋划界。

第一，条约的边界线明确了俄美两国在白令海峡相关岛屿的领土界线。边界线标示得相对精确的只是在北冰洋，其沿着俄罗斯岛屿与俄让予的北美岛屿之间的"等距离线"的白令海峡的基线，按经线延伸向北极点。边界线的准确地理坐标点在该条约中只是在白令海峡，以及白令海的最北部和白令海峡更北的海域。

第二，在白令海（除了上述部分）的边界线并未确定。对于白令海来说，边界线并未明确标示，最多只是标示了三个基点。对于割让领土的西部边界，只有大致的标示，其证明是 1867 年条约条文的概括性规定，如"边界走向大致是西南方向"等。② 1867 年条约使俄美成为海岸相向的邻国，也成为后来两国间海域划界谈判及划界协定的基石。

2. 1990 年协定，海洋争端的最终解决成为可能

1990 年 6 月 1 日，苏联外长谢瓦尔德纳泽与美国国务卿贝克尔在华

---

① Сборник действующих трактатов, конвенций и соглашений, заключенных Россией сдругими государствами и касающихся различныхвопросов частного международного права. Т. 3. Спб., 1891. С. 300.

② Вылегжанин А. Н. 20 лет *временного применения* соглашения между СССР и США о линии разграничения морских пространств //Вестник МГИМО. 2010. № 1. С. 2.

盛顿签署《苏维埃社会主义共和国联盟与美利坚合众国的海洋边界协定》①。协定由主体和附件组成。主体内容有：双方的缔约目的（序言）；划界线的依据及其走向、技术标准（第1、2条）；特别区域（第3条）；划界线与双方的国际法义务（第4条）；沿海国管辖权释义（第5条）；争端解决（第6条）；条约生效（第7条）。附件具体规定了边界线：起点是北纬65度30分和西经168度58分37秒，沿经线168度58分37秒向北，穿过白令海和楚科奇海，穿过北冰洋，直至国际法许可的范围；自上述起点，边界线走向相对直线的西南方向，经过86个坐标点，第86个坐标点是北纬50度58分39秒和西经167度00分00秒。边界线各点的地理坐标依据是《世界大地测量系统84基准》。协定准确划出了美苏两国之间在北冰洋、楚科奇海、白令海峡、白令海，以及北太平洋的领海、专属经济区和大陆架的边界，其中领海划界仅在白令海峡。② 领海是国家领土的一部分，专属经济区和大陆架不属于国家的领土，但是沿海国享有对这些海域内的生物和矿物资源的主权和管辖权。协定严格确定两国的主权界限及其相应海域的自然资源的权利，划出了世界上最长的海洋边界1600海里，其中的美苏大陆架分界线是世界上最长的。这也是苏联与邻国之间已有海洋边界协定中所划出的最大一块海域。

协定中的"特别区域"是指，苏联起自领海基线200海里内的3个区块转归为美国的主权权利（所谓的"西部特别区域"），而美国起自领海基线200海里内的1个区块转归为苏联的主权权利（所谓的"东部特别区域"）。这些海域都位于自海岸的200海里以内，只是美国将"自己"的那块转给苏联，而苏联将"自己"的那块转给美国。这样，两国都成为起自本国海岸200海里以外大陆架区块的拥有者。在上述海域行使主权权利和管辖权，只是美苏之间互换海域，而非对经济区的扩展，是源于两国间的协定。《海洋法公约》并未禁止沿海国通过协定承认某国对专属经济区内某一具体海域的主权权利和管辖权。国际条约实践的很多例子

① The Agreement between the United States of America and the Union of the Soviet Socialist Republics on the Maritime Boundary. Бюллетень международных договоров. 2008. № 1. С. 33.

② Клименко Б. М. Морская граница между СССР и США // Международная жизнь. 1990. № 9. С. 149.

表明，一国甚至可以在另一国领土范围内实施指定的国家功能。但这是主权国家间的双边约定，而非国际公约的适用。

1990 年协定的最大特点是旧约新用，其实质是利用 1867 年条约边界线于新目的。早在 1977 年 1 月 24 日和 2 月 24 日，苏联和美国政府间就互换照会达成约定，赋予 1867 年条约线以新的法律内容，使其成为两国在楚科奇海和白令海的渔业分界线。① 根据 1990 协定第 1 条的规定，1867 年条约线的西部边界是美苏之间的海域划界线，也就是划分两邻国之间的海洋边界：领海、专属经济区和大陆架。1867 年条约边界线并不是为了划分专属经济区和大陆架界限，况且，当时国际法中并没有专属经济区和大陆架制度。但是国际法并未禁止条约双方对以前达成的划界线赋予新的功能。此类划界线可以适用于现代国际法没有实施的但将来可以实施的管辖权。在美国与加拿大的缅因湾单一海洋边界案中，国际法院判决指出，根据争端双方的共同意愿，国际法院判决确定的分界线不仅适用于沿海国现在的管辖权，而且适用于将来的管辖权。②

1990 协定首次以法律条约的形式确定美苏两国间的海洋边界。协定的签署具有多重意义。从法律上讲，明确了主权的领土边界、主权权利和管辖权界限，消除了可能的领土诉求。从政治上讲，减少了双方在此问题上的紧张与摩擦，建立了发展合作的有利条件。从经济角度讲，为相应海域的资源开发明确了权利范围。③

3. 1990 年协定的暂时适用，海洋争端悬而未决

条约的暂时适用一般涉及需要批准的条约。④ 1990 年协定第 7 条规定，协定"应批准并自批准文书交换之日起生效"。⑤ 在 1990 年 6 月 1 日协定签署的当天，美国国务卿照会苏联外长并提议：苏联政府与美国政府在协定生效前能达成自 1990 年 6 月 15 日起履行协定的义务；本照会及

① Степанов Е. Д. Еще раз относительно советско – американского соглашения 1990 г. о линии разграничения морских пространств //Проблемы дальнего востока. 1996. № 2. С. 16 – 17.

② I. C. J. Reports 1984, p. 259.

③ Клименко Б. М. Морская граница между СССР и США // Международная жизнь. 1990. № 9. С. 149.

④ 李浩培：《条约法概论》，法律出版社 2003 年版，第 178 页。

⑤ Бюллетень международных договоров. 2008. № 1. С. 35.

其回复成为两国政府间的约定，并自收到苏联回复之日起生效。6月1日当天，苏联外长回复照会，对于美国的要求予以正面答复。① 这样，协定并没有依据第7条的程序生效，而是自1990年6月15日起暂时适用。协定的暂时适用与现行国际法完全一致，符合1969年《维也纳条约法公约》第25条第2款"谈判国以其他方式协议如此办理"的精神。国际条约的暂时适用制度体现在双方的上述"约定"中。

美国参议院已批准1990年协定。但苏联最高苏维埃未予批准，俄罗斯联邦国家杜马至今也未批准该协定。因此，协定仍未正式生效，使得俄美两国之间的海洋划界争端仍悬而未决。

三　利益评估

1990年协定已暂时适用21年，这是国际划界条约史上极为少见的案例。美国议会早已批准协定，为什么俄罗斯议会至今仍未批准协定？要回答这一问题，有必要分析评估协定对两国的利弊，特别是分析俄罗斯在此问题上的困惑，以便找到问题的症结。

美国参议院早在1991年9月16日就以多数票（86票赞成，6票反对）批准该协定，这表明对于美国来说，协定利大于弊。1991年6月13日，参议院针对美国签署协定的合理性问题进行评估，听证会的报告举出了应批准的理由，参议院认为是充分的。② 美国总统老布什致参议院的咨文指出，"协定完全符合美国的利益"。③ 在协定的另一方，情况则完全不同。苏联最高苏维埃没有批准，俄联邦国家杜马已多次审议：1995年、1996年（2次）、1997年、2002年，但至今仍未批准。这说明俄议会对协定的利弊评估仍未达成共识，且不说是否弊大于利，但至少是因为某

① Вылегжанин А. Н. 20 лет "временного применения" соглашения между СССР и США о линии разграничения морских пространств // Вестник МГИМО. 2010. № 1. С. 3.

② Hearing before the Committee on Foreign Relations, United States Senate, One Hundred Second Congress, First Session, June 13, 1991.

③ Message from the President of the United States of America transmitting the Agreement between the United States of America and the Union of the Soviet Socialist Republics on the Maritime Boundary, US Government Printing Office, Washington, 1990, p. 3.

项重大国家利益没有得到有效保障。20 多年来，俄罗斯从民间到官方，对 1990 年协定的看法和观点都莫衷一是。

1. 海洋划界

美国的最大获利是在白令海划界上。1990 年协定在白令海划界的结果与按等距离方法划界的可能结果的比较，是美国政府在参议院举出的对苏联外交取得"胜利"的主要理由："本协定将使白令海 70% 的面积处于美国的管辖权下，并使美国额外获得 13200 平方海里的海域……与按等距离原则的最有利的划界相比。"① 这是美国在已缔结的划界条约中唯一没有采用等距离方法的海洋边界。② 应当指出，除了上述情况，美国政府并没有向参议院呈报在北冰洋的一些损失（与等距离线相比）。③

2002 年 7 月 14 日的俄联邦国家杜马决议④指出，"根据协定在白令海的海域划界结果，让与美国的是：面积为 23700 平方公里的苏联专属经济区部分，事实上早在 1977 年已由苏联转让给美国；面积为 7700 平方公里的苏联专属经济区部分；面积为 46300 平方公里的大陆架，位于起自领海基线 200 海里以外的中白令海的公海。在该区域，划归俄罗斯的白令海该海域的大陆架面积总共为 4600 平方公里"。而俄罗斯外交部的数据指出，与按中间线划界相比，在白令海和楚科奇海划归俄罗斯的面积几乎多出 9000 平方公里。许多专家认为，俄罗斯让与美国的经济区约为 20000 平方公里，美国得到的大陆架比俄罗斯多出 60000 平方公里。⑤

---

① Hearing before the Committee on Foreign Relations, United States Senate, One Hundred Second Congress, First Session. June 13, 1991, p. 5.

② 高健军：《国际海洋划界论——有关等距离/特殊情况规则的研究》，北京大学出版社 2005 年版，第 180 页。

③ Вылегжанин А. Н. 20 лет "временного применения" соглашения между СССР и США о линии разграничения морских пространств //Вестник МГИМО. 2010. № 1. C. 7.

④ Постановление Государственной Думы Федерального Собрания Российской Федерации от 14 июля 2002 г. № 2880 – III ГД "О последствиях применения Соглашения между Союзом Советских Социалистических Республик и Соединенными Штатами Америки о линии разграничения морских пространств 1990 года для национальных интересов Российской Федерации".

⑤ Константинов В. А. Когда Соединенные Щтаты прекратят унижать Россию? (размышления по поводу одного международного соглашения) //Московский журнал международного права. 2000. № 1. C. 149.

有关苏方同意按照美方的建议,遵循 1867 年条约界线而非等距离界线签署协定,是苏联政治领导的决定,早在 1977 年就已形成,在 1990 年被更加明确。应否按 1867 年条约线或中间线划界,无论是国际公约还是国家实践,并无统一标准。中间线划界虽被广泛采用,但不是唯一的和强制性的海洋划界方法,也不自动享有优先于其他划界方法的地位。因此,美苏在 1977 年、1990 年同意依据 1867 年条约线划分海域,是符合一般国际法的。如果按照中间线划界,白令海的大面积大陆架将划转给俄罗斯;而在楚科奇海,俄罗斯将失去现在按 1990 年协定划归俄罗斯的一些大陆架海域。1990 年协定在划分两国在楚科奇海和北冰洋的专属经济区方面,总体上是公平的,并没有对某一方利益的实质的优先或巨大损益。①

2. 北极利益

1990 年协定有利于俄美在北极的利益诉求。1990 年协定边界线向北"直至国际法许可的范围",这是关于专属经济区和大陆架的单一边界线。此表述只是限制了两国专属经济区的宽度。专属经济区的许可宽度是 200 海里,《海洋法公约》第 57 条的规范在当时已成为习惯国际法。但是,上述表述没有限制两国间大陆架分界线延伸到北极点的可能性。这对美国具有现实意义,因为美国今天主张阿拉斯加更北的大陆架区域到 600 海里及以上。② 这种法律诉求符合 1958 年《大陆架公约》的精神,依据该公约第 1 条的规定,大陆架可以延伸到"超过此限度而上覆水域的深度容许开采其自然资源的海底区域"。美国至今仍未批准《海洋法公约》,不受公约第 76 条对大陆架外部界限的限制。当时苏联在白令海对美国做出让步,主要是基于战略的考虑,力图强化在北极的扇形区立场。1990 年协定在北冰洋(楚科奇海)的边界与苏联的扇形区边界相重合,极大地保存了 1926 年 4 月 15 日苏联中央执行委员会令确定的苏联扇形区东部

---

① Агафонов Г. Д., Болятко А. В., Клименко А. Ф., Васильев Л. Е. Стратегическая ситуация в АТР и морская политика России на Тихоокеанском региональном направлении. М.: Ин - т Дальн. Востока РАН, 2005. С. 151 - 152.

② Вылегжанин А. Н. 20 лет "*временного применения*" соглашения между СССР и США о линии разграничения морских пространств //Вестник МГИМО. 2010. № 1. С. 3.

边界。① 以 1867 年条约线作为两国的海洋边界，苏联巩固了一些北极岛屿（美国也可主张的）和北极海中有油气资源前景的区域。苏联外交部认为，美国阿拉斯加州放弃对苏联扇形区内的 5 个岛屿的诉求是对苏联在白令海所舍弃利益的等值补偿。②

3. 渔业利益

俄罗斯未批准 1990 年协定的主要原因是白令海的渔业问题。2002 年 7 月 14 日俄联邦国家杜马的决议指出，"有理由评价协定为不平衡的国际条约，其内容被疑为与俄罗斯联邦的国家利益不相符合，首先是在渔业领域"。俄罗斯渔业委员会对协定提出了实质性的异议，俄罗斯因划转美国的白令海海域而造成的渔业损失每年为 130 千吨至 150 千吨，价值 200 万美元，还有位于其中的油气田。③ 2007 年俄外交部阐述了对协定的立场：协定不违背俄罗斯的利益，除了在中白令海的海洋渔业权利的损失之外。因此，准确地说，目前存在的并不是"合法性争议"，而是对 1990 年协定的所有角度及其适用的全面考虑的争议。④

协定在其他方面对俄罗斯应无重大损害。俄罗斯国防部，包括海军总部在内的立场是，1990 年协定没有限制两国领海之外的航海和航空自由，也没有危及在白令海和楚科奇海以及北冰洋的俄罗斯国防利益。⑤ 俄联邦边防局认为，协定签署的事实和海域边界线的条约法律确认，减轻了在远东对俄罗斯边界的保卫压力。⑥ 也就是说，1990 年协定并未给俄罗

---

① Корзун В. А. Конфликтное использование морских и прибрежных зон России в XXI веке. М. , 2004. С. 74.

② Ibid. , С. 75.

③ Сучков А. Головокружение от успехов //Независимая газета. 15. 09. 1999. Голотюк Ю. Между Москвой и Вашингтоном – скала Морская Выдра // Известия. 21. 01. 1999.

④ Интервью директора Департамента Северной Америки МИД России Неверова И. С. агентству "Интерфакс" о ситуации вокруг разрешения спора между Россией и США по Соглашению о разграничении экономических зон и континентального шельфа в Беринговом и Чукотском морях от 2 декабря 2007 г. Дипломатический вестник // Ежегодник за 2007 г. С. 280 – 281.

⑤ Стенограмма парламентских слушаний, 1996. С. 17 – 19. Константинов В. А. Когда Соединенные Щтаты прекратят унижать Россию? (размышления по поводу одного международного соглашения) //Московский журнал международного права. 2000. № 1. С. 150.

⑥ Стенограмма парламентских слушаний, 1996. С. 26 – 29.

斯的国防带来损害,也未弱化俄罗斯国家东北边界的安全。[①] 俄外交部表示,1990 年协定的签署,消除了此前两国经常性的渔业冲突和大陆架资源纠纷的源泉,最终消除了北极地区系列岛屿的领土争议问题。[②]

1990 年协定是美苏两个超级大国长达 20 多年的博弈、谈判、妥协、合作的产物,双方早在 1977 年已经就划界原则问题达成共识,1984 年正式开始海洋划界谈判,最终于 1990 年签署边界协定。因此,协定总体上符合双方的国家安全、政治、军事、经济和环境的长远战略利益。国家利益在不同时期并非完全一样。国家领土边界线以及专属经济区和大陆架边界的划定和法律确认是国家安全的重要内容。只有稳定明确的边界线及其制度,才能保障稳定与和平,才能最大限度地发掘边境地区的经济潜力。海洋边界划定是解决海洋权益问题的核心之事,也是沿海国海洋政策制定上最重要的问题之一。与划界有关的所有问题,应通过谈判,并基于互动、妥协与合作加以解决。

四　政治前景

俄美海洋划界争端问题的最终解决,关键取决于俄罗斯议会对 1990 年协定的批准。协定的批准问题,确已成为现代俄美关系的一个影响因素。在协定批准问题上,俄罗斯可有多项选择和做法,但最终如何选择则需要两国拿出政治智慧,特别是俄罗斯。

1. 拒绝批准协定

一种选择是将 1990 年协定提交俄罗斯国家杜马审议,而杜马做出拒绝批准的决定,宣布协定无效。在此情况下,依据《维也纳条约法公约》第 25 条第 2 款和 1995 年俄联邦《国际条约法》[③] 第 23 条第 3 款,协定的暂时适用将被终止。根据《维也纳条约法公约》第 46 条,认定 1990

---

① Чамаров В. Б. Международно – правовые проблемы разграничения государственных территорий и морских пространств. М. , 2001. С. 125.

② http: //www. newsru. com/russia/03sep2002/project. html.

③ ФЗ от 15. 07. 1995 N 101 – ФЗ（ред. от 01. 12. 2007）"О международных договорах Российской Федерации". Собрание Законодательства РФ от 17. 07. 1995 г. N 29, ст. 2757. http: //www. garant. ru /.

年协定无效。然后与美国就海洋划界问题进行新的整体谈判。但是，如果俄罗斯真的拒绝批准 1990 年协定，会带来消极后果。这将违反"禁反言原则"。协定已经签署，且已暂时适用 20 多年，仍构成当事方在签署时明确的意思表示。问题还在于，涉及划界问题的条约文件，在所有国家的国际交往文件中具有最大的稳定性，"条约必须遵守"，甚至战争都不能取消它，不能单方面废除或取消，对其变更需由当事国进行新的谈判。即使俄罗斯单方面宣布协定无效，美国也未必会与俄罗斯就海洋划界问题重新进行整体谈判。

2. 继续暂时适用

根据《维也纳条约法公约》第 25 条第 2 款的规定，"除条约另有规定或谈判国另有协议外，条约或条约一部分对一国暂时适用，于该国将其不欲成为条约当事国之意思通知已暂时适用条约之其他各国时终止"。在俄罗斯未正式将其不欲成为 1990 年协定当事国通知美国，或者未批准协定之前，协定应暂时适用，即使这种暂时适用已经拖延很长时间。① 国际关系实践中有不少例子，签署的应予批准的法律文件很快适用，但其批准过程很长，这并不影响其合法性。例如，关于俄罗斯军人从爱沙尼亚领土撤出协定签署于 1994 年，当年 8 月撤军就完成了，但俄罗斯议会直到 1995 年 10 月才批准该协定。②

3. 有条件批准协定

在满足俄方合理诉求的条件下，俄方批准协定。俄罗斯国家杜马 2002 年做出决定："建议俄联邦政府采取措施，尽快拟制有关苏联与美国海洋边界协定的立场，以符合俄联邦的国家利益。"③ 俄罗斯批准协定，将依赖于如下立场。一是协定不应被解释为改变（含恶化）1867 年条约有关北冰洋的规定。美俄两国有意精确地确定延伸到北极点的 1867 年条约界线。这种约定应书面形成。二是应在政府间层面签署有关保护划归美方的白令海海域中俄方传统捕鱼量的协议。况且，在专家层面已就此

---

① Талалаев А. Н. Действует ли нератифицированный договор? // Международное право. 1998. No 1. C. 207 - 210.

② Степанов Е. Д. Еще раз относительно советско - американского соглашения 1990 г. о линии разграничения морских пространств // Проблемы дальнего востока. 1996. No 2. C. 14 - 21.

③ 14. 07. 2002, No 2880 - 111 ГД.

问题达成一致。① 如果这些立场在与美方的谈判中取得成果并最终形成条约法律文件,那么俄方就可以批准 1990 年协定,使协定正式生效。

要让美国回到 1990 协定之前是不现实的。对于俄罗斯来说,1990 年协定可能并不好,但是如果违反它,则更坏。拒绝批准协定,从多方面来说,都对俄罗斯及俄美关系不利。如果长期暂时适用,至少在渔业问题上对俄罗斯不利。上述两种做法不利于两国的战略利益和两国关系的稳健发展。相对而言,理想的选择是有条件地批准协定。北极国家既是同盟者又是竞争者。一方面,北极国家不希望非环北冰洋国家参与北极的分割。另一方面,环北冰洋国家之间在北极的专属经济区和大陆架划界上存在严重分歧。长期以来,俄罗斯在北极海域划界中最难的是与挪威和美国的问题。② 现在与挪威的划界问题已经解决。因此,当前突出的问题就是如何解决俄美之间的海洋划界争端。1990 年协定的生效,也是俄罗斯的北极外大陆架诉求实现的必要条件。③ 2010 年 9 月 15 日签署并于 2011 年 7 月 7 日生效的《俄罗斯联邦与挪威王国关于在巴伦支海和北冰洋的海域划界与合作条约》,对俄美之间在北冰洋和北太平洋的海洋划界争端的最终解决,应具有积极的推动作用。④ 尤其是北极地区的环境和安全形势的快速变化,促使俄罗斯对批准协议有了新的动力。

(选自《国外社会科学》2012 年第 2 期)

---

① Вылегжанин А. Н. 20 лет "*временного применения*" Соглашения между СССР и США о линии разграничения морских пространств // Вестник МГИМО. 2010. № 1. С. 9.

② Володин Д. А. Пограничная проблема между РФ и США в Арктике // США и Канада. Экономика, политика, культура. 2011. № 5. С. 49—66.

③ 匡增军:《俄罗斯的外大陆架政策评析》,《俄罗斯中亚东欧研究》2011 年第 2 期,第 74 页。

④ 匡增军:《2010 年俄挪北极海洋划界条约评析》,《东北亚论坛》2011 年第 5 期,第 45—53 页。

域外行政合同研究述评：
从行政法的角度

李　霞[*]

一　引言

合同作为"整个文明的产物"，本无所谓公私。尽管历史上公私法的二元划分使合同制度出现分野，合同渐被民法学者视为私法之"独占物"，[①] 但事实上，合同一直以来亦是公法上的概念。"契约"常被用于各种政治哲学与法学的辩论，政治哲学先贤们运用"社会契约"的观点，来正当化政治社会的存在；[②] 约翰·罗尔斯的《正义论》，通过契约的观点建构起正义的原则；[③] 麦克尼尔突破了古典和新古典合同理念的片面和

---

[*] 李霞，1979 年生，博士，中国社会科学院法学研究所助理研究员。

① 《法学研究》编辑部编著：《新中国民法学研究综述》，中国社会科学出版社 1990 年版，第 413 页。

② 参见［英］霍布斯：《利维坦》，黎思复、黎廷弼译，商务印书馆 1985 年版，第 131—132 页；［英］洛克：《政府论》（下篇），叶启芳、瞿菊农译，商务印书馆 1964 年版，第 59—62 页。

③ 参见［美］约翰·罗尔斯：《正义论》，何怀宏等译，中国社会科学出版社 2009 年版，第 42—43 页。相关评述参见 Jesse H. Choper, John C. Coffee & Ronald J. Gilson, *Cases and Materials on Corporations*, Aspen Publishers, 2000, pp. 33 – 34. 也有学者认为，政治哲学场域中的"契约"并非真实契约（real contracts），而只是借用了契约的概念。他们质疑，对于社会契约而言，即使当初真有过一个全体人民同意的契约，它如何能拘束他们之子孙后代？参见 Frank H. Easterbrook & Daniel R. Fischel, *The Economic Structure of Corporate Law*, Harvard University Press, 1991, pp. 15 – 16。

局限，其"新社会契约论"中的"关系契约"以交换为基础，"覆盖整个世界"。①合同法作为法律中最为古老且最为重要的组成部分，在公元前1762年颁布的《汉谟拉比法典》和中国古代民法中早已有之，19世纪的民法典编纂更将其作为重要内容。如果说20世纪以前的合同法可被视作一个统一的抽象理论体系，20世纪以后，这个体系在许多方面发生了重大变化，既有界限不断被突破，大量新的合同类型涌现——行政合同就是其中一类。从行政法角度观之，行政合同作为一种非权力性的行政活动方式，是一种治理方式的创新，体现了现代行政管理民主化、灵活性的趋势，在实践中已起到促进行政民主化、提高行政效率等作用，且越来越多地被用作调整和引导经济的工具。②而作为一种新的法律形态，它更包含着法律价值观的深刻变革。

本文所称的"域外"，是从"法域"的意义上言，系指大陆法系和普通法系具有代表性的国家，包括德国、法国、美国、英国，以及近年来行政合同制度和理论迅速发展的中国台湾地区。鉴于行政合同鲜明的"实务驱动性"，本文关于理论研究的描述将同时勾勒行政合同理论发展之背景——行政合同制度及其实践的演进路径。事实上，行政合同理论发展的轨迹，对应的正是行政合同制度兴起之历程——行政合同在现实世界中风生水起之时，亦是相关学术繁荣之机。而学术的繁盛，一方面表现为共识的逐渐达成，另一方面也表现为百家争鸣。

二　大陆法系国家：从"适法性"走向细化

传统的大陆法系法学理论认为，合同的原始意义与公法无关，合同上的当事人地位平等、意思自由、双方合意等要素在行政法领域几无存在的可能。加之传统行政法学主张以维护秩序为主要任务、以命令—服从式的高权行政为主要方式的"秩序国家"理论，对合同方式有着天然

---

① 参见［美］麦克尼尔：《新社会契约论——关于现代契约关系的探讨》，雷喜宁、潘勤译，中国政法大学出版社1994年版。

② ［法］古斯塔夫·佩泽尔：《法国行政法》，廖坤明、周洁译，国家行政学院出版社2002年版，第94—95页。

的排斥，因而"公法合同长期以来曾被视为一个自相矛盾的概念"。[1]

德国行政法学之父奥托·迈耶（Otto Mayer）就抱持着彻底的行政合同否定论。[2] 迈耶教授的学说影响深远，以致时隔多年，"新行政法学的创始人"恩斯特·福斯多夫（Ernst Forsthoff）仍认为，行政合同制度将使行政权的优越地位被"拟制平等化"地破坏。[3] 很长一段时期，行政法上将行政分为高权行政和国库行政，前者的根据在于统治权，而后者的根据在于财产权；[4] 前者产生的是公法关系，后者则是私法关系。[5] 这一学说对德国行政合同法制的影响极大，使得在德国行政合同的发展初期，许多学者不得不长期为其存在的正当性而战。[6]

随着现代国家的任务和作用的变迁，秩序国家逐步向"给付国家"转变，世界各国的行政合同实践实现飞跃，通说逐渐认可了行政合同的"适法性"。第二次世界大战后，行政合同作为一种行政行为的方式，被写入行政法学著作和教科书。1958 年出版的三本德国行政法著作充分论证了行政合同的"适法性"，在理论上确立了行政合同应有的地位。它们分别是伊姆鲍登（Imboden）的《行政法上的合同》、扎尔茨维德尔（Salzwedel）的《公法合同的适法性界限》和斯泰恩（Stern）的《论公法合同的理论基础》。学者们开始接受这样的观点：在一个公共行政主体与另一个公共行政主体或者行政相对人具有共同或互补的利益时，可以签订行政合同，并将行政合同视为单方措施的替代和补充，是兼具稳定

---

① ［德］平特纳：《德国普通行政法》，朱林译，中国政法大学出版社 1999 年版，第 147页。

② 参见 V. Schlette, *Die Verwaltung als Vertragspartner*, 2000, S. 29 – 30；林明锵《行政契约法论》，台湾大学《法学论丛》第 24 卷第 1 期。

③ 参见林佳和：《国家、行政与意识形态——Ernst Forsthoff 的〈极权国家论〉与国家社会主义》，《辅仁法学》2003 年第 6 期；吴庚：《行政法之理论与实用》，中国人民大学出版社 2005 年版，第 264 页。

④ Terence Daintith, The Executive Power Today: Bargaining and Economic Control, in Jeffery Jowell & Dawn Olver（eds.），*The Changing Constitution*, Clarendon Press, 1989, pp. 193 – 218.

⑤ 吴庚：《行政法之理论与实用》，中国人民大学出版社 2005 年版，第 16 页。

⑥ P. Worachet, *Die Entwicklung der Dogmatik des verwaltungsrechtlichen Vertrages*, Berlin 2000, Zugl. Gottingen, Univ. Diss., 1998, S. 19ff., 85ff.

性和灵活性的处理具体事件的替代性活动方式。① 1976 年德国《联邦行政程序法》以专章纳入行政合同,使德国成为第一个在法律中确立行政合同制度的国家。但在当时,由于行政合同一章的起草主要受实务之需要的推动,理论上尚未达成统一。② 早期的讨论主要围绕《行政程序法》的释义,就行政合同的适用范畴、公法合同与私法合同的区分、合同的类型及合法性等问题展开;近十几年来,受公私合作的推动、2002 年德国民法债编的修正、欧洲一体化所导致的行政法欧洲化趋势等因素影响,德国行政合同的适用空间再度拓宽,相关议题的深度与广度也有了拓展。③ 此外,石荷州(Schleswig – Holstein)颁行的《公私合同促进法》要求,行政机关除非不能以行政合同完成行政任务,否则不以行政处分加以规制,这一规定打破了将行政合同置于辅助地位的传统理念。④

法国作为"行政法母国",开创了行政合同法理论。法国学者狄骥曾宣称:"一份契约就是一项无论在公法还是私法中都具有同样性质的法律行为;……国家就完全如那些受到契约约束的个人一样,受到自己订立的契约的约束。"⑤ 一百多年来,行政法院在一系列判例中确定了一套识别和适用于行政合同的标准。除判例外,行政合同法律体系主要由两类成文法构成:一类是从司法程序上规定行政合同归最高行政法院管辖,一类是综合性的规定。⑥ 相应地,学理上对行政合同的探讨也愈益重视,行政合同在教科书中通常被作为专门一节。需要说明的是,由于法国行政合同制度(甚至包括整个行政法的相关制度)以经由司法判例形成的法律规范内容作为主要内容,因而对于特定法律概念和体系的理解,存

---

① [德] 汉斯·J. 沃尔夫、奥托·巴霍夫、罗尔夫·斯托贝尔:《行政法》,高家伟译,商务印书馆 2002 年版,第 147—148 页。

② 参见翁岳生:《行政法与现代法治国家》,台湾大学法学丛书编辑委员会编辑,1979 年,第 221 页;Immammel Gebhardt:《德国行政程序法的背景和立法史》,网址:http://www.docin.com/p-68149210_html(最后访问时间:2014 年 7 月 12 日)。

③ V. Schlette, *Die Verwaltung als Vertragspartner*, 2000, S. 253ff, S. 334f.

④ [德] 哈特穆特·鲍尔:《德国行政法上行政契约发展面面观》,李建良译,《台湾法学杂志》2012 年总第 203 期,第 88—89 页。

⑤ [法] 莱昂·狄骥:《公法的变迁》,郑戈、冷静译,辽海出版社、春风文艺出版社 1999 年版,第 134 页。

⑥ 参见张庆彬、肖念华:《国外行政合同制度之比较研究》,《北京市政法管理干部学院学报》2002 年第 3 期,第 54 页。

在一定程度的困难。

就欧盟层面而言，其本身经常缔结各式合同，也常以合同作为行政行为的方式来规范成员国的行为或以合同作为执行欧盟法令的工具。原则上，欧盟可以通过行政合同的方式来履行其任务。同时，欧盟委员会在事实复杂而无法厘清，或者须付出显然不符合比例的代价才能厘清时，可以与成员国或利害相关人签订和解协议。尽管如此，欧盟法对于行政合同仍未确立相关的法律框架。支持欧盟层面存在行政合同或公法合同的概念的论点主要来自两方面。一是《欧洲联盟运作方式条约》第288条的规定。根据该规定，欧盟指令所致力达成的目标对成员国具有约束力，但成员国履行指令、达成目标的形式和方法，则交由其自行选择。① 而这些行为方式自然包含行政合同在内。二是《欧洲联盟运作方式条约》第272条的规定——基于欧盟缔结的公法合同或私法合同中的仲裁条款，欧洲法院享有裁判的权限。② 这一规定在学理上被作为论证欧盟存在公法合同的实在法的连接点。不过，欧盟法所理解的行政合同仍主要从不成文的法律原则中推导。③ 同时，由于欧盟各成员国对行政合同的定位不尽相同，要建立一个于欧盟普遍适用的行政合同概念比较困难。近来有研究主张将欧盟的公法合同的内涵扩大为"所有欧盟机关参与缔结的合同"，但这样会导致合同涵盖的范围过于宽泛。④

在日本，尽管实践中行政合同的应用远不及行政指导，1993年的日本《行政程序法》也没有对行政合同做出一般性的规定，但"在现实和观念中，行政上的契约关系是广泛存在的"，⑤ 无论在理论学说还是司法判例中，"可以说已经不存在否定行政契约概念一般可能性的见解"。⑥ 田中二郎的观点作为通说被接受，他认为：公法关系中也存在非权力—服从的支配的关系……行政合同是以发生公法上的效果为目的，两个以上

---

① 该条规定的内容与原《欧盟条约》第249条相同。

② 该条规定的内容与原《欧盟条约》第238条相同。

③ 林明锵：《欧盟行政法：德国行政法总论之变革》，新学林，2009年，第136页。

④ U. Stelkens, Ulrich & H. Schrader, EU Public Contracts – Contracts passed by EU Institutions in Administrative Matters, FOV Discussion Papers Nr. 70, Speyer, 2012, S. 1f. , 15ff. 网址：http://192.124.238.248/fbpdf/dp－070. pdf. （最后访问时间：2014年8月12日）。

⑤ ［日］盐野宏：《行政法》，杨建顺译，法律出版社1999年版，第136页。

⑥ 杨建顺：《日本行政法通论》，中国法制出版社1998年版，第515页。

对等的当事人之间根据相反方向的意思表示一致而产生的公法行为。① 大陆法系的其他国家，例如西班牙、葡萄牙、奥地利和意大利等，在吸收和借鉴的基础上，也呈现出行政合同的立法化倾向。②

总体而言，正如德国教授所总结的，大陆法系关于行政合同研究的"主要课题已不是行政契约原则上的适法性问题，而是行政契约理论的细化，特别是明确行政契约的合法要件、法律形式和违法后果，说明这些问题是行政契约在实践中得到有效适用的前提"；③ 而"在解决了行政契约的适法性问题后，一般研究的兴趣已转移到行政契约的细节问题上，尽管有数量颇丰的论文、判决以及对民法的借用，但主要问题在一定程度上尚未澄清或触及"。④

三　英美法系国家：由普通法
本位转向特别规范

英美作为典型的普通法系国家，素有公私法不分的法律传统，此一元论建基于对司法权之尊信和对行政权之疑惧的历史传统背景之下。在英美行政法中，仅有以普通法为本位的政府合同概念。基于政府与人民在法院面前一律平等的预设，政府作为一方当事人所缔结的合同与私人之间缔结的合同适用相同规则。但为了调和政府在与私人缔约的过程中，同时扮演代表公共利益的管制者以及与私人协商的缔约者的两个不同角色，还是发展出了特殊的原则，赋予政府在合同关系中特殊的地位。

在英国 1988 年《地方政府法》颁布之前，仅有少数正式的国家立法或判例法用以裁决政府合同。始于 20 世纪 80—90 年代的私有化改革方案，使合同作为推行政府政策的手段渐受推崇。⑤ 1994 年，特伦斯·丹提

---

① 参见应松年主编：《行政程序法立法研究》，中国法制出版社 2001 年版，第 442—443 页。

② 杨建顺：《日本行政法通论》，中国法制出版社 1998 年版，第 516 页。

③ ［德］哈特穆特·毛雷尔：《行政法学总论》，高家伟译，法律出版社 2000 年版，第 361 页。

④ ［德］平特纳，1999 年，第 148 页。

⑤ 参见 R v. Lesisham LBC, ex parte Shell pic [1988] 1 ALL ER 938。

斯教授对以合同替代立法规则的价值做出了较高评价，指出分配利益方式可运用诸如讨价还价和非正式协议等方式，这有助于对政策选择的短期尝试以及避免所必需的立法授权。① 在目前比较流行的行政法教科书中，对政府合同通常有专章讨论。② 英国的政府契约，有公法下的政府合同（Public Law of Government Contract）和私法下的政府合同（Private Law of Government Contract）之分，由于英国公、私法的分野不如大陆法系国家般泾渭分明，因而其区别的实质在于，合同相对方于执行公共职能时是否已取得公权力之身份，而必须接受司法审查。

英美的传统行政法是以司法审查为核心，加上行政机构、行政立法、行政裁决、政府信息公开等内容。后来兴起的规制实践的旨趣不是法治（rule of law），而是良治（good governance），也就是说不再以审视行政活动的合法性为中心，而更多探讨行政政策的妥适与否。在这种以实用性为导向的研究氛围中，政府合同在作为公共福利行政的方式和推行各种政策的有效方法③而得到广泛运用的同时，也点燃了学术界的研究热情。这股热情在20世纪50—60年代尤为高涨，突出表现为一系列著作和文章的密集出版，论题集中在法律规范、政府特权和法院判例所确立的规则等方面。学术界对判例中确立的政府合同不同于民事合同的特别规则（例如英国佩奇案中法院所确立的"契约不能束缚行政机关的自由裁量权"）进行过激烈讨论，推动了司法实践的发展。20世纪80年代中期，政府合同的纠纷解决（特别是替代性纠纷解决方式）开始成为政府合同的研究重点之一。学者已普遍意识到，政府不断通过合同形式外包其传统职能的做法，势必要求政府合同吸收公正、理性和问责等公法规范。④

在美国的政府合同法律制度中，涉及政府采购等公私服务的相关法

---

① 参见 Terence Daintith, The Techniques of Government, in J. Jowell & D. Oliver (eds.), *The Changing Constitution*, Oxford University Press, 1994。

② 例如，[英] 彼得·莱兰、戈登·安东尼：《英国行政法教科书》，杨伟东译，北京大学出版社2007年版。

③ 参见 Peter L. Strauss, *An Introduction to Administrative Justice in the United States*, Carolina Academic Press, 1989, p. 285。

④ 参见 [美] 朱迪·弗里曼：《合作治理与新行政法》，毕洪海、陈标冲译，商务出版社2010年版，第494页；Carol Harlow & Richard Rawlings, *Law and Administration*, Butterworths, 1997, pp. 250–251。

制发展较为完备，在学术上一般被统称为"公共合同法"（Public Contract Law）或"政府合同法"（Government Contract Law）；在文献上偶尔可见到"行政合同"一词的使用。总体而言，美国公共合同法的内容可分为两部分：其一是授权政府进行物品或服务采购的规定，主要是授权规范；其二是关于如何进行物品或服务采购的规定，包括招标、投标、审标、决标等程序规范，以及格式化的合同条款等。二战后，首先制定的规范美国政府与私人订立合同的法律，是1947年的《军事采购法》（Armed Services Procurement Act），该法规范的是国防部、陆军部等相关部门基于美国利益，为获得所需的物品或服务而与私人缔结的合同。1949年，国会通过了《联邦财产与行政服务法》（*Federal Property and Administrative Services Act*），目的在于规范国防部以外其他政府部门订约的程序与效力。由于这两部法律在实施中暴露出一些问题，国会遂于1984年通过了关于政府采购的两部改革法《缔约竞争法》（*Competition in Contracting Act*）和《联邦采购政策办公室法》（*the Office of Federal Policy Act*）。

随着政府职能的扩张与管制形态的多元化，政府与私人之间的合同逐渐脱逸了公共采购法规范下的合同类型，发展出关于人民和政府就管制事项进行协商的管制合同（regulatory contract）。管制合同正是晚近理论发展之焦点所在。① "管制合同是指政府与受管制（或可能受管制）的私人之间订立的合同，政府在合同中承诺维持特定的管制规范，以换取私人投入资金或为一定之行为。"② 但不同学者之间就管制合同的定义并未达成共识，各采狭义与广义说。③ 丹提斯教授指出，管制是合同的本

---

① 管制合同原为学术之用语，后为美国联邦最高法院所援用。

② David Dana & Susan P. Koniak, Bargaining in the Shadow of Democracy, 148 *University of Pennsylvania Law Review*, No. 473, 480, 1999.

③ 采广义说者认为，在政府以特许的权利赋予私人经营公用事业（如电力、电信事业）且要求其履行一定义务之时，业者进入市场之时的管制结构即构成政府与业者之间的管制合同关系，而管制合同可以存在于任何的管制领域。参见 J. Gregory Sidak & Daniel F. Spulberg, Deregulatory Takings and The Regulatory Contract ：The Competitive Transformation of Network Industries in the United States, Cambridge University Press, 1997, p, 109。另可参见［美］J. 格里高利·西达克、丹尼尔·F. 史普博：《美国公用事业的竞争转型——放松管制与管制契约》，宋华琳、李鏑等译，上海人民出版社2012年版。反对如此广之定义的观点，参见 Herbert Hovenkampt, Book Reviews：The Takings Clause and Improvident Regulatory Bargains, 108 *Yale Law Journal*, No. 801 - 834, 1999。

质，公共特许和政府采购是"通过合同进行管制"的两个典型。① 1996
年，美国联邦最高法院通过一个有关管制合同的引领性判例②，建立了关
于管制合同的一项原则：政府与私人之间签订的管制合同对政府具有有
限度的法律拘束力。管制合同中私人就政府的违约行为，有权请求损害
赔偿，但不得请求特定履行，以防止妨害政府管制权限的行使。

美国学者注意到，合同作为一种服务与福利供给和管制工具的兴起，
会给合同的设计和救济带来巨大的压力。无论是公共合同还是管制型合
同，都会带来公法尊重行政行为的观念与私法的契约解释原则之间的紧
张关系，会给行政、司法和立法机关带来挑战。进而，在为维持统一适
用（于政府合同和普通合同）的规则而努力，还是面对实现公益需求的
压力而发展出适用于政府合同的特定规则的抉择问题上，美国学界曾经
分歧颇大。代表前者的观点突出表现在 1934 年的案件（Lynch v. United
Sates）③ 中，美国联邦最高法院认为："在美国（政府）进入合同关系
时，其在合同中的权利与义务一般是由适用于私人之间合同的法律所界
定的。"代表后者的观点，是在 1949 年案件（Larson v. Domestic& Foreign
Commerce Corp.）④ 中，美国联邦最高法院所认为："政府作为全民之代
表，不能因原告提出涉及财产或合同权利的争议问题而停止其继续前进
的步伐。"乔治·华盛顿大学的政府采购法专家乔舒亚·施瓦茨教授认
为，上述两种理念的冲突在今日的美国公共契约法制中继续存在，他称
之为趋同主义（congruence）与例外主义（exceptionalism）之争。⑤

政府合同的法律适用问题同样也是英国行政法中的重要议题。法院
在涉及政府合同的案件中仅适用私法上的合同规则所产生的弊病已引起
质疑。但就在普通法的基础上做怎样的变通的问题，学者们秉持不同的
观点。有的学者走得更远，提出"必须建立新的公法机制，这一机制既

---

① Terence Daintith, Regulation by Contract: The New Prerogative (1979), in D. J. Galligan
(ed.), *Administrative Law*, Dartmouth, 1992.

② 518 U. S. 839, (1996).

③ 292 U. S. 571, 581 - 582, (1934).

④ 337 U. S. 6S2, 704 (1949).

⑤ 参见 Joshua I. Schwartz, Public Contracts Specialization as a Rationale for the Court of Federal
Claims, 71 *George Washington Law Review*, No. 864, 863 - 878, 2003。

可以解决公共机关行为的合法性问题，而且允许在一定的情况下给予当事人赔偿"，"其中一个方案是，（借鉴法国专门的行政法救济途径）建立更为专门性的救济途径……保障特定情况下缔约人的权益"。[①] 有些则更趋保守，例如，英国学者强调行政合同的法规则应是公、私法的结合体，不应单独设立行政合同。[②]

同时，美国学者客观冷静地考评着合同作为行政和管制工具所具有的优势和危险。就危险而言，若合同被作为立法机关推卸职责和分散责任的手段，可能导致州的权力的严重削弱；从行政法的视角来看，政府合同可能会颠覆重要的公法规范，比如决策中的公共参与、理性、公平和归责等。就优势而言，在一个公与私不可避免要相互依赖的时代，合同提供了一种可能十分有效的治理工具与强大的归责机制。至少，政府合同的兴起会迫使法学家面对公法规范与私法合同原则之间不安的结合，而这一工程将"具有巨大的智识吸引力，会为未来的研究提供颇富希望的议程"。[③]

四　中国台湾地区:步入行政
合同的"显学时代"

中国台湾地区延续了大陆法系的行政合同理论和制度构筑脉络，"在所有论及行政契约之教科书中，无论为早年或新近出版者，尚无反对行政契约意见者"，[④] 但"对于行政契约之论述较少着墨于其事务上适用范围及其功能"。[⑤] 纵向来看，对于行政合同的研究，数年里进展迅猛。林明锵教授曾在2006年出版的《行政契约法研究》一书中写道，相较于其他的行政法领域，行政契约"属于一个较陌生也较少为学者所研究的行政行为"。[⑥] 行政契约理论体系未能建立，导致了"公法遁入私法"之态

---

① 参见［英］彼得·莱兰、戈登·安东尼:《英国行政法教科书》，杨伟东译，北京大学出版社2007年版，第556—557页。

② 参见于安:《政府活动的合同革命》，《比较法研究》2003年第1期。

③ 参见［美］朱迪·弗里曼:《合作治理与新行政法》，2010年，第570—573页。

④ 吴庚:《行政法之理论与实用》，中国人民大学出版社2005年版，第277—278页。

⑤ 翁岳生:《行政法》（下册），中国法制出版社2002年版，第747页。

⑥ 林明锵:《行政契约法研究》，翰芦图书出版有限公司2006年版。

势，同时，由于现行法律救济途径的结构未能给予行政契约应有的途径，使得实务上行政契约也不甚发达。① 而 2013 年初的一次学术研讨会上，林明锵教授则高调表示，行政契约在台湾行政法中的地位已由乏人问津的"养子"地位迅速成长为炙手可热的"二掌柜"，仅次于行政处分，俨然现代版的"灰姑娘"，与行政处分形成了一种既"竞争"又"取代"的关系。② 林教授进而将台湾行政契约的发展分为三个阶段，即由"司法院"大法官相关解释推动的"准备催生期"、行政程序法公布初期（"襁褓期"）和现今所处的"茁壮期"。林明昕教授也说，台湾地区"行政契约的显学时代已来临"。③

台湾地区目前对于行政契约的研究已明显超越了教科书层面而深入细节问题进行细致讨论，如行政契约之瑕疵效果、④ 行政契约侵害第三人权利的契约类型、⑤ 行政契约的书面要件、行政契约的"不当联结禁止"原则、行政契约与行政处分或行政指导的并用问题、⑥ 行政合同是否可作为仲裁标的等。客观而言，不论是司法判例还是学界的讨论，对于这些细节问题尚处于"百家争鸣"的状态，仍未达成足够共识。

2000 年 7 月 1 日开始施行的台湾地区（新）"行政诉讼法"将行政法院的审判权范围，从以行政处分为唯一对象扩大到"公法上之争议"。2001 年 1 月 1 日开始施行的"行政程序法"更是正式将行政契约确立为行政行为的类型之一。此外，还通过部门行政立法确认了行政契约的一些新类型，如区域合作契约、⑦ 示范奖励契约、⑧ 保险医疗给付费用总额

---

① 吴庚：《行政法之理论与实用》，中国人民大学出版社 2005 年版，第 280 页。

② 参见林明锵：《我国行政契约理论实务发展趋势——以全民健保医疗契约为例》，载台湾地区"行政法学会"主办"行政合同之法理变革与实务趋势学术研讨会"论文集，2013 年 1 月 19 日。

③ 林明昕：《行政契约法上实务问题之回顾》，《国立中正大学法学集刊》2005 年第 18 期。

④ 参见詹镇荣：《行政合作契约下次效果之检讨与续造》，载台湾地区"中研院法律所"主办"2012 年行政管制与行政争讼"学术研讨会论文集，2012 年 11 月 24 日。

⑤ 参见程明修：《应经第三人同意始生效力之行政契约限于处分契约第三人负担契约》，《台湾法学杂志》2012 年第 145 期。

⑥ 参见台湾地区"最高行政法院"2004 年度裁字第 1306 号裁定书，以及林明锵：《行政契约与行政处分——评最高行政法院八十八年度判字第三八三七号判决》，《台大法学论丛》33 卷第 1 期，2004 年 1 月，第 93—130 页。

⑦ 参见台湾地区"地方制度法"（2010 年 2 月 3 日颁布）第 24 条之 1、3。

⑧ 参见台湾地区"风力发电立案系统示范奖励办法"（2012 年 7 月 3 日颁布）。

之对等协议①等。这些新的合同类型，不仅具体落实了行政程序法对于行政契约的规定，也对行政程序法提出了挑战，并拓展了行政契约理论研究的深度和广度。近期的学术论文及博硕士学位论文多以实务中多见的行政合同类型为主题展开研究，主要包括全民健康保险契约、公共建设民间投资契约、跨域治理契约等。就台湾地区的司法裁判来说，十余年的司法裁判已经形成了一个发展趋势：行政法院对行政契约的审查密度表现出日趋严谨的态度。

五　余论

放眼世界，行政合同正在全球化、民营化、管制改革和公私合作的背景下"攻城略地"，理论上对行政合同的研究已远远脱离"适法性"的层面而步入对具体而微的前沿问题的探讨和解决中。转视中国，行政合同也已现实地成为行政的重要方式和手段。然而，法律学者对其关注还比较初步，无法与其日益彰显的重要性及它所引发的理论和现实问题的深刻性相匹配。客观而言，法学界的冷漠、否定以至反对的声音仍在不断回响，行政合同迄今挣扎在"巨大的问号"的泥淖中。② 理论上的幼稚、困惑和分歧，导致了立法上的缺失和矛盾，进而引致了行政合同实践中的盲目和失范。不夸张地说，目前关于行政合同的理论、立法和实践呈现出一种"碎片式"存在，现实中存在的种种问题迟滞了行政合同的发展，影响了这一制度功能的发挥和价值的实现。随着民营化的推进、公私合作的兴起、服务型政府的建设、柔性行政渐入主流，行政合同又逢良机。行政法学界必须担负起责任，深入考察和分析域外的理论研究和制度发展。

（选自《国外社会科学》2014 年第 6 期）

---

① 见于台湾地区"全民健康保险法"（2002 年 7 月 17 日颁布）第 5 条。
② 余凌云：《它还是个问号吗?》，载余凌云主编《全球时代下的行政契约》，清华大学出版社 2010 年版，第 1 页。

国外文化产业财税扶持政策法规体系研究:最新进展、模式与启示

解学芳　臧志彭*

政府是否为文化产业发展提供扶持受到社会因素、经济因素、政治因素等多重影响,需要从更广阔的"大文化"维度与公共政策干预等视角来综合考虑。[1] 首先,国家财政资助文化产业符合相关国际文化公约的具体要求,并不违反 WTO 反补贴协议;其次,国家资助文化产业是基于保护本国文化独立性多样性,保障公民文化权益等的考虑,不仅资助力度大、覆盖面广,还涉及不同公私部门多元主体的参与;最后,扶持文化产业的地理性集中分布受到政治因素、管理效果及公众是否支持等多种因素的影响。[2] 总的来看,文化产业发达国家的财税扶持政策和法规已经形成了较为完善的体系与独特的模式。

---

　* 解学芳,1979 年生,博士,同济大学人文学院文化产业系副教授、硕士生导师,媒体产业研究所副所长;臧志彭,1980 年生,博士,华东政法大学讲师。

　① Y. R. lsar, "Cultural Policy": Towards a Global Survey, *Culture Unbound*, Vol. 1, No. 1, 2009, pp. 51 –65.

　② A. M. Bertelli, J. M. Connolly & D. P. Mason, Politics, Management, and the Allocation of Arts Funding: Evidence from Public Support for the Arts in the UK, *International Journal of Cultural Policy*, Vol. 20, No. 3, 2014, pp. 341 –359.

一　基于立法保障的国外文化产业财税扶持模式

1. 宪法：文化产业财税扶持政策的合法性基础

欧美各国对文化产业发展给予了高度重视，在多国的国家宪法的具体条款中得以体现，明确了对文化产业发展的扶持。

（1）宪法强调对文化艺术的资助与扶持。面对公共文化机构资金短缺问题，德国在宪法中加入了特定的条款——国家承担支持文化的义务，并通过积极措施保护和促进文化和艺术的发展。与此同时，德国大多数州的宪法也明确提出对艺术、文化发展提供公共财政支持，例如"州要保护和支持文化生活"（柏林州宪法，第二部分第 20 条），"所有人应有机会利用生活中的文化商品"（莱茵兰－普法尔茨州，第三部分第 40 条），① 可见，政府承担扶持与培育文化艺术发展的责任是宪法的应有之义。在俄罗斯，宪法明确规定：发展联邦文化项目，根据联邦预算为文化拨款，制定文化部门的最低报酬和稿酬，保护对联邦具有重要意义和特别价值的历史文化古迹，并把对文化遗产保护安排在政府扶持的优先任务列表中。这都体现出俄罗斯在遵从宪法的基础上采取积极的国家艺术政策，推动文化产业的发展。

（2）宪法明确扶持电影、音乐等文化行业发展，确保国家文化的多样性。瑞士对联邦宪法进行了修订，修订后的宪法包含的法律条款，一方面突出了促进文化多样性、保护文化遗产的目的。例如，宪法规定"应促进共同福利、可持续发展、内部凝聚力和国家的文化多样性"（宪法第 2 章），"保障语言自由"（宪法第 18 章），"保障艺术自由"（宪法第 21 章），"联邦政府应当保护风景名胜、历史遗迹和自然文化古迹，应支持自然文化遗产保护行动"（宪法第 78 章）等条款，明确了政府为实现保障语言与文化艺术多元化、保护文化遗产的目标应实施积极的财税

---

① U. Blumenreich, Compendium Cultural Policies and Trends in Europe: Germany, http: I I www. culturalpolicies. net/web/gennany. php? aid = 1.

政策。另一方面强调对音乐、影视等行业的扶持。瑞士宪法第 69 章提到"联邦可以支持关系国家利益的文化活动，鼓励艺术和音乐教育的发展"；宪法第 71 章规定"联邦政府应鼓励瑞士电影制作和电影文化，通过立法扶持电影作品种类和质量的发展"；宪法第 93 章规定："为广播、电视以及其他形式的特色节目与信息的公众转播完善立法。"这些条款直接明确应以财税方式扶持电影产业、艺术与音乐、广播电视等行业的发展。此外，加拿大宪法第 27 条规定要"保存和增进加拿大人的多种文化遗产"，并在 1993 年颁布了《加拿大遗产部门法案》，为政府在文化遗产保护方面采取积极的财税举措提供了法律依据。[①]

（3）宪法要求政府保障公民文化权益，间接涉及对文化产业的财政扶持。美国的《美利坚合众国宪法》第 1 款第 8 条规定"国会有权征收关税、捐税与消费税等用于偿还债务并提供国防和一般的社会福利"，[②]虽然授权政府制定一些特定的支出项目，但未对联邦政府的支出规模做出有效而明确的法律限制，也未直接涉及补助文化产业，但其所提及的社会福利包括了公民享受的文化福利与文化权益，意味着政府应该承担丰富文化产品、保护文化遗产、为实现公民文化权益提供肥沃的文化土壤与保障，并培养公众参与文化艺术的责任。俄罗斯宪法直接明确了公民拥有完整的文化权利，即自由创造和参与文化生活的权利，并指明了政府应采取积极的财税措施，是间接扶持文化产业的表现。

可见，宪法通过对联邦政府承担促进文化发展的作用、保护公民文化权益与文化遗产的定位，为政府合理扶持文化产业发展提供了最高层面的法律依据，也为文化产业的发展提供了最可靠的法律保障。

2. 文化基本法：政府扶持文化产业的基础框架体系

文化产业促进法作为文化基本法是实现产业振兴的法律根本。在亚洲，日本与韩国是通过"文化立国"战略与系统的文化产业促进法来推动文化产业发展的典型代表，突出了"振兴文化产业"的决心与战略导

---

① J. Foote, Compendium Cultural Policies and Trends in Europe：Canada, http：I lwww. cultur-alpolicies. net/ web/ canada. php.

② 傅光明：《美国的财税立法和法律机构》，《财政与发展》2001 年第 8 期。

向。在欧洲，俄罗斯与瑞士实施的文化基本法，偏向于将文化产业促进法作为保障文化权利和促进文化发展的"文化宪法"。此外，还有一些国家虽然没有明确出台文化产业促进法，但出台的一系列文化基本法为扶持文化产业发展起到了保驾护航的作用。

（1）将文化产业促进法作为法律基准推动产业快速发展。日韩等国确立"文化立国"的国家战略，制定了文化产业促进法。日本文化厅早在1996年就颁布了《21世纪文化立国方案》，确立了"文化立国"战略；之后，陆续颁布了一系列的文化法规，如《高度信息通信网络社会形成基本法》（简称IT基本法）、《关于促进创造、保护及应用内容产业相关法律》《文化艺术振兴基本法》《知识产权基本法》《知识产权战略大纲》《内容产业促进法》《关于文化艺术振兴的基本方针》等，成为全方位扶持文化产业发展的法律依托。其中，《关于文化艺术振兴的基本方针》提出11个领域的107项基本措施，振兴不同类型的文化艺术，保护与利用文化财产，扶持国际交流与文化艺术基地建设，等等。例如，日本对中小出版企业实施所得税、印花税、企业税、固定资产税减免政策，为重要期刊与学术著作出版、学术数据库及相关研究项目提供资助等。

韩国于1997年设立文化产业基金，多渠道筹措发展资金扶持初创期的文化企业，为韩国文化产业竞争力的培育提供了资金保障，推动了"文化韩流"在亚洲的崛起。1999年在文化立国战略的导向下实施了《文化产业振兴基本法》（2003年修订），不仅系统界定了文化产业，还提出了振兴文化产业的具体政策，不断强化对重点文化行业的扶持。2013年又开始重点实施《地方文化振兴法》《激活文化艺术援助法》《大众文化艺术产业发展法》等法案，既重视扶持公共文化与保护传统的文化行业，也重视发展网络游戏、动漫等新兴优势行业，为文化产业振兴建构起一个完善的法律屏障。特别是2014年开始实施的《文化基本法》，对国民享有自由参与文化艺术创作、参与文化艺术活动的权利进行了保障，并建立了文化影响评价制度和以需求为中心的文化扶持政策体系；同时实施的《博物馆及美术馆振兴法》修正案则为社会捐资捐物提供了明确的法律依据。① 从统计数据来看，2000—2010 年韩国对文化产业重点行业投入 6000 亿韩元，扶持方式包括实施税收优惠政策、设立政府资金奖项、扶持文化产业项目与文化人才等，不但设立了地方文化产业支援中心，还培育起地方文化产业集群；② 并且每年投入 500 亿—1000 亿韩元的政府预置金，按照市场运作方式向特定的文化企业提供银行低息贷款，扶持文化产业做大做强。③

（2）将文化基本法作为扶持文化产业的"文化宪法"。在利用文化基本法作为指导、扶持与推动文化产业发展的"宪法"方面，俄罗斯与瑞士是典型代表。俄罗斯的《文化基本法》规定了国家文化行动需遵循一定的原则和规范来维护、发展和传播文化，保障文化权利和自由；同时，也确定了国家对文化的资助水平——联邦预算的 2% 与地区预算的 6%（不包括媒体），但实际实施情况不佳。此外，在《俄罗斯联邦文化法》中，法律条款包含文化部门合伙特别准入、慈善和捐赠活动等的具体规定；与此同时，政府提出的"2020 战略"关注创新，强调对文化、教育、科学发展的投入与扶持。

2012 年，瑞士实施了《联邦文化促进法》，规定联邦政府在促进文化发展方面的职责及文化政策准则，提出"通过促进文化发展提升瑞士文化凝聚力、保护瑞士文化多样性；鼓励类型丰富的优质文化资源的供给；为文化艺术从业人员和文化机构创造优良环境；让民众更主动地参与文化活动、更方便地享用文化服务；塑造瑞士文化强国的国际形象"，④ 虽然未直接明确对文化发展提供资金扶持，但确保文化多样性、鼓励文化资源供给、保障公民文化权益等，都是政府积极扶持文化产业发展的基本指导方针。

美国在扶持文化产业层面形成了完善的法规体系，包括《联邦电信

---

① 宋佳炬：《韩国施行〈文化基本法〉谋求"文化隆盛"》，《深圳特区报》2014 年 1 月 8 日。

② 李政炫：《韩国文化产业集群的现状和启示》，《国际文化产业发展报告（2007）》，社会科学文献出版社 2007 年版，第 345—346 页。

③ 陈志拥、冯梅、郭毅：《中国文化产业发展的财政支持研究》，经济科学出版社 2008 年版，第 146 页。

④ C. Weckrle, Compendium Cultural Policies and Trends in Europe：Switzerland, http://www.culturalpolicies.net/web/switzerland.php.

法》《联邦版权法》《尼尔与明尼苏达法案》《纽约时报与沙利文法案》《基金法》《国家艺术及人文事业基金法》《纽约时报与美国法案》等；与此同时，诸多文化机构代表政府行使部门职能资助文化产业发展，例如国家艺术基金会代表政府向文艺团体与艺术家提供资金扶持与技术援助、国家博物馆委员会专门资助博物馆与美术馆等。①

二　基于细分行业的文化产业财税扶持模式

各国对文化不同细分行业的法律层面的关注与财税政策扶持，一方面体现出该国对公共文化的重视和对公民文化权益的关注，也是从更长远的视角为文化产业发展提供文化受众；另一方面是各国对文化行业中主导产业的判断与定位及对本国文化产业重点行业的扶持；此外，表征着不同国家的文化资源禀赋的异质性，是一国文化特色的体现，也是各国在国际文化市场中形成差序竞争格局的制度基因。

1. 公益性文化行业的财税扶持模式

政府对公益性文化行业给予财税扶持与公民文化权益的实现是息息相关的，这从欧美各国的宪法与相关财税法的条款中可以判断出来。从文化属性来看，基于公共文化设施，如博物馆的可持续性发展与国家层面文化发展的可持续性，政府应制定适当的文化政策；② 从经济属性来看，对公共文化的扶持是提升公民文化素养、培育潜在的文化消费群体的重要制度安排。

法国政府重视公共文化服务与大型文化设施建设。首先，从税收上给予公共文化扶持。在法国，正常增值税税率是 19.6%，但博物馆、遗迹、展览和文化遗址、电影院等适用中等税率 5.5%，2.1% 的特定税率则适用于出版社、公众广播、新上演的戏剧作品的前 140 场表演等。③ 其

---

① 熊澄宇:《世界文化产业研究》，清华大学出版社 2012 年版，第 77—81 页。

② T. Stylianou‐Lambert & N. B. M. Christo‐doulou‐Yerali, Museums and Cultural Sustainability: Stakeholders, Forces, and Cultural Policies, *International Journal of Cultural Policy*, Vol. 20, No. 5, 2014, pp. 566–587.

③ T. Perrin & J. C. Delvainquiere, Compendium Cultural Policies and Trends in Europe: France, http://www.culturalpolicies.net/web/france.php.

次，每年投入在兴建公共图书馆、博物馆、影剧院等文化设施上的财政拨款高达几十亿法郎。2010年，法国文化部发起"区域博物馆"计划，投入7000万欧元扶持整个地区的博物馆建设项目。从法国政府资助文化机构的具体情况来看，对文化遗产遗迹、博物馆、美术馆、非物质遗产以及文化艺术的扶持尤为突出。根据法国文化与通信部公布的数据，2014年划拨预算资金72.6亿欧元，其中26.9亿欧元用于文化领域，资助青少年文化与艺术教育、文化遗产保护与发展以及文化创新、公共视听服务的多元化与数字化等。[①]

德国政府重视大型公共文化设施的改建与柏林的城市文化形象的塑造。2006年，联邦政府用财政补贴扶持柏林三大歌剧院；2007年，联邦议会设立4亿欧元的特殊文化基金，其中2亿欧元用于柏林国家歌剧院整修；2008年，联邦与柏林地区签订文化之都融资合约，明确了扶持文化发展的领域，并确定联邦对柏林的文化资助持续到2017年年底。实际上，德国尤其重视对博物馆、档案馆等文化遗产的保护与公共艺术的发展，在财税扶持时给予优先考虑。在各类文化机构中，政府对文化遗产的资金扶持力度是最大的，仅2008年就资助了6190家博物馆和778家地方档案馆，把大量资金用于博物馆、歌剧院等的改建与翻新。此外，德国实施的《基金会税收法案》对一些公共文化活动或者类似于剧院表演的非营利活动采取免增值税与企业所得税的政策，要求设立公共基金会，并对向基金会的捐赠给予税收激励，鼓励与刺激了基金会的遍地开花，如联邦文化基金会、普鲁士遗产基金会、魏玛经典基金会等。

俄罗斯对公共文化的财税扶持也有明确的法律依据，而且资助力度很大。首先，从税收体系上确立对公共文化的资金扶持。俄罗斯的《公民和预算法典》规定，国家在文化领域中需承担融资义务，即政府应是文化事业单位的公共资金提供者，并规定对"文化历史遗迹修复工作，维护文化遗产与转移慈善货物、作品、服务"减免税收，对"属于艺术家或民间手工艺家的建筑和活动场所，用作工作坊或对公众开放的私人展览、图书馆、画廊、博物馆等建筑"免除税收。可见，俄罗斯对公共

---

① 杰夕、禾泽、疏影、薇冉：《从2014预算看多国文化走向》，《中国文化报》2013年11月7日。

文化的税收优惠法规条款具体而明确。其次，俄罗斯实施的《文化古迹法》明确国家和地方政府对不动产对象和相关的绘画、雕塑、装饰艺术等文化遗产给予资金扶持，政府还要承担文化遗产项目的保护责任。从统计数据来看，2010—2012 年，联邦文化部为"文化和历史遗产保护"提供的预算分别占总预算的 24%、19% 和 31%，足见对文化遗产保护的重视；从 2013—2020 年的规划来看，俄罗斯联邦文化和旅游发展国家项目重点任务也定位于"保护和合理利用文化遗产，提高图书馆服务质量和增加可获得的途径，提高博物馆的质量和增加可获得的途径，确保档案集合的保存、收购和合理使用"等。

瑞士重视对公共文化的资金投入。首先，瑞士对文化遗产保护的重视程度主要体现在法律层面，近年陆续实施了一系列文化遗产领域的联邦法令，包括《自然遗产与文化遗产保护首批名录》《瑞士国家博物馆筹建法》《自然遗产与文化遗产保护法》《联邦文化财产转移法》《联邦文化促进法》《联邦博物馆及其藏品法》等。其中，《自然遗产和文化遗产保护法》明确了要保存和保护自然遗产和文化遗产，支持专家的研究与培训等。其次，瑞士对公共文化设施建设与文化遗产保护投入了大量财政资金。联邦文化局（BAK）隶属的历史遗迹与文化遗产保护部门重视修缮和保护涉及国家利益的历史古迹，并对国家图书馆与文化遗产传承相关的协调与推广项目进行全额或部分资助。从各级政府的投入情况来看，联邦政府的资金投入少，财政投入主要由各州、市政府承担。以 2009 年为例，瑞士公共文化支出规模为 24.33 亿瑞士法郎，48% 来自市政府，41% 来自州政府，仅有 11% 来自联邦政府。此外，根据《联邦文化促进法》的规划目标，2012—2015 年，瑞士投入 6.37 亿瑞士法郎（约 5.14 亿欧元）专门对语言、音乐教育、阅读、艺术与文化项目给予扶持。相比其他欧洲国家，瑞士文化领域的资金投入更大比例来自赞助人、基金会等私人或私企，民间基金会每年支出 10 亿—20 亿瑞士法郎，其中 3 亿—5 亿瑞士法郎用于文化支出。

英国对公共文化的重视与扶持，一方面表现为政府或文化艺术委员会等机构对公共文化领域的资金支持。例如，英国政府建立了 4000 万英镑的基金扶持 2012 年奥林匹克运动会和残奥会，促进青年群体对艺术与体育的兴趣，而由公共和私人基金构成的 7500 万英镑的基金则用于"盛

典2012"的文化活动；2013 年，40% 的基金用于健康、教育、环境和慈
善事业，其中，体育、艺术与文化遗产各占 20%。[①] 另一方面英国对公益
性文化行业采用税收优惠政策，例如重点扶持图书出版业发展，对图书、
期刊、报纸的出版不征增值税。但是从趋势来看，英国文化、媒体和体
育部（DCMS）对公共文化的支出正在缩减，强调私人部门的作用，强调
对政府扶持资金进行绩效管理的重要性，并作出相应调整。[②] 例如，政府
公共文化支出从 2010—2011 年度的 16 亿英镑缩减到 2014—2015 年度的
11 亿英镑，缩减了 25%；同时，DCMS 对英格兰艺术委员会的拨款也减
少了 29.6%（约 1 亿英镑），2014—2015 年英格兰艺术委员会收到的财
政拨款仅为 3.5 亿英镑，这意味着上百家文化艺术组织可能会失去资助。
不过这也说明了英国政府热衷于鼓励更多私人部门为文化发展提供资金
扶持的政策趋向，反映出英国政府遵循文化领域的"一臂之距"原则。[③]
此外，英国倡议在私营部门和文化艺术间建立互惠的合作伙伴关系，强
调对从事艺术与公共文化以及相关慈善性质的组织捐助资金的私营部门
可以享受税收减免政策，鼓励私人或营利性组织对文化进行资助，从而
使大量私人资金流入艺术、博物馆、文化遗产等具有慈善性质的机构；
同时，以减免赋税来支持与鼓励公私文化机构的合作。

美国对公共文化的重视突出表现在对非营利文化组织的扶持上。美
国对非营利文化组织实施免税政策，提高了私人、企业投入文化事业的
积极性。美国的《国内税收法》规定，向法律许可的一切文化机构捐助
款物的个人和单位可享受销售税与财产税的减免优惠政策；州政府的财
政拨款侧重对文化艺术领域的地方文化组织与文化团体给予资助，例如，
纽约市 2000 余家非营利文化组织中，约 1/4 获得市政府的资金扶持；地
方政府从税收收入中提取一定比例成立相关基金为文化提供扶持。对非

---

① 疏影薇、冉杰夕：《多国文化艺术基金：平衡文化补充财政推进普及》，《中国文化报》
2014 年 1 月 16 日。

② A. Tlili, Managing Performance in Publicly Funded Museums in England: Effects, Resistances
and Revisions, *International Journal of Heritage Studies*, Vol. 20, No. 2, 2014, pp. 157 – 180.

③ D. Hesmondhalgh, M. Nisbett, K. Oakley & D. Lee, Were New Labour's Cultural Policies
Neo – liberal? *International Journal of Cultural Policy*, Vol. 21, No. 1, 2015, pp. 97 – 114.

营利性文化组织实行税收减免政策的地方州政府将近 50 个。[①] 同时，鼓励对文化艺术与非营利文化组织的捐赠。特别是美国征收高税率的遗产税与慈善捐赠免税刺激了私人对文化产业的捐赠热情，社会捐赠占美国文化预算的 43%。此外，美国联邦政府对美国博物馆及图书馆服务协会、国家人文基金会、美国国家艺术基金会肯尼迪中心等每年的资助额高达10 亿美元。

2. 营利性文化行业的财税扶持模式：以电影产业为例

电影产业属于创造财富的产业，可以带来可观的经济效益与社会效益；同时电影作为展示一国政治话语权与创意表达的方式，[②] 为各国扶持电影产业发展提供了现实依据，因此各国大都采用积极的财税政策鼓励与扶持电影产业的发展。但电影企业争取到政府"补贴"的竞争也是异常激烈的。[③] 美国把电影补贴政策看作保持经济活力的法宝，各州大多通过税收优惠政策补助电影产业，而且补贴额度是非常高的。具体来看，一般的州给电影生产者的补贴为：每一美元生产费用给予 25 美分的补贴，税收补贴最丰厚的州是阿拉斯加和密歇根，高达 42 美分；电影制作者与政府长期保持密切的关系。从 2010 年度的财政预算来看，政府补助15 亿美元给电影和电视制作，把原本对公共领域（如教育、医疗卫生、公共安全和基础设施）的资金都划拨给了电影产业。其中，纽约州、路易斯安那州与加利福尼亚州补助电影产业的额度最高，分别达到 3.5 亿美元、1.25 亿美元、1.1 亿美元。电影税收享受的优惠政策要比其他行业多，电影税收抵免规模远高于研发税收减免规模，虽然美国对研发也很重视。其中密歇根州的电影产业税收抵免规模最大，为 1.17 亿美元。但从现实状况来看，诸多美国学者反对政府补助电影产业，认为一系列的广泛证据表明为补助电影产业，对电影生产者提供慷慨资助，付出了高

---

① 杜晓燕：《美国财政政策对文化产业投融资的支持探析》，《财政监督》2011 年第 12 期。

② E. Blomkamp, Discourses of Legitimation in New Zealand's Film Policy, *International Journal of Cultural Studies*, Vol. 15, No. 6, 2012, pp. 629 – 644.

③ A. Collins & J. Snowball, Transformation, Job Creation and Subsidies to Creative Industries, *International Journal of Cultural Policy*, Vol. 21, No. 1, 2015, pp. 41 – 59.

昂的成本，但通常是负回报率，而且不利于自由市场的发展。[①]

法国在电影文化产品出口国中仅居于美国之后，2012 年，每天约 40 部法国电影在外国电视频道上播放，464 部法国电影在全球电影院播放给 13.7 亿名观众观看，产生 85.1 亿欧元的收入。法国电影产业的发达与其完善的财税扶持法规体系是分不开的。一方面，《电影动画形象法典》明确了支持法国电影产业发展的机构，建立了系统的税收制度，包括：对电影降低增值税、实施税收抵免政策、资助电影产品、对影院特定作品传播提供资金支持、扶持建立现代化电影院等；同时，法国的电影制片人也从政府的财税扶持中不断受益，形成了各界促进电影产业发展的良性循环，确保了法国乃至整个欧洲电影产业的活力。另一方面，法国通过各种电影基金会为电影产业发展提供资金支持，如法国的国家电影、广播产业支持基金会为电影提供资金扶持与融资；影像多元化基金会则主要为电影、广播和多媒体作品提供补充性扶持；国家电影中心与法国文化中心合作成立的世界电影基金会主要扶持电影产业的国际合作，例如对 2012 年戛纳电影节上展示的 7 部电影进行了资助。[②] 此外，法国采用奖励与联盟的方式扶持电影产业发展。2010 年，法国电视集团、国家电影中心等合作建立了法国影视多样性奖项，奖励三部以多样性为主题的影视作品，奖金分别为 2 万欧元、1.5 万欧元、1 万欧元；法国电影联盟拥有 600 个成员，包括电影和微电影制片人、演员、导演、编剧与艺术机构，致力于保护法国电影的国际传播，在电影产业中起着行业引领、扶持与保护的作用。

在俄罗斯，《俄罗斯联邦电影艺术国家支持法》规定对电影实施免除税收和关税的优惠政策，虽然这项法律未能得到有效执行，但还是给电影产业发展提供了约 80% 的预算外资金支持。2001 年，为重新调整电影生产和影片发行，国家公布了两个总统法令，将电影制片厂与相关企业变成合资公司，明确了电影产品和发行的报酬，从而使电影制片人在融

---

① R. Tannenwald, State Film Subsidies: Not Much Bang for too Many Bucks, Washington, D. C., Center on Budget and Policy Priorities, http: //www. cbpp. org/cms/index. cfm? fa = view& id = 3326.

② 疏影薇、冉杰夕：《多国文化艺术基金：平衡文化 补充财政 推进普及》，《中国文化报》2014 年 1 月 16 日。

资方面的关键性地位得到巩固。通过 2008—2020 年长期社会经济发展规划，俄罗斯将对电影艺术、文化与大众媒体的预算从 2007 年占 GDP 的 0.7% 增加到 2020 年的 1.5%，加大了对电影艺术发展的扶持力度。此外，俄罗斯还重视对历史题材电影的扶持，联邦国家电影基金通过扶持特殊的电影院与档案馆开展电影节活动，受到市民的欢迎。①

电影产业被认为是德国文化传统的重要组成要素和主导产业，为了促进和支持电影发展，联邦政府和州政府都采取了促进电影发展的措施。1968 年就颁布了支持电影产业发展的《联邦电影促进法案》，并于 2010 年 8 月进行了第六次修正，对电影领域里的技术和经济因素的扶持也被考虑进来。该法案成为财税扶持电影产业发展的法律基础，德国各产业中涉及电影的部分可以通过"电影税"获得资金扶持。德国用于奖励电影产业的资金规模也较大，从 2005 年开始，有 1.3 亿欧元用于德国电影奖项，促进与支持电影产品、剧本和电影院发展；德国创新了电影扶持模式，每年提供 6000 万欧元用于给在德国本土生产电影的电影制片人报销 15%—20% 的生产成本，从而大大提高了德国作为电影生产基地的吸引力。与此同时，在州层面建立电影委员会实施电影促进计划，扶持资金来自各种不同的赞助者与团体，实现了州与联邦政府协同扶持电影产业发展的格局。

瑞士通过财政资助、设立奖项、为电影产业教育提供资源等多种方式扶持电影产业的发展。瑞士颁布了一系列的法规，如《联邦电影制作和电影文化法》《电影法令》《联邦电影促进法令》《瑞士联邦电影奖励法令》《电影推广法令》等，建立起完善的电影法规体系。此外，对电影产业实施奖励机制，为电影精品、优秀电影工作者（电影团队、制片公司、分销商和影院）提供额外的扶持资金；但对以营利为目的的影片设置了最低票房的限制，即专题片票房需达到 1 万瑞士法郎、纪录片票房需达到 5000 瑞士法郎才可以得到扶持资金。

英国对电影产业的扶持主要体现在两个方面。一是建立专业的机构。英国电影委员会在 2000 年成立，并设立了英格兰区域投资基金（简称

① Tatiana Fedorova, Compendium Cultural Policies and Trends in Europe: Russian Federation, http://www.culturalpolicies.net/web/russia.php.

RIFE）对英格兰地区的电影给予直接资助，包括电影生产、电影教育、电影展览、电影培训与相关服务等，并扶持电影院网络、电影俱乐部和电影社区的建立等。2010 年，英国电影委员会与英国电影学院合并（实际是取消了电影委员会），英国电影学院开始承担"为英国本土电影颁发英国国家彩票大奖，为英国各地区电影提供资金支持，为电影税收抵免进行测试认证"等职责。二是把财政税收优惠政策作为扶持电影产业的保障。2006 年，《融资法案》获得通过，对电影采用全新的税收减免体系，即一部电影须达到以下四点要求："由英国电影制作生产，院线放映，由英国电影协会监制或符合英国电影合作生产协议，英国政府支出至少占其预算的 25%"，如果未达到上述标准，电影制片商须从"电影的文化内容、文化贡献、文化中心、文化实践者"等方面来展现其具有的英国风格与质量。当所有方面达标时，电影企业才可以申请享受税收减免政策，例如成本低于 2000 万英镑的电影可以获得 100% 的附加税减免。与此同时，英国通过税收优惠政策吸引外来电影投资商进驻英国，达到将英国变成电影制作胜地的目标，并提高英国电影产业的国际化水平。[①]

三　基于文化产业价值链的财税扶持模式

1. 积极扶持艺术家的财税支撑模式

第一，通过实施税收减免优惠政策扶持艺术家。爱尔兰颁布的《艺术家所得税豁免法》规定，对在文学作品、音乐作曲、绘画、雕塑等领域的年收入不超过 25 万英镑的艺术家免征所得税，对年收入超过 25 万英镑的，其超过部分按正常税率减半征收，而电影及影视娱乐业从业人员不享受税收减免政策。[②] 在英国，虽然税务局规定对艺术家的补助和奖励是需要纳税的，但特殊的文化从业人员，例如作词家、作曲家、剧作家等，由于创作过程长，收入比平均水平低，可以和税务局协商将税额分

---

① R. Fisher & C. Figueira, Compendium Cultural Policies and Trends in Europe: United Kingdom, http://www.culturalpolicies.net.

② 郭玉军、李华成：《欧美文化产业税收优惠法律制度及其对我国的启示》，《武汉大学学报》2012 年第 1 期。

配到几年里进行缴纳。加拿大对作家、艺术家、制片人、音乐人、演员及其他创意产业人才实施税收减免政策，例如在魁北克省，所得不超过2万加元的艺术家，其1.5万加元部分免予缴税；对收入超2万加元的部分减半征税，减免最高额度为3万加元。① 韩国则对取得突出成就的从事网络游戏、动漫、影像、创意行业的文化人才，免征个人所得税两年。

第二，通过各种文化奖项资助艺术家。欧美各国大多采用设立文化奖项与提供奖学金的方式择优资助艺术家。法国在文化艺术领域设有多种高额奖项用于奖励优秀的文化艺术人才，例如文学创作领域的奖项就高达数百个。同时，法国对居住在国外的法国作家、艺术家和文化专业人士提供资助。按照法国的政策要求，大部分公共资金补助和奖金受到地方政府、文化机构间协议的约束，但对艺术家的奖励和资助则不受协议约束，只有补助额大于2.3万欧元时才需要签协议。德国也为艺术家提供奖学金和各种文化艺术奖项的奖金，文化领域的奖项高达千余种，这方面的支出约占德国文化总支出的1%。瑞士则每年会颁发5万瑞士法郎的艺术大奖以及1.5万瑞士法郎的特别奖用于表彰为艺术与文化推广做出重大贡献的人，并以年度奖金的方式为在文学、电子音乐、戏剧、舞蹈、爵士/摇滚/流行音乐以及喜剧方面做出突出成绩的艺术家提供定期津贴。英国则实施领军文化人才扶持计划。一是实施英国艺术家领袖计划，由杜菲德基金资助，旨在帮助培训和发展英国新一代文化领袖，每年资助一批艺术家进行学习、工作、研究、训练，一些专门性公共艺术机构与相关组织会为其提供助学金资助；二是实施"文化领袖"项目，通过资金扶持创意产业领导力培训，目标是培养21世纪世界级多样化文化领袖。

第三，通过文化基金会扶持艺术家。文化基金会存在的要义除了资助优秀文化项目外，为艺术家提供资金援助也是其重要任务。在法国，很多基金会与赞助者对文化艺术发展做出了贡献，如卡地亚基金会、法国基金会、皮埃尔·贝尔热伊圣罗兰基金会、让·吕克·拉加尔代尔基金会、人民银行基金会等。其中，法国的当代艺术国家基金致力于发现

① M. Auburn, Utilizing Tax Incentives to Cultivate Cultural Industries and Spur Arts – Related Development, http://www.docin.com/p-305194001.html.

新的年轻的艺术家，购买其作品，以此来培育艺术家的成长。德国则通过各种不同的基金会资助艺术家，例如德国文化基金会、视觉艺术基金会、德国文学基金会、社会文化基金会、表演艺术联邦基金会、德国翻译基金会等多个基金会给予艺术家资金扶持。瑞士设立了艺术家特别基金——瑞士文化社会基金，由瑞士联邦文化处出资成立，主要为需要帮助的艺术家提供资金援助。

第四，通过项目资助、资金扶持与社会保险/养老金等方式扶持艺术家。德国一方面为个体艺术家实施社会保险条款；另一方面在联邦、州、行政区层面对艺术家进行资金资助，包括购买艺术家的艺术作品，投资艺术品的生产，协助举办艺术展览和提供公共设施，提供工作室和工作坊，给予出版补助，等等。在俄罗斯，各级政府通过授予杰出艺术家个人终身成就奖、对艺术家实施特殊支持计划等资助活跃的艺术家。例如，2010 年，文化部为支持艺术家组织的津贴预算达到了 8000 万卢布；2013—2020 年俄罗斯联邦文化和旅游发展国家项目，支持有创造力和积极性的艺术家、文化工作者。瑞士扶持艺术家的形式广泛而多样。不管是联邦政府、州政府还是市政府，都要求在培养艺术家方面提供财政补助和竞赛活动奖金，为艺术家的海内外工作室提供援助资金，并鼓励艺术家开展国际性的展览活动。而依靠联邦文化局（BAK）资助成立的相关艺术家社会组织与艺术家咨询中心，则为有需求的艺术家提供辅助性资金支持。与此同时，养老基金是其创新性做法，例如瑞士《联邦文化促进法》第 9 条规定，联邦政府和瑞士文化基金会应把资助给创意艺术家的资金变为艺术家养老基金等形式，数额大小由联邦委员会决定，并在电影行业、表演和戏剧艺术行业以及音乐行业成立了三个养老基金会。此外，英国从 1999 年开始实施"音乐新政"扶持政策，帮助未就业的音乐家以及各种从事艺术的年轻人获得职位，帮助他们真正走进艺术行业；而苏格兰地区则将音乐产业纳入政府资金扶持政策的范畴。[①]

2. 鼓励文化内容创新的扶持模式

欧美各国重视对文化创新的资金投入，通过各种财税手段支持与鼓

---

① S. Homan, M. Cloonan & J. Cattermole, Introduction: Popular Music and Policy, *International Journal of Cultural Policy*, Vol. 19, No. 3, 2013, pp. 275 – 280.

励文化企业或个人从事文化创意项目与文化创新活动。

首先,重视内容创新,对具有创意的文化项目给予资金扶持,这是世界发达国家扶持文化产业的共同做法。德国政府对具有独特艺术形式的文化产品与文化创意项目给予重点扶持,对具有创新性的文化艺术企业、新兴公司、自由职业的创意人士提供特别支持。法国广播事务管理局在 2013 年规定,对平板电脑和智能手机产品征收 1% 的税来支持文化创意活动。而俄罗斯文化和艺术委员会由卓越的文化管理者、艺术家和艺术家工会代表组成,自成立起就致力于对文化创新的积极性支持及对文化和历史遗产的关注,不但与创意社区和文化组织建立互动关系,还对艺术节、知名的文化机构、卓越的艺术家和优秀的公司给予国家资助与奖金。例如,2010 年俄罗斯文化部在政府奖励和资助方面支出 18.79 亿卢布,在 2011 年和 2012 年分别计划了 17.9 亿卢布和 15.34 亿卢布的专项拨款。联邦政府的奖项包括:15 个联邦政府文化奖(每个 100 万卢布,2005 年起)、15 个奖励民间业余艺术家的"俄罗斯之魂奖"(The Soul of Russia)(每个 10 万卢布,2007 年起)、10 个平面媒体奖(每个 100 万卢布,2005 年起)、8 个交响乐团和大学生合唱队政府奖助(每年 4.46 亿卢布,2005 年起)、14 个音乐艺术政府奖助(每年 6 亿卢布,2009—2011 年)以及针对民间音乐和舞蹈专业公司、音乐剧院与院校、戏剧艺术剧院与院校等的俄罗斯总统奖;同时还对专业艺术家团体或组织给予财政支持,仅 2010 年俄罗斯文化部就划拨了 1.5 亿卢布的预算。①

其次,鼓励与促进艺术创作。瑞士早在 1965 年就制定了《瑞士文化基金会法》,之后成立瑞士文化基金会。作为完全由瑞士联邦政府拨款资助的机构,它扶持视觉艺术、音乐、文化人文学科、戏剧、舞蹈等多个领域的发展,重点定位于"扶持艺术性及创造性作品的多样性发展,提高瑞士艺术文化的知名度,培育当代流行文化,鼓励文化交流"等方面。瑞士文化基金会采用四种方式扶持文化项目,其中遴选优秀文化项目进行资助是其主要工作方式,约占总资金的 70%,其他还有内部项目资助(约占 10%)、文化中心网络和海外办公室资助(约占 17%)、信息和推

---

①　Tatiana Fedorova, Compendium Cultural Policies and Trends in Europe: Russian Federation, http://www.culturalpolicies.net/web/russia.php.

广材料资助（约占3%）等。德国实施差别税率扶持文化艺术，虽然在单独的法案中没有明确规定，但是在各种专门法案的规章中都有所涉及。例如，关于增值税，对大部分文化艺术采用了较低的税率（7%）而不是普通标准税率（19%）。德国联邦政府还对《艺术家社会保险管理法》进行了修订。《萨克森自由州文化领域法案》规定州预算中至少有8670万欧元分配给5个乡村地区与3大城市地区来支持有价值的文化机构与文化活动，该法案于2012年进行了最新修订，对萨克森剧院全部剧目进行资助；而萨克森的《文化区域法案》提出了州、行政区、县要联合资助区域内或跨区域的有价值的文化项目，资金由联邦政府分配给文化机构与文化活动。德国颁布的《非营利与捐赠法案》减轻了公民的税收负担，规定捐赠不受20%所得税的限制，并将基金会的免税津贴从30万欧元提高到100万欧元。[①] 日本致力于培养、鼓励文化创作的优秀人才，建立相关文化研究机构与各种不同形式的基金会，资助文化艺术项目，鼓励文化产业的发展。例如，文化艺术振兴基金每年拨付大约15亿日元用于文化艺术领域，为文化艺术创新活动提供了保障。

3. 刺激文化产业技术创新的扶持模式

各国对文化产业的技术创新给予了积极的资金扶持。基于技术成为创意的工具以及技术创新和创意互动的非线性与不可预测性，[②] 各国致力于鼓励与资助本国文化产业的技术创新，推动文化产品的数字化与网络化，提升文化产品的科技含量，延展文化产品的展示载体与表现形式。

首先，加强对科技类文化行业的资助。欧美对从事技术创新的文化企业实施税收优惠政策，鼓励企业加强技术创新与研发活动，加大对无形资产的投入力度。美国的《国内税收法》对企业科技创新活动的扶持倾向明显。例如，税法规定"企业研究费用比上年增加部分的20%可冲抵所得税；若研发费用超过前几年的平均值，超出部分则可享受25%的所得税抵免；用于技术更新改造的投资可按投资额的10%抵免当年应缴

---

① U. Blumenreich, Compendium Cultural Policies and Trends in Europe: Germany, http://www.culturalpolicies.net/weblgermany.php? aid = 1.

② L Le Patrick, Masse David & Paris Thomas, Technological Change at the Heart of the Creative Process: Insights from the Videogame Industry, *International Journal of Arts Management*, Vol.15, No.2, 2013, pp.45 – 59.

所得税;企业委托大学或科研机构进行基础研究产生的研发费用,65%
可从应纳所得税中抵免";① 约 30 个州实施研发税收抵免政策,以夏威夷
州为代表的州将税收抵免政策适用范围拓展到文化产业领域,符合特定
条件并经认证的文化企业可以免缴所得税,但前提是文化企业 75% 以上
的研发活动要在夏威夷进行,且一半以上用于研发,一大批从事创新项
目的文化企业从中受益。② 此外,法国也特别关注中小文化企业的研发活
动,出台的《技术开发投资税收优惠制度》规定,"凡是增加研发投资的
中小企业可享受减税优惠;研发投资比上年增加的企业可免缴研发投资
增加额 50% 的企业所得税,资助上限为 800 万法郎;中小企业以专利、
发明或其他无形资产投资所获利润的增值部分可推迟五年纳税"。③

其次,以基金会资助方式推动文化产业的数字化进程。法国 2002 年
建立了文化融资体系支持多媒体和数字形式的艺术创作,并设立了特别
基金会来支持创新的广播节目和数字视听作品,将互联网与手机的文化
特点融合到传统的艺术手法与传播方式中,并通过数字化设备增加艺术
文化的获得载体以便吸引更多的受众。瑞士联邦政府实施"四年计划"
(2012—2015 年"文化信息"计划),鼓励将新信息技术应用于文化领
域,致力于实现文化产品的数字化,特别是通过瑞士文化基金会与联邦
文化局的合作扶持与鼓励具有艺术价值的电脑游戏以及博物馆图像档案
的数字化。韩国则成立了游戏产业发展基金,扶持初创期的游戏企业的
发展,并设立了韩国游戏大奖;2010 年出台的《电子出版产业育成法》
规定,政府 5 年内投入 635 亿韩元培育与扶持电子出版产业的发展。④ 此
外,荷兰于 2013 年 2 月与谷歌达成了一项史无前例的协议,计划用 6000
万欧元来促进新闻行业的数字化转型。而加拿大则成立加拿大音乐基金,
专门扶持音乐产业的数字化。

---

① 李炳安:《美国支持科技创新的财税金融政策研究》,《经济纵横》2011 年第 7 期。

② 郭玉军、李华成:《欧美文化产业税收优惠法律制度及其对我国的启示》,《武汉大学学报》2012 年第 1 期。

③ 于海峰、谭楚玲:《欧盟与中国支持中小企业技术创新财税政策的比较研究》,《税务研究》2009 年第 11 期。

④ 陈玉凤、黄先蓉:《韩国数字出版法律制度的现状与趋势》,《出版科学》2013 年第 1 期。

最后，以补助与税收优惠方式扶持新媒体与网络文化产业。① 俄罗斯把促进大众媒体数字化多元化作为文化政策的主要导向，联邦政府通过多种方式扶持图书出版与文化教育的数字化，并积极推动国家音像档案的数字化，扶持新媒体的发展。英国也关注创意产业的数字化，在2005—2006 年度投入 1600 万英镑资助包括网络、数字电视和移动服务等在内的文化科技创新与数字化项目；博物馆、图书馆和档案馆委员会则与相关基金会合作为文化机构的内容与服务数字化提供资助，并投入 1.2 亿英镑的彩票基金与 5000 万英镑的数字节目创意项目资金资助了全英4200 家公共图书馆入网。韩国重视网络文化产业，文化观光部设立游戏投资联盟，每年向游戏产业投入 500 亿韩元，对指定的风险企业实施税收优惠政策，包括对从事生产销售游戏机的企业免征特殊所得税，对新成立的数字游戏企业免除三年的税收，并提供低息或贴息银行贷款等。②

四　中国文化产业财税扶持政策法规体系的完善建议

从发达国家的财税扶持政策法规来看，政府对文化产业发展的积极扶持以及制定多元文化政策的实践，是立足于实现公众享受文化权益和参与文化生活、壮大文化产业、增强文化软实力目标基础上的。扶持文化产业发展的方式包括对文化产业实施差异化的税收优惠政策、直接补助公共文化、扶持文化企业或文化项目、通过奖励或者其他财税手段扶持与培育文化人才等四种。其中，近些年来，美国、英国为了减轻国家财政负担、平衡预算，都在削减文化艺术的财政支出，③ 但对文化产业实施财税优惠政策仍然是最常见与最主要的方式。

---

① 郭玉军、李华成：《国际文化产业财政资助法律制度及其对中国的启示》，《河南财经政法大学学报》2013 年第 1 期。

② 杰夕、禾泽、疏影、薇冉：《从 2014 预算看多国文化走向》，《中国文化报》2013 年 11 月 7 日。

③ D. Harsell, My Taxes Paid for That? or Why the Past Is Prologue for Public Arts Funding, *PS Political Science& Politics*, Vol. 46, No. 1, 2013, pp. 74 - 80.

1. 构建"四位一体"的文化产业财税扶持政策法规体系

我国对文化产业发展的财税扶持应形成不同立法层级、从上到下的"四位一体"的政策法规体系：第一层即最高层是宪法，作为扶持与促进文化产业发展的法律依据与根本大法；第二层是文化产业基本法，即制定《文化产业促进法》作为促进文化产业发展的文化宪法与基础法；第三层是配套法律，由《财政法》《税收法》《投资法》《金融法》《贸易法》等构成，作为扶持文化产业发展的配套保障；第四层是文化产业行业法，制定一系列的文化产业行业法规，成为扶持与促进文化产业发展的实施保障。

具体来说，第一，在最高层次上，对宪法进行修订与补充，明确以下四个关键的要素。一是确定政府承担扶持与培育文化发展的责任，推动文化立法与宪法的统一，明确政府财税扶持文化发展的责任；二是宪法要增加关于财税的适用范围，明确财税部门的职能、责任与义务，明确对公共文化的财税扶持力度，确保对文化的财政支出逐年增长；三是宪法要明确公民平等享受公共文化服务、自由参与文化生活、保障公民文化生活的权益；四是宪法要明确政府保护历史文化遗产、促进文化多样性的责任，这也是每个公民的责任。第二，在文化基本法层面，要加快出台《文化产业促进法》，确立文化产业的市场主体，明确政府的经济职能，成为约束、规范、促进与激励文化产业发展的专项基本法。《文化产业促进法》应以宪法为依据，以文化产业振兴为目标，明确政府扶持文化产业发展的基本指导方针，确定国家对文化的资助责任与资助水平，促进文化发展，提升文化凝聚力。第三，完善配套法规。在税收法的具体条款中明确对文化产业实施税收优惠政策，要特别强调对文化产业采取差别税收政策，设立免税区，并通过税收优惠、捐赠免税等政策设计鼓励与吸引来自私营企业或个人的资助，鼓励多元社会资本进入文化领域；完善文化产业的相关财政法规，积极发挥财政资金杠杆的作用，确保国家预算不断增加对文化的投入规模，明确扶持的重点行业；完善文化金融、文化投资与文化贸易法规。第四，要加快出台文化细分行业法规，作为扶持文化产业的实施保障。目前的文化产业立法主要有《著作权法》《文物保护法》《非物质文化遗产法》《档案法》《旅游法》，这些立法主要定位于规范与保护的目标，缺乏直接鼓励与扶持文化产业发展的具体法律条款。面对立法滞后的现状，应加快出台《公共文化服务保障法》《互联网新闻信息传播法》《文化市场管理法》《移动互联网通讯法》《广播电视法》《出版法》《电影促进法》《演艺产业促进法》《图书馆法》《博物馆法》等，并将互联网技术与移动互联网时代的到来带来的新变化、新业态、新情况等问题设计到诸文化产业部门法的具体条款中，将财税扶持、行业准入门槛等具体条款纳入其中，真正促进文化产业诸行业的快速发展。

2. 积极借鉴西方文化产业财税扶持政策法规的亮点

第一，鼓励文化创新，给予文化原创者积极的财税扶持。文化创新人才是文化产业持续发展与竞争力提升的核心与根本。鉴于此，在文化产业法规还不系统、扶持体系还不完善的情况下，在法律条款设计与政策导向上，要对创意人才、文化领军人才实施具有社会导向性的资金支持与奖励，推行所得税减免优惠政策，设置文化类奖励，提供资金资助，提供奖学金等，鼓励原创和创新，培育一批文化领军人才，形成良性循环的文化创新生态。同时，财税政策法规不仅要关注经济效益，还应将内容创意人员数量、文化从业人员数量等就业指标作为社会效益考虑进来。[1]

第二，对公共文化与民族性文化遗产保护给予积极的财税扶持。政府对文化遗产与公共文化服务给予财税扶持既是保障公民文化权益实现的基础，也是保护文化资源与确立一国文化发展特色、激励和推动文化产业持续发展的重要手段。[2] 虽然我国近些年给予文化遗产保护与公共文化发展足够的重视，并从法制层面建立起保障体系，如《非物质文化遗产法》《文物法》以及即将出台的《公共文化服务保障法》，但如何鼓励与吸引更多的私人投资和捐赠等社会资本注入公共文化领域，以开放的思维与"大文化概念"扶持公共文化则是需要考虑的问题，这既有助于

---

[1] A. Collins & J. Snowball, Transformation Job Creation and Subsidies to Creative Industries: The Case of South Africa's Film and Television Sector, *International Journal of Cultural Policy*, Vol. 21, No. 1, 2015, pp. 41 – 59.

[2] P. Losson, The Creation of a Ministry of Culture: Towards the Definition and Implementation of a Comprehensive Cultural Policy in Peru, *International Journal of Cultural Policy*, Vol. 19, No. 1, 2013, pp. 20 – 39.

减轻政府财政负担，又可以活化公共文化、提升公共文化服务效能。需要强调的是，对文化发展扶持资金要做好后期评估，核算成本与收益，真正实现政府补助预期的效果。①

第三，税收优惠政策应是对人、组织、文化产业园区的共同关注。采用税收优惠的方式扶持文化产业发展是欧美各国通用的做法。我国近些年对文化企业实施的税收优惠政策，一是基于国家与各地的文化产业园区/示范基地实施税收减免政策，二是主要针对文化企业与文化项目，忽略了文化产业不同于其他行业的独特性，即文化创意的核心是人，税收减免政策中对创意人才的忽视不利于调动文化创新人才的主动性与积极性。因此，下一个阶段文化产业税收优惠政策设计既要针对文化产业园区内的文化企业落实税收减免、税收返还、出口退税等优惠政策，也要针对文化项目实施税收减免政策，还要对文化人才实施所得税优惠政策，这是我国建立科学、完善的文化产业税收优惠政策的参照基准。

第四，增加非政府组织资助文化产业的规模，扩展扶持资金的来源，形成"众筹"模式。从欧美各国扶持文化产业的经验来看，确保扶持资金来源的多元化是最关键问题所在。我国文化企业一直以来过度依赖政府资助的模式是难以持续的，扶持资金会受到政府预算、国家战略、文化政策等多种因素的影响，扶持对象则往往会出现"国进民退"的窘状。因此，扩大多元化的社会资本进入文化产业领域是下一阶段的法制创新重点。一方面，政府文化部门与私营企业可以签署合作伙伴协议，通过成立基金理事会的方式为文化发展提供多元化的资金来源；另一方面，通过税收优惠、捐赠免税等政策设计鼓励与吸引来自非营利与商业活动者的私人文化资助。

（选自《国外社会科学》2015 年第 4 期）

---

① A. Stockenstrand & O. Ander, Arts Funding and Its Effects on Strategy, Management and Learning, *International Journal of Arts Management*, Vol. 17, No. 1, 2014, pp. 43 – 53.

犯罪学的绿色视角：
西方绿色犯罪学的发生、发展及借鉴

陈世伟[*]

"在 21 世纪，传统犯罪学必须意识到环境的意义。"[1] 当环境问题日益严重并渐成国际公害，西方犯罪学内部孕育出了环境犯罪（environmental crime）研究这一新视角。"环境恶化的全球蔓延缓慢但持续地闯入人类生活的每一片领域"，"环境危害已成为公众讨论和频繁的媒体报道以及国际会议和科学论坛、辩论和国际首脑会议的主题"，[2] "作为对环境状态日益增长的不满的回应，一种独特和批判性的'绿色犯罪学'在近些年出现了"。[3] 在最近 20 多年里，绿色犯罪学在争议中诞生、深化、勃兴并得以良性实践，既为西方犯罪学者提供了研究环境犯罪的全新视角和交流平台，也为一些国家和地区提升环境犯罪研究提供了重要方法。梳理绿色犯罪学的发生与发展，借鉴其"绿色"经验，对于优化我国犯罪学知识谱系并构建起本土以环境危害为核心的犯罪学研究大有裨益。

* 陈世伟，1975 年生，博士，西南政法大学法学院副教授、硕士生导师。

[1] Nigel South, A Green Field for Criminology? A Proposal for a Perspective, *Theoretical Criminology*, Vol. 2, 1998, pp. 211 – 233.

[2] Nigel South, Katja Eman & Gorazd Meško, History of Green Criminology, in Gerben Bruinsma & David Weisburd, *Encyclopedia of Criminology and Criminal Justice*, New York: Springer, 2014, p. 2173.

[3] Rob White & Diane Heckenberg, *Green Criminology: An Introduction to the Study of Environmental Harm*, New York: Routledge, 2014, p. 1.

一　绿色犯罪学的产生和发展简史

迈克尔·林奇（Michael J. Lynch）在 1990 年第一次使用"绿色犯罪学"这一术语，使其成为关注自然世界的环境犯罪学（environmental criminology）① 的同义语。林奇认为，传统的"犯罪学者们不能解释生态破坏，因为他们忽略了形塑法律和权力关系的社会经济因素，相反依赖包含在刑法中的狭隘的犯罪界定。为了改变这种情形并探讨造成环境危害的结构力（structural force）"，犯罪学需要强调"绿色"。②

根据西方学者的综述，1998—2012 年该领域重要学者的活动和一些重大学术事件成为绿色犯罪学逐渐成长的标志。1998 年，绿色犯罪学领域的科学出版物逐渐增多，相关领域学者的国际联系也逐渐加强，贝尔尼（Beirne）和索思（South）两位学者于同年在《理论犯罪学》（*Theoretical Criminology*）的特刊中首次收集了以"绿色"为主题的论文，包括"环境正义""虐待动物""绿色犯罪学""危害环境犯罪"。与此同时，海尔赛（Halsey）和怀特（White）则基于社会学和哲学的立场研究了对环境的威胁和人与自然的关系。自此，绿色犯罪学开启了在国家和国际层面的合作研究。及至 2004 年，塞尔维亚和马其顿共和国对社会科学尤其是犯罪学中的环境议题产生了更为广泛的兴趣。基于林奇和保罗·斯特雷茨基（Paul B. Stretesky）立足犯罪学的不同视角对"绿色含义"的讨论，海尔赛又开启了一场关于"绿色"犯罪学的赞成和反对之争。2006 年，赫尔比希（Herbig）和朱伯特（Joubert）两位学者开始介绍

---

① 有必要说明的是，本文中的"环境犯罪学"是指以"环境不法"为研究核心的犯罪学。在英语国家，"environmental criminology"还可用以指代"研究犯罪行为具体环境"的"环境犯罪学"，更多与"情境犯罪预防"（situational criminal prevention）紧密相关。这一语言共用现象也让西方英语国家的学者们深感困惑。为了更为精准地区分与表达，有学者建议，旨在研究"犯罪行为具体环境"的"环境犯罪学"之"环境"（environmental）一词应当删除，而代之以"更少内容但是更为精确的术语，比如'基于场所的犯罪预防'（place‐based crime prevention）"。参见 White, *Crimes Against Nature*: *Environmental Criminology and Ecological Justice*, Devon: Willan Publishing, 2008, pp. 6‐7。

② Paul B. Stretesky, Michael A. Long & Michael J. Lynch, *The Treadmill of Crime*: *Political Economy and Green Criminology*, Introduction, New York: Routledge, 2014, p. 1.

"保护犯罪学"（conservation criminology）。到了 2008 年，怀特开始介绍
"全球生态犯罪学"（eco - global criminology）。2009 年，波斯尼亚和黑塞
哥维那（以下简称"波黑"）的绿色犯罪学开始发展。同年，贝尔尼将动
物的权利及保护作为绿色犯罪学所关心的领域。2008—2010 年，在斯洛
文尼亚，环境犯罪的侦查出现了新进展，① 环境犯罪学领域的第一份科学
出版物问世。2011—2012 年两年间，怀特和埃利弗森（Ellefson）等人对
跨国环境犯罪产生了更为广泛的兴趣。②

　　作为西方犯罪学的智识增量，多数学者认为绿色犯罪学是研究环境
犯罪的一个新视角。绿色犯罪学领军人物之一的怀特就认为，作为犯罪
学内部独特视角的绿色犯罪学是一种新的研究。③ 索思等人也指出，"将
这样一个绿色或者考虑环境因素的框架引入犯罪学，不是提出一个特别
的理论，而是介绍一个能够活跃理论和实证工作的'视角'"。④ 对于传
统犯罪学出现的这一抹"绿色"，学界也给予了积极评价。有些学者认
为，"绿色犯罪学"是"犯罪学语汇（criminological lexicon）中全新和令
人深省的声音的汇集"，它"力图识别、理论化和回应全球和地方关切的
环境议题"，因此"绿色犯罪学视角的延伸有助于利用和调动学术界、积
极分子和政府方面去维持、保护和发展环境议题"。⑤ 另有学者认为，"犯
罪学的绿色视角提供了一个开放的体系而非系于一种封闭性的理论，其
本身非常适合于交叉学科的洞见和协作"。⑥ 怀特的积极评价也许最具代
表性："不论意见的分歧和观点的多元，绿色犯罪学的标志在于支持者主
张应当给予环境和生态问题更多的关注。在这一方面有意义的是，一些
杰出的犯罪学者现正利用他们来自犯罪学主流领域的专门知识［比如情
境犯罪预防（situational crime prevention）、一般紧张理论（也译为一般化

---

① 开始运用"热点"（hot spot）方法侦查环境犯罪。——笔者注

② Nigel South, Katja Eman & Gorazd Meško, History of Green Criminology, 2014, p. 2174.

③ Rob White & Diane Heckenberg, Green Criminology: An Introduction to the Study of Environmental Harm, 2014, p. 9.

④ Ibid., p. 23.

⑤ Diane Westerhuis, Reece Walters & Tanya Wyatt, *Emerging Issues in Green Criminology: ExploringPower, Justice and Harm*, New York: Palgrave Macmillan, 2013, p. 1.

⑥ Nigel South, Katja Eman & Gorazd Meško, History of Green Criminology, 2014, p. 2177.

紧张理论）（general strain theory）①］来研究特定的环境问题，比如非法买卖象牙、工业污染以及因为气候变化带来的社会问题”，“绿色犯罪学不仅扩大了它自己的权利（right），而且犯罪学的绿化（greening）同时更加普遍”，②“为这类学术性活动贴上‘绿色犯罪学’标签的好处在于，它为对环境犯罪和危害的分析并围绕其行动拥有特别兴趣的世界人民提供了一个焦点”。③

二　绿色犯罪学的研究目的、内容和方法

1. 绿色犯罪学的研究目的

绿色犯罪学从其诞生至今一直在争议中前行，其研究目的往往会因为不同学者秉持不同的视角而略有差异。在阅读绿色犯罪学的相关文献之后，依笔者浅见，怀特所提出的绿色犯罪学研究目的相对周全，故在此引用并与同人共享。

根据怀特的观点，绿色犯罪学一共有三个研究目的。④ 其中，“中心目的”是“研究环境危害的本质”（nature of environmental harm），具体包括以下不同目标。（1）确定环境的不同定义和类型，解释这些（内容）在一个“社会—法律概念”的框架中如何得以分析，考量生态因子⑤、人的工作和聚落形态、生物多样性和关于特定环境（及其居民）的“价值”

---

① 紧张理论（strain theory）属于社会结构理论的一种，着重研究“行为人无法获得合法的社会地位与财物上之成就，内心产生挫析与愤怒之紧张动机与压力，而导致犯罪行为的发生”。在此基础上，社会学者罗伯特·艾格纽（Robert Agnew）于 1992 年提出了“一般化紧张理论”（简称 GST），其核心观念为“负面情绪状态”，指的是当个人面对负面或是具有破坏性的社会人际关系时，极易产生愤怒、挫折、感觉不公平等情绪，而此将影响一个人是否去从事犯罪行为。转引自蔡德辉、杨士隆《犯罪学》，台北：五南图书出版公司，2009 年，第 89—92 页。

② Rob White & Diane Heckenberg, Green Criminology: An Introduction to the Study of Environmental Harm, 2014, p. 17.

③ Ibid., p. 23

④ White, Crimes Against Nature: Environmental Criminology and Ecological Justice, 2008, pp. 27 – 28.

⑤ “生态因子”（ecological factor）是指“对生物有影响的各种环境因子”，常直接作用于个体和群体，主要影响个体生存和繁殖、种群分布和数量、群落结构和功能等。各个生态因子不仅本身起作用，而且相互发生作用，既受周围其他因子的影响，反过来又影响其他因子。

判断。（2）经由具体的案例来确定不同的犯罪类型，形成一种能够标识诸如野生动植物保护、污染、有毒物质储存和处置、不当的土地利用等问题的不同侧重点的环境犯罪的有效分类。（3）从法律、社会危害、生态、权利和公共利益的角度来追问环境犯罪由什么构成。这将牵涉到区分与人类中心、生物中心（所有物种平等）和生态中心（社会生态学）视角相联系的种种危害的不同界定。

第二个目的是"研究监管机制和环境危害的社会控制之本质"。这可以通过以下事项得以实现。（1）确定关于环境犯罪的监管程序并开发出既有监管机制和法律的工作寄存器（working register），同时考虑替代纠纷解决方式。（2）研究保持或保护环境的积极措施，如监控、预防干预和教育项目。（3）阐明有效的应对性措施（如侦查、起诉和制裁）的运用。在这一过程中，需要综合考虑私人财产、社区控制和原住民权利以及在州、国家和国际层面的制定法、普通法和行政机制的具体适用问题。

第三个目的是"研究具体环境的变化与犯罪化过程之间关系的本质"。这主要关注以下几方面。（1）从动机、偏好等方面来研究环境犯罪的原因或条件以及通过如补贴、财政刺激等方面的国家参与（state involvement）。（2）根据诸如城市规划、工业开发、交通线路、住房市场等因素来研究环境危害的本质。（3）探讨可能由像铅中毒、有毒废物、污染和排水系统不足的环境危险所导致的危害，因为这些危害可能影响到"生物发育"（biological development）和"社交机会"（social opportunities）。（4）考量与因环境问题引发的冲突相关联的犯罪化问题，包括抗议者和反对抗议者的行为。

2. 绿色犯罪学的研究内容

林奇等主张，"绿色犯罪学"旨在"为犯罪学内部提供一个空间，以研究环境问题之间的关联（nexus），将破坏自然的危害界定为犯罪，重新考量和他们导致的环境危害相关联的刑事司法实践和政策、环境犯罪制造的被害人之多样性以及环境毒素对生态系统和物种之健康和行为的影响"。[①] 具体包括以下研究内容："环境和野生动物（保护）法律和

---

① Paul B. Stretesky, Michael A. Long & Michael J. Lynch, *The Treadmill of Crime: Political Economy and Green Criminology*, Introduction, 2014, pp. 1 – 2.

法规、与本土或者全球范围内化学（物质）和农药生产相关联的社会危害、致力于环境保护的国际公约、环境政治和权力、在野外或工厂里由农药造成的不安全生产环境和危险、对工业化国家输出环境危害担责的全球政治和经济架构以及构造这些结果的政治、经济和阶级关系。"[1] 有学者认为，绿色犯罪学研究的"绿色犯罪"是指"为了增加或支持生产，对生态系统造成或可能造成重大危害的行为"，具体包括：（1）已经被国家通过行政或者法律法规界定为犯罪的产生危害的行为；（2）未被犯罪化但是科学证据表明可能造成重大生态破坏的行为。[2]

　　索思借用著名犯罪学家萨瑟兰确定"犯罪学任务"的范式，[3] 提出了研究绿色犯罪学的几个基础问题。（1）"研究违反规章制度、灾难以及法人和国家的违法行为"。包括：A. 规则的研究，比如不同监管模式积极和消极的功能及其后果；B. （通过）个案来研究污染、灾难和责任；C. 带有环境后果的法人和国家不当行为（misconduct）或者犯罪，聚焦犯罪人、责任和连续犯罪（serial offending）本质的相关问题。（2）法律架构、犯罪化和"羞辱"（shaming），主要关注由环境危害行为引起的法律问题、行为的分类以及如何做出反应。（3）社会运动、"绿色政治学"（green politics）和政策目标，主要包括不同政治立场、不同观念的群体〔如由法人和国家支持的反环保主义者团体和可能使用极端手段（比如恐怖主义）的环保主义者团体〕、晚近出现的"新社会运动"（new social movements）、"另类生活方式"（alternative lifestyles）[4] 以及支持"保护和

---

① Nigel South, Katja Eman & Gorazd Meško, History of Green Criminology, 2014, p. 2175.

② Michael J. Lynch & Paul B. Stretesky, Similarities between Green Criminology and Green Science: Toward a Typology of Green Criminology, *International Journal of Comparative and Applied Criminal Justice*, Vol. 35, 2011, p. 303.

③ 这一研究范式可简单表述为：为何和如何制定法律（why and how are laws made）？为何和如何违法（why and how are they broken）？作为回应应当做什么（what should be done in response）？

④ "另类生活方式"源自 20 世纪 20 年代西方国家的"flapper"（该词最初指十来岁的小女孩，有"年轻不羁"之意，后来意指"流行的时尚或者潮流"）运动。作为对旧生活方式的摒弃和从压迫中解放出来的标志，妇女剪短自己的头发和裙子，一些女性开始尝试婚前性行为、开车等。https://en. wikipedia. org/wiki/Alternative_lifestyle。

保持"环境并反对建设开发项目的政治左派、中间派和右派。①

怀特等人则认为，绿色犯罪学是指"犯罪学者所研究的环境危害（可包含比规定的严格法律定义更为广泛的概念）、环境法律（包括执行、起诉和审判实践）、环境规章（旨在管理、保护和保持特定环境和物种，应对具体工业流程不利后果的刑事、民事和行政法律体系）"。与传统环境犯罪学研究"法律描述的特定类型环境危害"所不同的是，"在绿色犯罪学中环境犯罪或危害有更宽泛的界定，包括对人类、环境和非人类的动物有害的违法行为，而不论这些危害本身是否合法，是否使国家及法人和其他决策者受益"。② 其中，"危害"和"犯罪"具体包括"非法买卖濒危物种，非法获取自然资源，非法处置有毒物质以及由此产生的空气、土地和水体污染，新技术的负面生态后果"。换言之，除了研究被法律规定为非法因此受到惩罚的"环境危害"，绿色犯罪学"同时还关注当前被法律所容许却具有社会和生态危害的行为（如合法砍伐原始森林）和新技术的负面生态后果［如在农业（生产过程）中使用转基因生物从而减少生物多样性]"。随着全球气候变暖及环境危害的国际化，"'气候变化犯罪学层面'的问题、'全球变暖的人类作用'（如燃煤火电厂的碳排放）及自然灾害之后的相关犯罪（如新奥尔良卡特里娜飓风后的盗窃和强奸事件）"逐渐成了绿色犯罪学研究的重点内容。③

还有学者认为，绿色犯罪学的研究"涵盖了像环境犯罪和犯罪行为（criminality）、危害和被害（victimization）、立法和规章、保护措施以及对于违规行为的公众反映"。④ 其中，"环境被害"成为绿色犯罪学近来研究的重要内容之一。怀特等人指出，"绿色犯罪学在生态正义框架背景中将这一问题置于研究和分析的中心"。基于此，他们在其著作中辟专节来探讨"绿色被害"（green victimisation）问题，具体包括"环境被害

---

① Nigel South, Katja Eman & Gorazd Meško, History of Green Criminology, 2014, pp. 2175 – 2176.

② Rob White & Diane Heckenberg, Green Criminology: An Introduction to the Study of Environmental Harm, New York: Routledge, 2014, p. 11.

③ White, The Conceptual Contours of Green Criminology, in Diane Westerhuis, Reece Walters & Tanya Wyatt, *Emerging Issues in Green Criminology*, New York: Palgrave Macmillan, 2013, pp. 19 – 20.

④ Nigel South, Katja Eman & Gorazd Meško, History of Green Criminology, 2014, p. 2177.

学"（environmental victimology）、"人类与环境的被害"、"生态正义和非
人类环境的被害人"（eco – justice and non – human environmental victims）
以及"被害人动员"（victim mobilization）。①

3. 绿色犯罪学倡导的研究方法

有别于其他犯罪，环境犯罪在犯罪行为人与被害等方面独具个性，
并且随着社会发展不断变化。事实证明，采取单一的研究方法根本不能
有效应对环境犯罪。"犯罪学不仅是一门法律而且也是一门采用从实证研
究获得的知识来解释危害环境犯罪行为原因的实证科学。"② 脱胎于传统
犯罪学，绿色犯罪学仍然非常重视实证研究方法。除此之外，绿色犯罪
学倡导多学科和跨学科尤其是社会科学和自然科学的整合协同。"绿色犯
罪学应当是一个学科间的汇合点（涉及诸如政治科学、经济学、哲学、
组织理论、保育和环境科学）……重要的是，它是一个'开放'的框
架。"③ 对此，林奇等人强调，应当将"绿色科学"（green science）和
"绿色犯罪学"结合起来。"犯罪学不是形成绿色视角的唯一学科……许
多绿色研究已然出现在物理自然科学之中。我们主张，由于对绿色方法
的重点关注成为各种自然科学的特点，因此这些科学已经形成了研究环
境问题既独特又多样化的、有利于绿色犯罪学发展的方法。简言之，绿
色科学为进一步发展和更好地组织绿色犯罪学提供了一个有益起点并成
为绿色犯罪学之类型学的基础。"④ 论者指出，在探究绿色犯罪学过程中，
"目标是为了强调绿色犯罪学和绿色科学之间的兼容领域。没有过硬的科
学数据和信息，大部分的绿色犯罪学将是不可能的"，"绿色犯罪学和传
统犯罪学之间的重要区别之一正是绿色犯罪学阐释其研究的危害形式的

---

① Rob White & Diane Heckenberg, Green Criminology：An Introduction to the Study of Environmental Harm, 2014, pp. 175 – 194.

② Katja Eman, Gorazd Meško & Charles B. Fields, Crimes against the Environment：Green Criminology and Research Challenges in Slovenia, http：//www. fvv. um. si /Varstvoslovje /Articles / VS – 2009 – 4 Eman – Mesko – Field.

③ Vincenzo Ruggiero & Nigel South, Green Criminology and Crimes of the Economy：Theory, Research and Praxis, *Critical Criminology*, Vol. 21, 2013, p. 361.

④ Michael J. Lynch & Paul B. Stretesky, Similarities between Green Criminology and Green Science：Toward a Typology of Green Criminology, *International Journal of Comparative and Applied Criminal Justice*, Vol. 35, 2011, p. 294.

能力并且它所关注的通常有一个科学基础，其中，有害结果能够得以精确测量"。因此，"在我们看来，如果不能在环境危害的科学周围组织起来，绿色犯罪学的需要将会消失"，"绿色犯罪学本身和科学的联系"正是绿色犯罪学使得传统犯罪学黯然失色和超越传统犯罪学的地方。①

怀特等认为，"虽然有必要承认绿色犯罪学研究的复杂性，但不应阻止研究者从事这类研究。讨论方法论和方法的关键在于引导研究者面对重要的实质性和伦理性问题，旨在批判和完善我们目前和将来的所作所为"。因此，绿色犯罪学的具体研究方法取决于多种要素。以时间要素为例，"如果我们选择在其发生之前分析危害、风险或者犯罪（如气候变化和自然灾害的可能性），那么像'地平线扫描'（成'天际线扫描'）（horizon - scanning）这一方法可能是合适的，因为它立足于目前的所知来预测未来的环境危害和犯罪"；"如果我们选择在其演化时研究危害和犯罪（如海洋设施的石油钻井平台爆炸），那么汇聚描述性信息和当前事实与数字的案例分析方法可能是最好的方法"；"如果我们选择事后研究有害的事件（如采矿作业造成的土地污染），那么分析文件和利用访谈可能对于重构那些并发导致问题的因素是适宜的"；"如果我们选择探究过去数年的一个事件（如多年前的水道被毒害），采用通过文件、地图、图片以及现场记录有利于回溯性分析存疑现象的历史方法"。②

其中，最值得关注的是怀特等人提出并倡导的"环境的地平线扫描"（environmental horizon scanning）。从本质上讲，"地平线扫描"是一种采用系统性思维而不是临时性措施来解决问题的方法。英国剑桥大学的威廉·詹姆斯·萨瑟兰（William James Sutherland）率先运用这一方法，从全球角度研究环境问题并预测气候变化。在研究全球性的环境犯罪过程中，怀特等人充分整合"地平线扫描"研究成果，首次明确提出了"环境的地平线扫描"。"从地平线扫描视角来看，分析重点在于当前与环境相关的发展，预测潜在的、将来可能会成为问题的危害和违法行为"，"地平线扫描的形式通常被政府和公司用作总体战略规划的一个部分。这

---

① Ibid. , p. 303.

② Rob White & Diane Heckenberg, Green Criminology: An Introduction to the Study of Environmental Harm, 2014, pp. 80 – 81.

一规划不仅基于'已经知道'，而且基于对不确定性（现有的知识）、趋势（在现有模式中）和不可预见的费用（预留'以防万一'情形的钱）的考量"。怀特等指出，具体开展"环境的地平线扫描"的"前提是三个相互关联的任务"，包括"尝试理论化关于所有特定问题的原因力"（"原因力"是基于人的因素来考量，即人类对于危害能够担责并因此能够确认特定的犯罪人及其责任程度）、"采用多学科方法"["方法"包括以折中方式使用的一系列方法和洞见，旨在揭示出作为（不作为）更宽泛的模式和危害的因果链条]和"仔细思考可能的政策回应"（"政策"基本上是指和规章与执行策略相关的事项以及补救和赔偿的问题）。[1] 在此基础上，怀特等人以"土地利用"和"气候变化"为例，提出了实践"环境地平线扫描"的13个具体步骤。在此，笔者以其中的"气候变化"为例展示这13个步骤。第1步是"确认广泛的生态问题"即"气候变化"。第2步是"追问现在和将来什么与危害相关"，结合"气候变化"，探讨"气候变化对于特定人群、特定的生态系统和特定物种的不同结果"。第3步是"利用各种各样的［比如跨学科的、多重司法管辖权的（multi‐jurisdictional）、跨文化的］资源来调查广泛的生态问题"，主要解决"资源矛盾、气候变化引发的迁移、天气模式的根本转变"。第4步是"通过深度挖掘特定主题来改进分析"，需要"分析和天气模式相关联的自然灾害"。第5步是"广泛读取特定主题"，需要广泛读取"将气候变化和特定类型的灾害（比如洪水、台风）相联系以及阐明原因和结果相关问题的研究灾害的文献"。第6步是"收集与特定主题相关的信息和数据"，应当是收集"特定自然灾害的信息，比如巴基斯坦洪灾或者卡特里娜飓风以及美国与此相关的暴风雨"。第7步是"通过使用环境地平线扫描的概念框架来系统性地调查正在讨论的现象"，"确定哪些地点和人处于极大的风险之中、出现这种情形的原因、共同导致正在讨论的危害的关键变量"。第8步是"根据'全球生态犯罪学'（eco‐global criminology）的思考来分析和解释信息和数据（比如侵害人类、生态系统和动物的违法行为）"，"分析涉及特定弱势群体（比如妇女、儿童、穷人和少

---

① Rob White & Diane Heckenberg, Environmental Horizon Scanning and Criminological Theory AndPractice, *European Journal on Criminal Policy and Research*, Vol. 17, 2011, pp. 88 –93.

数族裔）的环境被害和灾害对当地生态系统的影响"。第9步"预测与这一特定主题相联系的关键新兴模式"，分析"法律和秩序的崩溃、混乱生活情境的盛行、当地生态系统和物种构成的巨大变化"。第10步是"从权利的关系角度，根据围绕原因、危害和被害的各种话语来分析信息"，在此，需要全面分析"研究媒体、政府、非政府组织和关于特定灾难的全球机构的声明"。第11步是"使得人为因素相关的调查结果（比如人类对损害担责任、特定犯罪人和责任程度）理论化"，主要研究"政府官员和对建筑标准以及充分的预防措施条款有必要注意义务的当地建筑商"。第12步是"仔细思考最佳预防或者减小未来趋势影响和结果之行为或者战略干预的可能手段（比如预防性原则的应用）"，主要思考"建筑规范的规章并根据当地参与和邻里安全而发起社区警务模式"。第13步是"交流研究成果，铭记特定的不同观众和研究主题"，主要是将研究成果与"城市的决策者和规划者、建筑公司、法律执行机构、非政府援助组织"进行交流。① 对于这一研究方法，论者最后指出，"这里我们的目的在于促进对探究环境危害和犯罪的不同方法开放的犯罪学，同时利用传统和批判犯罪学理论帮助我们理解和解释21世纪诸多危害和犯罪的复杂性与跨界属性。作为犯罪学家和全球公民，我们现在有责任展望未来以确保我们参与塑造未来"。②

综合上述观点可以看出，和环境犯罪学的传统研究范式相比，绿色犯罪学的目的不再局限于研究法律明确规定的环境犯罪，而是探讨整个环境危害的本质。在此基础上，绿色犯罪学的研究对象也更加包容，具体涵盖环境危害（包括环境犯罪）、环境规则（包括国内的法律法规、环境相关的国际法）、环境政治学和环境被害等诸多方面。同时，它以绿色犯罪学为平台，既倡导犯罪学传统研究手段的革新运用，也特别强调犯罪学和其他社会科学以及自然科学的整合协同，以寻求应对环境问题的有效对策。

---

① Rob White & Diane Heckenberg, Environmental Horizon Scanning and Criminological Theory And Practice, 2011, pp. 98 – 99.

② Rob White & Diane Heckenberg, Environmental Horizon Scanning and Criminological Theory And Practice, 2011, p. 99.

三　绿色犯罪学的异域①扩展与实践管窥

不可否认，对绿色犯罪学的探讨目前更多限于西方英语国家的学者，世界上多数地区的犯罪学界对其仍然是陌生的。但是，我们也应该留意到，一些国家的学者已经开始主动评介绿色犯罪学并尝试以此"绿化"本国的环境犯罪学理论。可以说，生成于西方的绿色犯罪学，不仅给这些国家的学者提供了研究环境犯罪的重要平台，而且为环境犯罪理论研究相对滞后的地区提供了一种可资检验的研究新视角和范式。接下来，笔者将引述越南和东南欧地区学者运用绿色犯罪学这一视角来研究环境犯罪的成果，以观察绿色犯罪学在异域的扩展和实践。

1. 越南学者对绿色犯罪学视角的新近尝试

越南有学者近来以本国野生动物的非法交易为切入点，尝试借助绿色犯罪学这一视角分析和优化越南国内野生动物犯罪研究并提出相应的建议。从笔者目前收集到的文献来看，这是亚洲地区学者基于绿色犯罪学视角反思国内环境犯罪研究最具代表性的成果之一。通过该成果，我们可以初步感知作为一种研究新视角的绿色犯罪学的"绿色正能量"。

论者指出，绿色犯罪学的"概念和框架绝大多数在西方国家得以倡导和发展。像东南亚具体到越南这样大量和普遍性地遭受到环境破坏的地区，可以从接受这些背弃人类中心思考的观点中受益，因为它们能够帮助这些国家制定新的和具有创造性的预防自然退化战略"。基于此，论者"将包含人类、非人类以及环境权利的绿色犯罪学概念适用于与野生动物走私相关的越南语境之中"。②

"不幸的是，没有多少研究专门深入调查野生动物走私者在越南的特定活动。只有少量研究和报告中偶尔或者分散地有所提及。"越南境内野

———————

① 笔者在此所指的"异域"是相对于绿色犯罪学理论的发源地区来讲的，也即"绿色犯罪学理论发源地之外的其他国家或者地区"。

② Anh Cao Ngoc & Tanya Wyatt, A Green Criminological Exploration of Illegal Wildlife Trade in Vietnam, *Asian Criminology*, Vol. 8, 2013, pp. 130 – 132.

生动物交易主要包括四种，即"野生动物活体、野生动物的肉、野生动物的干货制品和野生动物标本"。相较于对前两种交易的研究，后两种交易的研究则明显薄弱，因为"越南境内野生动物非法交易的研究没有提供对'野生动物的干货制品'的正式界定"，"对于动物标本的非法贸易的研究非常少，并且没有'动物标本非法贸易'的官方界定"。对此，论者强调，"既然在越南的野生动物走私的本质和范围已经得到研究，那么绿色犯罪学的框架将可用于研究这一绿色犯罪的相关因素"。在"绿化越南野生动物走私"（Greening Wildlife Trafficking in Vietnam）标题下，论者提出了"造成越南野生动物走私迅猛发展的四个相关因素：越南多样性的环境、将野生动物作为食物和药品消费的文化传统、社会中不同阶级的经济压力以及环境立法和执法的不成熟与软弱的现状"。针对上述四个因素，"每个方面的探究将会从采用绿色犯罪学视角展开，旨在形成可行的预防新策略"。[1]

第一，针对"越南多样性的环境"这一因素，论者认为，虽然"在走私野生动物的语境中，越南拥有丰富的物种资源，能够满足国内和国际市场各种不同的需求"，但是如果"从倡导生态和物种正义的绿色犯罪学视角看来，保持这一多样性的极端重要性不仅是由于人民的生存和健康，而且是为了环境及在其中生活的物种，因为它们具有内在的价值和生存权……当越南明确知道其多样性独一无二时，在从生态或者物种正义的视角制定环境政策体系时，对多样性保护的重要性将显著增加。这不仅是为了可持续的经济用途，而且是因为挽救自然的努力成为与挽救有权生存的物种生命息息相关的问题"。[2]

第二，与亚洲其他国家一样，越南人保持着将自然产品作为食品和传统药品而消费的文化和传统。（如野生动物）越南胡志明市国家大学（Vietnam National University）2011 年发布的研究报告指出，"野生动物消费很可能是野生动物被推到灭绝边缘的主要原因之一"。同时，越南人对

---

① Anh Cao Ngoc & Tanya Wyatt, A Green Criminological Exploration of Illegal Wildlife Trade in Vietnam, 2013, pp. 135 – 136.

② Anh Cao Ngoc & Tanya Wyatt, A Green Criminological Exploration of Illegal Wildlife Trade in Vietnam, 2013, pp. 136 – 137.

于利用野生动物制作的药品也情有独钟。"目前，对于一般健康问题，估计有四分之三的越南人主要采用传统疗法。"有越南学者因此"相信野生动物被捕猎，主要是因为食物消费，其次则是传统治疗"。论者指出，"质疑将野生动物用作药物的正当性，可能是减少野生动物走私的关键"。对此，"如果从一种绿色犯罪学的视角入手，则会产生一个与上述保护环境类似的停止这一做法的观点。环境和其他物种具有超越被人类赋予的利用价值的固有价值。因此，在其濒临灭绝时，继续杀害这些物种将不能允许。人类从药物中获利不能超越物种的生命权，并且如果它们真的具有药用价值，将是保护它们的另外一个理由。如果这一框架在起草立法或者开展打击走私活动时被采纳，那么更多的保护将可能给予那些在动物非法交易中所涉及的部分物种"。论者同时强调，使用野生动物制作药品，"在某些情况下，例如收集熊胆，过程是极其残忍的"。"因此，除了威胁到物种的生存权，动物也会受到虐待，并且在人类采集用于治疗时遭受痛苦。在评价危害和人与自然关系时，在绿色犯罪学视角内部这一方面也是受到强烈关注的。"①

第三，论者在分析"社会中不同阶级的经济压力"时指出，越南"在存在大量且日益壮大的中产阶级的同时，广泛的贫困依然存在"。越南有学者在题为"与野生动物非法交易的联系"的研究中表明，"野生动物及其产品的消费在亚洲日益壮大的中产阶层中是普遍的"。"越南城市人在巨大的社会压力之下显示其富有"的方法之一就是"在奢华的餐厅里与一大群朋友或者同事吃一些外国的和珍稀的食物。男性尤其喜欢吃野生动物的脑、心、睾丸、阴茎这些被认为是对身体相关部位有好处的部分"。② 除此之外，贫困人口大量存在也增大了野生动物生存的压力。越南计划与投资部的国家报告就承认，"尽管脱贫项目取得了重大成功，但是像山区和沿海这样的越南农村和偏远地区的贫困率仍然非常高，占总人口31%的人仍然在与食物匮乏做斗争。食物的短缺在少数民族群体中成为普遍现象，为了应对短缺，本土相当大部分的居民不得不开发利

---

① Anh Cao Ngoc & Tanya Wyatt, A Green Criminological Exploration of Illegal Wildlife Trade in Vietnam, 2013, pp. 137 - 138.

② Ibid., p. 138.

用自然资源"。对此，论者提出，"在绿色犯罪学的框架内，应当在人民没有选择而食用野生动物这种情形下采取措施，而不是允许这样的破坏继续，在越南，需要通过规定以给人民提供替代性的生活方式和机会，以防止他们依赖于野生动物并导致物种灭绝……越南基于一种绿色立场继续发展经济的动力需要在生态和物种的关切之间进行调和，因此不能为短期效益牺牲环境。绿色犯罪学因此能够为越南和其他国家在这些努力中提供一些指导原则"。①

第四，越南"野生动物和环境保护受到损害"是因为"与此领域相关的立法和执法仍然非常不成熟和薄弱"。近几十年来，越南精减包括环境法律在内的立法和立法体系，"导致了大量的薄弱环节"。而这与越南强调优先发展经济直接相关。论者指出，若从绿色犯罪学视角来看，"越南有大量的机会制定出强有力的绿色立法，确保为了下一代的环境，不仅是人类使用和享受而且也因为其内在的价值"。

"在越南，这些助力因素同步和一致地汇聚合力，为野生动物交易猖獗造成了巨大的机会。对于走私野生动物的关联因素，以人类中心的传统方法没有并且将不会解决生物多样性减少和环境破坏的问题。在制定打击野生动物非法交易和其他绿色犯罪的策略时，解决这些问题要求一种新的思维方式——来自表现出的绿色犯罪学的视角……采用这一方法将改变越南计划其经济发展的方式并相应改变立法起草的方法，实现保护环境的强有力绿色经济和生态友好规章的目标。"②

2. 东南欧国家③实践绿色犯罪学的成果

和其他西方国家相比，东南欧国家在环境犯罪研究方面算得上是一个后进地区。论者们也承认，"和英国、美国和澳大利亚相比，在东南欧

---

① Ibid., pp. 138 – 139.

② Anh Cao Ngoc & Tanya Wyatt, A Green Criminological Exploration of Illegal Wildlife Trade in Vietnam, 2013, pp. 139 – 140.

③ 学者们指出，"东南欧地区不容易被界定，因为没有一个'正确的'地理视域，但是出于本文的目的，我们对东南欧地区采用一个狭义的界定，仅包括前南斯拉夫社会主义联邦共和国的国家：波黑、克罗地亚、科索沃、前马其顿、塞尔维亚、斯洛文尼亚"。Katja Eman, Gorazd Meško, Bojan Dobovšek & AndrejSotlar, Environmental Crime and Green Criminology in South Eastern Europe: Practice and Research, *Crime, Law and Social Change*, Vol. 59, 2013, p. 343. 若笔者无特别注明和说明，以下行文中关于东南欧国家绿色犯罪学的具体实践均来自该成果。

的绝大多数国家里,绿色犯罪学作为一种社会科学仍然处于起步阶段"。
他们认为,"在东南欧地区,绿色犯罪学这一术语代表着一种运用多学科
和跨学科方法调查环境犯罪、危害、立法、规章、保护措施和公众对违
规的反应的社会研究。尤为重要的是,绿色犯罪学能够在社会科学和自
然科学之间较好地建立起联系"。① 通过近年来介绍并逐渐引入绿色犯罪
学,东南欧的犯罪学者"已经尝试对地区的环境犯罪做出回应,并回答
关涉环境话题、环境犯罪的形式、在犯罪学领域中这一新分支的发展、
它的研究范围以及刑事司法体系在应对环境犯罪中的角色问题"。在环境
犯罪的犯罪学研究滞后、防控手段相对落后的背景下,以绿色犯罪学为
视角,通过完成本国内部设立的防控环境犯罪项目,并与"北约高级研
究会"(NATO Advanced Research Workshop,缩写为"NATOARW")开展
题为"应对全球水、空气和土壤的环境威胁——以东南欧为例"的合作
项目,东南欧国家"绿色犯罪"的研究水平得以大幅提升。学者们开始
就环境议题的不同视角和观点在各种会议、研究会和圆桌会议上进行讨
论。② 通过一系列的交锋和思考,学者们达成的"一般结论是,应对作为
不负责任的人类行为和非法干预后果的环境犯罪对于国家和全球安全是
重要的","环境和环境政治问题已经成为应对人类种族生存基本问题的
公共政策中越来越重要的组成部分"。

　　"环境犯罪领域和绿色犯罪学的发展远没有结束……东南欧的犯罪学
家已经试图回应地区环境犯罪,并回答关于环境议题、环境犯罪、犯罪
学这一领域新的分支的发展以及研究的范围、回应环境犯罪的刑事司法
体系的作用等相关问题。"③ 在运用绿色犯罪学这一视角解决环境犯罪实
践问题方面,东南欧地区的斯洛文尼亚最具代表性。对此,该研究成果
也重点介绍了该国的一些做法。在笔者看来,该国的以下实践值得特别

─────────

　　① Katja Eman, Gorazd Meško, Bojan Dobovšek& Andrej Sotlar, Environmental Crime and Green
Criminology in South Eastern Europe: Practice and Research, 2013, p. 354.

　　② 该成果指出,2010 年 9 月召开的环境犯罪和绿色犯罪学圆桌会议是真正面对研究中出现
的障碍的"开始"。学者们对于像环境犯罪和绿色犯罪学之间的关系、绿色犯罪学能否以及如何
成功应对新出现的环境问题真正开始产生争议。

　　③ Katja Eman, Gorazd Meško, Bojan Dobovšek& Andrej Sotlar, Environmental Crime and Green
Criminology in South Eastern Europe: Practice and Research, 2013, p. 343.

关注。

一是犯罪学界和环境犯罪防控实务界通力合作，及时将学界的最新研究成果转化为现实政策。出于理论研究的需要，斯洛文尼亚的犯罪学者将本国的环境犯罪按犯罪主体分为五大类：个人的环境犯罪、权贵的环境犯罪、个别利益集团的环境犯罪、国家和执政当局的环境犯罪以及跨国环境犯罪。他们确信，所有环境犯罪的最重要原因是与坚持"人类中心论"态度相关联的"人性"。在此基础上，他们将环境犯罪的受害者区分为：空气、水、软土、矿物质、人类、动物、植物以及微生物。为了保护这些受害者，有效的犯罪预防非常重要。除了立法机关加强和相关各方的合作之外，犯罪学界将"情境犯罪预防"研究技术引入环境犯罪预防当中并构建起"情境的环境犯罪预防模式"（situational environment crime - prevention model）。斯洛文尼亚警方每年侦破 100 多起环境犯罪案件，碰到的主要问题在于不易收集指控所需的合适证据。另一问题是将侦查人员暴露于不仅影响其健康而且威胁其生命的环境犯罪现场。警方认为，虽然能够知道和把握环境犯罪的情形、特点和后果，但是"识别犯罪人"仍然是尚未解决的难题。为此，犯罪学界开始与警方合作，对斯洛文尼亚境内的侵害环境犯罪的"热点"进行调查。通过运用地理信息系统技术并分析警察机关的犯罪统计发现，从 2008 年到 2010 年，非法处置废物成为最为常见的犯罪热点，偷猎在境内各个地方都有发现，虐待动物的热点则在特定情形下才出现。有组织的环境犯罪也相应成为调查焦点，通常发生在动植物非法买卖领域。针对环境犯罪出现的这些"热点"，警方制定了更为完善的预防对策：在发现环境犯罪的地区采用更为频繁的警察巡逻，并和居住在目标区域的社会团体一道加强社区警务。

二是注重环境被害情况的实证调查研究。为了证实"空气污染与健康问题的联系"，犯罪学界主要对三个镇上的被害人的精神和身体健康以及其他要素进行了调查。通过对这三个镇的调查发现，和斯洛文尼亚国内的平均水平相比，其中采列和亚萨维捷这两个镇的健康数据表明了该地区居民有罹患癌症和慢性呼吸系统疾病的更高风险。

四　我国犯罪学研究的可能借鉴

若将 20 世纪 70 年代开始对环境威胁着手进行的社会学研究视为绿色犯罪学萌芽的话，① 这个新视角至今已走过近半个世纪。在这期间，地域和全球性环境犯罪的生成原因也日趋复杂。作为一种适度反应和良性互动，犯罪学尤其是环境犯罪学的知识谱系应当适时加以完善，研究手段也应更加多元。然而，根据笔者的初步调查，环境犯罪尚未成为我国犯罪学界当下研究的重点内容，② 整合和协同不同学科研究环境犯罪的成果更鲜见。同时，从研究范式来讲，既有环境犯罪之犯罪学研究秉持的仍是"犯罪成因—预防对策"的传统研究范式，难以有效应对当前的环境犯罪问题。

他山之石，可以攻玉。作为生成于西方犯罪学内部的一个新视角，虽然目前对其称谓尚存争议，③ 并且内部分歧林立，④ 但是"绿色犯罪学"所集聚的"绿色"正能量与其散发出的学术活力惹人关注，其在方法论上的意义不容小觑。笔者以为，绿色犯罪学至少在以下三个方面值得借鉴。

---

① Nigel South, Katja Eman & Gorazd Meško, History of Green Criminology, 2014, p. 2174.

② 有两个事实能够支撑笔者的上述判断。一是我国目前没有关于环境犯罪的犯罪学研究专著。同时，笔者以"环境犯罪"和"预防"为主题词在中国期刊网（CNKI）上进行检索，还未见基于犯罪学视角系统研究环境犯罪的博士论文。二是国内的犯罪学教科书中未见单独研究环境犯罪的章节。

③ 国内有论者也认为"缺乏统一定义"是西方绿色犯罪学发展面临的问题之一。参见武向朋《西方绿色犯罪学的起源、发展及展望》，《广西社会科学》2015 年第 4 期，第 107 页。

④ 根据怀特的总结，在绿色犯罪学逐渐发展成为一个特定的研究领域过程中，内部也出现了一些"次领域"和不同视角。这些视角都有自己的代表人物、关键词和关注领域，具体包括：以林奇和斯特雷茨基为代表的"激进绿色犯罪学"，关键词是"生态的""环境的""物种正义""反资本主义""反人类中心主义""环保主义者"和"动物权利"；以怀特为代表的"全球生态犯罪学"，关键词是"气候变化""跨国环境犯罪"和"生态正义"；以吉布斯等人为代表的"保护犯罪学"，关键词是"保护""自然资源管理"和"风险评估和分析"；以威尔史密斯（Wellsmith）为代表的传统"环境犯罪学"，关键词是"情境犯罪预防""减少市场路径"和"野生动物非法贸易"；以布里斯曼（Brisman）为代表的"建构主义绿色犯罪学"，关键词是"犯罪学分析的语言""犯罪构成的主观要件"和"媒介研究"。White, The Conceptual Contours of Green Criminology, 2013, pp. 23－25.

1. 力倡科际整合与协同

作为绿色犯罪学发展的驱动因素，学者们"越来越认识到绿色犯罪学和犯罪学的其他领域存在的兴趣重叠和协同效果"。① 绿色犯罪学与其说是传统犯罪学内部出现的新视角，不如说是整合并协同不同学科研究环境犯罪问题的一个全新研究平台。从研究对象来看，绿色犯罪学并不止于由法律明确规定的环境犯罪，它也研究环境违法行为以及其他正当但在客观上破坏生态或者环境的行为；不仅研究一国或者地区的犯罪，也注重研究跨国有组织环境犯罪；不仅基于加害视角研究环境犯罪，而且也从被害人立场探讨环境犯罪问题；不仅研究一国或者地区立法机关制定的环境法律，同时也研究与环境相关的国际规约；不仅关注地区的环境问题，也深切关注全球的环境问题。在绿色犯罪学这一平台上，以环境危害为核心，法学和其他社会科学、自然科学得以较好的整合和协同。诚如怀特教授所指出的那样，绿色犯罪学"除了关注环境的广泛范围（如土地、空气和水）和议题（比如捕捞、污染），它必须与生态学、动物学、地理学、地质学、南极研究以及社会学、政治学和哲学这样的学科形成很强的联系"。②

2. 多元的科学研究手段

"犯罪学之研究必须运用生物学、心理学、社会学、法律学、精神医学等相关学科，以科际整合观点及经验法则的犯罪学研究方法研究犯罪及犯罪人，并提出有效防治犯罪政策的学问。"③ 如前所述，除了运用犯罪学的一些传统研究方法，晚近一些犯罪学学者已经开始运用其他学科（如自然科学、地平线扫描④）的方法来研判环境犯罪问题，并形成了一些全新的研究方法。这些多元的科学研究手段已经成为国外有效应对多

---

① Rob White & Nigel South, The Future of Green Criminology: Horizon Scanning and Climate Change, https://asc41.com/Annual_Meeting/2013/Presidential%20Papers/White,%20Rob – South,%20Nigel. pdf.

② White, *Crimes Against Nature: Environmental Criminology and Ecological Justice*, Devon: Willan Publishing, 2008, p. 29.

③ 蔡德辉、杨士隆：《犯罪学》，台北：五南图书出版公司，2009 年，第 8 页。

④ 晚近以来，国内有学者开始评介并主张我国环境研究应当引入"地平线扫描"方法。参见蒋志刚：《天际线扫描：环境与生物多样性保护研究的新方法》，《生物多样性》2014 年第 2 期。

变、复杂的环境犯罪的首要选择。这一点对于我国环境犯罪学的构建以及完善来说至关重要，值得借鉴。

3. 全球化的研究视野

一个不争的事实是，环境不法（导致的气候变化）已经成为世界各国面临的共同难题。为了获致更为有效的预防环境犯罪的对策，国别或者地区性的研究力量明显不够，迫切需要建立起一个国际学术交流平台和机制。从目前来看，以绿色犯罪学为平台，西方国家的学者已经就本国和世界面临的环境不法问题及预防对策开展研究，出版学术刊物，定期交流最新学术成果，开展国际学术合作，提升环境犯罪学整体研究水平，为构建和完善相关环境犯罪的国际立法体系提供有益咨询。可以说，以环境危害及关联问题为研究中心的绿色犯罪学已经为世界各国学者架起一座无界的沟通桥梁。更为重要的是，通过这一平台，能够提升环境犯罪学发展相对滞后地区的研究水平，增强所制定的防控政策的有效性。前述东南欧地区的绿色实践就属此例。

行文至此，笔者想强调的是，虽然我们无法企望绿色犯罪学解决我国环境犯罪及其理论研究中出现的所有问题，但是为了我们赖以生存的蓝色星球，请千万不要拒绝绿色犯罪学那一抹跃动的绿色！

（选自《国外社会科学》2016 年第 3 期）

后　记

　　"《国外社会科学》精粹（1978—2018）"丛书为中国社会科学院信息情报研究院主办的大型学术期刊《国外社会科学》创刊40年来所发表论文的精选集。1978—2018年，《国外社会科学》共出版330期，发表文章1万多篇。编辑部力图从中精选能够反映各个学科发展的综述性文章，介绍新学科、新流派、新理论且有助于我国哲学社会科学领域学科构建和理论创新的文章，在发表当时具有创新性意义、当前仍具有重要意义的理论或方法论文章；涉及我国政治经济社会生活重点关注领域和重要问题的文章；以及能够反映刊物栏目设置特色等方面的文章，以期能够从中窥见我国哲学社会科学发展40年之路。丛书共分为八卷，分别为：社会科学总论卷（张静、赖海榕主编）、国外马克思主义卷（陈永森、张静主编）、政治与治理卷（祝伟伟、傅慧芳主编）、经济与社会卷（高媛主编）、国外中国学卷（赖海榕、高媛主编）、生态与环境卷（陈云、张静主编）、人文卷（高媛主编）、文化教育卷（祝伟伟主编）。此外，中国社会科学院冯颜利研究员、唐庆博士后，清华大学吴兴德博士，中国社会科学院大学赵斌博士、魏士国博士、李怀征博士、张丹博士、陈兴亮博士、杜利娜博士，以及福建师范大学的郑丽莹、任远、宁鑫、杨臻煌、林林、霍文娜、李震、郭斌慧、周晨露、肖巧玲、刘伟琼、钟亮才、任秋燚、马秀秀、陈倩倩、艾群、林佳慧、王莉、唐付月、凡欣、杨晶晶等人参与了丛书的编选和校对工作，特此致谢！

　　最后需要说明的是，因篇幅所限，还有许多优秀文章未能入选。且由于收录文章时间跨度大，编辑体例和格式差别较大，有些作者信息不全或者已发生变化，本丛书所注明的作者信息（包括职务、职称、工作单位等）皆以文章发表时所注为准。另外，本丛书在编辑排版过程中如有疏漏之处，敬请学界同仁批评指正。

《国外社会科学》编辑部

2020 年 2 月